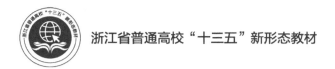
浙江省普通高校"十三五"新形态教材

U0600880

Financial Law

金融法学

曾章伟 ◎主编

ZHEJIANG UNIVERSITY PRESS
浙江大学出版社

图书在版编目（CIP）数据

金融法学 / 曾章伟主编. — 杭州：浙江大学出版社，2020.12（2024.1重印）

ISBN 978-7-308-20930-4

Ⅰ．①金… Ⅱ．①曾… Ⅲ．①金融法－法学－中国 Ⅳ．①D922.280.1

中国版本图书馆 CIP 数据核字（2020）第 259345 号

金融法学

主　编　曾章伟

策划编辑	曾　熙
责任编辑	曾　熙
责任校对	傅宏梁
封面设计	春天书装
出版发行	浙江大学出版社
	（杭州市天目山路 148 号　邮政编码 310007）
	（网址：http://www.zjupress.com）
排　　版	杭州朝曦图文设计有限公司
印　　刷	浙江新华数码印务有限公司
开　　本	787mm×1092mm　1/16
印　　张	17.25
字　　数	530 千
版 印 次	2020 年 12 月第 1 版　2024 年 1 月第 2 次印刷
书　　号	ISBN 978-7-308-20930-4
定　　价	55.00 元

前　言

中华人民共和国成立后,为促进国民经济和金融业的发展,我国陆续颁行了许多金融法律法规。1978 年党的十一届三中全会作出改革开放的决定,我国以经济建设为中心,推动发展有计划的商品经济,越来越注重金融立法,将金融活动逐步导入法制轨道。党的十四大明确提出建立社会主义市场经济体制,建立健全宏观经济调控体系,加快金融法、财税法等经济立法,建立适应社会主义市场经济的金融法律体系。从此,我国金融立法进入了快车道。1995 年,我国全国人大及其常委会先后颁布了《中华人民共和国中国人民银行法》(以下简称《中国人民银行法》)、《中华人民共和国商业银行法》(以下简称《商业银行法》)、《中华人民共和国担保法》(以下简称《担保法》)、《中华人民共和国票据法》(以下简称《票据法》)、《中华人民共和国保险法》(以下简称《保险法》)及《全国人民代表大会常务委员会关于惩治破坏金融秩序犯罪的决定》五部金融法律和决定。1997 年,党的十五大提出依法治国,市场经济是法治经济,科学立法、严格执法、公正司法、全民守法成为社会主义新时期的法治要求,指导金融法的不断创新、发展和完善。我国又先后出台了《中华人民共和国证券法》(以下简称《证券法》)、《中华人民共和国证券投资基金法》(以下简称《证券投资基金法》)、《中华人民共和国信托法》(以下简称《信托法》)、《中华人民共和国反洗钱法》(以下简称《反洗钱法》)等金融法律法规和规章。经过多年的建立健全,我国逐步形成了较完善的有中国特色的金融法律体系。金融法已经成为为市场经济和金融经济发展保驾护航的重要法律。党的二十大报告指出,"坚持全面依法治国,推进法治中国建设","在法治轨道上全面建设社会主义现代化国家"。① 在党的二十大报告的引领下,金融法律体系不断完善,更加健全。

本教材对金融法学的基本理论和金融法律规范的基本内容作了系统介绍,注重金融理论体系和金融法律体系的完整性,对金融主体法、金融行为法、金融调控法等作了较为详细的解读,内容全面、系统、详尽。鉴于教材既适用于非法学专业的学生,也适用于法学专业的学生,编写者将金融法学理论知识和金融法律知识尽量写得深入浅出、简明易懂,以便于各种专业学生选用并学习。金融法学是实践性很强的学科,金融法在国家治理和各行各业中都运用广泛。本教材注重实用性,对实际工作中应用较多的金融法律作了较多的介绍,主要解读金融法的法律条文规定,对应用性较强的金融法学理论也作了完整的介绍,所以本教材也适合社会各行业对金融法感兴趣的人士选用。

《金融法学》为"浙江省普通高校十三五新形态教材"。本教材注重创新,在内容上按照最新的金融法律法规编写,将涉及电子银行、网络支付等网络金融的法律也纳入进来。在体例上按照新形态教材编写,每章配有视频、习题、思考题等拓展资源,全书还配有典型案例判决书、金融法学指导案例、金融犯罪与金融行政案例等案例资源,使用者可以通过扫描相关二维码获取。

---

① 习近平.高举中国特色社会主义伟大旗帜　为全面建设社会主义现代化国家而团结奋斗:在中国共产党第二十次全国代表大会上的报告[N].人民日报,2022-10-26(01).

《金融法学》由浙江财经大学的曾章伟、张骞、杨琴、朱晶晶,浙江理工大学法学院的周亦鸣,温州大学的李勇军等参与编写。各章节分工如下:曾章伟编写第一章、第二章第一节、第四章、第五章、第七章、第九章、第十一章,杨琴编写第十章,朱晶晶编写第六章,周亦鸣编写第二章第二节、第三章,李勇军编写第八章,张骞编写第十二章。本教材由曾章伟担任主编,李勇军、杨琴担任副主编。

《金融法学》也是浙江财经大学的重点建设教材。本教材得到了全体编写教师,以及浙江财经大学、浙江大学出版社的大力支持,编写组在此表示衷心的感谢!

由于金融法学理论内容丰富,金融法律繁多且修订频次高,本教材难免存在疏漏与不足之处,恳请学界同行和教材使用者容谅与赐教。

📖典型案例判决书 📖金融法学指导案例 📖金融犯罪与金融行政案例

目　录

第一章　金融法概论 ⋯⋯⋯⋯⋯⋯⋯⋯⋯⋯⋯⋯⋯⋯⋯⋯⋯⋯⋯⋯⋯⋯⋯ 1

　　第一节　金融法概述 ⋯⋯⋯⋯⋯⋯⋯⋯⋯⋯⋯⋯⋯⋯⋯⋯⋯⋯⋯⋯ 1

　　第二节　金融法律关系 ⋯⋯⋯⋯⋯⋯⋯⋯⋯⋯⋯⋯⋯⋯⋯⋯⋯⋯⋯ 6

　　第三节　金融法律事实 ⋯⋯⋯⋯⋯⋯⋯⋯⋯⋯⋯⋯⋯⋯⋯⋯⋯⋯⋯ 10

　　第四节　金融仲裁与诉讼 ⋯⋯⋯⋯⋯⋯⋯⋯⋯⋯⋯⋯⋯⋯⋯⋯⋯⋯ 12

第二章　央行法与银监法 ⋯⋯⋯⋯⋯⋯⋯⋯⋯⋯⋯⋯⋯⋯⋯⋯⋯⋯⋯⋯ 15

　　第一节　中国人民银行法 ⋯⋯⋯⋯⋯⋯⋯⋯⋯⋯⋯⋯⋯⋯⋯⋯⋯⋯ 15

　　第二节　银行业监督管理法 ⋯⋯⋯⋯⋯⋯⋯⋯⋯⋯⋯⋯⋯⋯⋯⋯⋯ 17

第三章　政策性银行法 ⋯⋯⋯⋯⋯⋯⋯⋯⋯⋯⋯⋯⋯⋯⋯⋯⋯⋯⋯⋯⋯ 24

　　第一节　政策性银行概述 ⋯⋯⋯⋯⋯⋯⋯⋯⋯⋯⋯⋯⋯⋯⋯⋯⋯⋯ 24

　　第二节　中国的政策性银行 ⋯⋯⋯⋯⋯⋯⋯⋯⋯⋯⋯⋯⋯⋯⋯⋯⋯ 27

第四章　商业银行法 ⋯⋯⋯⋯⋯⋯⋯⋯⋯⋯⋯⋯⋯⋯⋯⋯⋯⋯⋯⋯⋯⋯ 34

　　第一节　商业银行法 ⋯⋯⋯⋯⋯⋯⋯⋯⋯⋯⋯⋯⋯⋯⋯⋯⋯⋯⋯⋯ 34

　　第二节　电子银行业务 ⋯⋯⋯⋯⋯⋯⋯⋯⋯⋯⋯⋯⋯⋯⋯⋯⋯⋯⋯ 45

第五章　非银行金融机构法 ⋯⋯⋯⋯⋯⋯⋯⋯⋯⋯⋯⋯⋯⋯⋯⋯⋯⋯⋯ 54

　　第一节　企业集团财务公司 ⋯⋯⋯⋯⋯⋯⋯⋯⋯⋯⋯⋯⋯⋯⋯⋯⋯ 54

　　第二节　金融租赁公司 ⋯⋯⋯⋯⋯⋯⋯⋯⋯⋯⋯⋯⋯⋯⋯⋯⋯⋯⋯ 61

　　第三节　从事支付服务的非金融机构 ⋯⋯⋯⋯⋯⋯⋯⋯⋯⋯⋯⋯⋯ 68

　　第四节　金融资产管理公司 ⋯⋯⋯⋯⋯⋯⋯⋯⋯⋯⋯⋯⋯⋯⋯⋯⋯ 72

　　第五节　贷款公司 ⋯⋯⋯⋯⋯⋯⋯⋯⋯⋯⋯⋯⋯⋯⋯⋯⋯⋯⋯⋯⋯ 75

　　第六节　小额贷款公司 ⋯⋯⋯⋯⋯⋯⋯⋯⋯⋯⋯⋯⋯⋯⋯⋯⋯⋯⋯ 78

　　第七节　汽车金融公司 ⋯⋯⋯⋯⋯⋯⋯⋯⋯⋯⋯⋯⋯⋯⋯⋯⋯⋯⋯ 83

　　第八节　相互保险组织 ⋯⋯⋯⋯⋯⋯⋯⋯⋯⋯⋯⋯⋯⋯⋯⋯⋯⋯⋯ 86

　　第九节　征信机构 ⋯⋯⋯⋯⋯⋯⋯⋯⋯⋯⋯⋯⋯⋯⋯⋯⋯⋯⋯⋯⋯ 90

第六章　金融合同法 ·· 95

　　第一节　合同与合同法概述 ·· 95

　　第二节　金融合同的订立 ·· 97

　　第三节　金融合同的效力 ·· 103

　　第四节　金融合同的履行 ·· 106

　　第五节　金融合同的担保 ·· 109

　　第六节　金融合同的变更与转让 ·· 113

　　第七节　金融合同的权利义务终止 ··· 116

　　第八节　违约责任 ··· 121

　　第九节　金融类合同 ·· 123

第七章　货币与结算法 ·· 128

　　第一节　货币法 ·· 128

　　第二节　票据法 ·· 132

　　第三节　非票据结算方式 ·· 138

　　第四节　非银行支付机构网络支付业务 ··· 142

第八章　保险法 ·· 150

　　第一节　保险法概述 ·· 150

　　第二节　保险主体 ··· 154

　　第三节　保险合同的一般规定 ·· 155

　　第四节　人身保险合同 ··· 158

　　第五节　财产保险合同 ··· 162

　　第六节　保险业监督管理 ·· 167

第九章　证券法 ·· 170

　　第一节　证券法概述 ·· 170

　　第二节　证券发行 ··· 171

　　第三节　证券交易 ··· 175

　　第四节　上市公司的收购 ·· 179

　　第五节　信息披露 ··· 181

　　第六节　投资者保护 ·· 183

　　第七节　证券交易场所 ··· 185

第八节　证券公司 ……………………………………………………………… 187

第九节　证券登记结算机构与证券服务机构 ………………………………… 191

第十节　证券业协会与证券监督管理机构 …………………………………… 193

第十章　证券投资基金法 ……………………………………………………… 196

第一节　证券投资基金法概述 ………………………………………………… 196

第二节　基金管理人 …………………………………………………………… 197

第三节　基金托管人 …………………………………………………………… 201

第四节　基金的运作方式和组织 ……………………………………………… 204

第五节　基金的公开募集 ……………………………………………………… 205

第六节　公开募集基金的基金份额的交易、申购与赎回 …………………… 207

第七节　公开募集基金的投资、信息披露、变更与终止 …………………… 209

第八节　非公开募集基金 ……………………………………………………… 211

第九节　基金服务机构和行业协会 …………………………………………… 213

第十节　监督管理 ……………………………………………………………… 215

第十一节　法律责任 …………………………………………………………… 216

第十一章　信托法 ……………………………………………………………… 218

第一节　信托法概述 …………………………………………………………… 218

第二节　信托当事人 …………………………………………………………… 221

第三节　信托公司 ……………………………………………………………… 223

第四节　信托登记 ……………………………………………………………… 232

第五节　信托的设立、变更、终止 …………………………………………… 235

第十二章　涉外金融法 ………………………………………………………… 238

第一节　涉外金融法概述 ……………………………………………………… 238

第二节　涉外金融机构法律制度 ……………………………………………… 240

第三节　外汇管理制度 ………………………………………………………… 243

第四节　涉外银行法律制度 …………………………………………………… 248

第五节　涉外证券法律制度 …………………………………………………… 258

第六节　涉外保险法律制度 …………………………………………………… 264

第一章　金融法概论

金融法学
课程介绍

教学目标

通过学习,了解金融法的概念、特征、调整对象,掌握金融法的渊源,掌握金融法律体系框架,了解金融法的制定和实施;知晓金融法律关系的概念、构成要素,掌握金融法律关系的主体、内容、客体,重点关注金融法主体的类型、金融权利、客体的分类;了解金融法律事实的概念、分类;了解违反金融法的行政责任、民事责任、刑事责任,明白各种法律责任的具体形式;了解金融仲裁与诉讼的基本知识。

第一节　金融法概述

金融法概述

一、金融法的概念与法律地位

(一)金融法属于经济法的范畴

我国法律体系包括宪法、刑法、行政法、民商法、经济法、社会法、国际法、诉讼与非诉讼程序法等八大部门法。

尽管在金融法法律规范中也包含有民商法、行政法等部门法的因素,但其最基本的因素是经济法。金融活动是连接生产、交换、分配和消费等各个经济环节的纽带,是国民经济的重要组成部分。金融法是调整各类金融关系的法律规范的总和,是经济法的重要组成部分。金融法是国家在宏观上调控和监管整个金融产业,在微观上规范经济主体金融活动,促进金融业朝着正确方向发展的重要法律手段之一。

金融法之所以是经济法的组成部分,而不是其他部门法的组成部分,其主要原因在于:第一,作为金融法调整对象的金融及金融关系具有强烈的经济属性,是国家调控经济、监管市场过程中发生的核心经济关系;第二,金融法具有经济法律部门的一般特征,如金融法的主要功能是确认和规范国家调控金融和监管市场的职责权限,维护社会整体利益;第三,金融法确立国家调控和监管金融业的法律原则,金融主管机关据此依法调控金融业和监管金融市场,体现出金融法规范和约束政府权力的经济法性质的作用。

(二)金融法的法律地位

金融法的地位是指金融法在整个法律体系中的位置,即金融法在法律体系中是否属于一个独立的法律部门,以及属于哪一层次的法律部门。

金融法的性质决定了其在法律体系中的地位,作为自成一类规范或"一个法群"的金融法,是经济法的一个重要组成部分。经济法是一个独立的法律部门,金融法是这个独立部门当中的一个组成部分,它是法律体系第三层次的一个组成部分;而作为一个法律学科,金融法学就是隶属于经济法学的一个重要分支学科,可称为法学的三级学科。

金融法在我国整个法律体系中有着不可或缺的重要地位和作用,金融法学是一个具有广阔研究空间和长远发展前景的新兴法律学科。

(三)金融法的概念与调整对象

金融法是调整金融关系的法律规范的总称。金融关系包括金融监管关系与金融交易关系。所谓"金融监管关系",主要是指政府金融主管机关对金融机构、金融市场、金融产品及金融交易进行监督管理而产生的关系。所谓"金融交易关系",主要是指在货币市场、证券市场、保险市场和外汇市场等各种金融市场中,金融机构之间、金融机构与自然人、企业等组织之间,以及自然人、企业等组织之间进行的各种金融交易而产生的关系。

在金融法总称下面,可以将有关金融监管关系与金融交易关系的法律分为银行法、证券法、期货法、票据法、保险法、外汇管理法等具体类别。

(四)金融法的作用

金融法是设立金融机构,进行金融业务活动,加强金融管理的法律依据;是处理金融组织与政府各部门、企事业单位、居民之间的金融法律关系的准则;是保证国家金融政策特别是国家货币政策及产业政策正确贯彻执行的重要工具;对打击金融犯罪活动及逃汇、套汇等扰乱金融市场的活动,发挥金融机构的监督作用,促进廉政建设有积极意义;金融法也是开展对外金融活动,加强国际金融合作,引进和吸收外资的重要条件。

二、金融法简史

金融法简史

公元前 221 年,秦始皇统一中国后,制定秦律十八种,其中的金布律,统一了货币制度,使货币制度法律化。这是最早的货币立法。

现代意义的金融法是人类社会演进到市场经济,随着金融活动日益扩大并渗透到社会各个领域,银行等金融机构大量出现并形成金融业时,产生和发展起来的。

16 世纪,西欧开始进入资本主义时期。1580 年,在当时地处东西方商业贸易中心的意大利城市威尼斯出现了第一家银行——威尼斯银行。1694 年,在率先进行资本原始积累,进入资本主义社会的英国,经英国皇室颁布特许令,在伦敦组建了世界上第一家股份制银行——英格兰银行。1844 年,英国国会通过了由政府首相罗伯特·皮尔提出的《英格兰银行条例》,又称《皮尔条例》。这是世界上第一部银行法,也是第一部专门性的金融法律规范。

16 世纪中叶,随着股份公司的出现,股票、公司债券开始进入有价证券交易的行列。1602 年,在阿姆斯特丹成立了世界上第一家股票交易所——阿姆斯特丹证券交易所。随后,伦敦证券交易所(1773 年)、费城证券交易所(1790 年)、纽约证券交易所(1792 年)也成立了。运输公司股票、铁路股票、矿山股票、银行股票、保险公司股票等在当时是最为活跃的交易品种。但最早的证券立法则是美国的《1933 年证券法》和《1934 年证券交易法》。随后英国颁布了《防止诈骗(投资)法》(1939 年),日本颁布了《证券交易法》(1947 年)。

海上贸易历史久远,推动了海上保险的发展。世界上最古老的海上保险法典是 1435 年的"西班牙巴塞罗那法令",它规定了有关海上保险承保规则和损害赔偿的手续。在英国,虽然保险业十分发达,但由于是不成文法国家,故早期并无成文的保险法。法院最初是运用商法的一些原则和传统的普通法的概念来解决保险争议的。1756 年,曼斯菲尔德法官开始收集大量欧洲各国的海上保险案例和国际惯例,花了 20 多年的时间编订了海上保险法草案,为以后的保险立法奠定了基础。1774 年英国制定了《人身保险法》。

票据立法最早源于法国,《法国商法典》最早系统地对票据规范做出了规定。日本于 1901 年颁布实施《保险业法》。最早的国际金融立法是 1944 年 7 月形成的"布雷顿森林体系"。

1908 年清王朝颁布《大清银行则例》。

1995年,全国人民代表大会及其常务委员会先后颁布了《中国人民银行法》《商业银行法》《担保法》《票据法》《保险法》及《全国人民代表大会常务委员会关于惩治破坏金融秩序犯罪的决定》五部金融方面的、成文配套的法律和决定,因而1995年被称为"金融立法年"。此后我国又相继制定《证券法》《信托法》《银行业监督管理法》《证券投资基金法》等重要的金融法律,以及配套实施的行政法规、司法解释与部门规章、规范性文件,形成了我国的金融法律框架。这些金融立法在很大程度上满足了处于特殊历史时期的中国金融市场的发展需要,也反映出法律移植与国家强制双重指引下的中国特色金融市场的形成过程。目前在银行、证券、保险、信托等领域,均颁布了相应法律和大量由国家机关制定的规范性文件。

 **思考题:**简述金融法的历史。

三、金融法的渊源

金融法的渊源就是金融法的表现形式。我国的金融法渊源表现为各有权机关制定的成文法形式。

(一)宪法

宪法是国家的根本大法,具有最高的法律效力。宪法中有许多关于金融法律规范的规定,这些宪法性规范是具有最高法律效力的金融法律规范,指导我国金融法律的制定。

(二)法律

法律是由全国人大及其常委会制定的规范性法律文件。金融法律是指由全国人大及其常委会制定的规范性金融法律文件。金融法律,包括《中国人民银行法》《商业银行法》《保险法》《证券法》《票据法》等法律。金融法律的效力仅次于宪法,是制定行政法规的依据之一。金融法律是我国金融法的主要渊源之一。

(三)行政法规

行政法规是由最高行政机关即国务院制定的规范性文件,依据宪法和法律制定,其效力次于宪法和法律。行政法规往往以条例的形式出现,如《中华人民共和国外资银行管理条例》(以下简称《外资银行管理条例》)、《中华人民共和国国库券条例》(以下简称《国库券条例》)、《中华人民共和国人民币管理条例》(以下简称《人民币管理条例》)、《中华人民共和国外汇管理条例》(以下简称《外汇管理条例》)等。

(四)地方性法规

地方性法规是指有立法权的省、自治区、直辖市等地方人民代表大会及其常委会制定的规范性文件。有立法权的地方人大及其常委会包括省、自治区、直辖市人大及其常委会,较大市的人大及其常委会。较大市,是指省、自治区人民政府所在地的市,经济特区所在地的市和经国务院批准的较大市。

(五)政府规章

政府规章是由国务院各部委及地方人民政府制定的规范性文件。政府规章分为部委规章和地方政府规章。部委规章是由国务院各部、委员会,行,署等机构制定的规范性文件。地方政府规章则指省、直辖市、自治区人民政府和较大的市的人民政府所制定的规范性文件。金融法的渊源大量体现为政府规章。

(六)自治条例与单行条例

民族自治地方的人民代表大会及其常委会,有权依据宪法、民族区域自治法等法律,根据民族自治地方的实际情况,制定自治条例和单行条例。民族自治地方颁行的地方性金融法规是我国金融法的重要渊源之一。

(七)特别行政区法

我国实行一国两制,设立香港、澳门特别行政区,特别行政区享有立法权。特别行政区立法会制定的法律也是我国金融法的渊源。

(八)国际条约

国际条约也是我国金融法的渊源。国际条约是指我国与外国缔结和参加的双边、多边的条约、协定和其他条约性文件。如 WTO 一揽子协议、国际货币基金组织公约等国际条约,只要我国缔结和参加的,即在我国发生法律效力。

(九)法律解释

法律解释是就现有的法律规范及其实施作出的解释。目的是为了弥补立法的不足,便于法的实施。对金融法律规范作出的法律解释有立法解释、行政解释、司法解释。立法解释是国家立法机关对金融法律规范作出的解释。行政解释一般是指最高行政机关即国务院作出的解释。司法解释则是最高人民法院就金融法律规范在司法活动中的适用作出的解释。对金融法律规范作出的立法解释、行政解释、司法解释都是法定的有权机关作出的解释,在金融法律规范的实施中都可以作为适用的法律依据,也是金融法的渊源之一。

思考题:金融法的渊源有哪些?

四、金融法律体系

金融法律体系是指由调整金融关系的法律规范所组成的有机统一的整体。我国金融法律体系主要由以下几个部分组成。

(一)金融主体法

金融主体法就是调整金融主体的设立、变更、终止及其活动中产生的社会关系的法律规范。金融主体法有单行的立法,也有综合立法。如涉及银行和非银行金融机构的法律,多是单行立法,而证券公司、保险公司、信托公司则大多数是在综合性的立法中予以规定。

银行法是调整银行的设立、变更、终止及其活动中产生的社会关系的法律规范,包括了《中国人民银行法》《商业银行法》《外资银行管理条例》等法律法规。

非银行金融机构法,是调整非银行金融机构在设立、变更、终止及其活动中产生的社会关系的法律规范,如《企业集团财务公司管理办法》《金融租赁公司管理办法》等。

(二)货币与结算法

货币法是关于货币的种类、地位、发行、流通及其管理的法律规范的总称。我国的货币法律规范有《人民币管理条例》《现金管理条例》等。

结算法是关于票据结算、托收承付、委托收款、网络结算、银行卡、信用证等结算方式的法律规范,如《票据法》《支付结算办法》《非金融机构支付服务管理办法》等。

(三)证券法

证券法是调整证券发行和流通中发生的资金融通关系的法律规范的总称。我国的证券法律规范,主要有《证券法》《证券公司监督管理条例》等。

（四）保险法

保险法是调整保险关系的法律规范的总称。保险法通常由保险业法、保险合同法和保险特别法等部分组成。

（五）信托法

信托法是调整金融信托关系的法律规范，主要包括信托机构的设立条件、法律地位、信托业务规范、信托合同制度等内容。

（六）投资基金法

投资基金法是调整投资基金关系的法律规范的总称。投资基金法应包括产业投资基金法、证券投资基金法和风险投资基金法。

金融法律体系还包括涉外金融法、网络金融法、金融刑法、金融纠纷处理法等法律。涉外金融法是指调整我国跨国（边）境的金融活动及其法律关系的一系列法律、法规等法律规范的总称。网络金融法是调整网络金融关系的法律规范。金融刑法则是关于金融犯罪与刑罚的法律规范，主要是刑法、刑法修正案、涉及金融犯罪的司法解释。金融纠纷处理法则是指仲裁法、诉讼法等调处金融纠纷的法律规范。

五、金融法的制定

金融法的制定是指国家机关依据法定职权和法定程序创设并颁行金融法律规范的活动。在我国，有权制定金融法律规范的国家机关有全国人大及其常委会，国务院，国务院各部委，省、自治区、直辖市地方人大及其常委会，省、自治区、直辖市地方人民政府等。金融法的基本性法律是由全国人大及其常委会制定的，全国人大及其常委会制定的金融法律形成了金融法的基本框架。

1949—1979年，我国已经制定了不少涉及金融法的规范性文件。1979年以后，随着改革开放的不断深入，金融法的立法步伐逐步加快，这一时期金融活动的立法较多。1993年以后，社会主义市场经济体制开始确立，与市场经济配套的金融法律大量出台。1995年以后，国家逐步颁行金融法律规范，形成了金融法律体系。1995年，全国人大及其常委会先后颁布了《中国人民银行法》《商业银行法》《担保法》《票据法》《保险法》及《全国人民代表大会常务委员会关于惩治破坏金融秩序犯罪的决定》等法律与决定。2003年我国提出完善社会主义市场经济体制之后，金融法的立法步伐更是加快，这一时期对已有的金融法律规范进行适时修订，新的金融法律规范不断颁行。经过不懈的努力建设，我国已经形成了完善的金融法律体系。根据科学立法的要求，我国将继续对金融法律进行修订和创新，不断健全金融法律体系。在党的二十大报告的指引下，我国陆续对金融法律进行修订和创新，不断健全金融法律体系。

金融法律主要有：《中国人民银行法》（1995年）、《商业银行法》（1995年）、《保险法》（1995年）、《票据法》（1995年）、《证券法》（1998年）、《信托法》（2001年）、《证券投资基金法》（2003年）、《银行业监督管理法》（2006年）、《反洗钱法》（2006年）等。

思考题：金融法的制定有哪些成就？

六、金融法的实施

金融法的实施是指金融法主体实际施行金融法的活动。金融法的实施包括金融法的守法、执法、司法等三个方面。

（一）守法

金融法的守法是指金融法主体遵守金融法的活动。金融法主体对金融法的遵从，是全民守法的要求,也是金融法主体自觉实施金融法的活动,如若金融法主体都能依照金融法行为,金融的法治化才能达到较高的水平,法治规范的市场经济才会变成现实。金融法的守法,要求市场主体的市场活动要遵从金融法的规定,企业、公司等市场主体要依法公平、公正竞争,不侵害消费者利益,自觉维护市场秩序,积极与违反金融法的现象作斗争。

(二)执法

金融法的执法是指金融法的执法机关,即宏观调控部门和市场规制部门,严格依照法定职权和法定程序执行金融法律规范的活动。执法不严、违法不究现象在金融法的执法中还不同程度存在,以言代法、以权压法、执法犯法等现象也屡有出现。执法必严,严格执法,是社会主义法治的要求,也是金融法执法的总要求。严格执法要求金融法的调制主体依法进行宏观调控和市场规制,不越权,不滥权,不弃权,严格按照法定程序,切实履行宏观调控职责,严格依法对市场主体进行规制,坚持违法必究,绝不松懈。

(三)司法

金融法的司法是指司法机关严格依照法定职权和法定程序处理金融案件的活动。司法机关积极推动司法改革,建立金融审判机关,实行金融案件审理的专门化和专业化。司法机关要公开、公正地独立严格按照诉讼法规定程序及时审理案件,让金融法主体在每一个案件中都能感受公正。

 思考题:如何理解金融法的实施?

第二节 金融法律关系

金融法律关系

金融法律关系是经过金融法调整而在金融法主体之间形成的、具有权利义务内容的关系。金融法律关系由主体、内容、客体三个要素构成。

一、金融法律关系的主体

(一)金融法律关系主体的概念和分类

金融法律关系的主体是参与金融法律关系并依法享有权利和承担义务的组织或者自然人。金融法律关系的主体又称金融法的主体,包括了自然人、法人、非法人组织。

1. 自然人

自然人指的是生物学意义上的个人,包括本国人、外国人、无国籍人。自然人从事工商业经营,经依法登记,为个体工商户。农村集体经济组织的成员,依法取得农村土地承包经营权,从事家庭承包经营的,为农村承包经营户。这类主体是金融法主体中数量最多的。

自然人从出生时起到死亡时止,具有民事权利能力,依法享有民事权利,承担民事义务。不满8周岁的未成年人为无民事行为能力人,由其法定代理人代理实施民事法律行为。不能辨认自己行为的成年人也为无民事行为能力人,由其法定代理人代理实施民事法律行为。8周岁以上的未成年人为限制民事行为能力人,实施民事法律行为由其法定代理人代理或者经其法定代理人同意、追认,但是可以独立实施纯获利益的民事法律行为或者与其年龄、智力相适应的民事法律行为。不满18周岁的自然人为未成年人。18周岁以上的自然人为成年人。成年人为完全民事行为能力人,可以独立实施民事法律行为。16周岁以上的未成年人,以自己的劳动收入为主要生活来源的,视为完全民事行为能力人。

2.法人

(1)法人的定义和设立

法人是具有民事权利能力和民事行为能力,依法独立享有民事权利和承担民事义务的组织。

法人应当依法成立。法人应当有自己的名称、组织机构、住所、财产或者经费。法人成立的具体条件和程序,依照法律、行政法规的规定。设立法人,法律、行政法规规定须经有关机关批准的,依照其规定。法人的民事权利能力和民事行为能力,从法人成立时产生,到法人终止时消灭。法人以其全部财产独立承担民事责任。

依照法律或者法人章程的规定,代表法人从事民事活动的负责人,为法人的法定代表人。法定代表人以法人名义从事的民事活动,其法律后果由法人承受。法人章程或者法人权力机构对法定代表人代表权的限制,不得对抗善意相对人。法定代表人因执行职务造成他人损害的,由法人承担民事责任。法人承担民事责任后,依照法律或者法人章程的规定,可以向有过错的法定代表人追偿。

(2)法人的分类

法人可以分为营利性法人、非营利性法人、特别法人三类。

①营利性法人

以取得利润并分配给股东等出资人为目的而成立的法人,为营利性法人。营利法人包括有限责任公司、股份有限公司和其他企业法人等。

②非营利性法人

为公益目的或者其他非营利目的成立,不向出资人、设立人或者会员分配所取得利润的法人,为非营利法人。非营利法人包括事业单位、社会团体、基金会、社会服务机构等。具备法人条件,为适应经济社会发展需要,提供公益服务设立的事业单位,经依法登记成立,取得事业单位法人资格;依法不需要办理法人登记的,从成立之日起,具有事业单位法人资格。具备法人条件,基于会员共同意愿,为公益目的或者会员共同利益等非营利目的设立的社会团体,经依法登记成立,取得社会团体法人资格;依法不需要办理法人登记的,从成立之日起,具有社会团体法人资格。具备法人条件,为公益目的以捐助财产设立的基金会、社会服务机构等,经依法登记成立,取得捐助法人资格。依法设立的宗教活动场所,具备法人条件的,可以申请法人登记,取得捐助法人资格。

③特别法人

机关法人、农村集体经济组织法人、城镇农村的合作经济组织法人、基层群众性自治组织法人,为特别法人。

金融法主体中,机关法人是最为特殊的一类主体。在国家对金融活动的调控和规制过程中,政府的金融职能部门及机关是主要的调控和规制主体,依照法定的金融职权对市场主体及其行为进行调控和规制,处于金融法主体中主动调制的一方,其行为往往具有经济性和行政性的双重性。

3.非法人组织

非法人组织是不具有法人资格,但是能够依法以自己的名义从事民事活动的组织。非法人组织包括个人独资企业、合伙企业、不具有法人资格的专业服务机构等。

(二)金融法主体的经济法特征

金融法是调整国家在对金融市场进行宏观调控、对市场主体及其行为进行规制过程中产生的社会关系的法律规范的总称。金融法一方面维护市场主体之间的平等竞争,另一方面也体现国家对金融的干预。金融法主体在地位上具有复杂性,有地位平等的时候,也有地位具有隶属性的不平等的时候。譬如,经营者与经营者之间、经营者与消费者之间的地位就平等,而政府机关等调制主体对市场主体及其行为进行调制的时候与市场主体之间就具有隶属性和不平等性。

金融法是对金融活动进行调控和规制的法律,在金融法对市场活动调制的过程中,金融法主体就分为调制主体和被调制主体。

1.调制主体

对市场进行调控和规制的主体,就是调控主体和规制主体,简称调制主体。调制主体主要是政府机关,尤其是政府机关中具有调制权的职能部门,如发展与改革委员会、外汇管理局、财政部等部委主要进行宏观调控工作,就是调控主体。中国银保监会等部门主要是对市场主体及其行为进行规制,则是规制主体。有些主体如中国人民银行,既在宏观上进行调控,又可以对金融市场主体及其行为进行规制,则既是调控主体又是规制主体,具有双重性。

2.被调制主体

被调制主体主要为具有平等地位的自然人、营利性法人、非营利性法人、部分特别法人、非法人组织,在金融法上体现为竞争者、经营者、消费者等,被称为金融市场活动主体。被调制主体在参与市场竞争活动时,具有平等性、积极性、主动性,但在其不规范行为,尤其是市场行为触犯法律时,接受规制主体规制时具有被动性;而当国家宏观调空时,调控主体依法进行调控,被调制主体则都具有被动性接受的一面。当然,被调制主体也可积极主动应对和适从,这种应对和适从是对政府的强力依法调控而做出的对策。

思考题:金融法律关系的主体有哪些?

二、金融法律关系的内容

金融法律关系的内容就是金融法律关系主体依法享有的权利和依法应承担的义务。金融法律关系内容体现的权利和义务,以民商法、行政法上的权利和义务为基础,更多地表现为金融权利和金融义务,具有经济性的特点。

(一)金融法律关系主体的权利

1.金融主体在民商法上既具有人身权利,又有财产权利

从人身权利看,自然人享有生命权、身体权、健康权、姓名权、肖像权、名誉权、荣誉权、隐私权、婚姻自主权、婚姻家庭权利、继承权、个人信息权等权利,而法人、非法人组织享有名称权、名誉权、荣誉权等权利。金融法主体的财产权利包括了物权、债权、知识产权、投资权利、数据权利、网络虚拟财产权和其他权利。

2.金融法主体的金融权利

金融法主体享有金融权利。金融权利是金融法律关系主体以其意志和行为参与金融活动的一种自由。金融法律关系主体的权利在金融法上体现为经济性特征,也有调制性的特征。

(1)金融市场权利

金融法主体,如自然人、法人、非法人组织,具有参与市场活动的权利,这些权利可以分为竞争权、消费者权等权利。竞争权体现为金融经营者的市场参与权、平等竞争权、竞争自由权、金融公平权、正当竞争权等权利。消费者权则是金融消费者享有的安全权、知情权、选择权、索赔权等权利。

(2)金融调制权

金融调制权是指金融调制主体的金融宏观调控权和金融市场规制权。宏观调控主体和市场规制主体主要是政府机关和法律授权的主体,具有行政性,其享有的宏观调控权和市场规制权相对于被调制主体的市场权利而言具有隶属性、平等性,调制权的实质是调制主体的金融职权。调制权对于调制主体而言,既是权利,又是义务,不得放弃也不得越权,还要遵从职权法定原则,法不授权不可为,法律授权必须为。调制权包括了调制立法权、调制执法权等。

(二)金融法律关系主体的义务

金融法律关系主体的义务是金融法律关系主体依法必须做出行为或者不做出行为的责任。金融

法律关系主体的义务分为调制主体的义务和被调制主体的义务。

1. 调制主体的义务

调制主体,不论是宏观调控主体还是市场规制主体,主要是政府职能部门,尤其是政府金融职能部门,其义务主要是依法进行宏观调控和市场规制,依法履行其职权,贯彻职权法定原则,法不授权不可为,法律授权必须为。调制主体要依法尽职履行宏观调控和市场规制的职责,无论是在实体上还是在程序上,都要严格遵守金融法律的规定,积极履行调制职责,固守严格执法的原则。调制主体有消极行为将要承担法律责任。

2. 被调制主体的义务

被调制主体的义务可以分为经营者的义务和消费者的义务,主要是经营者的义务。与消费者相比,经营者处于相对强势,金融法对经营者规定的义务相对比较多。相对于对消费者的间接调制而言,调制机关对经营者的调制更加直接。经营者的义务主要是依法公平竞争的义务、依法正当竞争的义务、保护消费者的义务、依法接受调制机关调制的义务。

思考题:金融法律关系的内容有哪些?

三、金融法律关系的客体

金融法律关系的客体是金融法律关系主体权利义务指向的对象。金融法律关系客体随着金融法的不断发展完善而出现了客体范围不断变化扩大的趋势。金融法律关系的客体可以分为以下几类。

(一)物

物是指可以为人们支配和利用,具有一定经济价值的客观物体。只有可以为人们控制和支配利用并具有经济价值的物才可以成为金融法律关系的客体,大部分物都可以成为客体。物包括了自然物、产品、货币、有价证券等。不能为人们控制和支配利用的物则不能成为客体,如空气、阳光、地球外的天体等。只有法律许可流通的物才能成为客体。法律禁止流通的物不能作为客体,如枪械等军事武器、毒品、禁止流通的文物等就不能作为客体。

(二)组织或个人行为

组织或者个人的行为也可以成为客体。金融管理行为、生产经营行为、提供劳务行为、完成工作的行为都可成为金融法律关系的客体。如建设工程合同的客体就是工程建设行为、承揽合同的客体就是承揽行为、运输合同的客体就是运输劳务行为。

(三)智力成果

智力成果又被称为精神产品、无形财产,就是人们通过智力劳动形成的精神财产。智力成果包括技术、信息、数据、设计、图形、商业秘密、著作等。智力成果上附着的权利就是无形财产权,无形财产权也可以成为客体,如专利权、著作权、商标权、土地使用权等,如土地使用权出让和转让合同的客体就是土地使用权。

思考题:金融法律关系的客体有哪些?

第三节　金融法律事实

一、金融法律事实的概念

金融法律事实是能引起金融法律关系发生、变更、终止的客观情况。金融法律事实是金融法律关系发生、变更、终止的前提和条件。

二、金融法律事实的分类

金融法律事实按照是否以人的意志为转移,可以分为事件和行为两大类。

(一)事件

事件是不以人的意志为转移的,能引起金融法律关系发生、变更、终止的客观情况。事件又可分为自然事件和社会事件。

1. 自然事件

自然事件又被称为绝对事件,就是绝对与人的意志与行为无关的、纯自然的现象。自然事件包括地震、洪水、冰雹、海啸、雪崩等自然现象。时效也是引起法律关系发生、变更、终止的自然事件。

2. 社会事件

社会事件又被称为相对事件,通常是指与人有关系但某个个人无法控制的社会现象。社会事件包括动乱、暴动、战争、罢工等社会现象。

(二)行为

行为是人的有意识的活动。行为可以是作为,也可以是不作为。行为可以是合法行为,也可以是违法行为。行为既可以是善意行为,也可以是恶意行为。民事法律行为、行政行为、金融法律行为等行为都可以引起金融法律关系的发生、变更、终止。

三、金融法律行为

金融法律行为是金融法主体实施的、体现金融意志的法律行为。金融法律行为会引起金融法律关系的发生、变更、终止。

(一)金融法律行为的分类

金融法律行为可以分为金融主体的市场行为和调制主体的调制行为。

1. 金融主体的市场行为

这是金融市场主体参与市场活动的行为,包括金融市场竞争行为、产品生产和销售行为、调制接受行为、调制应对行为、金融合同行为等。这类行为一般是平等的金融主体之间发生的交易行为,可以分为有效行为、效力待定行为、可撤销行为、无效行为等类别。

2. 调制主体的调制行为

根据调制实施主体的不同,调制主体的调制行为可以分为宏观调控行为和市场规制行为。宏观调控行为是具有宏观调控权的机关作出的行为,如计划行为、财税调控行为、金融调控行为等。市场规制行为则是具有市场规制权的机关作出的行为,如对金融企业的准入登记行为、对金融企业失范行为的规制行为、反垄断行为、对不正当竞争行为的规制行为、对产品质量的监管行为等。

（二）金融行为的法律后果和法律责任

金融行为从适法性上可以分为合法行为与违法行为。金融主体的合法行为产生法律期许的后果，而金融违法行为则导致金融主体的法律责任承担。金融法主体可能承担的法律责任可以分为民事责任、行政责任、刑事责任三类。

1. 民事责任

民事责任是法律主体实施了民事违法行为在民法上应当承担的法律后果。民事主体依照法律规定和当事人约定，履行民事义务，承担民事责任。

承担民事责任的方式主要有：停止侵害，排除妨碍，消除危险，返还财产，恢复原状，修理、重做、更换，继续履行，赔偿损失，支付违约金，消除影响、恢复名誉，赔礼道歉。法律规定惩罚性赔偿的，依照其规定。承担民事责任的方式，可以单独适用，也可以合并适用。

2. 行政责任

行政责任是法律主体实施了行政违法行为在法律上应承担的后果。调制主体和受调制主体违反行政法律也要承担行政责任。行政责任可以分为行政处分和行政处罚。

行政处分是行政机关对其工作人员的违法行为进行的一种制裁措施。行政处分包警告、记过、记大过、降级、降职、撤职、开除留用察看、开除等形式。

行政处罚是行政机关对实施了行政违法行为的组织或者个人进行的一种制裁措施。行政处罚的种类有：警告，罚款，没收违法所得、没收非法财物，责令停产停业，暂扣或者吊销许可证、暂扣或者吊销执照，行政拘留，法律、行政法规规定的其他行政处罚。

3. 刑事责任

刑事责任是指违反刑法的个人或者单位应当承担的法律责任。刑事责任分为主刑和附加刑。主刑只能独立使用，附加刑可以独立使用或者附加使用。

主刑的种类有：管制、拘役、有期徒刑、无期徒刑和死刑。附加刑的种类有：罚金、剥夺政治权利和没收财产。对于犯罪的外国人，可以独立适用或者附加适用驱逐出境。

思考题：金融法律行为有哪些？

四、代理

金融与代理

金融法主体可以通过代理人实施贷款、发行股票、证券交易、保险经纪等金融法律行为。代理就是代理人接受被代理人的委托，以被代理人的名义从事行为，而行为后果由被代理人承担的一种行为。

代理包括委托代理和法定代理。委托代理人按照被代理人的委托行使代理权。委托代理授权采用书面形式的，授权委托书应当载明代理人的姓名或者名称、代理事项、权限和期间，并由被代理人签名或者盖章。法定代理是基于法律规定直接产生的代理。法定代理人依照法律的规定行使代理权。

代理人不履行或者不完全履行职责，造成被代理人损害的，应当承担民事责任。代理人和相对人恶意串通，损害被代理人合法权益的，代理人和相对人应当承担连带责任。

代理人不得以被代理人的名义与自己实施民事法律行为，但是被代理人同意或者追认的除外。代理人不得以被代理人的名义与自己同时代理的其他人实施民事法律行为，但是被代理的双方同意或者追认的除外。

行为人没有代理权、超越代理权或者代理权终止后，仍然实施代理行为，未经被代理人追认的，对被代理人不发生效力。相对人可以催告被代理人自收到通知之日起 30 日内予以追认。被代理人未作表示的，视为拒绝追认。行为人实施的行为被追认前，善意相对人有撤销的权利。撤销应当以通知的方式作出。行为人实施的行为未被追认的，善意相对人有权请求行为人履行债务或者就其受到的损害请求行为人赔偿,但是赔偿的范围不得超过被代理人追认时相对人所能获得的利益。相对人知道或者应当知道行为人无权代理的,相对人和行为人按照各自的过错承担责任。

行为人没有代理权、超越代理权或者代理权终止后,仍然实施代理行为,相对人有理由相信行为人有代理权的,代理行为有效。

五、诉讼时效

(一)民事诉讼时效

向人民法院请求保护民事权利的诉讼时效期间为3年。法律另有规定的,依照其规定。诉讼时效期间自权利人知道或者应当知道权利受到损害及义务人之日起计算。法律另有规定的,依照其规定。但是自权利受到损害之日起超过20年的,人民法院不予保护;有特殊情况的,人民法院可以根据权利人的申请决定延长。

(二)行政诉讼时效

对属于人民法院受案范围的行政案件,公民、法人或者其他组织可以先向行政机关申请复议;对复议决定不服的,再向人民法院提起诉讼;也可以直接向人民法院提起诉讼。法律、法规规定应当先向行政机关申请复议,对复议决定不服再向人民法院提起诉讼的,依照法律、法规的规定。

公民、法人或者其他组织不服复议决定的,可以在收到复议决定书之日起15日内向人民法院提起诉讼。复议机关逾期不作决定的,申请人可以在复议期满之日起15日内向人民法院提起诉讼。法律另有规定的除外。

公民、法人或者其他组织直接向人民法院提起诉讼的,应当自知道或者应当知道作出行政行为之日起6个月内提出。法律另有规定的除外。因不动产提起诉讼的案件自行政行为作出之日起超过20年,其他案件自行政行为作出之日起超过5年提起诉讼的,人民法院不予受理。

(三)刑事追诉时效

犯罪经过下列期限不再追诉:法定最高刑为不满5年有期徒刑的,经过5年;法定最高刑为5年以上不满10年有期徒刑的,经过10年;法定最高刑为10年以上有期徒刑的,经过15年;法定最高刑为无期徒刑、死刑的,经过20年。如果20年以后认为必须追诉的,须报请最高人民检察院核准。

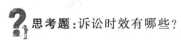 **思考题**:诉讼时效有哪些?

第四节　金融仲裁与诉讼

一、金融仲裁

金融仲裁是指金融纠纷的当事人根据双方达成的协议,将金融纠纷提交仲裁机构,由仲裁机构居中作出裁决的一种金融纠纷解决方式。仲裁机构是指仲裁委员会。金融仲裁实行一裁终局。

金融主体可以将金融民事案件依据双方当事人达成的仲裁协议向仲裁委员会申请仲裁。金融当事人申请仲裁应当符合下列条件:有仲裁协议,有具体的仲裁请求和事实、理由,属于仲裁委员会的受理范围。

当事人申请仲裁,应当向仲裁委员会递交仲裁协议、仲裁申请书及副本。仲裁委员会收到仲裁申请书之日起5日内,认为符合受理条件的,应当受理,并通知当事人;认为不符合受理条件的,应当书面通知当事人不予受理,并说明理由。

　　仲裁委员会受理仲裁申请后,应当在仲裁规则规定的期限内将仲裁规则和仲裁员名册送达申请人,并将仲裁申请书副本和仲裁规则、仲裁员名册送达被申请人。被申请人收到仲裁申请书副本后,应当在仲裁规则规定的期限内向仲裁委员会提交答辩书。仲裁委员会收到答辩书后,应当在仲裁规则规定的期限内将答辩书副本送达申请人。被申请人未提交答辩书的,不影响仲裁程序的进行。

　　仲裁庭可以由3名仲裁员或者1名仲裁员组成。由3名仲裁员组成的,设首席仲裁员。当事人约定由3名仲裁员组成仲裁庭的,应当各自选定或者各自委托仲裁委员会主任指定1名仲裁员,第三名仲裁员由当事人共同选定或者共同委托仲裁委员会主任指定。第三名仲裁员是首席仲裁员。当事人约定由1名仲裁员成立仲裁庭的,应当由当事人共同选定或者共同委托仲裁委员会主任指定仲裁员。

　　仲裁应当开庭进行。当事人协议不开庭的,仲裁庭可以根据仲裁申请书、答辩书及其他材料作出裁决。仲裁不公开进行。当事人协议公开的,可以公开进行,但涉及国家秘密的除外。

　　仲裁庭开庭包括庭前准备、调查、辩论、合议、裁决等程序。当事人应当对自己的主张提供证据。仲裁庭认为有必要收集的证据,可以自行收集。证据应当在开庭时出示,当事人可以质证。当事人在仲裁过程中有权进行辩论。辩论终结时,首席仲裁员或者独任仲裁员应当征询当事人的最后意见。

　　当事人申请仲裁后,可以自行和解。达成和解协议的,可以请求仲裁庭根据和解协议作出裁决书,也可以撤回仲裁申请。仲裁庭在做出裁决前,可以先行调解。当事人自愿调解的,仲裁庭应当调解。调解不成的,应当及时做出裁决。调解达成协议的,仲裁庭应当制作调解书或者根据协议的结果制作裁决书。调解书与裁决书具有同等法律效力。

　　裁决应当按照多数仲裁员的意见作出,少数仲裁员的不同意见可以记入笔录。仲裁庭不能形成多数意见时,裁决应当按照首席仲裁员的意见作出。裁决书自作出之日起发生法律效力。

　思考题:仲裁程序有哪些?

二、金融诉讼

■金融诉讼时效

　　金融交易当事人可以提起民事诉讼。金融当事人对中国人民银行、银保监会、证监会等监管机关的行为不服,可以提起行政诉讼。金融主体构成犯罪则会引发刑事诉讼。

　　人民法院负责各类金融案件的审理判决。我国法院分为基层人民法院、中级人民法院、高级人民法院和最高人民法院。金融纠纷案件由各级法院依法管辖。

　　金融案件的庭审组织有合议庭和独任庭两种。合议庭由3个或3个以上的审判员或者陪审员组成。独任庭由1个审判员组成。金融案件的审理程序有普通程序和简易程序。

　　当事人对自己提出的主张,有责任提供证据。当事人对自己提出的主张应当及时提供证据。当事人及其诉讼代理人因客观原因不能自行收集的证据,或者人民法院认为审理案件需要的证据,人民法院应当调查收集。人民法院应当按照法定程序,全面地、客观地审查核实证据。证据包括:当事人的陈述、书证、物证、视听资料、电子数据、证人证言、鉴定意见、勘验笔录。证据必须查证属实,才能作为认定事实的根据。证据应当在法庭上出示,并由当事人互相质证。

　　当事人参与诉讼时,有辩论和辩护的权利,也有委托诉讼代理人的权利。

　　金融民事诉讼和行政诉讼由金融当事人起诉。刑事案件由检察院公诉或者当事人自诉。

　　金融诉讼的一审程序一般经历起诉、受理、庭审、合议、裁判等阶段。金融诉讼以公开为原则,以不公开为例外。金融案件一般都开庭审理。庭审程序则有审理前准备、法庭调查、法庭辩论、当庭判决等阶段。金融民事案件可以调解结案。行政诉讼和刑事诉讼一般不适用调解。

　　当事人对一审判决不服的可以上诉。二审人民法院受理后,按照二审程序对金融案件进行审理和判决。我国案件实行两审终审。二审人民法院做出的判决为终审判决。

当事人认为已经生效的判决或者裁定存在错误的,可以提出再审。人民法院受理后按照再审程序进行审理裁判。

发生法律效力的民事判决、裁定,以及刑事判决、裁定中的财产部分,由第一审人民法院或者与第一审人民法院同级的被执行的财产所在地人民法院执行。法律规定由人民法院执行的其他法律文书,由被执行人住所地或者被执行的财产所在地人民法院执行。公民、法人或者其他组织拒绝履行行政判决、裁定、调解书的,行政机关或者第三人可以向第一审人民法院申请强制执行,或者由行政机关依法强制执行。刑事判决和裁定在发生法律效力后,由公安机关、监狱或其他执行机关执行。

 思考题:诉讼证据有哪些?

本章引用法律资源

1.《中华人民共和国商业银行法》。

2.《中华人民共和国民法典》。

3.《中华人民共和国中国人民银行法》。

4.《中华人民共和国行政诉讼法》。

5.《中华人民共和国民事诉讼法》。

本章参考文献

1.徐孟洲.金融法学[M].北京:高等教育出版社,2014.

2.刘少军.金融法学[M].北京:中国政法大学出版社,2014.

3.朱大旗.金融法学[M].北京:中国人民大学出版社,2015.

4.曾章伟.经济法学[M].杭州:浙江大学出版社,2018.

本章网站资源

1.全国人大网:http://www.npc.gov.cn。

2.中国政府网:http://www.gov.cn。

3.中华人民共和国最高人民法院官网:http://www.court.gov.cn。

4.中华人民共和国最高人民检察院官网:http://www.spp.gov.cn。

5.中国银行保险监督管理委员会官网:http://www.cbirc.gov.cn。

第一章课后练习题

第二章 央行法与银监法

教学目标

通过学习,了解中国人民银行法、银行业监督管理法的基本内容。了解中国人民银行的性质、地位、职责、组织机构、业务规则等内容;知晓银行业监督管理法的立法,掌握银行业监管机构、监管职责、监管措施等内容。

第一节 中国人民银行法

中国人民银行法概述

1995 年 3 月 18 日,第八届全国人民代表大会第三次会议通过《中国人民银行法》,2003 年 12 月 27 日第十届全国人民代表大会常务委员会第六次会议修订了《中国人民银行法》。制定《中国人民银行法》的目的是为了确立中国人民银行的地位,明确其职责,保证国家货币政策的正确制定和执行,建立和完善中央银行宏观调控体系,维护金融稳定。

一、中国人民银行的性质、地位、职责

中国人民银行是中国的中央银行,是发行的银行、银行的银行和政府的银行,是依法从事金融调控和金融监管的政府机关。中国人民银行的全部资本由国家出资,属于国家所有。中国人民银行在国务院领导下,制定和执行货币政策,防范和化解金融风险,维护金融稳定。

货币政策目标是保持货币币值的稳定,并以此促进经济增长。中国人民银行就年度货币供应量、利率、汇率和国务院规定的其他重要事项作出的决定,报国务院批准后执行。中国人民银行应当向全国人民代表大会常务委员会提出有关货币政策情况和金融业运行情况的工作报告。中国人民银行为执行货币政策,可以依法从事金融业务活动。中国人民银行在国务院领导下依法独立执行货币政策,履行职责,开展业务,不受地方政府、各级政府部门、社会团体和个人的干涉。

中国人民银行履行下列职责:发布与履行与其职责有关的命令和规章;依法制定和执行货币政策;发行人民币,管理人民币流通;监督管理银行间同业拆借市场和银行间债券市场;实施外汇管理,监督管理银行间外汇市场;监督管理黄金市场;持有、管理、经营国家外汇储备、黄金储备;经理国库;维护支付、清算系统的正常运行;指导、部署金融业反洗钱工作,负责反洗钱的资金监测;负责金融业的统计、调查、分析和预测;作为国家的中央银行,从事有关国际金融活动;国务院规定的其他职责等。

 思考题:中国人民银行的职责有哪些?

二、中国人民银行的组织机构

中国人民银行设行长 1 人,副行长若干人。中国人民银行行长的人选,根据国务

中国人民银行的组织机构

院总理的提名,由全国人民代表大会决定;全国人民代表大会闭会期间,由全国人民代表大会常务委员会决定,由中华人民共和国主席任免。中国人民银行副行长由国务院总理任免。

中国人民银行实行行长负责制。行长领导中国人民银行的工作,副行长协助行长工作。中国人民银行设立货币政策委员会。货币政策委员会的职责、组成和工作程序,由国务院规定,报全国人民代表大会常务委员会备案。中国人民银行货币政策委员会应当在国家宏观调控、货币政策制定和调整中,发挥重要作用。

中国人民银行根据履行职责的需要设立分支机构,作为中国人民银行的派出机构。中国人民银行对分支机构实行统一领导和管理。中国人民银行的分支机构根据中国人民银行的授权,维护本辖区的金融稳定,承办有关业务。

中国人民银行的行长、副行长及其他工作人员应当恪尽职守,不得滥用职权、徇私舞弊,不得在任何金融机构、企业、基金会兼职。中国人民银行的行长、副行长及其他工作人员,应当依法保守国家秘密,并有责任为与履行其职责有关的金融机构及当事人保守秘密。

 思考题:中国人民银行的组织机构有哪些?

三、中国人民银行发行人民币

人民币是我国唯一合法的货币。以人民币支付中华人民共和国境内的一切公共的和私人的债务,任何单位和个人不得拒收。人民币的单位为元,人民币辅币单位为角、分。

中国人民银行是我国唯一的货币发行机关,是发行的银行。人民币由中国人民银行统一印制、发行。中国人民银行设立人民币发行库,在其分支机构设立分库。分支库调拨人民币发行基金,应当按照上级库的调拨命令办理。任何单位和个人不得违反规定,动用发行基金。严禁任何其他部门发行任何货币、变相货币。任何单位和个人不得印制、发售代币票券,以代替人民币在市场上流通。

禁止伪造、变造人民币。禁止出售、购买伪造、变造的人民币。禁止运输、持有、使用伪造、变造的人民币。禁止故意毁损人民币。禁止在宣传品、出版物或者其他商品上非法使用人民币图样。残缺、污损的人民币,按照中国人民银行的规定兑换,并由中国人民银行负责收回、销毁。

 思考题:人民币的发行要遵守哪些规定?

🎬 货币政策

四、中国人民银行的业务

中国人民银行为执行货币政策,可以运用下列货币政策工具:要求银行业金融机构按照规定的比例缴存存款准备金;确定中央银行基准利率;为在中国人民银行开立账户的银行业金融机构办理再贴现;向商业银行提供贷款;在公开市场上买卖国债、其他政府债券和金融债券及外汇;国务院确定的其他货币政策工具。

🎬 存款准备金制度

🎬 再贴现制度

🎬 公开市场业务制度

中国人民银行依照法律、行政法规的规定经理国库。中国人民银行可以代理国务院财政部门向各金融机构组织发行、兑付国债和其他政府债券。中国人民银行可以根据需要,为银行业金融机构开立账户,但不得对银行业金融机构的账户透支。中国人民银行应当组织或者协助组织银行业金融机构相互之间的清算系统,协调银行业金融机构相互之间的清算事项,提供清算服务。中国人民银行会同国务院银行业监督管理机构制定支付结算规则。中国人民银行根据执行货币政策的需要,可以决定对商业银行贷款的数额、期限、利率和方式,但贷款的期限不得超过 1 年。

中国人民银行不得对政府财政透支,不得直接认购、包销国债和其他政府债券。中国人民银行不得向地方政府、各级政府部门提供贷款,不得向非银行金融机构及其他单位和个人提供贷款,但国务院决定中国人民银行可以向特定的非银行金融机构提供贷款的除外。中国人民银行不得向任何单位和个人提供担保。

思考题: 中国人民银行的业务有哪些?

五、中国人民银行的金融调控和监管

中国人民银行依法监测金融市场的运行情况,对金融市场实施宏观调控,促进其协调发展。

中国人民银行有权对金融机构及其他单位和个人的下列行为进行检查监督:执行有关存款准备金管理规定的行为;执行与中国人民银行特种贷款有关的行为;执行有关人民币管理规定的行为;执行有关银行间同业拆借市场、银行间债券市场管理规定的行为;执行有关外汇管理规定的行为;执行有关黄金管理规定的行为;代理中国人民银行经理国库的行为;执行有关清算管理规定的行为;执行有关反洗钱规定的行为。

中国人民银行根据执行货币政策和维护金融稳定的需要,可以建议国务院银行业监督管理机构对银行业金融机构进行检查监督。国务院银行业监督管理机构应当自收到建议之日起 30 日内予以回复。

当银行业金融机构出现支付困难,可能引发金融风险时,为了维护金融稳定,中国人民银行经国务院批准,有权对银行业金融机构进行检查监督。中国人民银行根据履行职责的需要,有权要求银行业金融机构报送必要的资产负债表、利润表及其他财务会计、统计报表和资料。中国人民银行应当和国务院银行业监督管理机构、国务院其他金融监督管理机构建立监督管理信息共享机制。

中国人民银行负责统一编制全国金融统计数据、报表,并按照国家有关规定予以公布。中国人民银行应当建立、健全本系统的稽核、检查制度,加强内部的监督管理。

思考题: 中国人民银行监管的行为有哪些?

银行业监
督管理法

第二节　银行业监督管理法

一、银行业监督管理机构

(一)银行业监督管理机构的设置

根据全国人大常委会的决定,中国银监会是国务院银行业监督管理机构。它根据《银行业监督管理法》的规定和国务院的授权于 2003 年 3 月设立,统一监督管理银行、金融资产管理公司、信托投资公司及其他存款类金融机构,维护银行业的合法、稳健运行。2018 年 4 月,根据国务院机构改革方案,中国银监会和中国保监会职责整合,组建中国银行保险监督管理委员会(以下简称中国银保监会),不再保留中国银监会和保监会。

中国人民银行依据《中国人民银行法》对涉及人民币流通、同业拆借和银行业债券市场、外汇业务、支付结算、反洗钱等业务实施监管。此外,审计部门对银行业金融机构实施审计监督,中国银行业

协会对会员单位实施自律管理。由此,监管机构、行业自律、审计监督共同构成了银行业监管的完整体系。

(二)银行业监管的目标

根据巴塞尔银行监管委员会制定的《有效银行监管核心原则》,银行业的监管目标可归纳为:保证银行的稳定经营和健康发展,维护金融秩序,确保民众对金融体系的信心,维护社会公众尤其是存款人的利益。我国《银行业监督管理法》第3条规定:"银行业监督管理的目标是促进银行业的合法、稳健运行,维护公众对银行业的信心。银行业监督管理应当保护银行业公平竞争,提高银行业竞争能力。"可见,我国银行业的监管目标与《有效银行监管核心原则》对监管目标的建议基本一致。

(三)中国银保监会的机构设置

原银监会有28个内设部门,原保监会有15个内设部门。经过调整后,银保监会最终形成"26+1"的部门设置安排,即26个监管职能部门和1个机关党委。目前,银保监会设下列内设机构,每个机构的具体职能如下。

1. 办公厅(党委办公室)

负责机关日常运转,承担信息、安全、保密、信访、政务公开、信息化、新闻宣传等工作。

2. 政研局

承担银行业和保险业改革开放政策研究与组织实施具体工作;对国内外经济金融形势、国际银行保险监管改革及发展趋势、监管方法和运行机制等开展系统性研究,提出银行业和保险业监管政策建议。

3. 法规部

起草银行业和保险业其他法律法规草案,拟订相关监管规则,承担合法性审查和法律咨询服务工作,承担行政复议、行政应诉、行政处罚等工作。

4. 统信部

承担银行业和保险业监管统计制度、监管报表的编制披露及行业风险监测分析预警工作;承担信息化建设和信息安全,以及银行业和保险业机构的信息科技风险监管工作。

5. 财会部(偿付能力部)

承担财务管理工作,负责编报系统年度财务预决算,建立偿付能力监管指标体系并监督实施;监管保险保障基金使用情况。

6. 普惠金融部

协调推进银行业和保险业普惠金融工作,拟订相关政策和规章制度并组织实施,指导银行业和保险业机构对小微企业、"三农"和特殊群体的金融服务工作。

7. 公司治理部

拟订银行业和保险业机构公司治理监管规则,协调开展股权管理和公司治理的功能监管,指导银行业和保险业机构开展加强股权管理、规范股东行为和健全法人治理结构的相关工作。

8. 银行检查局

拟订银行机构现场检查计划并组织实施,承担现场检查立项、实施和后评价,提出整改、采取监管措施和行政处罚的建议。

9. 非银行检查局

拟订保险、信托和其他非银行金融机构等现场检查计划并组织实施,承担现场检查立项、实施和后评价,提出整改、采取监管措施和行政处罚的建议。

10. 风险处置局(安全保卫局)

拟订银行业和保险业机构违法违规案件调查规则,组织协调银行业和保险业重大、跨区域风险事件和违法违规案件的调查处理,指导、检查银行业和保险业机构的安全保卫工作。

11.创新部

协调开展银行业和保险业机构资产管理业务等功能监管,为银行业和保险业创新业务的日常监管提供指导和支持,承担银行业和保险业金融科技等新业态监管策略研究等相关工作。

12.消保局

研究拟订银行业和保险业消费者权益保护的总体规划和实施办法,调查处理损害消费者权益案件,组织办理消费者投诉,开展宣传教育工作。

13.打非局

承担打击取缔擅自设立相关非法金融机构或者变相从事相关法定金融业务的工作,承担非法集资的认定、查处和取缔及相关组织协调工作,向有关部门移送非法集资案件,开展相关宣传教育、政策解释和业务指导工作。

14.政策银行部

承担政策性银行和开发性银行的准入管理;开展非现场监测、风险分析和监管评级,根据风险监管需要开展现场调查;提出个案风险监控处置和市场退出措施并承担组织实施具体工作。

15.大型银行部

承担国有控股大型商业银行的准入管理;开展非现场监测、风险分析和监管评级,根据风险监管需要开展现场调查;提出个案风险监控处置和市场退出措施并承担组织实施具体工作。

16.股份制银行部

承担全国股份制商业银行的准入管理;开展非现场监测、风险分析和监管评级,根据风险监管需要开展现场调查;提出个案风险监控处置和市场退出措施并承担组织实施具体工作。

17.城市银行部

承担城市商业银行、民营银行的准入管理;开展非现场监测、风险分析和监管评级,根据风险监管需要开展现场调查;提出个案风险监控处置和市场退出措施并承担组织实施具体工作。

18.农村银行部

承担农村中小银行机构的准入管理;开展非现场监测、风险分析和监管评级,根据风险监管需要开展现场调查;提出个案风险监控处置和市场退出措施并承担组织实施具体工作。

19.国际部(港澳台办)

承担外事管理、国际合作和涉港澳台地区相关事务;承担外资银行保险机构的准入管理。开展非现场监测、风险分析和监管评级,根据风险监管需要开展现场调查;提出个案风险监控处置和市场退出措施并承担组织实施具体工作。

20.财险部(再保部)

承担财产保险、再保险机构的准入管理;开展非现场监测、风险分析和监管评级,根据风险监管需要开展现场调查;提出个案风险监控处置和市场退出措施并承担组织实施具体工作。

21.人身险部

承担人身保险机构的准入管理;开展非现场监测、风险分析和监管评级,根据风险监管需要开展现场调查;提出个案风险监控处置和市场退出措施并承担组织实施具体工作。

22.中介部

承担保险中介机构的准入管理;制定保险中介从业人员行为规范和从业要求;检查规范保险中介机构的市场行为,查处违法违规行为。

23.资金部

承担建立保险资金运用风险评价、预警和监控体系的具体工作;承担保险资金运用机构的准入管理;开展非现场监测、风险分析和监管评级,根据风险监管需要开展现场调查;提出个案风险监控处置和市场退出措施并承担组织实施具体工作。

24.信托部

承担信托机构准入管理;开展非现场监测、风险分析和监管评级,根据风险监管需要开展现场调查;提出个案风险监控处置和市场退出措施并承担组织实施具体工作;指导信托业保障基金经营管理。

25.非银行部

承担金融资产管理公司、企业集团财务公司、金融租赁公司、汽车金融公司、消费金融公司、货币经纪公司等机构准入管理;开展非现场监测、风险分析和监管评级,根据风险监管需要开展现场调查;提出个案风险监控处置和市场退出措施并承担组织实施具体工作。

26.人事部

承担机关、派出机构和直属单位的干部人事、机构编制、劳动工资和教育工作。指导行业人才队伍建设工作。指导系统党的组织建设和党员教育管理。

27.机关党委

负责机关和在京直属单位的党群工作,负责系统党的思想建设和宣传工作。

思考题: 银行业监督管理机构如何设置?

二、银行业监督管理机构的职责

银行业
监督管理
机构的职责

(一)银行监督管理机构的基本职责

银行业监督管理机构的基本职责是根据《银行业监督管理法》和国务院的授权,统一监管银行业金融机构,维护银行业的合法、稳健运行。其具体职责如下。

(1)依照法律、行政法规制定和发布对银行业金融机构及其业务活动监督管理的规章、规则。银保监会作为银行业监督管理机构,基本职责即是相关规章和命令的制定权。其制定、发布规章、规则,应严格按照规章制定程序,做好立项、起草、审查、决定、公布、备案和解释的全程工作。

(2)依照法律、行政法规规定的条件和程序,审查批准银行业金融机构的设立、变更、终止及业务范围。

(3)对银行业金融机构的董事和高级管理人员实行任职资格管理。

(4)依照法律、行政法规制定银行业金融机构的审慎经营规则。

(5)对银行业金融机构的业务活动及其风险状况进行非现场监管,建立银行业金融机构监督管理信息系统,分析、评价银行业金融机构的风险状况。

(6)对银行业金融机构的业务活动及其风险状况进行现场检查,制定现场检查规则,规范现场检查行为。

(7)对银行业金融机构实行并表监督管理。

(8)会同有关部门建立银行业突发事件处置制度,制定银行业突发事件处置预案,明确处置机构和人员及其职责、处置措施和处置程序,及时、有效地处置银行业突发事件。

(9)负责统一编制全国银行业金融机构的统计数据、报表,并按照国家有关规定予以公布,对银行业自律组织的活动进行指导和监督。

(10)开展与银行业监督管理有关的国际交流、合作活动。

(11)对已经或可能发生信用危机,严重影响存款人和其他客户合法权益的银行业金融机构实行接管或者促成机构重组。

(12)对有违法经营、经营管理不善等情形的银行业金融机构予以撤销。

(13)对涉嫌金融违法的银行业金融机构及其工作人员和关联行为人的账户予以查询,对涉嫌转移或者隐匿违法资金的,申请司法机关予以冻结。

（14）对擅自设立的银行业金融机构或非法从事银行业金融机构业务的活动予以取缔。

（15）负责国有重点银行业金融机构监事会的日常管理工作。

（16）承办国务院交办的其他事项。

（二）分类

上述职责内容大致可以分为以下四类。

（1）相关行政规章、命令的制定和发布职责。

（2）对银行业金融机构的市场准入管理职责。包括对机构、业务和高级管理人员的审查核准。

（3）对银行业金融机构的经营业务监管职责。对银行业金融机构实施审慎性监管是大多数国家金融监管当局认可的监管原则。该原则也称为风险性监管、稳健型监管,是指以审慎会计原则为基础,真实、客观、全面地反映金融机构的资产价值和资产风险、负债价值和负债成本、财务盈亏和资产净值,以及资本充足率等情况,真实、客观、全面地判断和评估金融机构的实际风险,及时监测、预警和控制金融机构的风险,从而有效地防范和化解金融风险,维护金融体系安全稳定的监管模式。目前中国银保监会制定和完善了审慎经营规则,具体包括风险管理、内部控制、资本充足率、资产质量、损失准备金、风险集中、关联交易、资产流动性等内容。

（4）对金融业金融机构的行业管理职责。通过现场检查、年度检查等方式,对银行业金融机构的经营管理和风险状况进行及时和持续的监测,确定监督管理评级体系和风险预警机制,对突发事件实行报告制度,并会同中国人民银行、财政部等有关部门建立处置预案,明确处置人员、措施、程序等内容,维护行业整体经营秩序。

 思考题:银行业监督管理机构的职责有哪些?

三、银行业监督管理机构的监管措施

我国《银行业监督管理法》第四章规定了下列监管措施。

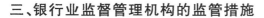
银行业监督管理的措施

（一）要求报送监管所需各种报表及相关材料

银行业监督管理机构根据履行职责的需要,有权要求银行业金融机构按照规定报送监管所需的各种报表如资产负债表、利润表和其他财务会计、统计报表、经营管理资料以及注册会计师出具的审计报告。这是监管机构进行非现场监管、建立监督管理信息系统和进行统计调查的重要措施。

（二）现场检查

银行业监管机构派专门工作人员深入金融企业进行制度、业务检查和风险判断分析,核实查清非现场监管中出现的问题和疑点,全面深入地了解和判断金融企业的经营和风险状况。按照《银行业监督管理法》的规定,监管机构有权进入银行业金融机构进行检查;询问银行业金融机构的工作人员,要求其对有关检查事项作出说明;有权查阅、复制银行业金融机构与检查事项有关的文件、资料,对可能被转移、隐匿或毁损的文件、资料予以封存;检查银行业金融机构运用电子计算机管理业务数据的系统。

（三）监督管理约谈

《银行业监督管理法》第 35 条规定:"银行业监督管理机构根据履行职责的需要,可以对银行业金融机构董事和高级管理人员进行监督管理谈话,要求银行业金融机构董事、高级管理人员就银行业金融机构的业务活动和风险管理的重大事项作出说明。"监管约谈是重要的监管手段,能够使监管部门持续不断地了解金融机构的经营状况,预测其发展趋势,持续跟踪监管,提高监管效率。《有效银行监

管的核心原则》规定"监管者必须与银行管理层保持经常性接触,全面了解该机构的经营状况"。监管约谈即是对这一规定的落实。

(四)责令依法信息披露

《银行业监督管理法》第 36 条规定:"银行业监督管理机构应当责令银行业金融机构按照规定,如实向社会公众披露财务会计报告、风险管理状况、董事和高级管理人员变更以及其他重大事项等信息。"《巴塞尔新资本协议》将市场约束、最低监管资本要求和资本充足率监督检查并列为资本监管的新三大支柱,很多国家和地区对信息披露的要求也越来越高。信息披露能够使投资者、存款人和相关利益者真实、准确、及时、完整地了解银行业金融机构的财务状况、风险管理状况、董事和高级管理人员变更及其他重大事项的信息,增加金融运行的透明度,激励约束金融机构提高经营管理和风险控制,加强对其的市场约束与监管。

(五)对违规行为的处理处罚

近年来,各国银行监管当局均以审慎性经营作为监管重点,从合规性监管为主转向风险监管为主。借鉴巴塞尔委员会和各国银行监管当局的经验与看法,我国《商业银行法》也提出了审慎经营的要求。同时,在《银行业监督管理法》第 37 条规定了对银行业金融机构违反审慎经营规则的处理措施和程序。银行业金融机构违反审慎经营规则的,中国银保监会或者其省一级派出机构应当责令限期改正。逾期未改正的,或者其行为严重危及该银行业金融机构的稳健运行、损害存款人和其他客户合法权益的,中国银保监会或者省一级派出机构可以区别情形,采取下列措施:责令暂停部分业务,停止批准开办新业务;限制分配红利和其他收入;限制资产转让;责令控股股东转让股权或者限制有关股东的权利;责令调整董事、高级管理人员或者限制其权利;停止批准增设分支机构。

(六)接管、重组和撤销

《银行业监督管理法》第 38 条规定:"银行业金融机构已经或者可能发生信用危机,严重影响存款人和其他客户合法权益的,国务院银行业监督管理机构可以依法对该银行金融机构实行接管或者促成机构重组,接管和机构重组依照有关法律和国务院的规定执行。"接管或重组有问题银行业金融机构是银行业监督管理机构对有问题银行业金融机构的行政救助行为,表现形式是对金融机构全面接管或者指令其与其他银行业金融机构合并,目的在于促使该银行业金融机构尽快恢复正常经营能力或融入其他经营正常的银行业金融机构,从而避免金融机构倒闭、破产,以维护金融体系的安全,保障存款人的利益。

接管、重组是比整改更加严厉的措施。接管应由中国银保监会决定,并组织实施。自接管开始之日起,由接管组织行使被接管银行的经营管理权力,但被接管银行的债权债务关系不因接管而变化。接管期限届满,中国银保监会可以决定延期,但接管期限最长不得超过 2 年。有下列情形之一的,接管终止:接管决定规定的期限届满或者中国银保监会决定的接管延期届满;接管期限届满前,该被接管银行已经恢复正常经营能力;接管期限届满前,该被接管银行被合并或者被依法宣告破产。

撤销是最为严厉的一种行政处罚措施。《银行业监督管理法》第 39 条规定:"银行业金融机构有违法经营、经营管理不善等情形,不予撤销将严重危害金融秩序、损害公众利益的,国务院银行业监督管理机构有权予以撤销。"2001 年 11 月 14 日,国务院发布《金融机构撤销条例》,规定了金融机构撤销的决定、清算、债务清偿、注销登记和法律责任等。该条例是银保监会撤销金融机构的具体操作依据。

《银行业监督管理法》第 40 条规定,银行业金融机构被接管、重组或者被撤销的,监管机构有权要求该银行业金融机构的董事、高级管理人员和其他工作人员,按照其要求履行职责。同时,在此期间,经中国银保监会或其派出机构负责人批准,对直接负责的董事、高级管理人员和其他直接责任人员,可以采取特别措施以限制其行为:①直接负责的董事、高级管理人员和其他直接责任人员出境将对国家利益造成重大损失的,通知出境管理机关依法阻止其出境;②申请司法机关禁止其转移、转让财产或者对其财产设定其他权利。

思考题：银行业监督管理机构的监管措施有哪些？

本章引用法律资源

　　1.《中华人民共和国银行业监督管理法》。

　　2.《国家开发银行监督管理办法》。

　　3.《中国进出口银行监督管理办法》。

　　4.《中国农业发展银行监督管理办法》。

本章参考文献

　　1.刘隆亨.银行金融法学[M].北京：北京大学出版社，2010.

　　2.郭庆平.中央银行法的理论与实践[M].北京：中国金融出版社，2016.

本章网站资源

　　1.中国人民银行官网：http://www.pbc.gov.cn。

　　2.中国银行保险监督管理委员会官网：http://www.cbirc.gov.cn。

第二章课后练习题

第三章　政策性银行法

　教学目标

通过本章课程的学习,了解政策性银行的概念、特征、分类、性质、功能,掌握政策性银行与中央银行、商业银行的差异及相互关系,掌握我国政策性银行的产生和发展过程,掌握三大政策性银行的业务范围、市场定位、治理结构、监督管理规定。

政策性银行概述

第一节　政策性银行概述

一、政策性银行的概念与特征

政策性银行一般是指由政府创立、参股或担保,为贯彻国家产业政策、调控宏观经济,在特定业务领域内,直接或间接从事政策性融资活动,不以营利为目的的金融机构。政策性银行是市场经济国家为干预经济、实施宏观调控、促进社会进步而设立的,其在法律性质、法律职能及业务范围、监督管理方面与中央银行、商业银行及其他非银行金融机构都存在着显著差异。

(一)政策性银行的创立

大多数政策性银行由政府全资创立,如我国的三家政策性银行(国家开发银行、中国进出口银行、中国农业发展银行)、美国的进出口银行、韩国的开发银行、日本的"二行九库"(即日本开发银行、日本输出入银行、日本国民金融公库、中小企业金融公库、中小企业信用保险公库、环境卫生金融公库、农林渔业金融公库、住宅金融公库、公营企业金融公库、北海道东北开发金融公库、冲绳振兴开发金融公库)。部分国家的政策性银行由政府以参股的方式提供部分股本,如法国对外贸易银行。政府对政策性银行的全资出资或参股,是其开展政策性金融业务的前提和基础。

(二)政策性银行的法律性质

政策性银行不以营利为目的,这是政策性银行与商业银行、非银行金融机构的根本区别,也是其创立目的与业务性质决定的。政策性银行以贯彻和配合国家产业政策、经济政策、社会政策为宗旨,追求社会公共利益,奉行保本微利,考虑国家和社会整体利益。

(三)政策性银行的业务领域

政策性银行的服务领域集中在国民经济比较薄弱或亟待发展的重要领域,这些部门领域的共同特点是需要特殊支持与保护,例如地区开发、农业、住房业、进出口贸易、中小企业发展、经济技术开发等基础部门或领域,急需资金但又不易从商业性金融机构处融通,因此需要政府重点扶持或设立专门的金融机构予以特殊的资金支持,以实现资源的最优化配置。这些政策性银行与商业行金融机构往往形成互补关系,对后者不愿或无意涉足的领域进行资金配置。两者在业务对象与业务内容上都存在较大的差异。

(四)政策性银行的融资原则

政策性银行有其特殊的融资原则。首先,其融资对象一般是从其他金融机构不易得到融资的资金需求的机构和个人;其次,政策性银行基于其服务于社会公共利益的目的,其提供的一般为中长期贷款且利率明显低于商业银行同期同类贷款利率,甚至低于筹资成本,出现偿还困难时由国家财政补贴亏损;第三,政策性银行的融资活动具有引导性。其资金来源于财政拨款、发行政策性金融债券。在使用资金时,通过对其他金融机构进行利息补贴、偿付保证或再融资,支持、引导和鼓励更多金融机构自愿从事符合国家政策意图的政策性融资活动。

二、政策性银行的分类

按照不同的标准,可以把政策性银行进行多种分类。

1. 按照活动范围不同分

世界各国的政策性银行大多属于全国性的政策性银行。其业务覆盖全国,能够较为全面地贯彻和实施国家政策目标;地方性的政策性银行多为开发银行,主要适用于一国经济发展过程中对某一落后地区的区域开发。

2. 按照组织机构不同分

单一型是只有一家机构无分支机构的政策性银行,金字塔形是指由一个总机构领导的、具有不同层次的会员或分支机构组成的政策性银行。例如,法国的农业信贷银行由三个层次组成,最上层为全国农业信贷中央金库,中间是 94 个区域金库(每省一个),最底层是 3010 个地方库。我国的中国进出口银行总体上是单一型政策性银行,中国农业发展银行则是典型的"金字塔形"政策性银行。

3. 按照业务领域(服务对象)不同分

可分为农业、中小企业、进出口、住房、经济开发、基础产业、主导产业,以及环境、过敏福利等政策性银行。

三、政策性银行的法律地位

政策性银行是一国银行体系中与商业银行并存、互为补充,而又与之相对应的一种特殊的金融机构,是现代金融体系不可缺少的组成部分。政策性银行作为政府实现特定政策目标而设立的金融机构,其经营行为深受政府部门宏观决策与管理行为所影响,不可能完全像商业银行一样完全实现自主经营,而只能是为政府特定经济政策、产业政策、区域发展政策服务的特殊金融机构。

政策性银行的法律地位可以从它与政府、中央银行、商业银行及其服务对象等方面来认识。

(一)与政府的关系

政策性银行与政府关系极为密切。(1)政府是政策性银行的出资者和坚强后盾。政府全资或部分出资设立政策性银行,并依法对其进行监督管理和行政指导。(2)政策性银行与政府的关系集中表现在它与财政部门的关系上。政策性银行一旦出现经营亏损,一般由财政弥补。政策性银行的业务活动和金融服务实际上是一种财政投资融资活动,其提供的金融产品和服务很大程度上具有公共物品的性质。

(二)与中央银行的关系

政策性银行与中央银行的关系较为松散。(1)资金方面,中央银行向政策性银行提供的再贴现、再贷款或专项基金是后者的资金来源之一。(2)人事管理方面,政策性银行的董事会或其他决策机构、监事机构中有中央银行的代表,实行人事结合,以利于协调与合作。(3)存款准备金的缴纳方面,一些国家的政策性银行仍需向中央银行缴纳一定比例的存款准备金。

（三）与商业银行的关系

政策性银行与商业银行都属于一国重要的金融机构。(1)地位平等。政策性银行不因与政府的特殊关系而凌驾于商业银行之上。(2)业务互补。政策性银行所承办的金融业务是商业银行不愿意或不能办理的,这恰好弥补了商业银行开展金融业务的遗漏或薄弱领域。(3)业务配合。政策性银行要突破分支机构有限的限制,就需要通过商业银行进行转贷等行为开展业务,同时对商业银行从事的符合政策性要求和需要的业务活动给予再贷款、利息补贴和偿还担保等方法,来鼓励和支持商业银行的这类业务活动。

（四）与服务对象的关系

政策性银行的服务对象局限于某些特定领域。(1)信贷关系。各国政策性银行一般都以直接或间接的方式向其业务对象提供贷款。(2)投资关系。政策性银行通过认购投资对象的公司债券或参与股本,对投资对象进行投资,同时体现政府的经济政策和产业政策。

四、政策性银行的主要职能

政策性银行的主要职能

政策性银行既具有商业银行和金融机构必须具备的职能和性质,又具有商业银行不具备的特殊职能,即贯彻、配合政府政策或意图实现的融资性质。

（一）一般职能

政策性银行的一般职能与商业银行的职能相同,均具有金融中介职能。通过负债业务吸收资金、通过资产业务将资金投入到所需单位或项目,发挥金融中介的职能,实现资金从贷出者到介入者之间的融通。但与商业银行不同的是,政策性银行的资金来源多为国家财政资金或政策性金融债券而非社会闲散资金转化的活期存款,资金运用也多为中长期而非短期贷款或投资,因此不具备商业银行经营活动中的信用创造职能,也几乎不受中央银行货币政策的制约。

（二）特殊职能

政策性银行的特殊职能可以具体表现为:(1)倡导性职能。以直接的资金投放或间接的吸引民间或私人金融机构从事符合政府意图的放款,发挥其引导资金流向的作用。政策性银行的投资取向体现了经济发展的政府意图和长远目标,对于其他金融机构来说,能够带动和提振它们的投资热情和信心,从而放宽审查标准,使得该行业或产业得到资金扶持,待到该领域投资成熟后,政策性银行再逐步减少或退出投资份额。(2)选择性职能。政策性银行对融资领域的确定,是有选择而非任意的。对于市场机制不予选择的领域(即商业银行不愿融资的领域),在市场机制中得不到它应有的发展时,这些领域由政策性银行以政府机制予以选择,确定融资支持,从而体现政策性银行融资的特殊性。在各国经济发展的不同阶段,总有一些商业银行不予选择或不愿选择的"被遗忘的角落",如中小企业、住房、农业、落后地区的开发等领域,对此任何形式的政府干预都是不符合市场经济体制的。尊重市场机制的选择是对于未进入商业银行选择业务领域的空白地带,由政府设立相关部门和机构对此予以融资与扶持。政策性银行正是为这一选择而服务的。当该领域客观情况发生变化如投资飞速增长、不再缺乏资金支持时,也是政策性银行退出之时。(3)弥补性职能。政策性银行的金融活动客观上弥补了商业银行金融活动的不足,对以商业银行为主体的金融体系职能是一种完善。如对投资回收期限长、投资回报率低的项目进行融资补充;对成长中的扶持性产业给予优惠利率放宽投资;如针对商业银行以提供短期资金融通为主而长期资金不足的缺点,主要以提供长期资金为主,有时甚至发放超长期的贷款。(4)服务性职能。政策性银行以其专业银行的特征和其在金融领域所拥有的高级人才和丰富经验,为企业提供各方面的金融或非金融服务,为政府经济政策和产业政策、区域政策提供参谋和指导。同时,政策性银行因长期在某一领域从事金融活动,参与有关计划的制定,并在特定情况下代表政府组织实施该方面的政策计划、产业计划、区域发展计划。

五、政策性银行的立法

政策性银行法是规定政策性银行的组织和行为的法律规范的总称,它主要包括政策性银行的性质、地位、资金来源与资金运作、业务范围、组织形式和组织机构设立、监督管理、风险控制、变更和终止等内容。

西方发达国家一般都制定有专门的政策性银行法,如日本 1951 年公布的《日本开发银行法》、1950 年公布的《输出入银行法》、1949 年公布的《国民金融公库法》、1951 年公布的《住宅金融公库法》,美国 1933 年公布的《农业信贷法》、1932 年公布的《联邦住房放款银行法》、1938 年公布的《全国住宅建筑法》等。

我国国务院于 1993 年 12 月 25 日发布了《关于金融体制改革的决定》,提出深化金融改革,组建政策性银行的决定,并于 1994 年组建了三家政策性银行:国家开发银行、中国进出口银行、中国农业发展银行。国务院通过下发组建通知的形式,对三家政策性银行的性质、任务、资金来源、资金运用、经营管理进行了规范。此后 20 多年来,对三家政策性银行一直依照"一行一法"的国际惯例进行监管,同时按照银行经营的一般规律,参照商业相关监管规则对其实施监管,缺乏行政法规以上的较高层次的专门性立法的约束。这一做法到后期已经难以适应三家政策性银行的改革发展要求,迫切需要将三家银行 20 多年业务经营及监管实践中积累的有效经验、良好做法和国际上开发性金融银行、政策性金融银行的先进模式,从法规层面进行梳理与总结,弥补我国政策性银行在立法和制度建设上的空白。因此,2017 年 11 月 15 日,中国银监会发布《国家开发银行监督管理办法》《中国进出口银行监督管理办法》《中国农业发展银行监督管理办法》,从 2018 年 1 月 1 日起,对三家政策性银行实行"一行一策"的监督管理,并对三家银行的市场定位、公司治理、风险管理、内部控制、资本管理等 9 个方面做出了明确规定。与此同时,根据三家银行的职能定位、经营管理的不同特点,制定了个性化的监管要求。

 思考题: 政策性银行的职能有哪些?

第二节　中国的政策性银行

中国政策性
银行概况

一、政策性银行的市场定位

(一)国家开发银行的市场定位

国家开发银行成立于 1994 年 3 月 17 日,直属于国务院领导。成立时注册资本全部由财政部负责拨付。2008 年 12 月改制为国家开发银行股份有限公司,财政部和中央汇金投资有限责任公司分别持有 51.3% 和 48.7% 的股权,依法行使出资人的权利和义务。2015 年 3 月,国务院明确将国家开发银行定位为开发性金融机构。国家开发银行是一家紧紧围绕国家经济重大中长期发展战略开展业务的政策性银行,主要办理国家重点建设项目的中长期信贷与投资业务,近年来在国家重大中长期经济发展领域方面支持经济发展和经济结构战略性调整,在关系国家经济发展命脉的基础设施、基础产业和支柱产业("两基一支")、重大项目及配套工程建设(如西部大开发、东北老工业基地振兴、三峡工程、北京奥运、"一带一路"等重点项目)中,发挥长期融资领域主力银行作用。在支持城镇化、教育、医疗卫生、环境保护等瓶颈、投资薄弱环节及支持国家"走出去"战略领域,发挥了积极作用。

按照《国家开发银行监督管理办法》，开发银行的定位如下。

(1)开发性金融定位。开发银行应当认真贯彻落实国家经济金融方针政策，充分运用服务国家战略、依托信用支持、市场运作、保本微利的开发性金融功能，发挥中长期投融资作用，加大对经济社会重点领域和薄弱环节的支持力度，促进经济社会持续健康发展。

(2)开发银行应当坚守开发性金融定位，根据依法确定的服务领域和经营范围开展业务，以开发性业务为主，辅以商业性业务。

开发银行董事会应当每三年或必要时对业务开展情况进行评估，制订业务范围和业务划分调整方案，确保符合开发性金融定位，并按规定履行相关程序。

(3)发挥中长期投融资作用，加大对经济社会重点领域和薄弱环节的支持力度。开发银行应当遵守市场秩序，与商业性金融机构建立互补合作关系，积极践行普惠金融，可通过与其他银行业金融机构合作，开展小微企业等经济社会薄弱环节金融服务。

(二)中国进出口银行的市场定位

中国进出口银行成立于1994年4月26日，直属国务院领导，是支持中国对外经济贸易投资发展与国际经济合作、具有独立法人地位的国有全资政策性银行。在业务开展过程中贯彻执行国家产业政策、外经贸政策、金融政策和外交政策，为扩大我国机电产品和高新技术产品出口，推动有比较优势的企业开展对外承包工程和境外投资，促进对外经济技术合作与交流，提供政策性金融支持。经过20多年的发展，中国进出口银行已成为我国外经贸支持体系的重要力量和金融体系的重要组成部分，依托国家信用，为我国机电产品、高新技术产品出口和对外承包工程、各类境外投资提供融资，为外国政府贷款提供转贷，为中国政府对外优惠贷款提供承贷服务等，在稳增长、调结构、支持外贸发展、实施"走出去"战略等方面发挥了重要作用。

按照《中国进出口银行监督管理办法》，进出口银行的定位如下。

(1)政策性金融定位。在业务范围上，进出口银行应当依托国家信用，紧紧围绕国家战略，充分发挥政策性金融机构在支持国民经济发展方面的重要作用，重点支持外经贸发展、对外开放、国际合作、"走出去"等领域。

进出口银行应当坚守政策性金融定位，根据依法确定的服务领域和经营范围开展政策性业务和自营性业务。

进出口银行董事会应当每三年或必要时制订业务范围及业务划分调整方案，按规定履行相关程序。

(2)与商业性金融机构开展互补合作业务。进出口银行应当坚持以政策性业务为主体开展经营活动，在遵守市场秩序的同时，应当创新金融服务模式，发挥政策性金融作用，加强和改进普惠金融服务。通过与其他银行业金融机构合作的方式开展小微企业金融服务，与商业性金融机构建立互补合作关系。

(三)中国农业发展银行的市场定位

中国农业发展银行概况

中国农业发展银行成立于1994年11月18日，直属国务院领导，是我国唯一为农业发展提供资金、政策扶持的政策性银行，主要承担农业政策性扶植业务。中国农业发展银行建立初期，是由中国农业银行全权代理其省级以下的业务，随后，国务院颁发《中国农业发展银行增设分支机构实施方案》，提出设立总行和省级分支营业部及地市县支行。1998年3月，国务院决定将中国农业发展银行承办关于农村扶贫、综合开发等贷款业务转给农业银行，实现粮棉油收购资金封闭式运营管理。经过20多年的发展，中国农业发展银行目前形成了以支持国家粮棉购销业务为主体，以支持农业产业化经营和农业农村基础设施建设的业务发展格局。

按照《中国农业发展银行监督管理办法》，中国农业发展银行的市场定位如下。

（1）政策性金融定位。农发行应当依托国家信用，服务经济社会发展的重点领域和薄弱环节。主要服务维护国家粮食安全、脱贫攻坚、实施乡村振兴战略、促进农业农村现代化、改善农村基础设施建设等领域，在农村金融体系中发挥主体和骨干作用。

农发行应当坚守政策性金融定位，根据依法确定的服务领域和经营范围开展政策性业务和自营性业务。

农发行董事会应当每三年或必要时制订业务范围及业务划分调整方案，按规定履行相关程序。

（2）与其他商业性金融机构开展互补合作业务。农发行应当坚持以政策性业务为主体开展经营活动，在遵守市场秩序的同时，应当创新金融服务模式，发挥政策性金融作用，加强和改进农村地区普惠金融服务。通过与其他银行业金融机构合作的方式开展小微企业金融服务和扶贫小额信贷业务，与商业性金融机构建立互补合作关系。

农发行董事会应当每三年或必要时制订业务范围及业务划分调整方案，按规定履行相关程序。

二、政策性银行的公司治理

作为现代银行的管理基础，公司治理直接影响着银行的竞争力、经营绩效和运行安全。

三家政策性银行在组织机构设立与业务活动开展过程中，均应当按照现代金融企业制度，结合自身市场定位，遵循各治理主体独立运作、有效制衡、相互合作、协调运转的原则，构建符合《监管办法》要求的决策科学、执行有力、监督有效的公司治理机制。

（一）将党的领导嵌入公司治理

《国家开发银行监督管理办法》《中国进出口银行监督管理办法》《中国农业发展银行行监督管理办法》要求全面贯彻落实党的十九大精神和全国国有企业党建工作会议精神，强调三家银行党委要发挥领导作用，把握银行经营方向、管理银行经营的大局、保障国家的各项经济和金融政策、产业政策和区域发展等政策的真正落实，保证党和国家的各项方针政策得到贯彻执行，形成党委会与现代企业公司治理的有机结合，这也是中国特色国有企业公司治理机制的体现。

（二）构建"两会一层"治理架构

考虑到三家政策性银行的董事会已经代表了全部股东的利益，所以三家银行均不设股东大会。由董事会、监事会和高管层构成两会一层的公司治理架构。

1. 董事会

董事会由执行董事、非执行董事组成。执行董事是指在政策性银行担任董事长、行长和其他高级管理职务的董事。非执行董事是指在政策性银行不担任除董事外其他职务的董事，包括部委董事和股权董事。部委董事由相关部委指派的部委负责人兼任，股权董事由股东单位负责选派。

董事应当按照相关法律法规及政策性银行章程，每年至少出席 2/3 的董事会会议，勤勉专业履职，应当具有与职责相适应的专业知识、工作经验、工作能力及职业操守，不得利用职权谋取不正当利益。部委董事代表国家利益履行职责，发挥在重大决策方面的统筹协调作用。部委董事不能出席董事会会议时，书面授权本部委其他人员代为出席，并载明授权范围；因离职、调任、退休等其他原因不适合继续履职时，由政策性银行或其董事会提请相关部委推荐或确定继任人选。

董事会下设专门委员会，主要包括战略发展和投资管理委员会、风险管理委员会、审计委员会、人事与薪酬委员会、关联交易控制委员会等。其中战略发展和投资管理委员会、审计委员会、人事与薪酬委员会成员应当包含部委董事。各委员会向董事会提供专业意见或根据董事会授权就专业事项进行决策。各专门委员会负责人原则上不宜相互兼任。

董事会对政策性银行的经营和管理承担最终责任，按照相关法律法规和政策性银行章程履行职责。董事会应当充分发挥在落实国家政策、制定经营战略、完善公司治理、制定风险管理及资本管理战略、决策重大项目等方面的作用,监督并确保高级管理层有效履行管理职责。其主要职责如下。

(1)制定业务范围、业务划分调整方案、章程修改方案、注册资本调整方案及组织形式变更方案,按程序报国务院批准。

(2)审议批准中长期发展战略、年度经营计划和投资方案、年度债券发行计划、资本管理规划方案、资本补充工具发行方案、薪酬和绩效考核体系设置方案等。

(3)制定年度财务预算方案和决算方案、利润分配和弥补亏损方案。

(4)审议批准风险管理、内部控制等基本管理制度。

(5)审议批准内部审计章程、机构和年度工作计划。

(6)制定董事会议事规则及其修订方案。

(7)审议批准重大项目,包括重大收购兼并、重大投资、重大资产购置与处置、重大对外担保(银行担保业务除外)等。

(8)审议批准内部管理机构及境内外一级分支机构设置、调整和撤销方案,对一级子行(子公司)或附属机构的设立、分立、合并、资本金变动等事项做出决议,审议子公司或附属机构章程。

(9)决定对董事长和经营管理层的授权事项,决定聘任或解聘高级管理人员,决定高级管理人员薪酬、绩效考核和奖惩事项,决定派驻子公司的董事(含董事长)、监事(含监事长)和总经理(行长)人选。

(10)决定聘用、解聘或者不再续聘承办政策性银行审计业务的会计师事务所。

(11)制定信息披露政策及制度,审议批准年度报告。

(12)积极发挥协调作用,定期听取商业性金融机构、企业和政府部门等各方意见。

(13)法律法规规定及国务院赋予的其他职责。

2.监事会

三家政策性银行均实行外派监事会制度。监事会依照《国有重点金融机构监事会暂行条例》等法律法规履行职责,代表国家对政策性银行的资产质量及国有资产保值增值情况实施监督,对董事和高级管理人员履职行为和尽职情况进行监督和评价,指导政策性银行内部审计和监察等内部监督部门的工作,并有权要求上述内部监督部门协助监事会履行监督检查职责,对经营决策、风险管理和内部控制等情况进行监督检查并督促整改。

监事会在履职过程中有权要求董事会和高级管理层提供必要信息,主要包括审计报告、内控评价报告和重大风险事件报告等。监事会主席根据监督检查的需要,可以列席或者委派监事会其他成员列席董事会会议和其他有关会议,可以聘请外部机构就相关工作提供专业协助。

3.高级管理层

政策性银行的高级管理层由行长、副行长、行长助理、董事会秘书及银监会行政许可的其他高级管理人员组成,可根据实际需要设置首席财务官、首席风险官、首席审计官、首席信息官等高级管理人员职位协助行长工作。

高级管理层对董事会负责,同时接受监事会的监督。高级管理层应当按照政策性银行章程及董事会授权开展经营管理活动,确保政策性银行经营发展与董事会所制定批准的发展战略、风险偏好及其他政策相一致。

高级管理人员应当遵守法律法规及其他相关规定,遵循诚信原则,忠实勤勉履职,不得利用职务上的便利谋取私利或损害本行利益,包括为自己或他人谋取属于本行的商业机会、接受与本行交易有关的利益等。

思考题:如何理解政策性银行的治理结构?

三、政策性银行的资本管理

加强对三家银行的资本监管,其主要目的是推进三家银行提升自身的风险抵御能力,更好地支持和服务我国国民经济的重点领域和薄弱环节。按照三家银行相关的管理办法的要求,三家政策性银行应当将符合条件的附属机构纳入并表管理范围,确保资本能够充分抵御各项风险,满足业务发展需要。

第一,建立资本约束机制。三家银行应当结合自身的风险管理状况、业务特点、外部资本监管要求,建立健全以资本充足率为核心的资本约束机制,完善资本管理的政策、制度及实施流程,以确保三家银行通过自身的资本能抵御和防范各种风险。

第二,制定资本规划。三家银行要根据业务发展战略、风险状况、资本监管要求,制定中长期的资本规划,合理确定业务发展规模和速度,确保资本水平持续满足监管要求。

第三,建立资本评估机制。三家银行每年要至少进行一次内部资本评估。评估结果作为资本预算与分配、授信决策和战略规划的重要依据。

第四,建立资本补充机制。三家银行要建立内源性资本积累与外源性资本补充两种方式相结合的动态、可持续资本补充机制。当资本充足率不足时,应当通过优化资产结构、盘活资产存量、减少或免于分红、利润转增资本、国家追加注资、发行符合监管要求的各类资本补充工具等措施,确保资本充足率达到监管标准。

四、政策性银行的监督管理

政策性银行的监督管理包括政策性银行内部的自律监督管理和政策性银行的外部监督管理两方面。

(一)政策性银行的内部自律监督管理

政策性银行的内部自律监督管理是指政策性银行以其管理办法为依据完善公司治理结构、加强内部控制,遵守和实施各项经营规则,自我约束、自我监察、自觉纠错的行为。

1. 政策性银行的风险管理

由于政策性银行同样在金融市场上从事金融活动、开展金融业务,实行资产负债管理,承担金融风险。因此,风险管理的控制与预防方面仍然是其内部监管的重要内容。政策性银行应当建立适合政策性金融机构业务特点的风险管理模式,构建与本行职能定位、风险状况、业务规模和复杂程度相匹配的全面风险管理体系。

三大管理办法重点从以下几个方面对政策性银行的风险管控进行了明确规定。

第一,建立全面风险管理的组织体系。三家银行应当明确董事会、高级管理层、业务部门、风险管理部门和内部审计部门在风险管理中的职责,设立或指定专门部门负责全面风险管理,执行风险管理战略,实施风险管理政策,定期评估风险管理情况。

针对各类业务风险建立切实有效的风险管理政策与流程,提高风险管理的独立性和专业性;根据政策性业务和商业性业务的不同风险特点,研究制定相应的风险管理模式,明确管理方法和管理责任。

第二,建立全面风险报告体系。明确报告种类、报告频率,并按规定的报告路径进行报告。风险分析应当按照风险类型、业务种类、支持领域、地区分布等维度进行,至少每季度开展一次。风险分析报告至少包括业务经营情况、风险状况、风险发展趋势、异常变化原因和相应的风险管理措施等内容。总行及分支机构的季度和年度风险分析报告应当按要求分别报送银监会及其派出机构。

第三,建立全面风险评估体系。三家政策性银行应当建立风险评估制度,对信用风险、市场风险、流动性风险、操作风险、国别风险、银行账户利率风险、声誉风险、战略风险、信息科技风险、环境与社会风险及其他风险等情况进行专项和全面的评估。加强对各类风险的识别、计量、监测、控制和处置。

定期开展压力测试及制定应急计划。

2.政策性银行的内部控制

政策性银行的内部控制是指为实现政策性目标,通过制定和实施一系列制度、程序和方法,对风险进行事前防范、事中控制、事后监督和纠正的动态过程和机制。建立内部控制是政策性银行自我监管和外部监管的基础。

第一,内控组织体系建设。建立由董事会、高级管理层、内部管理部门、内部审计部门、业务部门组成的分工合理、相互制约、职责明确、报告关系清晰的内部控制治理和组织架构,健全符合业务特点的内部控制制度体系,建立全面的内部控制管理责任制。

第二,内控制度体系建设。结合各银行的业务特点,按照内控先行的原则,根据不同业务性质和风险管理需要,明确各项业务活动和管理活动的风险控制点,事先制定相应的业务规范和管理标准、流程,采取适当的控制措施,确保规范有效运作。

第三,内控信息系统建设。建立贯穿各级机构、覆盖所有业务和全部流程的管理信息系统和业务操作系统,及时、准确记录经营管理信息,确保信息完整、连续、准确和可追溯,通过内部控制流程与业务操作系统及管理信息系统的有效结合,加强对业务和管理活动的系统自动控制。

第四,内部和外部审计体系建设。建立独立、垂直管理的内部审计体系及相应的报告制度和报告路径,审查评价并督促改善经营活动、风险状况、内部控制和治理机制,促进合规经营、履职尽责和稳健发展。内部审计部门应当对董事会负责,按照规定及时向董事会报告工作和审计情况。政策性银行应当向银监会及其派出机构报送审计工作情况和审计报告。

国家开发银行应当建立定期外部审计制度,聘请符合国家有关规定的会计师事务所,每年对财务会计报告进行审计,将审计结果报送银监会,并按照有关要求对会计师事务所进行轮换。进出口银行和农业开发银行根据需要外聘符合国家有关规定的审计机构对公司治理、内部控制、经营管理及财务状况进行审计。审计结果应当报送银监会。

第五,内控评价体系建设。建立健全内控评价体系,持续开展内控评价,及时发现内控缺陷,并建立纠错整改机制,确保评价结果与绩效考核、授权管理等挂钩。年度内控评价报告应当按要求报送银监会。

(二)政策性银行的外部监督管理

1.监管部门:中国银保监会

政策性银行的监管部门是中国银保监会。中国银保监会下设的政策银行部,负责政策性银行准入管理,对政策性银行开展非现场监测、风险分析和监管评级,并根据风险监管需要对政策性银行开展现场调查,提出个案风险监控处置和市场退出举措,并承担组织实施具体工作。

2.外部监督管理的内容

银保监会对开发银行及其附属机构实行并表监管,全面掌握银行股权结构,对其从事的银行业务和非银行业务风险进行全面评估,密切关注境外机构、附属非银行金融机构和非金融机构风险对银行的影响。其监管的基本内容如下。

(1)资本充足和资本管理监管

按照三家银行相关管理办法的规定,中国银保监会按照有关规定对政策性银行的资本充足率及其管理情况实施监督检查,主要包括全面风险管理框架、资本充足率计量准确性、各类风险及压力测试情况等。

当资本充足率未达到监管要求时,银监会有权根据具体情况采取责令控制风险资产增长、责令暂停自营性业务、限制分配红利和其他收入、停止批准增设机构等监管措施,督促政策性银行提高资本充足水平。

(2)组织机构监管

银监会及其派出机构依照相关行政许可规定对进出口银行的机构设立、机构变更、机构终止、业务范围及董事和高级管理人员任职资格等事项实施行政许可。

（3）业务与风险监管

银监会及其派出机构依法对进出口银行的公司治理、风险管理、内部控制、资本管理、业务活动和风险状况等进行监管。

3.外部监督管理的方式

（1）非现场检查

通过对政策性银行的各类报表的分析及其他有关书面报告的评判来执行监管职能。银保监会及其派出机构依法对政策性银行实施持续的非现场监管，根据监管对象不同，可以视情况要求政策性银行报送各类报表、经营管理资料、内控评价报告、风险分析报告及监管需要的其他资料，派员列席经营管理工作会议和其他重要会议；对中国进出口银行和中国农业发展银行可以依法收集董事会会议记录和决议等文件。对政策性银行的经营状况、风险特点和发展趋势进行监测分析，对各类风险及早发现、及时预警和有效监管；建立监管评估制度和机制，对政策性银行的公司治理、风险管理、内部控制、资本管理等及问题整改等情况开展专项或综合评估；通过对董事会、高管层的监管会谈、监管通报、监管意见书等形式向政策性银行反馈监管情况，提出监管要求；定期对非现场监管工作进行总结，对进出口银行的经营状况、风险特点和发展趋势进行分析，形成监管报告。

（2）现场检查

银监会及其派出机构依法对开发银行的公司治理、风险管理、内部控制、资本管理、业务活动和风险状况等开展现场检查。

4.对政策性银行的协调监管

银保监会建立监管联动机制，通过监管联动会议、信息共享等形式与其他金融监管机构、政策性银行监事会、外部审计机构进行联动和沟通。这些机构彼此之间加强金融监管的协调和合作，建立各机构间的信息共享机制和协调机制，实现有效监管合作，达到最佳监管效果。

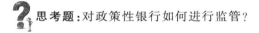 思考题：对政策性银行如何进行监管？

本章引用法律资源

1.《关于金融体制改革的决定》。

2.《国家开发银行监督管理办法》。

3.《中国进出口银行监督管理办法》。

4.《中国农业发展银行监督管理办法》。

本章参考文献

1.刘隆亨.银行金融法学[M].北京：北京大学出版社，2010.

2.郭庆平.中央银行法的理论与实践[M].北京：中国金融出版社，2016.

本章网站资源

1.中国人民银行官网：http://www.pbc.gov.cn。

2.中国银行保险监督管理委员会官网：http://www.cbirc.gov.cn。

第三章课后练习题

第四章　商业银行法

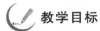

教学目标

　　通过学习,了解商业银行的概念、特征和分类,掌握商业银行的经营范围和基本原则;掌握商业银行的设立、变更,了解商业银行的组织机构;知晓储蓄存款原则,重点关注商业银行存款利率、存款准备金、备付金;了解贷款及其法律关系,掌握贷款的基本规则,知晓商业银行其他业务基本规则;了解商业银行监管概述,知晓商业银行的内部监督管理制度,掌握监管机关对商业银行的监管;了解商业银行的接管,知晓商业银行终止的三种情形;掌握商业银行的法律责任,了解商业银行工作人员的法律责任,知晓其他单位或者个人商业银行法的法律责任;掌握电子银行业务的基本规定。

第一节　商业银行法

商业银行法

一、商业银行法概述

(一)商业银行的概念和特征

　　商业银行是指依照《商业银行法》和《公司法》设立的吸收公众存款、发放贷款、办理结算等业务的企业法人。

　　商业银行是一种企业法人,以营利为目的。商业银行的经营范围是吸收公众存款,发放贷款、办理结算业务等金融业务。商业银行是一种公司法人,其设立既要符合公司法的设立条件,也要符合商业银行法规定的设立条件。商业银行的运行、变更、终止等行为,既要符合公司法的要求,也要符合商业银行法的要求。

(二)商业银行的分类

　　商业银行按照经营活动范围可分为全国性商业银行、城市商业银行和农村商业银行。如四大国有银行及股份银行属于全国性商业银行,城市商业银行是指以城市信用社为基础组建的商业银行,农村商业银行是指以信用联社为基础组建的商业银行。

　　商业银行按照资本构成可以分为国有商业银行、股份制商业银行。如中国工商银行、中国建设银行、中国农业银行和中国银行属于国有商业银行,而交通银行、招商银行等属于股份制商业银行。

　　商业银行按照控股主体是否为国有资本可以分为国有控股银行和民营银行。近期我国刚兴起了一些民间资本控股的民营银行,如网商银行、微众银行等,这些民营银行目前成为我国金融体制中的重要补充。

(三)商业银行的经营范围

　　《商业银行法》第3条规定,商业银行可以经营下列部分或者全部业务:吸收公众存款,发放短期、中期和长期贷款,办理国内外结算,办理票据承兑与贴现,发行金融债券,代理发行、代理兑付、承销政府债券,买卖政府债券、金融债券,从事同业拆借,买卖、代理买卖外汇,从事银行卡业务,提供信用证服务及担保,代理收付款项及代理保险业务,提供保管箱服务,经国务院银行业监督管理机构批准的其他业务。

经营范围由商业银行章程规定,报国务院银行业监督管理机构批准。

商业银行经中国人民银行批准,可以经营结汇、售汇业务。

上述商业银行法对商业银行业务范围的规定,按照资金来源和用途,可以分为负债业务、资产业务和中间业务三类。按照职能区分,可以分为货币信用中介职能、货币支付中介职能和信用创造职能三种。

(四)商业银行法的基本原则

1.安全性、流动性、效益性原则

安全性、流动性、效益性即商业银行的经营三原则,《商业银行法》第4条规定,商业银行以安全性、流动性、效益性为经营原则,实行自主经营,自担风险,自负盈亏,自我约束。这要求商业银行在进行资金运作时要降低风险、稳定经营,确保各方的利益不受损失。

2.平等、自愿、公平和诚实信用的原则

《商业银行法》第5条规定:"商业银行与客户的业务往来,应当遵循平等、自愿、公平和诚实信用的原则。"这是商业银行进行业务活动的基本原则,也是民法典的基本要求。

3.保障存款人的合法权益原则

商业银行应当保障存款人的合法权益不受任何单位和个人的侵犯,要求商业银行在办理个人储蓄存款业务,应当遵循存款自愿、取款自由、存款有息、为存款人保密的原则。对个人储蓄存款,商业银行有权拒绝任何单位或者个人查询、冻结、扣划,但法律另有规定的除外。对单位存款,商业银行有权拒绝任何单位或者个人查询,但法律、行政法规另有规定的除外;有权拒绝任何单位或者个人冻结、扣划,但法律另有规定的除外。商业银行应当按照中国人民银行规定的存款利率的上下限,确定存款利率,并予以公告。商业银行应当按照中国人民银行的规定,向中国人民银行缴存存款准备金,留足备付金。商业银行应当保证存款本金和利息的支付,不得拖延、拒绝支付存款本金和利息。

4.资信审查和担保贷款原则

贷款是商业银行进行业务运作的基本形式,贷款的本息能否按时回收是商业银行能否实现盈利的重要因素。此原则要求商业银行在发放贷款时,要对借款人的资信状况、资金用途、还款能力等进行严格的审查,并实行担保贷款,确保信贷业务的良性运作。

5.守法原则

商业银行在开展业务进行经营活动时,需要遵守我国现行的法律法规,不得违反法律规定进行经营活动,不得损害国家的利益和社会公共的利益,这不仅仅关系到商业银行自身的存续和发展,更关系到整个国家的社会和经济秩序。

6.公平竞争原则

商业银行作为金融机构应当遵循市场竞争的原则,公平竞争,遵守法律、行政法规和金融主管机关的监管规定,不得违反规定或者通过不正当手段,进行吸收存款、发放贷款等损害同行的利益的行为。

(五)商业银行的监管

商业银行依法接受国务院银行业监督管理机构的监督管理,但法律规定其有关业务接受其他监督管理部门或者机构监督管理的,依照其规定。

中国银保监会是商业银行的主要监管部门,主要体现在:对商业银行设立、变更、终止及业务范围的监督管理,对商业银行的董事、高级管理人员任职资格的监督管理,对存款人保护的监督管理;对贷

款和其他业务的监督管理等,同时人民银行、市场监督管理总局、财政部等相关部门也在其业务范围内对商业银行进行监管。

？思考题：商业银行的经营范围有哪些？

二、商业银行的设立和组织机构

商业银行的设立

(一)商业银行的设立

设立商业银行,应当经国务院银行业监督管理机构审查批准。未经国务院银行业监督管理机构批准,任何单位和个人不得从事吸收公众存款等商业银行业务,任何单位不得在名称中使用"银行"字样。由此可见商业银行的设立需要经过中国银保监会的审查批准方可设立。

1.商业银行及其分支机构的设立条件

设立商业银行,应当具备下列条件。

(1)有符合《商业银行法》和《公司法》规定的章程。商业银行的章程有特殊的规定,需要满足《商业银行法》和《公司法》的双重规定。

(2)有符合《商业银行法》规定的注册资本最低限额。设立全国性商业银行的注册资本最低限额为10亿元。设立城市商业银行的注册资本最低限额为1亿元,设立农村商业银行的注册资本最低限额为5000万元。注册资本应当是实缴资本。国务院银行业监督管理机构根据审慎监管的要求可以调整注册资本最低限额,但不得少于前款规定的限额。

(3)有具备任职专业知识和业务工作经验的董事、高级管理人员。一般企业的高级管理人员无特殊要求,而商业银行则对其高级管理人员有特殊的任职资格和审查程序的要求。中国人民银行制定的《金融机构高级管理人员任职资格管理办法》中明确了商业银行的高级管理人的范围,并针对不同的高级管理人员确立了核准制和备案制,国有独资商业银行的高级管理人员的任职资格要求与股份制商业银行和城市商业银行的任职资格要求也略有不同。

有下列情形之一的,不得担任商业银行的董事、高级管理人员：因犯有贪污、贿赂、侵占财产、挪用财产罪或者破坏社会经济秩序罪,被判处刑罚,或者因犯罪被剥夺政治权利的；担任因经营不善破产清算的公司、企业的董事或者厂长、经理,并对该公司、企业的破产负有个人责任的；担任因违法被吊销营业执照的公司、企业的法定代表人,并负有个人责任的；个人所负数额较大的债务到期未清偿的。这是对商业银行董事、高级管理人员消极资格的规定。

(4)有健全的组织机构和管理制度。与一般企业法人只要求有组织机构和场所不同,商业银行则需要有健全的组织机构和管理制度。

商业银行根据业务需要可以在中华人民共和国境内外设立分支机构。设立分支机构必须经国务院银行业监督管理机构审查批准。在中华人民共和国境内的分支机构,不按行政区划设立。商业银行在中华人民共和国境内设立分支机构,应当按照规定拨付与其经营规模相适应的营运资金额。拨付各分支机构营运资金额的总和,不得超过总行资本金总额的60%。

商业银行对其分支机构实行全行统一核算,统一调度资金,分级管理的财务制度。商业银行分支机构不具有法人资格,在总行授权范围内依法开展业务,其民事责任由总行承担。经批准设立的商业银行及其分支机构,由国务院银行业监督管理机构予以公告。商业银行及其分支机构自取得营业执照之日起无正当理由超过6个月未开业的,或者开业后自行停业连续6个月以上的,由国务院银行业监督管理机构吊销其经营许可证,并予以公告。

(5)有符合要求的营业场所、安全防范措施和与业务有关的其他设施。

(6)设立商业银行,还应当符合其他审慎性条件。

2.商业银行及其分支机构的设立资料

设立商业银行,申请人应当向国务院银行业监督管理机构提交下列文件、资料:申请书,申请书应当载明拟设立的商业银行的名称、所在地、注册资本、业务范围等;可行性研究报告;国务院银行业监督管理机构规定提交的其他文件、资料。

设立商业银行的申请经审查符合商业银行法规定条件的,申请人应当填写正式申请表,并提交下列文件、资料:章程草案;拟任职的董事、高级管理人员的资格证明;法定验资机构出具的验资证明;股东名册及其出资额、股份;持有注册资本5%以上的股东的资信证明和有关资料;经营方针和计划;营业场所、安全防范措施和与业务有关的其他设施的资料;国务院银行业监督管理机构规定的其他文件、资料。

经批准设立的商业银行,由国务院银行业监督管理机构颁发经营许可证,并凭该许可证向市场监管管理部门办理登记,领取营业执照。

设立商业银行分支机构,申请人应当向国务院银行业监督管理机构提交下列文件、资料:申请书,申请书应当载明拟设立的分支机构的名称、营运资金额、业务范围、总行及分支机构所在地等;申请人最近两年的财务会计报告;拟任职的高级管理人员的资格证明;经营方针和计划;营业场所、安全防范措施和与业务有关的其他设施的资料;国务院银行业监督管理机构规定的其他文件、资料。

经批准设立的商业银行分支机构,由国务院银行业监督管理机构颁发经营许可证,并凭该许可证向市场监督管理部门办理登记,领取营业执照。

(二)商业银行的变更

商业银行有下列变更事项之一的,应当经国务院银行业监督管理机构批准:变更名称;变更注册资本;变更总行或者分支行所在地;调整业务范围;变更持有资本总额或者股份总额5%以上的股东;修改章程;国务院银行业监督管理机构规定的其他变更事项。商业银行更换董事、高级管理人员时,应当报经国务院银行业监督管理机构审查其任职资格。的变更和终止

商业银行不仅在设立上需要严格的核准,在变更上也需核准,以确保对商业银行的监管,保障我国金融秩序的有效运行。

(三)商业银行的组织机构

商业银行的组织形式、组织机构适用《公司法》的规定,在《公司法》施行前设立的商业银行,其组织形式、组织机构不完全符合《公司法》规定的,可以继续沿用原有的规定,故商业银行实行有限责任公司或股份有限公司这两种形式,商业银行的组织机构包含股东会或股东大会、董事会或执行董事、监事会或监事。

国有独资商业银行设立监事会。监事会的产生办法由国务院规定。监事会对国有独资商业银行的信贷资产质量、资产负债比例、国有资产保值增值等情况,以及高级管理人员违反法律、行政法规或者章程的行为和损害银行利益的行为进行监督。

思考题:商业银行的设立条件有哪些?

三、对存款人的保护

存款保险

存款是商业银行进行业务运作的基础,也是商业银行最基本和最主要的业务,为商业银行进行业务运作和盈利提供了资金来源。商业银行也从早期只注重资产运作变为现在注重资金来源的运作的模式。

(一)保护储蓄存款人

储蓄存款是商业银行的一项重要业务,也是银行业进行运作和盈利的基础。

1.存款自愿、取款自由

商业银行办理个人储蓄存款业务,应当遵循存款自愿、取款自由、存款有息、为存款人保密的原则。

公民个人的合法收入可以自愿参加储蓄存款,因此是否参加储蓄存款、选择哪一家储蓄银行、选择哪种类型的储蓄存款均由公民自己自愿选择,商业银行应该通过提升自身的服务水平和服务能力进行吸收存款的活动,不能以强迫、欺诈等方式进行吸收存款的活动,应当遵循存款自愿的原则进行活动。

公民的储蓄存款是其个人的合法财产,有自由支配的权利。商业银行应当保证存款本金和利息的支付,不得拖延、拒绝支付存款本金和利息。商业银行不得无故拖延付款或者收取手续费等,应该无条件地及时地保证存款人的取款自由,提升自己的服务水平和范围,这样才能吸收更多的人进行存款。

2.存款有息、为存款人保密

商业银行法规定,对单位存款,商业银行有权拒绝任何单位或者个人查询,但法律、行政法规另有规定的除外;有权拒绝任何单位或者个人冻结、扣划,但法律另有规定的除外。

商业银行应该按照公布的利息支付储户存款利息,且应该符合人民银行的要求。存款利息和安全性是公民积极存款的动力来源,商业银行通过不断吸收存款才能为其他的业务提供更多的资金支持。

商业银行对存款人的姓名、存款类型、金额、个人信息等负有保密的义务,非经过法律规定的程序,任何个人或者单位不得查询、冻结、扣划。目前法律规定有查询、冻结、扣划的单位有公安、法院、检察院、海关、国安等部门。查询个人储蓄存款涉及为存款人保密的原则,冻结、扣划则直接涉及存款人财产权的问题,故非经合法程序,均需为存款人的储蓄存款保密。

(二)商业银行存款利率、存款准备金、备付金

商业银行应当按照中国人民银行规定的存款利率的上下限,确定存款利率,并予以公告。储蓄存款是商业银行开展业务的资金基础,而商业银行的营利性可能会导致其在吸收公众存款时进行不正当竞争进而影响整个银行业的良性发展,故对于商业银行的存款利率由国家干预即由人民银行确定存款利率的上下限,各商业银行按照人民银行规定执行。

商业银行应当按照中国人民银行的规定,向中国人民银行缴存存款准备金,留足备付金。存款准备金是中国人民银行要求商业银行按照其规定的比率缴存一部分资金以作备用的资金。中国人民银行规定的这个比率叫作存款准备金率,是国家进行宏观调控的货币政策工具。中国人民银行通过调整存款准备金率的货币政策调整,来调整国内的存贷款情况,保证金融市场的有序发展。因此存款准备金既确保了商业银行对存款人的清偿能力,又是国家进行宏观调控的一种重要手段。备付金是商业银行为保证存款支付和资金清算的清偿资金,商业银行必须按照中国人民银行的规定缴存留足备付金,这也是商业银行对存款人的一种重要保障。

思考题:如何保护存款人?

商业银行
的经营规则

四、贷款和其他业务的基本规则

(一)贷款及其法律关系

贷款是指银行等金融机构,按照一定的贷款利率并约定贷款期限,将货币资金发放给借款人的一种信用活动。商业银行根据国民经济和社会发展的需要,在国家产业政策指导下开展贷款业务。贷款是商业银行的核心业务,贷款和存款的利息差是商业银行盈利的主要途

径。商业银行应当按照中国人民银行规定的贷款利率的上下限,确定贷款利率。

贷款法律关系就是贷款人和借款人直接通过订立贷款合同而建立的债权债务法律关系。贷款人是指在依法经营贷款业务的商业银行、信托投资公司等金融机构,贷款人必须经中国人民银行批准经营贷款业务,持有中国人民银行颁发的《金融机构法人许可证》或《金融机构营业许可证》,并经市场监督管理部门核准登记。借款人是指向从事经营贷款业务的金融机构申请并取得贷款的法人、其他经济组织、个体工商户和自然人等。借款人与贷款人的借贷活动应当遵循平等、自愿、公平和诚实信用的原则。贷款人和借款人的权利义务具体如下。

1. 借款人的权利义务

(1)借款人的权利

借款人的权利主要有:可以自主向主办银行或者其他银行的经办机构申请贷款并依条件取得贷款;有权按照合同约定提取和使用全部贷款;有权拒绝借款合同以外的附加条件;有权向贷款人的上级和人民银行反映、举报有关情况;在征得贷款人同意后,有权向第三人转让债务。

(2)借款人的义务

借款人的义务主要有:应当如实提供贷款人要求的资料(法律规定不能提供者除外),应当向贷款人如实提供所有开户行、账号及存贷款余额情况,配合贷款人的调查、审查和检查;应当接受贷款人对其使用信贷资金情况和有关生产经营、财务活动的监督;应当按借款合同约定用途使用贷款;应当按借款合同约定及时清偿贷款本息;将债务全部或部分转让给第三人的,应当取得贷款人的同意;有危及贷款人债权安全情况时,应当及时通知贷款人,同时采取保全措施。

(3)对借款人的限制

对借款人的限制有如下几点:不得在一个贷款人同一辖区内的两个或两个以上同级分支机构取得贷款;不得向贷款人提供虚假的或者隐瞒重要事实的资产负债表、损益表等;不得用贷款从事股本权益性投资,国家另有规定的除外;不得用贷款在有价证券、期货等方面从事投机经营;除依法取得经营房地产资格的借款人以外,不得用贷款经营房地产业务;依法取得经营房地产资格的借款人,不得用贷款从事房地产投机;不得套取贷款用于借贷牟取非法收入;不得违反国家外汇管理规定使用外币贷款;不得采取欺诈手段骗取贷款。

2. 贷款人的权利义务

(1)贷款人的权利

贷款人可以根据贷款条件和贷款程序自主审查和决定贷款,除国务院批准的特定贷款外,有权拒绝任何单位和个人强令其发放贷款或者提供担保。具体包括:要求借款人提供与借款有关的资料;根据借款人的条件,决定贷与不贷、贷款金额、期限和利率等;了解借款人的生产经营活动和财务活动;依合同约定从借款人账户上划收贷款本金和利息;借款人未能履行借款合同规定义务的,贷款人有权依合同约定要求借款人提前归还贷款或停止支付借款人尚未使用的贷款;在贷款将受或已受损失的,可依据合同规定,采取使贷款免受损失的措施。

(2)贷款人的义务

贷款人的义务主要有:应当公布所经营的贷款的种类、期限和利率,并向借款人提供咨询;应当公开贷款审查的资信内容和发放贷款的条件;贷款人应当审议借款人的借款申请,并及时答复贷与不贷。短期贷款答复时间不得超过1个月,中期、长期贷款答复时间不得超过6个月;国家另有规定者除外;应当对借款人债务、财务、生产、经营情况保密,但对依法查询者除外。

另外商业银行法规定,商业银行的工作人员应当遵守法律、行政法规和其他各项业务管理的规定,不得有下列行为:利用职务上的便利,索取、收受贿赂或者违反国家规定收受各种名义的回扣、手续费;利用职务上的便利,贪污、挪用、侵占本行或者客户的资金;违反规定徇私向亲属、朋友发放贷款或者提供担保;在其他经济组织兼职;违反法律、行政法规和业务管理规定的其他行为。商业银行的工作人员不得泄露其在任职期间知悉的国家秘密、商业秘密。

(二)贷款的基本规则

我国《商业银行法》规定,商业银行贷款,应当遵守下列资产负债比例管理的规定:资本充足率不得低于 8%;流动性资产余额与流动性负债余额的比例不得低于 25%;对同一借款人的贷款余额与商业银行资本余额的比例不得超过 10%;国务院银行业监督管理机构对资产负债比例管理的其他规定。

贷款存在一定的风险,如果不严格把控贷款,商业银行不良贷款率可能会难以控制。商业银行发放贷款应该遵循以下贷款规则。

1. 审贷分离、分级审批

商业银行贷款,应当对借款人的借款用途、偿还能力、还款方式等情况进行严格审查。商业银行贷款,应当实行审贷分离、分级审批的制度。这是从法律上规定了商业银行在进行贷款业务时需要谨慎审查确保借款人的偿还能力,避免不良贷款的发生。

2. 担保贷款为原则,信用担保为例外

商业银行贷款,借款人应当提供担保。商业银行应当对保证人的偿还能力,抵押物、质物的权属和价值,以及实现抵押权、质权的可行性进行严格审查。经商业银行审查、评估,确认借款人资信良好,确能偿还贷款的,可以不提供担保。

商业银行在进行贷款时不仅要严格审查,还要遵循担保贷款的原则,信用贷款则仅适用经审查、评估,确认借款人资信良好,确能偿还贷款的情况,且信用贷款无论从期限还是金额上均要有严格的限制。

3. 书面合同的规则

商业银行贷款,应当与借款人订立书面合同。合同应当约定贷款种类、借款用途、金额、利率、还款期限、还款方式、违约责任和双方认为需要约定的其他事项。

商业银行在进行信贷业务时,不仅需要明确订立书面合同,而且需要约定清楚贷款种类、借款用途、金额、利率、还款期限、还款方式、违约责任等。

4. 不向关系人发放信用贷款或者优惠贷款

商业银行不得向关系人发放信用贷款,向关系人发放担保贷款的条件不得优于其他借款人同类贷款的条件。前款所称关系人是指:商业银行的董事、监事、管理人员、信贷业务人员及其近亲属;前项所列人员投资或者担任高级管理职务的公司、企业和其他经济组织。商业银行在向其关系人发放贷款时,应该采用担保贷款的形式且不得比其他借款人的条件更优惠,这既是公平性的体现,也避免了商业银行的经营风险。

(三)其他业务基本规则

除去吸收存款、发放贷款以外,商业银行还进行其他的业务运营,如投资、结算、发行金融债券、同业拆借等业务,这些业务内容也有基本的业务限制和要求,商业银行在进行业务活动时不得违反这些基本的规则。

商业银行在中华人民共和国境内不得从事信托投资和证券经营业务,不得向非自用不动产投资或者向非银行金融机构和企业投资,但国家另有规定的除外。这是对商业银行经营内容的明确限制,一方面商业银行不得在境内从事信托投资和证券经营,此条是从混业经营的风险考虑做出的限制,但是对商业银行在境外是否可以从事此业务并未做限制;另一方面,商业银行不得向非自用不动产投资或者向非银行金融机构和企业投资,这是对商业银行投资规则的限制。

商业银行办理票据承兑、汇兑、委托收款等结算业务,应当按照规定的期限兑现,收付入账,不得压单、压票或者违反规定退票。有关兑现、收付入账期限的规定应当公布。商业银行发行金融债券或者到境外借款,应当依照法律、行政法规的规定报经批准。

商业银行进行同业拆借,应当遵守中国人民银行的规定。禁止利用拆入资金发放固定资产贷款或者用于投资。拆出资金限于交足存款准备金、留足备付金和归还中国人民银行到期贷款之后的闲置资金。拆入资金用于弥补票据结算、联行汇差头寸的不足和解决临时性周转资金的需要。

思考题：贷款的基本规则有哪些？

五、对商业银行的监督管理

(一)商业银行监管概述

商业银行是我国金融机构的核心,是执行国家的货币政策和金融政策的主体,对国民经济的发展和国家宏观调控的执行都有着至关重要的作用。尽管商业银行主要经营的是货币资产,但是却对我国的生产、流通等领域都有着重要的影响,因此商业银行的监管至关重要,这不仅关乎我国货币政策和信贷政策的执行,也可以通过对商业银行的监管了解国民经济发展的现状。

对商业银行的监管,不仅是为了贯彻落实国家的货币政策和信贷政策,进而达到国家对宏观经济进行调控的目的,更是为了规范商业银行的运作和业务运营,使商业银行严格按照法律法规的规定进行经营管理和业务操作,保护存款人和贷款人的合法权益,促进银行的稳健运营,降低风险,进而保障金融行业的稳定发展。

尽管加强对商业银行的监督管理是为了促进商业银行的稳健运行,降低商业银行的经营风险,但是这只是一种监管的方式,并不能确保商业银行不会破产。因此,商业银行也要需要不断地提升自己的服务水平和经济效益,提升自身的综合竞争力。仅仅通过金融监管的方式确保商业银行不破产并不是长久之计,反而可能保护落后,对金融行业和整个国民经济的发展并无益处。因此,加强对商业银行的监管,一方面是为了维持金融秩序和稳定,另外一方面则要保证公平竞争,这样才是金融市场长久发展的基础。

(二)商业银行的内部监督管理

商业银行的良性发展及合法合规的经营管理,不能仅仅只是应付监管或者按照监管的方式办事,而应该建立和健全自己的内部监督管理机制,加强内部的稽核、检查制度,这样才能真正地降低金融风险,降低商业银行自身的经营风险,保护存款人的利益,使商业银行稳健运行,促进商业银行的长远发展和盈利。商业银行应当按照有关规定,制定本行的业务规则,建立、健全本行的风险管理和内部控制制度。这要求商业银行不仅要按照法律、行政法规和相关规定制定本行的业务规章、风险管理和内控制度,还要严格执行和落地。

商业银行不仅需要建立健全的业务规章、风险管理和内控制度,还需要建立对应的稽核、检查制度;不仅要加强对内部的稽核、检查,对于分支机构等也要定期进行稽核和检查监督。商业银行应当建立、健全本行对存款、贷款、结算、呆账等各项情况的稽核、检查制度。商业银行对分支机构应当进行经常性的稽核和检查监督。由此可以看出,商业银行的稽核、检查制度是法律要求必须建立和执行的。

商业银行应当按照规定向国务院银行业监督管理机构、中国人民银行报送资产负债表、利润表及其他财务会计、统计报表和资料。按照规定向监管部门报送资料,一方面能加强商业银行的自查,另一方面监管部门也能根据报送的情况加强对商业银行的监督和管理。

(三)监管机关对商业银行的监管

国务院银行业监督管理机构有权依照商业银行法的规定,随时对商业银行的存款、贷款、结算、呆账等情况进行检查监督。检查监督时,检查监督人员应当出示合法的证件。商业银行应当按照国务院银行业监督管理机构的要求,提供财务会计资料、业务合同和有关经营管理方面的其他信息。中国人民银行有权依照《中国人民银行法》的规定对商业银行进行检查监督。中国人民银行和银保监会均可对商业银行就各自监管范围内的事项进行监督检查,同时在其进行现场检查时,商业银行应该配合其要求提供相关财务会计资料、业务合同和有关经营管理方面的其他信息。

中国人民银行有权对金融机构及其他单位和个人的下列行为进行检查监督:执行有关存款准备金管理规定的行为;与中国人民银行特种贷款有关的行为;执行有关人民币管理规定的行为;执行有关银行间同业拆借市场、银行间债券市场管理规定的行为;执行有关外汇管理规定的行为;执行有关黄金管理规定的行为;代理中国人民银行经理国库的行为;执行有关清算管理规定的行为;执行有关反洗钱规定的行为。前款所称中国人民银行特种贷款,是指国务院决定的由中国人民银行向金融机构发放的用于特定目的的贷款。另外,当银行业金融机构出现支付困难,可能引发金融风险时,为了维护金融稳定,中国人民银行经国务院批准,有权对银行业金融机构进行检查监督。

 思考题:如何监管商业银行?

六、接管和终止

(一)商业银行的接管

商业银行的接管是指在商业银行已经或者可能发生信用危机,严重影响存款人的利益时,由监管部门接受并进行整顿和改组的监管措施。商业银行已经或者可能发生信用危机,严重影响存款人的利益时,国务院银行业监督管理机构可以对该银行实行接管。接管的目的是对被接管的商业银行采取必要措施,以保护存款人的利益,恢复商业银行的正常经营能力。被接管的商业银行的债权债务关系不因接管而变化。

接管由国务院银行业监督管理机构决定,并组织实施。国务院银行业监督管理机构的接管决定应当载明下列内容:被接管的商业银行名称、接管理由、接管组织和接管期限。接管决定由国务院银行业监督管理机构予以公告。

接管自接管决定实施之日起开始。自接管开始之日起,由接管组织行使商业银行的经营管理权力。接管期限届满,国务院银行业监督管理机构可以决定延期,但接管期限最长不得超过两年。有下列情形之一的,接管终止:接管决定规定的期限届满或者国务院银行业监督管理机构决定的接管延期届满;接管期限届满前,该商业银行已恢复正常经营能力;接管期限届满前,该商业银行被合并或者被依法宣告破产。

(二)商业银行的终止

商业银行的终止是指商业银行由于出现法律规定的情形,其权利和义务全部结束而终止。商业银行因解散、被撤销和被宣告破产而终止。

商业银行的终止主要有三种情形:解散、被撤销和被宣告破产,且商业银行没有自行决定其终止的权利,需要经监管部门同意后才可以依法终止。

1. 商业银行的解散

商业银行因分立、合并或者出现公司章程规定的解散事由需要解散的,应当向国务院银行业监督管理机构提出申请,并附解散的理由和支付存款的本金和利息等债务清偿计划。经国务院银行业监督管理机构批准后解散。商业银行解散的,应当依法成立清算组,进行清算,按照清偿计划及时偿还存款本金和利息等债务。国务院银行业监督管理机构监督清算过程。

由此可见商业银行的解散主要有三种解散情形:因分立而解散、因合并而解散、因出现公司章程规定的解散事由而解散。因银行业的特殊性,无论哪种解散情形,均需要经过国务院银行业监督管理机构批准后,商业银行才可以解散,即商业银行解散的最终决定权在国务院银行业监督管理机构,而非商业银行可自主决定的。

2.商业银行被撤销

商业银行因吊销经营许可证被撤销的,国务院银行业监督管理机构应当依法及时组织成立清算组,进行清算,按照清偿计划及时偿还存款本金和利息等债务。经批准设立的商业银行,由国务院银行业监督管理机构颁发经营许可证,并凭该许可证向市场监督管理部门办理登记,领取营业执照。由此可见,经营许可证是商业银行开展经营活动的基础。依法被吊销经营许可证,则商业银行无法继续经营。

有以下情形之一的,商业银行情节严重或者逾期不改正的,国务院银行业监督管理机构有权依法吊销该商业银行的经营许可证,撤销违法经营的商业银行:①未经批准设立分支机构的;②未经批准分立、合并或者违反规定对变更事项不报批的;③违反规定提高或者降低利率以及采用其他不正当手段,吸收存款,发放贷款的;④出租、出借经营许可证的;⑤未经批准买卖、代理买卖外汇的;⑥未经批准买卖政府债券或者发行、买卖金融债券的;⑦违反国家规定从事信托投资和证券经营业务的;向非自用不动产投资或者向非银行金融机构和企业投资的;⑧向关系人发放信用贷款或者发放担保贷款的条件优于其他借款人同类贷款的条件的;⑨拒绝或者阻碍国务院银行业监督管理机构检查监督的;⑩提供虚假的或者隐瞒重要事实的财务会计报告、报表和统计报表的;⑪未遵守资本充足率、存贷比例、资产流动性比例、同一借款人贷款比例和国务院银行业监督管理机构有关资产负债比例管理的其他规定的。

商业银行有以下情形之一的,中国人民银行可以建议国务院银行业监督管理机构吊销该商业银行的经营许可证:①未经批准办理结汇、售汇的;②未经批准在银行间债券市场发行、买卖金融债券或者到境外借款的;③违反规定同业拆借的;④拒绝或者阻碍中国人民银行检查监督的;⑤提供虚假的或者隐瞒重要事实的财务会计报告、报表和统计报表的;⑥未按照中国人民银行规定的比例缴存存款准备金的。

3.商业银行被宣告破产

商业银行不能支付到期债务,经国务院银行业监督管理机构同意,由人民法院依法宣告其破产。商业银行被宣告破产的,由人民法院组织国务院银行业监督管理机构等有关部门和有关人员成立清算组,进行清算。商业银行破产清算时,在支付清算费用、所欠职工工资和劳动保险费用后,应当优先支付个人储蓄存款的本金和利息。

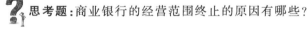**思考题**:商业银行的经营范围终止的原因有哪些?

八、法律责任

(一)商业银行的法律责任

法律责任包括民事责任、行政责任和刑事责任。商业银行不同的行为可能需要承担不同的法律责任,甚至同一行为可能侵犯多种法律责任。

1.民事责任

民事责任是指民事主体违反民事法律法规等所应当承担的法律责任,民事责任包括违约责任和侵权责任两种。商业银行有下列情形之一,对存款人或者其他客户造成财产损害的,应当承担支付迟延履行的利息及其他民事责任:无故拖延、拒绝支付存款本金和利息的;违反票据承兑等结算业务规定,不予兑现,不予收付入账,压单、压票或者违反规定退票的;非法查询、冻结、扣划个人储蓄存款或者单位存款的;违反本法规定对存款人或者其他客户造成损害的其他行为。这是商业银行法对商业银行民事责任的具体规定。

2.行政责任

行政责任是指个人或者单位违反行政法律法规等所应当承担的法律责任。行政责任包括行政处

分和行政处罚。我国《商业银行法》规定了商业银行违反行政法律法规需要承担的法律责任,根据严重程度可分为如下几类

(1)商业银行有下列情形之一,对存款人或者其他客户造成财产损害的,由国务院银行业监督管理机构责令改正,有违法所得的,没收违法所得,违法所得 5 万元以上的,并处违法所得 1 倍以上 5 倍以下罚款;没有违法所得或者违法所得不足 5 万元的,处 5 万元以上 50 万元以下罚款。具体包括:无故拖延、拒绝支付存款本金和利息的;违反票据承兑等结算业务规定,不予兑现,不予收付入账,压单、压票或者违反规定退票的;非法查询、冻结、扣划个人储蓄存款或者单位存款的;违反本法规定对存款人或者其他客户造成损害的其他行为。

(2)商业银行有下列情形之一,由国务院银行业监督管理机构责令改正,有违法所得的,没收违法所得,违法所得 50 万元以上的,并处违法所得 1 倍以上 5 倍以下罚款;没有违法所得或者违法所得不足 50 万元的,处 50 万元以上 200 万元以下罚款;情节特别严重或者逾期不改正的,可以责令停业整顿或者吊销其经营许可证。具体情形包括:未经批准设立分支机构的;未经批准分立、合并或者违反规定对变更事项不报批的;违反规定提高或者降低利率及采用其他不正当手段,吸收存款,发放贷款的;出租、出借经营许可证的;未经批准买卖、代理买卖外汇的;未经批准买卖政府债券或者发行、买卖金融债券的;违反国家规定从事信托投资和证券经营业务、向非自用不动产投资或者向非银行金融机构和企业投资的;向关系人发放信用贷款或者发放担保贷款的条件优于其他借款人同类贷款的条件的。

(3)商业银行有下列情形之一,由国务院银行业监督管理机构责令改正,并处 20 万元以上 50 万元以下罚款;情节特别严重或者逾期不改正的,可以责令停业整顿或者吊销其经营许可证。具体情形包括:拒绝或者阻碍国务院银行业监督管理机构检查监督的;提供虚假的或者隐瞒重要事实的财务会计报告、报表和统计报表的;未遵守资本充足率、资产流动性比例、同一借款人贷款比例和国务院银行业监督管理机构有关资产负债比例管理的其他规定的。

(4)商业银行有下列情形之一,由中国人民银行责令改正,有违法所得的,没收违法所得,违法所得 50 万元以上的,并处违法所得 1 倍以上 5 倍以下罚款;没有违法所得或者违法所得不足 50 万元的,处 50 万元以上 200 万元以下罚款;情节特别严重或者逾期不改正的,中国人民银行可以建议国务院银行业监督管理机构责令停业整顿或者吊销其经营许可证。具体情形包括:未经批准办理结汇、售汇的;未经批准在银行间债券市场发行、买卖金融债券或者到境外借款的;违反规定同业拆借的。

(5)商业银行有下列情形之一,由中国人民银行责令改正,并处 20 万元以上 50 万元以下罚款;情节特别严重或者逾期不改正的,中国人民银行可以建议国务院银行业监督管理机构责令停业整顿或者吊销其经营许可证。具体情形包括:拒绝或者阻碍中国人民银行检查监督的;提供虚假的或者隐瞒重要事实的财务会计报告、报表和统计报表的;未按照中国人民银行规定的比例缴存存款准备金的。

(6)有下列情形之一,由国务院银行业监督管理机构责令改正,有违法所得的,没收违法所得,违法所得 5 万元以上的,并处违法所得 1 倍以上 5 倍以下罚款;没有违法所得或者违法所得不足 5 万元的,处 5 万元以上 50 万元以下罚款。具体情形包括:未经批准在名称中使用"银行"字样的;未经批准购买商业银行股份总额 5% 以上的;将单位的资金以个人名义开立账户存储的。

(7)商业银行不按照规定向国务院银行业监督管理机构报送有关文件、资料的,由国务院银行业监督管理机构责令改正,逾期不改正的,处 10 万元以上 30 万元以下罚款。商业银行不按照规定向中国人民银行报送有关文件、资料的,由中国人民银行责令改正,逾期不改正的,处 10 万元以上 30 万元以下罚款。

(8)商业银行违反商业银行法的规定,国务院银行业监督管理机构可以区别不同情形,取消其直接负责的董事、高级管理人员一定期限直至终身的任职资格,禁止直接负责的董事、高级管理人员和其他直接责任人员一定期限直至终身从事银行业工作。商业银行的行为尚不构成犯罪的,对直接负

责的董事、高级管理人员和其他直接责任人员,给予警告,处 5 万元以上 50 万元以下罚款。

3. 刑事责任

刑事责任是指违反刑事法律规定的个人或者单位所应当承担的法律责任。存在我国商业银行法的行为构成犯罪的,依法追究刑事责任。商业银行有法律规定情形的,对直接负责的董事、高级管理人员和其他直接责任人员,应当给予纪律处分;构成犯罪的,依法追究刑事责任。

(二)商业银行工作人员的法律责任

商业银行工作人员利用职务上的便利,索取、收受贿赂或者违反国家规定收受各种名义的回扣、手续费,构成犯罪的,依法追究刑事责任;尚不构成犯罪的,应当给予纪律处分。有前款行为,发放贷款或者提供担保造成损失的,应当承担全部或者部分赔偿责任。

商业银行工作人员利用职务上的便利,贪污、挪用、侵占本行或者客户资金,构成犯罪的,依法追究刑事责任;尚不构成犯罪的,应当给予纪律处分。

商业银行工作人员违反《商业银行法》规定玩忽职守造成损失的,应当给予纪律处分;构成犯罪的,依法追究刑事责任。违反规定徇私向亲属、朋友发放贷款或者提供担保造成损失的,应当承担全部或者部分赔偿责任。

商业银行工作人员泄露在任职期间知悉的国家秘密、商业秘密的,应当给予纪律处分;构成犯罪的,依法追究刑事责任。

商业银行的工作人员对单位或者个人强令其发放贷款或者提供担保未予拒绝的,应当给予纪律处分;造成损失的,应当承担相应的赔偿责任。

(三)其他单位或者个人的法律责任

未经国务院银行业监督管理机构批准,擅自设立商业银行,或者非法吸收公众存款、变相吸收公众存款,构成犯罪的,依法追究刑事责任;并由国务院银行业监督管理机构予以取缔。伪造、变造、转让商业银行经营许可证,构成犯罪的,依法追究刑事责任;借款人采取欺诈手段骗取贷款,构成犯罪的,依法追究刑事责任;单位或者个人强令商业银行发放贷款或者提供担保的,应当对直接负责的主管人员和其他直接责任人员或者个人给予纪律处分;造成损失的,应当承担全部或者部分赔偿责任。

思考题:商业银行的民事责任有哪些?

第二节　电子银行业务

为加强电子银行业务的风险管理,保障客户及银行的合法权益,促进电子银行业务的健康有序发展,中国银保监会根据《银行业监督管理法》《商业银行法》和《外资金融机构管理条例》等法律法规,制定《电子银行业务管理办法》,自 2006 年 3 月 1 日起施行。

一、电子银行业务

电子银行业务,是指商业银行等银行业金融机构利用面向社会公众开放的通信通道或开放型公众网络,以及银行为特定自助服务设施或客户建立的专用网络,向客户提供的银行服务。

电子银行业务包括利用计算机和互联网开展的银行业务(以下简称网上银行业务),利用电话等声讯设备和电信网络开展的银行业务(以下简称电话银行业务),利用移动电话和无线网络开展的银行业务(以下简称手机银行业务),以及其他利用电子服务设备和网络,由客户通过自助服务方式完成金融交易的银行业务。

二、电子银行业务经营机构与监管机构

银行业金融机构和依据《中华人民共和国外资金融机构管理条例》设立的外资金融机构（以下通称为金融机构），应当按照规定开展电子银行业务。

在中华人民共和国境内设立的金融资产管理公司、信托投资公司、财务公司、金融租赁公司及经中国银保监会批准设立的其他金融机构，开办具有电子银行性质的电子金融业务，适用《电子银行业务管理办法》对金融机构开展电子银行业务的有关规定。

经中国银保监会批准，金融机构可以在中华人民共和国境内开办电子银行业务，向中华人民共和国境内企业、居民等客户提供电子银行服务，也可按照本办法的有关规定开展跨境电子银行服务。

金融机构应当按照合理规划、统一管理、保障系统安全运行的原则，开展电子银行业务，保证电子银行业务的健康、有序发展。金融机构应根据电子银行业务特性，建立健全电子银行业务风险管理体系和内部控制体系，设立相应的管理机构，明确电子银行业务管理的责任，有效地识别、评估、监测和控制电子银行业务风险。

中国银保监会负责对电子银行业务实施监督管理。

 思考题：哪些金融机构可以经营电子银行业务？

三、电子银行业务的申请与变更

（一）电子银行业务的申请

金融机构在中华人民共和国境内开办电子银行业务，应当依照《电子银行业务管理办法》的有关规定，向中国银保监会申请或报告。

1. 申请条件

金融机构开办电子银行业务，应当具备下列条件：金融机构的经营活动正常，建立了较为完善的风险管理体系和内部控制制度，在申请开办电子银行业务的前一年内，金融机构的主要信息管理系统和业务处理系统没有发生过重大事故；制定了电子银行业务的总体发展战略、发展规划和电子银行安全策略，建立了电子银行业务风险管理的组织体系和制度体系；按照电子银行业务发展规划和安全策略，建立了电子银行业务运营的基础设施和系统，并对相关设施和系统进行了必要的安全检测和业务测试；对电子银行业务风险管理情况和业务运营设施与系统等，进行了符合监管要求的安全评估；建立了明确的电子银行业务管理部门，配备了合格的管理人员和技术人员；中国银保监会要求的其他条件。

金融机构开办以互联网为媒介的网上银行业务、手机银行业务等电子银行业务，除应具备前述所列条件外，还应具备以下条件：电子银行基础设施设备能够保障电子银行的正常运行；电子银行系统具备必要的业务处理能力，能够满足客户适时业务处理的需要；建立了有效的外部攻击侦测机制；中资银行业金融机构的电子银行业务运营系统和业务处理服务器设置在中华人民共和国境内；外资金融机构的电子银行业务运营系统和业务处理服务器可以设置在中华人民共和国境内或境外。设置在境外时，应在中华人民共和国境内设置可以记录和保存业务交易数据的设施设备，能够满足金融监管部门现场检查的要求，在出现法律纠纷时，能够满足中国司法机构调查取证的要求。

外资金融机构开办电子银行业务，除应具备以上所列条件外，还应当按照法律、行政法规的有关规定，在中华人民共和国境内设有营业性机构，其所在国家（地区）监管当局具备对电子银行业务进行监管的法律框架和监管能力。

2. 审批制和报告制

金融机构申请开办电子银行业务，根据电子银行业务的不同类型，分别适用审批制和报告制。

（1）利用互联网等开放性网络或无线网络开办的电子银行业务，包括网上银行、手机银行和利用掌上电脑等个人数据辅助设备开办的电子银行业务，适用审批制。

（2）利用境内或地区性电信网络、有线网络等开办的电子银行业务，适用报告制。

（3）利用银行为特定自助服务设施或与客户建立的专用网络开办的电子银行业务，法律法规和行政规章另有规定的遵照其规定，没有规定的适用报告制。

3.沟通与测试

金融机构开办电子银行业务后，与其特定客户建立直接网络连接提供相关服务，属于电子银行日常服务，不属于开办电子银行业务申请的类型。

金融机构申请开办需要审批的电子银行业务之前，应先就拟申请的业务与中国银保监会进行沟通，说明拟申请的电子银行业务系统和基础设施设计、建设方案，以及基本业务运营模式等，并根据沟通情况，对有关方案进行调整。

进行监管沟通后，金融机构应根据调整完善后的方案开展电子银行系统建设，并应在申请前完成对相关系统的内部测试工作。内部测试对象仅限于金融机构内部人员、外包机构相关工作人员和相关机构的工作人员，不得扩展到一般客户。

4.申请文件

金融机构申请开办电子银行业务时，可以在一个申请报告中同时申请不同类型的电子银行业务，但在申请中应注明所申请的电子银行业务类型。金融机构向中国银保监会或其派出机构申请开办电子银行业务，应提交以下文件、资料（一式三份）：由金融机构法定代表人签署的开办电子银行业务的申请报告；拟申请的电子银行业务类型及拟开展的业务种类；电子银行业务发展规划；电子银行业务运营设施与技术系统介绍；电子银行业务系统测试报告；电子银行安全评估报告；电子银行业务运行应急计划和业务连续性计划；电子银行业务风险管理体系及相应的规章制度；电子银行业务的管理部门、管理职责，以及主要负责人介绍；申请单位联系人及联系电话、传真、电子邮件信箱等联系方式；中国银保监会要求提供的其他文件和资料。

5.审批

中国银保监会或其派出机构在收到金融机构的有关申请材料后，根据监管需要，要求商业银行补充材料时，应一次性将有关要求告知金融机构。

金融机构应根据中国银保监会或其派出机构的要求，重新编制和装订申请材料，并更正材料递交日期。

中国银保监会或其派出机构在收到金融机构申请开办需要审批的电子银行业务完整申请材料3个月内，作出批准或者不批准的书面决定；决定不批准的，应当说明理由。

金融机构在一份申请报告中申请了多个类型的电子银行业务时，中国银保监会或其派出机构可以根据有关规定和要求批准全部或部分电子银行业务类型的申请。

对于中国银保监会或其派出机构未批准的电子银行业务类型，金融机构可按有关规定重新申请。

金融机构开办适用于报告制的电子银行业务类型，不需申请，但应参照第15条的有关规定，在开办电子银行业务之前1个月，将相关材料报送中国银保监会或其派出机构。

金融机构开办电子银行业务后，可以利用电子银行平台进行传统银行产品和服务的宣传、销售，也可以根据电子银行业务的特点开发新的业务类型。

金融机构利用电子银行平台宣传有关银行产品或服务时，应当遵守相关法律法规和业务管理规章的有关规定。利用电子银行平台销售有关银行产品或服务时，应认真分析选择适应电子银行销售的产品，不得利用电子银行销售需要对客户进行当面评估后才能销售的，或者需要客户当面确认才能销售的银行产品，法律法规和行政规章另有规定的除外。

6.变更

金融机构根据业务发展需要，增加或变更电子银行业务类型，适用审批制或报告制。

金融机构增加或者变更以下电子银行业务类型,适用审批制:有关法律法规和行政规章规定需要审批但金融机构尚未申请批准,并准备利用电子银行开办的;金融机构将已获批准的业务应用于电子银行时,需要与证券业、保险业相关机构进行直接实时数据交换才能实施的;金融机构之间通过互联电子银行平台联合开展的;提供跨境电子银行服务的。

金融机构增加或变更需要审批的电子银行业务类型,应向中国银保监会或其派出机构报送以下文件和资料(一式三份):由金融机构法定代表人签署的增加或变更业务类型的申请;拟增加或变更业务类型的定义和操作流程;拟增加或变更业务类型的风险特征和防范措施;有关管理规章制度;申请单位联系人,以及联系电话、传真、电子邮件信箱等联系方式;中国银保监会要求提供的其他文件和资料。

业务经营活动不受地域限制的银行业金融机构(以下简称全国性金融机构),申请开办电子银行业务或增加、变更需要审批的电子银行业务类型,应由其总行(公司)统一向中国银保监会申请。

按照有关规定只能在某一城市或地区内从事业务经营活动的银行业金融机构(以下简称地区性金融机构),申请开办电子银行业务或增加、变更需要审批的电子银行业务类型,应由其法人机构向所在地中国银保监会派出机构申请。

外资金融机构申请开办电子银行业务或增加、变更需要审批的电子银行业务类型,应由其总行(公司)或在中华人民共和国境内的主报告行向中国银保监会申请。

中国银保监会或其派出机构在收到金融机构增加或变更需要审批的电子银行业务类型完整申请材料3个月内,做出批准或者不批准的书面决定;决定不批准的,应当说明理由。

其他电子银行业务类型适用报告制,金融机构增加或变更时不需申请,但应在开办该业务类型前1个月内,参照《电子银行业务管理办法》第23条的有关规定,将有关材料报送中国银保监会或其派出机构。

已经实现业务数据集中处理和系统整合(以下简称数据集中处理)的银行业金融机构,获准开办电子银行业务后,可以授权其分支机构开办部分或全部电子银行业务。其分支机构在开办相关业务之前,应向所在地中国银保监会派出机构报告。

未实现数据集中处理的银行业金融机构,如果其分支机构的电子银行业务处理系统独立于总部,该分支机构开办电子银行业务按照地区性金融机构开办电子银行业务的情形管理,应持其总行授权文件,按照有关规定向所在地中国银保监会派出机构申请或报告。其他分支机构只需持其总行授权文件,在开办相关业务之前,向所在地中国银保监会派出机构报告。

外资金融机构获准开办电子银行业务后,其境内分支机构开办电子银行业务,应持其总行(公司)授权文件向所在地中国银保监会派出机构报告。

7.终止

已开办电子银行业务的金融机构按计划决定终止全部电子银行服务或部分类型的电子银行服务时,应提前3个月就终止电子银行服务的原因及相关问题处置方案等,报告中国银保监会,并同时予以公告。

金融机构按计划决定停办部分电子银行业务类型时,应于停办该业务前1个月内向中国银保监会报告,并予以公告。

金融机构终止电子银行服务或停办部分业务类型,必须采取有效的措施保护客户的合法权益,并针对可能出现的问题制定有效的处置方案。

金融机构终止电子银行服务或停办部分业务类型后,需要重新开办电子银行业务或者重新开展已停办的业务类型时,应按照相关规定重新申请或办理。

金融机构因电子银行系统升级、调试等原因,需要按计划暂时停止电子银行服务的,应选择适当的时间,尽可能减少对客户的影响,并至少提前3天在其网站上予以公告。

受突发事件或偶然因素影响非计划暂停电子银行服务,在正常工作时间内超过4个小时或者在正常工作时间外超过8个小时的,金融机构应在暂停服务后24小时内将有关情况报告中国银保监会,并应在事故处理基本结束后 3 日内,将事故原因、影响、补救措施及处理情况等,报告中国银保监会。

思考题:申请电子银行业务的条件有哪些?

四、风险管理

(一)建立风险管理体系和内控体系

金融机构应当将电子银行业务风险管理纳入本机构风险管理的总体框架之中,并应根据电子银行业务的运营特点,建立健全电子银行风险管理体系和电子银行安全、稳健运营的内部控制体系。

金融机构的电子银行风险管理体系和内部控制体系应当具有清晰的管理架构、完善的规章制度和严格的内部授权控制机制,能够对电子银行业务面临的战略风险、运营风险、法律风险、声誉风险、信用风险、市场风险等实施有效的识别、评估、监测和控制。

金融机构针对传统业务风险制定的审慎性风险管理原则和措施等,同样适用于电子银行业务,但金融机构应根据电子银行业务环境和运行方式的变化,对原有风险管理制度、规则和程序进行必要的和适当的修正。

(二)制定电子银行发展战略

金融机构的董事会和高级管理层应根据本机构的总体发展战略和实际经营情况,制订电子银行发展战略和可行的经营投资战略,对电子银行的经营进行持续性的综合效益分析,科学评估电子银行业务对金融机构总体风险的影响。

在制定电子银行发展战略时,金融机构应加强电子银行业务的知识产权保护工作。

(三)建立健全风险控制程序和安全操作规程

1. 制定规程

金融机构应当针对电子银行不同系统、风险设施、信息和其他资源的重要性及其对电子银行安全的影响进行评估分类,制定适当的安全策略,建立健全风险控制程序和安全操作规程,采取相应的安全管理措施。对各类安全控制措施应定期检查、测试,并根据实际情况适时调整,保证安全措施的持续有效和及时更新。

2. 安保措施

金融机构应当保障电子银行运营设施设备,以及安全控制设施设备的安全,对电子银行的重要设施设备和数据,采取适当的保护措施。

(1)有形场所的物理安全控制,必须符合国家有关法律法规和安全标准的要求,对尚没有统一安全标准的有形场所的安全控制,金融机构应确保其制定的安全制度有效地覆盖可能面临的主要风险。

(2)以开放型网络为媒介的电子银行系统,应合理设置和使用防火墙、防病毒软件等安全产品与技术,确保电子银行有足够的反攻击能力、防病毒能力和入侵防护能力。

(3)对重要设施设备的接触、检查、维修和应急处理,应有明确的权限界定、责任划分和操作流程,并建立日志文件管理制度,如实记录并妥善保管相关记录。

(4)对重要技术参数,应严格控制接触权限,并建立相应的技术参数调整与变更机制,并保证在更换关键人员后,能够有效防止有关技术参数的泄漏。

(5)对电子银行管理的关键岗位和关键人员,应实行轮岗和强制性休假制度,建立严格的内部监督管理制度。

3. 加密

金融机构应采用适当的加密技术和措施,保证电子交易数据传输的安全性与保密性,以及所传输交易数据的完整性、真实性和不可否认性。

金融机构采用的数据加密技术应符合国家有关规定,并根据电子银行业务的安全性需要和科技信息技术的发展,定期检查和评估所使用的加密技术和算法的强度,对加密方式进行适时调整。

4.与客户签约

金融机构应当与客户签订电子银行服务协议或合同,明确双方的权利与义务。

在电子银行服务协议中,金融机构应向客户充分揭示利用电子银行进行交易可能面临的风险,金融机构已经采取的风险控制措施和客户应采取的风险控制措施,以及相关风险的责任承担。

5.客户服务

金融机构应采取适当的措施和采用适当的技术,识别与验证使用电子银行服务客户的真实、有效身份,并应依照与客户签订的有关协议对客户作业权限、资金转移或交易限额等实施有效管理。

金融机构应当建立相应的机制,搜索、监测和处理假冒或有意设置类似于金融机构的电话、网站、短信号码等信息骗取客户资料的活动。金融机构发现假冒电子银行的非法活动后,应向公安部门报案,并向中国银保监会报告。同时,金融机构应及时在其网站、电话语音提示系统或短信平台上,提醒客户注意。

金融机构应尽可能使用统一的电子银行服务电话、域名、短信号码等,并应在与客户签订的协议中明确客户启动电子银行业务的合法途径、意外事件的处理办法,以及联系方式等。

已实现数据集中处理的银行业金融机构开展网上银行类业务,总行(公司)与其分支机构应使用统一的域名;未实现数据集中处理的银行业金融机构开展网上银行类业务时,应由总行(公司)设置统一的接入站点,在其主页内设置其分支机构网站链接。

金融机构应建立电子银行入侵侦测与入侵保护系统,实时监控电子银行的运行情况,定期对电子银行系统进行漏洞扫描,并建立对非法入侵的甄别、处理和报告机制。

6.认证

金融机构开展电子银行业务,需要对客户信息和交易信息等使用电子签名或电子认证时,应遵照国家有关法律法规的规定。金融机构使用第三方认证系统,应对第三方认证机构进行定期评估,保证有关认证安全可靠和具有公信力。

7.电子银行的可用性与连续性

金融机构应定期评估可供客户使用的电子银行资源充足的情况,采取必要的措施保障线路接入通畅,保证客户对电子银行服务的可用性。

金融机构应制定电子银行业务连续性计划,保证电子银行业务的连续正常运营。金融机构电子银行业务连续性计划应充分考虑第三方服务供应商对业务连续性的影响,并应采取适当的预防措施。

金融机构应制定电子银行应急计划和事故处理预案,并定期对这些计划和预案进行测试,以管理、控制和减少意外事件造成的危害。

金融机构应定期对电子银行关键设备和系统进行检测,并详细记录检测情况。

金融机构应明确电子银行管理、运营等各个环节的主要权限、职责和相互监督方式,有效隔离电子银行应用系统、验证系统、业务处理系统和数据库管理系统之间的风险。

8.审计与记录

金融机构应建立健全电子银行业务的内部审计制度,定期对电子银行业务进行审计。

金融机构应采取适当的方法和技术,记录并妥善保存电子银行业务数据,电子银行业务数据的保存期限应符合法律法规的有关要求。

金融机构应采取适当措施,保证电子银行业务符合相关法律法规对客户信息和隐私保护的规定。

思考题:商业银行应如何进行风险管理?

五、数据交换与转移管理

电子银行业务的数据交换与转移,是指金融机构根据业务发展和管理的需要,利用电子银行平台与外部组织或机构相互交换电子银行业务信息和数据,或者将有关电子银行业务数据转移至外部组织或机构的活动。

金融机构根据业务发展需要,可以与其他开展电子银行业务的金融机构建立电子银行系统数据交换机制,实现电子银行业务平台的直接连接,进行境内实时信息交换和跨行资金转移。

建立电子银行业务数据交换机制的金融机构,或者电子银行平台实现相互连接的金融机构,应当建立联合风险管理委员会,负责协调跨行间的业务风险管理与控制。所有参加数据交换或电子银行平台连接的金融机构都应参加联合风险管理委员会,共同制定并遵守联合风险管理委员会的规章制度和工作规程。联合风险管理委员会的规章制度、工作规程、会议纪要和有关决议等,应抄报中国银保监会。

金融机构根据业务发展或管理的需要,可以与非银行业金融机构直接交换或转移部分电子银行业务数据。金融机构向非银行业金融机构交换或转移部分电子银行业务数据时,应签订数据交换(转移)用途与范围明确、管理职责清晰的书面协议,并明确各方的数据保密责任。

金融机构在确保电子银行业务数据安全并被恰当使用的情况下,可以向非金融机构转移部分电子银行业务数据。

(1)金融机构由于业务外包、系统测试(调试)、数据恢复与救援等为维护电子银行正常安全运营的需要而向非金融机构转移电子银行业务数据的,应当事先签订书面保密合同,并指派专人负责监督有关数据的使用、保管、传递和销毁。

(2)金融机构由于业务拓展、业务合作等需要向非金融机构转移电子银行业务数据的,除应签订书面保密合同和指定专人监督外,还应建立对数据接收方的定期检查制度,一旦发现数据接收方不当使用、保管或传递电子银行业务数据,应立即停止相关数据转移,并应采取必要的措施预防电子银行客户的合法权益受到损害,法律法规另有规定的除外。

(3)金融机构不得向无业务往来的非金融机构转移电子银行业务数据,不得出售电子银行业务数据,不得损害客户权益,利用电子银行业务数据谋取利益。

金融机构可以为电子商务经营者提供网上支付平台。为电子商务提供网上支付平台时,金融机构应严格审查合作对象,签订书面合作协议,建立有效监督机制,防范不法机构或人员利用电子银行支付平台从事违法资金转移或其他非法活动。

外资金融机构因业务或管理需要确需向境外总行(公司)转移有关电子银行业务数据的,应遵守有关法律法规的规定,采取必要的措施保护客户的合法权益,并遵守有关数据交换和转移的规定。

未经电子银行业务数据转出机构的允许,数据接收机构不得将有关电子银行业务数据向第三方转移。法律法规另有规定的除外。

六、业务外包管理

(一)外包

电子银行业务外包,是指金融机构将电子银行部分系统的开发、建设,电子银行业务的部分服务与技术支持,电子银行系统的维护等专业化程度较高的业务工作,委托给外部专业机构承担的活动。

(二)尽职调查

金融机构在选择电子银行业务外包服务供应商时,应充分审查、评估外包服务供应商的经营状况、财务状况和实际风险控制与责任承担能力,进行必要的尽职调查。

(三)签约

金融机构应当与外包服务供应商签订书面合同,明确双方的权利、义务。

在合同中,应明确规定外包服务供应商的保密义务、保密责任。

(四)风险防范

金融机构应充分认识外包服务供应商对电子银行业务风险控制的影响,并将其纳入总体安全策略之中。金融机构在进行电子银行业务外包时,应根据实际需要,合理确定外包的原则和范围,认真分析和评估业务外包存在的潜在风险,建立健全有关规章制度,制定相应的风险防范措施。金融机构应建立完整的业务外包风险评估与监测程序,审慎管理业务外包产生的风险。电子银行业务外包风险的管理应当符合金融机构的风险管理标准,并应建立针对电子银行业务外包风险的应急计划。

(五)信息沟通

金融机构应与外包服务供应商建立有效的联络、沟通和信息交流机制,并应制定在意外情况下能够实现外包服务供应商顺利变更,保证外包服务不间断的应急预案。

(六)审批与报告

金融机构对电子银行业务处理系统、授权管理系统、数据备份系统的总体设计开发,以及其他涉及机密数据管理与传递环节的系统进行外包时,应经过金融机构董事会或者法人代表批准,并应在业务外包实施前向中国银保监会报告。

七、跨境业务活动管理

(一)跨境业务

电子银行的跨境业务活动,是指开办电子银行业务的金融机构利用境内的电子银行系统,向境外居民或企业提供的电子银行服务活动。金融机构的境内客户在境外使用电子银行服务,不属于跨境业务活动。

(二)守法

金融机构提供跨境电子银行服务,除应遵守中国法律法规和外汇管理政策等规定外,还应遵守境外居民所在国家(地区)的法律规定。境外电子银行监管部门对跨境电子银行业务要求审批的,金融机构在提供跨境业务活动之前,应获得境外电子银行监管部门的批准。

(三)申请

金融机构开展跨境电子银行业务,除应按照有关规定向中国银保监会申请外,还应当向中国银保监会提供以下文件资料:跨境电子银行服务的国家(地区)及该国家(地区)对电子银行业务管理的法律规定;跨境电子银行服务的主要对象及服务内容;未来3年跨境电子银行业务发展规模、客户规模的分析预测;跨境电子银行业务法律与合规性分析。

(四)签约

金融机构向客户提供跨境电子银行服务,必须签订相关服务协议。金融机构与客户的服务协议文本,应当使用中文和客户所在国家或地区(或客户同意的其他国语言)两种文字,两种文字的文本应具有同等法律效力。

 思考题:商业银行如何进行数据管理?

本章引用法律资源

1.《中华人民共和国商业银行法》。

2.《中华人民共和国民法典》。

3.《中华人民共和国中国人民银行法》。

4.《中华人民共和国公司法》。

5.《贷款通则》。

6.《金融机构高级管理人员任职资格管理办法》。

7.《电子银行业务管理办法》。

本章参考文献

1.徐孟洲. 金融法学[M]. 北京:高等教育出版社,2014.

2.刘少军. 金融法学[M]. 北京:中国政法大学出版社,2014.

3.朱大旗. 金融法学[M]. 北京:中国人民大学出版社,2015.

本章网站资源

1.全国人大网:http://www. npc. gov. cn。

2.中国政府网:http://www. gov. cn。

3.中华人民共和国最高人民法院官网:http://www. court. gov. cn。

4.中华人民共和国最高人民检察院官网:http://www. spp. gov. cn。

5.中国银行保险监督管理委员会官网:http://www. cbirc. gov. cn。

第四章课后练习题

第五章　非银行金融机构法

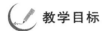

　　通过学习，了解各种非银行金融机构的基本规定。掌握企业集团财务公司的基本规定，掌握金融租赁公司约基本规定，掌握从事支付服务的非金融机构的规定，掌握金融资产管理公司的基本规定，掌握贷款公司和小额贷款公司的基本规定，了解相互保险公司和征信机构的基本规定，了解违法的行政责任、民事责任、刑事责任、经济法责任，明白各种法律责任的具体形式。

企业集团财务公司

第一节　企业集团财务公司

一、企业集团财务公司及其立法

　　企业集团财务公司是指以加强企业集团资金集中管理和提高企业集团资金使用效率为目的，为企业集团成员单位（以下简称成员单位）提供财务管理服务的非银行金融机构。企业集团是指在中华人民共和国境内依法登记，以资本为联结纽带、以母子公司为主体、以集团章程为共同行为规范，由母公司、子公司、参股公司及其他成员企业或机构共同组成的企业法人联合体。成员单位包括母公司及其控股51%以上的子公司（以下简称子公司）；母公司、子公司单独或者共同持股20%以上的公司，或者持股不足20%但处于最大股东地位的公司；母公司、子公司下属的事业单位法人或者社会团体法人。

　　为了规范企业集团财务公司（以下简称财务公司）的行为，防范金融风险，促进财务公司的稳健经营和健康发展，依据《公司法》和《银行业监督管理法》等有关法律、行政法规，中国人民银行制定《企业集团财务公司管理办法》。

　　2000年，中国人民银行颁布并实施《企业集团财务公司管理办法》；2004年9月1日，中国银行业监督管理委员会修订《企业集团财务公司管理办法》；2006年12月28日，中国银行业监督管理委员会再次修订《企业集团财务公司管理办法》。

　　外资投资性公司为其在中国境内的投资企业提供财务管理服务而设立的财务公司适用《企业集团财务公司管理办法》的相关规定。外资投资性公司是指外国投资者在中国境内独资设立的从事直接投资的公司。所称投资企业包括该外资投资性公司，以及在中国境内注册的，该外资投资性公司单独或者与其投资者共同持股超过25%，且该外资投资性公司持股比例超过10%的企业。外资投资性公司适用《企业集团财务公司管理办法》中对母公司的相关规定，投资企业适用《企业集团财务公司管理办法》中对成员单位的相关规定。

　　财务公司应当依法合规经营，不得损害国家和社会公共利益。财务公司依法接受中国银保监会的监督管理。

二、企业集团财务公司的设立和变更

(一)设立审批和登记

设立财务公司,应当报经中国银保监会审查批准。

财务公司名称应当经市场监督管理部门登记机关核准,并标明"财务有限公司"或"财务有限责任公司"字样,名称中应包含其所属企业集团的全称或者简称。未经中国银保监会批准,任何单位不得在其名称中使用"财务公司"字样。

(二)申请设立财务公司的企业集团的条件

申请设立财务公司的企业集团应当具备下列条件。

(1)符合国家的产业政策。

(2)申请前一年,母公司的注册资本金不低于8亿元。

(3)申请前一年,按规定并表核算的成员单位资产总额不低于50亿元,净资产率不低于30%。

(4)申请前连续两年,按规定并表核算的成员单位营业收入总额每年不低于40亿元,税前利润总额每年不低于2亿元。

(5)现金流量稳定并具有较大规模。

(6)母公司成立2年以上并且具有企业集团内部财务管理和资金管理经验。

(7)母公司具有健全的公司法人治理结构,未发生违法违规行为,近3年无不良诚信记录。

(8)母公司拥有核心主业。

(9)母公司无不当关联交易。

外资投资性公司除适用本条第1、2、5、6、7、8、9项的规定外,申请前一年其净资产应不低于20亿元,申请前连续两年每年税前利润总额不低于2亿元。

此外,申请设立财务公司,母公司董事会应当作出书面承诺,在财务公司出现支付困难的紧急情况时,按照解决支付困难的实际需要,增加相应资本金,并在财务公司章程中载明。

(三)企业集团财务公司的设立条件

设立财务公司,应当具备下列条件。

(1)确属集中管理企业集团资金的需要,经合理预测能够达到一定的业务规模。

(2)有符合《公司法》和《企业集团财务公司管理办法》规定的章程。

(3)有符合本办法规定的最低限额注册资本金。

设立财务公司的注册资本金最低为1亿元。财务公司的注册资本金应当是实缴的人民币或者等值的可自由兑换货币。经营外汇业务的财务公司,其注册资本金中应当包括不低于500万美元或者等值的可自由兑换货币。中国银保监会根据财务公司的发展情况和审慎监管的需要,可以调整财务公司注册资本金的最低限额。

财务公司的注册资本金应当主要从成员单位中募集,并可以吸收成员单位以外的合格的机构投资者的股份。合格的机构投资者是指原则上在3年内不转让所持财务公司股份的、具有丰富行业管理经验的战略投资者。

外资投资性公司设立财务公司的注册资本金可以由该外资投资性公司单独或者与其投资者共同出资。

(4)有符合中国银保监会规定的任职资格的董事、高级管理人员和规定比例的从业人员,在风险管理、资金集约管理等关键岗位上有合格的专门人才。

财务公司从业人员中从事金融或财务工作3年以上的人员应当不低于总人数的2/3,其中从事金融或者财务工作5年以上人员应当不低于总人数的1/3。

曾任国际知名会计师事务所查账员、电脑公司程序设计师或系统分析员,或在国际知名资产管理公司、基金公司、投资银行、证券公司相关业务和管理岗位上工作过的专业人员,如果具有2年以上工作经验,并经国内相关业务及政策培训,则视同从事金融或财务工作3年以上。

(5)在法人治理、内部控制、业务操作、风险防范等方面具有完善的制度。

(6)有符合要求的营业场所、安全防范措施和其他设施。

(7)中国银保监会规定的其他条件。

(四)企业集团财务公司的设立程序

设立财务公司应当经过筹建和开业两个阶段。

1. 筹建申请

申请筹建财务公司,应当由母公司向中国银保监会提出申请,并提交下列文件、资料。

(1)申请书,其内容应当包括拟设财务公司名称、所在地、注册资本、股东、股权结构、业务范围等。

(2)可行性研究报告,其内容包括:母公司及其他成员单位整体的生产经营状况、现金流量分析、在同行业中所处的地位及中长期发展规划;设立财务公司的宗旨、作用及其业务量预测;经有资质的会计师事务所审计2年内的合并资产负债表、损益表及现金流量表。

(3)成员单位名册及有关部门出具的相关证明资料。

(4)"企业集团登记证"、申请人和其他出资人的营业执照复印件及出资保证。

(6)母公司法定代表人签署的确认上述资料真实性的证明文件。

(7)中国银保监会要求提交的其他文件、资料。

2. 开业申请

财务公司的筹建申请,经中国银保监会审批同意的,申请人应当自收到批准筹建文件起3个月内完成财务公司的筹建工作,并向中国银保监会提出开业申请,同时提交下列文件。

(1)财务公司章程草案。

(2)财务公司经营方针和计划。

(3)财务公司股东名册及其出资额、出资比例。

(4)法定验资机构出具的对财务公司股东出资的验资证明。

(5)拟任职的董事、高级管理人员的名单、详细履历及任职资格证明材料。

(6)从业人员中拟从事风险管理、资金集中管理的人员的名单、详细履历。

(7)从业人员中从事金融、财务工作5年及5年以上有关人员的证明材料。

(8)财务公司业务规章及风险防范制度。

(9)财务公司营业场所及其他与业务有关设施的资料。

(10)中国银保监会要求提交的其他文件、资料。

3. 许可和登记

财务公司的开业申请经中国银保监会核准后,由中国银保监会颁发"金融许可证"并予以公告。财务公司凭"金融许可证"到市场监督管理机关办理注册登记,领取"企业法人营业执照"后方可开业。

(五)企业集团财务公司的分公司设立

1. 分公司的设立审批

财务公司根据业务需要,经中国银保监会审查批准,可以在成员单位集中且业务量较大的地区设立分公司。财务公司的分公司不具有法人资格,由财务公司依照《企业集团财务公司管理办法》的规定授权其开展业务活动,其民事责任由财务公司承担。

财务公司根据业务管理需要,可以在成员单位比较集中的地区设立代表处,并报中国银保监会备案。财务公司的代表处不得经营业务,只限于从事业务推介、客户服务、债权催收及信息的收集、反馈等相关工作。

2.设立分公司的财务公司的条件

财务公司申请设立分公司,应当符合下列条件。

(1)确属业务发展和为成员单位提供财务管理服务需要。

(2)财务公司设立 2 年以上,且注册资本金不低于 3 亿元,资本充足率不低于 10%。

(3)拟设立分公司所服务的成员单位不少于 10 家,且上述成员单位资产合计不低于 10 亿元,或成员单位不足 10 家,但成员单位资产合计不低于 20 亿元。

(4)财务公司经营状况良好,且在 2 年内没有违法、违规经营记录。

3.财务公司的分公司的设立条件

财务公司的分公司应当具备下列条件。

(1)有符合本办法规定的最低限额的营运资金。财务公司分公司的营运资金不得少于 5000 万元。财务公司拨付各分公司的营运资金总计不得超过其注册资本金的 50%。

(2)有符合中国银保监会规定的任职资格的高级管理人员。

(3)有健全的业务操作、内部控制、风险管理及问责制度。

(4)有符合要求的营业场所、安全防范措施和与业务有关的其他设施。

(5)中国银保监会规定的其他条件。

4.财务公司的分公司的设立程序

(1)申请

财务公司申请设立分公司,应当向中国银保监会报送以下文件、资料:申请书,其内容包括拟设分公司的名称、所在地、营运资金、业务范围及服务对象等;可行性研究报告,包括拟设分公司的业务量预测,所在地成员单位的生产经营状况、资金流量分析及中长期发展规划等内容;符合《企业集团财务公司管理办法》第 20 条规定的有关证明文件;财务公司董事会关于申请设立该分公司的决议及对拟设分公司业务范围授权的决议草案;中国银保监会要求提交的其他文件、资料。

(2)财务公司的分公司的设立登记与公告

经批准设立的财务公司分公司,由中国银保监会颁发"金融许可证"并予以公告,凭"金融许可证"向市场监督管理部门办理登记手续,领取营业执照,方可开业。

(六)企业集团财务公司及其分公司的开业与停业

经批准设立的财务公司及其分公司自领取营业执照之日起,无正当理由 6 个月不开业或者开业后无正当理由连续停业 6 个月以上的,由中国银保监会吊销其"金融许可证",并予以公告。

财务公司应当依照法律、行政法规及中国银保监会的规定使用"金融许可证",禁止伪造、变造、转让、出租、出借"金融许可证"。

财务公司的公司性质、组织形式及组织机构应当符合《公司法》及其他有关法律、法规的规定,并应当在公司章程中载明。

(七)企业集团财务公司的变更

财务公司有下列变更事项之一的,应当报经中国银保监会批准:变更名称;调整业务范围;变更注册资本金;变更股东或者调整股权结构;修改章程;更换董事、高级管理人员;变更营业场所;中国银保监会规定的其他变更事项。

财务公司的分公司变更名称、营运资金、营业场所或者更换高级管理人员,应当由财务公司报中国银保监会批准。

思考题:企业集团财务公司的设立条件有哪些?

三、业务范围

(一)财务公司可以经营的部分或者全部业务

(1)对成员单位办理财务和融资顾问、信用鉴证及相关的咨询、代理业务。

(2)协助成员单位实现交易款项的收付。

(3)经批准的保险代理业务。

(4)对成员单位提供担保。

(5)办理成员单位之间的委托贷款及委托投资。

(6)对成员单位办理票据承兑与贴现。

(7)办理成员单位之间的内部转账结算及相应的结算、清算方案设计。

(8)吸收成员单位的存款。

(9)对成员单位办理贷款及融资租赁。

(10)从事同业拆借。

(11)中国银保监会批准的其他业务。

财务公司不得从事离岸业务,除第2项业务外,不得从事任何形式的资金跨境业务。

(二)符合条件的财务公司,可以向中国银保监会申请从事的业务

(1)经批准发行财务公司债券。

(2)承销成员单位的企业债券。

(3)对金融机构的股权投资。

(4)有价证券投资。

(5)成员单位产品的消费信贷、买方信贷及融资租赁。

财务公司从事这5项所列业务,必须严格遵守国家的有关规定和中国银保监会审慎监管的有关要求,并应当具备以下条件。

(1)财务公司设立1年以上,且经营状况良好。

(2)注册资本金不低于3亿元,从事成员单位产品消费信贷、买方信贷及融资租赁业务的,注册资本金不低于5亿元。

(3)经股东大会同意并经董事会授权。

(4)具有比较完善的投资决策机制、风险控制制度、操作规程及相应的管理信息系统。

(5)具有相应的合格的专业人员。

(6)中国银保监会规定的其他条件。

(三)财务公司的业务范围

财务公司的业务范围经中国银保监会批准后,应当在财务公司章程中载明。财务公司不得办理实业投资、贸易等非金融业务。

财务公司在经批准的业务范围内细分业务品种,应当报中国银保监会备案,但不涉及债权或者债务的中间业务除外。

财务公司分公司的业务范围,由财务公司在其业务范围内根据审慎经营的原则进行授权,报中国银保监会备案。财务公司分公司不得办理担保、同业拆借及《企业集团财务公司管理办法》第29条规定的业务。

四、财务公司的财务会计制度

(一)财务公司的资产负债比例要求

财务公司经营业务,应当遵守下列资产负债比例的要求。

(1)资本充足率不得低于10%。

(2)拆入资金余额不得高于资本总额。

(3)担保余额不得高于资本总额。

(4)短期证券投资与资本总额的比例不得高于40%。

(5)长期投资与资本总额的比例不得高于30%。

(6)自有固定资产与资本总额的比例不得高于20%。

中国银保监会根据财务公司业务发展或者审慎监管的需要,可以对上述比例进行调整。

(二)财务公司的财务制度

(1)财务公司应当按照审慎经营的原则,制定本公司的各项业务规则和程序,建立、健全本公司的内部控制制度。

(2)财务公司应当分别设立对董事会负责的风险管理、业务稽核部门,制订对各项业务的风险控制和业务稽核制度,每年定期向董事会报告工作,并向中国银保监会报告。

(3)财务公司董事会应当每年委托具有资格的中介机构对公司上一年度的经营活动进行审计,并于每年的4月15日前将经董事长签名确认的年度审计报告报送中国银保监会。

(4)财务公司应当依照国家有关规定,建立、健全本公司的财务、会计制度。

财务公司应当遵循审慎的会计原则,真实记录并全面反映其业务活动和财务状况。

(5)财务公司应当按规定向中国银保监会报送资产负债表、损益表、现金流量表、非现场监管指标考核表及中国银保监会要求报送的其他报表,并于每一会计年度终了后的1个月内报送上一年度财务报表和资料。

财务公司的法定代表人应当对经其签署报送的上述报表的真实性承担责任。

(6)财务公司应当在每年的4月底前向中国银保监会报送其所属企业集团的成员单位名录,并提供其所属企业集团上年度的业务经营状况及有关数据。

财务公司对新成员单位开展业务前,应当向中国银保监会及时备案,并提供该成员单位的有关资料;与财务公司有业务往来的成员单位由于产权变化脱离企业集团的,财务公司应当及时向中国银保监会备案,存有遗留业务的,应当同时提交遗留业务的处理方案。

(7)中国银保监会有权随时要求财务公司报送有关业务和财务状况的报告和资料。

(8)财务公司发生挤提存款,到期债务不能支付,大额贷款逾期或担保垫款,电脑系统严重故障,被抢劫或诈骗,董事或高级管理人员涉及严重违纪、刑事案件等重大事项时,应当立即采取应急措施并及时向中国银保监会报告。

企业集团及其成员单位发生可能影响财务公司正常经营的重大机构变动、股权交易或者经营风险等事项时,财务公司应当及时向中国银保监会报告。

(9)财务公司应当按中国人民银行的规定缴存存款准备金,并按有关规定提取损失准备,核销损失。

(10)财务公司应当遵守中国人民银行有关利率管理的规定;经营外汇业务的,应当遵守国家外汇管理的有关规定。

(11)中国银保监会根据审慎监管的要求,有权依照有关程序和规定采取下列措施对财务公司进行现场检查。

①进入财务公司进行检查。

②询问财务公司的工作人员,要求其对有关检查事项作出说明。

③查阅、复制财务公司与检查事项有关的文件、资料,对可能被转移、藏匿或者毁损的文件、资料予以封存。

④检查财务公司电子计算机业务管理数据系统。

(12)财务公司对单一股东发放贷款余额超过财务公司注册资本金50%或者该股东对财务公司出资额的,应当及时向中国银保监会报告。

(13)财务公司的股东对财务公司的负债逾期1年以上未偿还的,中国银保监会可以责成财务公司股东会转让该股东出资及其他权益,用于偿还其对财务公司的负债。

(14)中国银保监会根据履行职责的需要和日常监管中发现的问题,可以与财务公司的董事、高级管理人员进行监督管理谈话,要求其就财务公司的业务活动和风险管理等重大事项作出说明。

(15)财务公司的董事、高级管理人员应当具有财务公司资金集中的管理经验。

董事、高级管理人员在任职前应当按规定报中国银保监会进行任职资格审查,未经任职资格审查或者经审查不具备任职资格的,不得担任财务公司的董事、高级管理人员。具体任职资格管理办法另行规定。

财务公司的董事、高级管理人员离任,应当由母公司依照有关规定进行离任审计,并将离任审计报告报中国银保监会。

(16)财务公司违反审慎经营原则的,中国银保监会应当依照程序责令其限期改正;逾期未改正的,或者其行为严重危及该财务公司的稳健运行、损害存款人和其他客户合法权益的,中国银保监会可以依照有关程序,采取下列措施。

①责令暂停部分业务,停止批准开办新业务。

②限制分配红利和其他收入。

③限制资产转让。

④责令控股股东转让股权或者限制有关股东的权利。

⑤责令调整董事、高级管理人员或者限制其权利。

⑥停止批准增设分公司。

(17)财务公司可成立行业性自律组织。中国银保监会对财务公司行业性自律组织进行业务指导。

五、财务公司的整顿、接管与解散

(一)财务公司的整顿

(1)财务公司出现下列情形之一的,中国银保监会可以责令其进行整顿。

①出现严重支付危机。

②当年亏损超过注册资本金的30%或者连续3年亏损超过注册资本金的10%。

③严重违反国家法律、行政法规或者有关规章。

整顿时间最长不超过1年。财务公司整顿期间,应当暂停经营部分或者全部业务。

(2)财务公司经过整顿,符合下列条件的,可恢复正常营业。

①已恢复支付能力。

②亏损得到弥补。

③违法违规行为得到纠正。

(二)财务公司的接管

财务公司已经或者可能发生支付危机,严重影响债权人利益和金融秩序的稳定时,中国银保监会可以依法对财务公司实行接管或者促成其机构重组。

接管或者机构重组由中国银保监会决定并组织实施。

(三)财务公司的解散与撤销

(1)财务公司出现下列情况时,经中国银保监会核准后,予以解散。

①组建财务公司的企业集团解散,财务公司不能实现合并或改组。

②章程中规定的解散事由出现。

③股东会议决定解散。

④财务公司因分立或者合并不需要继续存在的。

(2)财务公司有违法经营、经营管理不善等情形,不予撤销将严重危害金融秩序、损害公众利益的,中国银保监会有权予以撤销。

(四)财务公司的清算

财务公司被接管、重组或者被撤销的,中国银保监会有权要求该财务公司的董事、高级管理人员和其他工作人员,按照中国银保监会的要求履行职责。

财务公司解散或者被撤销,母公司应当依法成立清算组,按照法定程序进行清算,并由中国银保监会公告。

中国银保监会可以直接委派清算组成员并监督清算过程。

清算组在清算中发现财务公司的资产不足以清偿其债务时,应当立即停止清算,并向中国银保监会报告,经中国银保监会核准,依法向人民法院申请该财务公司破产。

六、行政复议与行政诉讼

凡违反《企业集团财务公司管理办法》有关规定的,由中国银保监会依照《银行业监督管理法》及其他有关规定进行处理。

财务公司对中国银保监会的处理决定不服的,可以依法申请行政复议或者向人民法院提起行政诉讼。

 思考题:企业集团财务公司的经营范围有哪些?

第二节　金融租赁公司

金融租赁公司

一、金融租赁公司的概念

金融租赁公司,是指经银保监会批准,以经营融资租赁业务为主的非银行金融机构。融资租赁,是指出租人根据承租人对租赁物和供货人的选择或认可,将其从供货人处取得的租赁物按合同约定出租给承租人占有、使用,向承租人收取租金的交易活动。售后回租业务,是指承租人将自有物件出卖给出租人,同时与出租人签订融资租赁合同,再将该物件从出租人处租回的融资租赁形式。售后回租业务是承租人和供货人为同一人的融资租赁方式。适用于融资租赁交易的租赁物为固定资产,银保监会另有规定的除外。

金融租赁公司名称中应当标明"金融租赁"字样。未经银保监会批准,任何单位不得在其名称中使用"金融租赁"字样。银保监会及其派出机构依法对金融租赁公司实施监督管理。

中国银监会 2007 年公布《金融租赁公司管理办法》,该办法经中国银监会 2013 年第 24 次主席会议通过,2014 年 3 月 13 日中国银监会令 2014 年第 3 号公布。目的是为促进融资租赁业务发展,规范金融租赁公司的经营行为。

二、金融租赁公司设立、变更与终止

(一)申请设立金融租赁公司,应当具备的条件

(1)有符合《公司法》和银保监会规定的公司章程。

(2)有符合规定条件的发起人。

(3)注册资本为一次性实缴货币资本,最低限额为 1 亿元或等值的可自由兑换货币。

(4)有符合任职资格条件的董事、高级管理人员,并且从业人员中具有金融或融资租赁工作经历 3 年以上的人员应当不低于总人数的 50%。

(5)建立了有效的公司治理、内部控制和风险管理体系。

(6)建立了与业务经营和监管要求相适应的信息科技架构,具有支撑业务经营的必要、安全且合规的信息系统,具备保障业务持续运营的技术与措施。

(7)有与业务经营相适应的营业场所、安全防范措施和其他设施。

(8)银保监会规定的其他审慎性条件。

(二)发起人

(1)金融租赁公司的发起人包括在中国境内外注册的具有独立法人资格的商业银行,在中国境内注册的、主营业务为制造适合融资租赁交易产品的大型企业,在中国境外注册的融资租赁公司及银保监会认可的其他发起人。

银保监会认可的其他发起人是指除符合《企业集团财务公司管理办法》第 9—11 条规定的发起人以外的其他境内法人机构和境外金融机构。

(2)在中国境内外注册的具有独立法人资格的商业银行作为金融租赁公司发起人,应当具备以下条件。

①满足所在国家或地区监管当局的审慎监管要求。

②具有良好的公司治理结构、内部控制机制和健全的风险管理体系。

③最近 1 年年末总资产不低于 800 亿元或等值的可自由兑换货币。

④财务状况良好,最近两个会计年度连续盈利。

⑤为拟设金融租赁公司确定了明确的发展战略和清晰的盈利模式。

⑥遵守注册地法律法规,最近 2 年内未发生重大案件或重大违法违规行为。

⑦境外商业银行作为发起人的,其所在国家或地区金融监管当局已经与银保监会建立良好的监督管理合作机制。

⑧入股资金为自有资金,不得以委托资金、债务资金等非自有资金入股。

⑨承诺 5 年内不转让所持有的金融租赁公司股权、不将所持有的金融租赁公司股权进行质押或设立信托,并在拟设公司章程中载明。

⑩银保监会规定的其他审慎性条件。

(3)在中国境内注册的、主营业务为制造适合融资租赁交易产品的大型企业作为金融租赁公司发起人,应当具备以下条件。

①有良好的公司治理结构或有效的组织管理方式。

②最近 1 年的营业收入不低于 50 亿元或等值的可自由兑换货币。

③财务状况良好,最近两个会计年度连续盈利。

④最近 1 年年末净资产不低于总资产的 30%。

⑤最近 1 年主营业务销售收入占全部营业收入的 80% 以上。

⑥为拟设金融租赁公司确定了明确的发展战略和清晰的盈利模式。

⑦有良好的社会声誉、诚信记录和纳税记录。

⑧遵守国家法律法规,最近两年内未发生重大案件或重大违法违规行为。

⑨入股资金为自有资金,不得以委托资金、债务资金等非自有资金入股。

⑩承诺5年内不转让所持有的金融租赁公司股权、不将所持有的金融租赁公司股权进行质押或设立信托,并在拟设公司章程中载明。

⑪银保监会规定的其他审慎性条件。

(4)在中国境外注册的具有独立法人资格的融资租赁公司作为金融租赁公司发起人,应当具备以下条件。

①具有良好的公司治理结构、内部控制机制和健全的风险管理体系。

②最近1年年末总资产不低于100亿元或等值的可自由兑换货币。

③财务状况良好,最近两个会计年度连续盈利。

④遵守注册地法律法规,最近两年内未发生重大案件或重大违法违规行为。

⑤所在国家或地区经济状况良好。

⑥入股资金为自有资金,不得以委托资金、债务资金等非自有资金入股。

⑦承诺5年内不转让所持有的金融租赁公司股权、不将所持有的金融租赁公司股权进行质押或设立信托,并在拟设公司章程中载明。

⑧银保监会规定的其他审慎性条件。

(5)金融租赁公司至少应当有一名符合《企业集团财务公司管理办法》第9—11条规定的发起人,且其出资比例不低于拟设金融租赁公司全部股本的30%。

(6)其他境内法人机构作为金融租赁公司的发起人,应当具备以下条件。

①有良好的公司治理结构或有效的组织管理方式。

②有良好的社会声誉、诚信记录和纳税记录。

③经营管理良好,最近两年内无重大违法违规经营记录。

④财务状况良好,且最近两个会计年度连续盈利。

⑤入股资金为自有资金,不得以委托资金、债务资金等非自有资金入股。

⑥承诺5年内不转让所持有的金融租赁公司股权,不将所持有的金融租赁公司股权进行质押或设立信托,并在公司章程中载明。

⑦银保监会规定的其他审慎性条件。

其他境内法人机构为非金融机构的,最近1年年末净资产不得低于总资产的30%。

其他境内法人机构为金融机构的,应当符合与该类金融机构有关的法律、法规、相关监管规定要求。

(7)其他境外金融机构作为金融租赁公司发起人,应当具备以下条件。

①满足所在国家或地区监管当局的审慎监管要求。

②具有良好的公司治理结构、内部控制机制和健全的风险管理体系。

③最近1年年末总资产原则上不低于10亿美元或等值的可自由兑换货币。

④财务状况良好,最近两个会计年度连续盈利。

⑤入股资金为自有资金,不得以委托资金、债务资金等非自有资金入股。

⑥承诺5年内不转让所持有的金融租赁公司股权、不将所持有的金融租赁公司股权进行质押或设立信托,并在公司章程中载明。

⑦所在国家或地区金融监管当局已经与银保监会建立良好的监督管理合作机制。

⑧具有有效的反洗钱措施。

⑨所在国家或地区经济状况良好。

⑩银保监会规定的其他审慎性条件。

(8)有以下情形之一的企业不得作为金融租赁公司的发起人。

①公司治理结构与机制存在明显缺陷。

②关联企业众多、股权关系复杂且不透明、关联交易频繁且异常。

③核心主业不突出且其经营范围涉及行业过多。

④现金流量波动受经济景气影响较大。

⑤资产负债率、财务杠杆率高于行业平均水平。

⑥其他对金融租赁公司产生重大不利影响的情况。

(9)金融租赁公司发起人应当在金融租赁公司章程中约定,在金融租赁公司出现支付困难时,给予流动性支持;当经营损失侵蚀资本时,及时补足资本金。

(三)分支机构的设立

金融租赁公司根据业务发展的需要,经银保监会批准,可以设立分公司、子公司。设立分公司、子公司的具体条件由银保监会另行制定。

(四)董事、高管的任职资格核准

金融租赁公司董事和高级管理人员实行任职资格核准制度。

(五)金融公司的变更

(1)金融租赁公司有下列变更事项之一的,须报经银保监会或其派出机构批准。

①变更公司名称。

②变更组织形式。

③调整业务范围。

④变更注册资本。

⑤变更股权或调整股权结构。

⑥修改公司章程。

⑦变更公司住所或营业场所。

⑧变更董事和高级管理人员。

⑨合并或分立。

⑩银保监会规定的其他变更事项。

(2)金融租赁公司变更股权及调整股权结构,拟投资入股的出资人需符合《企业集团财务公司管理办法》第8—16条规定的新设金融租赁公司发起人条件。

(六)金融公司的解散

金融租赁公司有以下情况之一的,经银保监会批准可以解散。

①公司章程规定的营业期限届满或者公司章程规定的其他解散事由出现。

②股东决定或股东(大)会决议解散。

③因公司合并或者分立需要解散。

④依法被吊销营业执照、责令关闭或者被撤销。

⑤其他法定事由。

(七)金融租赁公司的破产

(1)金融租赁公司有以下情形之一的,经银保监会批准,可以向法院申请破产。

①不能支付到期债务,自愿或债权人要求申请破产的。

②因解散或被撤销而清算,清算组发现财产不足以清偿债务,应当申请破产的。

(2)金融租赁公司不能清偿到期债务,并且资产不足以清偿全部债务或者明显缺乏清偿能力的,银保监会可以向人民法院提出对该金融租赁公司进行重整或者破产清算的申请。

(八)清算

金融租赁公司因解散、依法被撤销或被宣告破产而终止的,其清算事宜,按照国家有关法律法规办理。

(九)行政许可程序

金融租赁公司设立、变更、终止和董事及高管人员任职资格核准的行政许可程序,按照银保监会相关规定执行。

思考题:金融租赁公司的设立条件有哪些?

三、金融租赁公司的业务范围

(1)经银保监会批准,金融租赁公司可以经营的部分或全部本外币业务。
①融资租赁业务。
②转让和受让融资租赁资产。
③固定收益类证券投资业务。
④接受承租人的租赁保证金。
⑤吸收非银行股东3个月(含)以上定期存款。
⑥同业拆借。
⑦向金融机构借款。
⑧境外借款。
⑨租赁物变卖及处理业务。
⑩经济咨询。

(2)经银保监会批准,经营状况良好、符合条件的金融租赁公司可以开办的部分或全部本外币业务。
①发行债券。
②在境内保税地区设立项目公司开展融资租赁业务。
③资产证券化。
④为控股子公司、项目公司对外融资提供担保。
⑤银保监会批准的其他业务。
金融租赁公司开办前款所列业务的具体条件和程序,按照有关规定执行。

(3)金融租赁公司业务经营中涉及外汇管理事项的,需遵守国家外汇管理的有关规定。

四、金融租赁公司的经营规则

(一)组织机构

金融租赁公司应当建立以股东或股东(大)会、董事会、监事(会)、高级管理层等为主体的组织架构,明确职责划分,保证相互之间独立运行、有效制衡,形成科学高效的决策、激励和约束机制。

(二)内部控制制度

金融租赁公司应当按照全面、审慎、有效、独立原则,建立健全内部控制制度,防范、控制和化解风险,保障公司安全稳健运行。

(三)风险管理体系

金融租赁公司应当根据其组织架构、业务规模和复杂程度建立全面的风险管理体系,对信用风险、流动性风险、市场风险、操作风险等各类风险进行有效的识别、计量、监测和控制,同时还应当及时识别和管理与融资租赁业务相关的特定风险。

金融租赁公司应当严格按照会计准则等相关规定,真实反映融资租赁资产转让和受让业务的实质和风险状况。

金融租赁公司应当建立健全集中度风险管理体系,有效防范和分散经营风险。

(四)租赁物

金融租赁公司应当合法取得租赁物的所有权。

租赁物属于国家法律法规规定所有权转移必须到登记部门进行登记的财产类别,金融租赁公司应当进行相关登记。租赁物不属于需要登记的财产类别,金融租赁公司应当采取有效措施保障对租赁物的合法权益。

售后回租业务的租赁物必须由承租人真实拥有并有权处分。金融租赁公司不得接受已设置任何抵押、权属存在争议或已被司法机关查封、扣押的财产或所有权存在瑕疵的财产作为售后回租业务的租赁物。

金融租赁公司应当在签订融资租赁合同或明确融资租赁业务意向的前提下,按照承租人要求购置租赁物。特殊情况下需提前购置租赁物的,应当与自身现有业务领域或业务规划保持一致,且与自身风险管理能力和专业化经营水平相符。

金融租赁公司应当建立健全租赁物价值评估和定价体系,根据租赁物的价值、其他成本和合理利润等确定租金水平。

售后回租业务中,金融租赁公司对租赁物的买入价格应当有合理的、不违反会计准则的定价依据作为参考,不得低值高买。

金融租赁公司应当重视租赁物的风险缓释作用,密切监测租赁物价值对融资租赁债权的风险覆盖水平,制定有效的风险应对措施。

金融租赁公司应当加强租赁物未担保余值的估值管理,定期评估未担保余值,并开展减值测试。当租赁物未担保余值出现减值迹象时,应当按照会计准则要求计提减值准备。

金融租赁公司应当加强未担保余值风险的限额管理,根据业务规模、业务性质、复杂程度和市场状况,对未担保余值比例较高的融资租赁资产设定风险限额。

金融租赁公司应当加强对租赁期限届满返还或因承租人违约而取回的租赁物的风险管理,建立完善的租赁物处置制度和程序,降低租赁物持有期风险。

(五)关联交易管理制度

金融租赁公司应当建立严格的关联交易管理制度,其关联交易应当按照商业原则,以不优于非关联方同类交易的条件进行。

金融租赁公司与其设立的控股子公司、项目公司之间的交易,不适用本办法对关联交易的监管要求。

金融租赁公司的重大关联交易应当经董事会批准。

重大关联交易是指金融租赁公司与一个关联方之间单笔交易金额占金融租赁公司资本净额5%以上,或金融租赁公司与一个关联方发生交易后金融租赁公司与该关联方的交易余额占金融租赁公司资本净额10%以上的交易。

(六)证券投资

金融租赁公司所开展的固定收益类证券投资业务,不得超过资本净额的20%。

金融租赁公司开办资产证券化业务,可以参照信贷资产证券化相关规定。

五、金融租赁公司的监督管理

(一)金融租赁公司应当遵守的监管指标的规定

1.资本充足率

金融租赁公司资本净额与风险加权资产的比例不得低于银保监会的最低监管要求。

2.单一客户融资集中度

金融租赁公司对单一承租人的全部融资租赁业务余额不得超过资本净额的30%。

3.单一集团客户融资集中度

金融租赁公司对单一集团的全部融资租赁业务余额不得超过资本净额的50%。

4.单一客户关联度

金融租赁公司对一个关联方的全部融资租赁业务余额不得超过资本净额的30%。

5.全部关联度

金融租赁公司对全部关联方的全部融资租赁业务余额不得超过资本净额的50%。

6.单一股东关联度

对单一股东及其全部关联方的融资余额不得超过该股东在金融租赁公司的出资额,且应同时满足本办法对单一客户关联度的规定。

7.同业拆借比例

金融租赁公司同业拆入资金余额不得超过资本净额的100%。

经银保监会认可,特定行业的单一客户融资集中度和单一集团客户融资集中度要求可以适当调整。银保监会根据监管需要可以对上述指标做出适当调整。

(二)金融租赁公司的管理

(1)金融租赁公司应当按照银保监会的相关规定构建资本管理体系,合理评估资本充足状况,建立审慎、规范的资本补充、约束机制。

(2)金融租赁公司应当按照监管规定建立资产质量分类制度。

金融租赁公司应当按照相关规定建立准备金制度,在准确分类的基础上及时足额计提资产减值损失准备,增强风险抵御能力。未提足准备的,不得进行利润分配。

(3)金融租赁公司应当建立健全内部审计制度,审查评价并改善经营活动、风险状况、内部控制和公司治理效果,促进合法经营和稳健发展。

(4)金融租赁公司应当执行国家统一的会计准则和制度,真实记录并全面反映财务状况和经营成果等信息。

金融租赁公司应当按规定报送会计报表及银保监会及其派出机构要求的其他报表,并对所报报表、资料的真实性、准确性和完整性负责。

(5)金融租赁公司应当建立定期外部审计制度,并在每个会计年度结束后的4个月内,将经法定代表人签名确认的年度审计报告报送银保监会或其派出机构。

(三)银保监会的监管

金融租赁公司违反《企业集团财务公司管理办法》有关规定的,银保监会及其派出机构应当依法责令限期整改;逾期未整改的,或者其行为严重危及该金融租赁公司的稳健运行、损害客户合法权益的,可以区别情形,依照《银行业监督管理法》等法律法规,采取暂停业务、限制股东权利等监管措施。

金融租赁公司已经或者可能发生信用危机,严重影响客户合法权益的,银监会依法对其实行托管或者督促其重组,问题严重的,有权予以撤销。

(四)行政复议与诉讼

凡违反本办法有关规定的,银保监会及其派出机构依照《银行业监督管理法》等有关法律法规进行处罚。金融租赁公司对处罚决定不服的,可以依法申请行政复议或者向人民法院提起行政诉讼。

思考题:如何监管金融租赁公司?

第三节 从事支付服务的非金融机构

根据《中华人民共和国中国人民银行法》等法律法规,中国人民银行制定了《非金融机构支付服务管理办法》,经 2010 年 5 月 19 日第 7 次行长办公会议通过,自 2010 年 9 月 1 日起施行。《非金融机构支付服务管理办法》的立法目的是为促进支付服务市场健康发展,规范非金融机构支付服务行为,防范支付风险,保护当事人的合法权益。

一、从事支付服务的非金融机构的概念

非金融机构支付服务,是指非金融机构在收付款人之间作为中介机构提供部分或全部货币资金转移服务:网络支付;预付卡的发行与受理;银行卡收单;中国人民银行确定的其他支付服务。

网络支付,是指依托公共网络或专用网络在收付款人之间转移货币资金的行为,包括货币汇兑、互联网支付、移动电话支付、固定电话支付、数字电视支付等。预付卡,是指以营利为目的的发行的、在发行机构之外购买商品或服务的预付价值,包括采取磁条、芯片等技术以卡片、密码等形式发行的预付卡。银行卡收单,是指通过销售点(POS)终端等为银行卡特约商户代收货币资金的行为。

从事支付服务的非金融机构是指从事在收付款人之间作为中介机构提供部分或全部货币资金转移服务的非金融机构。

非金融机构提供支付服务,应当依据《非金融机构支付服务管理办法》规定取得"支付业务许可证",成为支付机构。支付机构依法接受中国人民银行的监督管理。未经中国人民银行批准,任何非金融机构和个人不得从事或变相从事支付业务。

支付机构之间的货币资金转移应当委托银行业金融机构办理,不得通过支付机构相互存放货币资金或委托其他支付机构等形式办理。支付机构不得办理银行业金融机构之间的货币资金转移,经特别许可的除外。

支付机构应当遵循安全、效率、诚信和公平竞争的原则,不得损害国家利益、社会公共利益和客户合法权益。支付机构应当遵守反洗钱的有关规定,履行反洗钱义务。

二、支付服务的申请与许可

(一)支付服务的审批

中国人民银行负责"支付业务许可证"的颁发和管理。

申请"支付业务许可证"的,需经所在地中国人民银行分支机构审查后,报中国人民银行批准。中国人民银行分支机构,是指中国人民银行副省级城市中心支行以上的分支机构。

（二）申请人的条件

"支付业务许可证"的申请人应当具备下列条件：在中华人民共和国境内依法设立的有限责任公司或股份有限公司，且为非金融机构法人；有符合《非金融机构支付服务管理办法》规定的注册资本最低限额；有符合《非金融机构支付服务管理办法》规定的出资人；有 5 名以上熟悉支付业务的高级管理人员；有符合要求的反洗钱措施；有符合要求的支付业务设施；有健全的组织机构、内部控制制度和风险管理措施；有符合要求的营业场所和安全保障措施；申请人及其高级管理人员最近 3 年内未因利用支付业务实施违法犯罪活动或为违法犯罪活动办理支付业务等受过处罚。

申请人拟在全国范围内从事支付业务的，其注册资本最低限额为 1 亿元；拟在省（自治区、直辖市）范围内从事支付业务的，其注册资本最低限额为 3000 万元。注册资本最低限额为实缴货币资本。在全国范围内从事支付业务，包括申请人跨省（自治区、直辖市）设立分支机构从事支付业务，或客户可跨省（自治区、直辖市）办理支付业务的情形。

中国人民银行可根据国家有关法律法规和政策规定，调整申请人的注册资本最低限额。

外商投资支付机构的业务范围、境外出资人的资格条件和出资比例等，由中国人民银行另行规定，报国务院批准。

（三）申请人的主要出资人的条件

主要出资人，包括拥有申请人实际控制权的出资人和持有申请人 10％以上股权的出资人。申请人的主要出资人应当符合以下条件：为依法设立的有限责任公司或股份有限公司；截至申请日，连续为金融机构提供信息处理支持服务 2 年以上，或连续为电子商务活动提供信息处理支持服务 2 年以上；截至申请日，连续盈利 2 年以上；最近 3 年内未因利用支付业务实施违法犯罪活动或为违法犯罪活动办理支付业务等受过处罚。

（四）申请材料

申请人应当向所在地中国人民银行分支机构提交下列文件、资料：书面申请，载明申请人的名称、住所、注册资本、组织机构设置、拟申请支付业务等；公司营业执照（副本）复印件；公司章程；验资证明；经会计师事务所审计的财务会计报告；支付业务可行性研究报告；反洗钱措施验收材料；技术安全检测认证证明；高级管理人员的履历材料；申请人及其高级管理人员的无犯罪记录证明材料；主要出资人的相关材料；申请资料真实性声明。

申请人应当在收到受理通知后按规定公告下列事项：申请人的注册资本及股权结构；主要出资人的名单、持股比例及其财务状况；拟申请的支付业务；申请人的营业场所；支付业务设施的技术安全检测认证证明。

（五）"支付业务许可证"的颁发

中国人民银行分支机构依法受理符合要求的各项申请，并将初审意见和申请资料报送中国人民银行。中国人民银行审查批准的，依法颁发"支付业务许可证"，并予以公告。

"支付业务许可证"自颁发之日起，有效期 5 年。支付机构拟于"支付业务许可证"期满后继续从事支付业务的，应当在期满前 6 个月内向所在地中国人民银行分支机构提出续展申请。中国人民银行准予续展的，每次续展的有效期为 5 年。

（六）支付机构的变更

支付机构变更下列事项之一的，应当在向公司登记机关申请变更登记前报中国人民银行同意：变更公司名称、注册资本或组织形式，变更主要出资人，合并或分立，调整业务类型或改变业务覆盖范围。

(七)支付机构的终止

支付机构申请终止支付业务的,应当向所在地中国人民银行分支机构提交下列文件、资料:公司法定代表人签署的书面申请,载明公司名称、支付业务开展情况、拟终止支付业务及终止原因等;公司营业执照(副本)复印件;"支付业务许可证"复印件;客户合法权益保障方案;支付业务信息处理方案。

准予终止的,支付机构应当按照中国人民银行的批复完成终止工作,交回"支付业务许可证"。

对许可程序未作规定的事项,适用《中国人民银行行政许可实施办法》。

 思考题:支付机构的设立条件有哪些?

三、监督与管理

支付机构应当按照"支付业务许可证"核准的业务范围从事经营活动,不得从事核准范围之外的业务,不得将业务外包。支付机构不得转让、出租、出借"支付业务许可证"。

支付机构应当按照审慎经营的要求,制订支付业务办法及客户权益保障措施,建立健全风险管理和内部控制制度,并报所在地中国人民银行分支机构备案。

支付机构应当确定支付业务的收费项目和收费标准,并报所在地中国人民银行分支机构备案。支付机构应当公开披露其支付业务的收费项目和收费标准。

支付机构应当按规定向所在地中国人民银行分支机构报送支付业务统计报表和财务会计报告等资料。

支付机构应当制定支付服务协议,明确其与客户的权利和义务、纠纷处理原则、违约责任等事项。支付机构应当公开披露支付服务协议的格式条款,并报所在地中国人民银行分支机构备案。

支付机构的分公司从事支付业务的,支付机构及其分公司应当分别到所在地中国人民银行分支机构备案。支付机构的分公司终止支付业务的,比照前款办理。

支付机构接受客户备付金时,只能按收取的支付服务费向客户开具发票,不得按接受的客户备付金金额开具发票。

支付机构接受的客户备付金不属于支付机构的自有财产。支付机构只能根据客户发起的支付指令转移备付金。禁止支付机构以任何形式挪用客户备付金。

支付机构应当在客户发起的支付指令中记载下列事项:付款人名称;确定的金额;收款人名称;付款人的开户银行名称或支付机构名称;收款人的开户银行名称或支付机构名称;支付指令的发起日期。客户通过银行结算账户进行支付的,支付机构还应当记载相应的银行结算账号。客户通过非银行结算账户进行支付的,支付机构还应当记载客户有效身份证件上的名称和号码。

支付机构接受客户备付金的,应当在商业银行开立备付金专用存款账户存放备付金。中国人民银行另有规定的除外。支付机构只能选择一家商业银行作为备付金存管银行,且在该商业银行的一个分支机构只能开立一个备付金专用存款账户。支付机构应当与商业银行的法人机构或授权的分支机构签订备付金存管协议,明确双方的权利、义务和责任。支付机构应当向所在地中国人民银行分支机构报送备付金存管协议和备付金专用存款账户的信息资料。

支付机构的分公司不得以自己的名义开立备付金专用存款账户,只能将接受的备付金存放在支付机构开立的备付金专用存款账户。

支付机构调整不同备付金专用存款账户头寸的,由备付金存管银行的法人机构对支付机构拟调整的备付金专用存款账户的余额情况进行复核,并将复核意见告知支付机构及有关备付金存管银行。支付机构应当持备付金存管银行的法人机构出具的复核意见办理有关备付金专用存款账户的头寸调拨。

备付金存管银行应当对存放在本机构的客户备付金的使用情况进行监督,并按规定向备付金存管银行所在地中国人民银行分支机构及备付金存管银行的法人机构报送客户备付金的存管或使用情况等信息资料。对支付机构违反第25—28条相关规定使用客户备付金的申请或指令,备付金存管银行应当予以拒绝;发现客户备付金被违法使用或有其他异常情况的,应当立即向备付金存管银行所在地中国人民银行分支机构及备付金存管银行的法人机构报告。

支付机构的实缴货币资本与客户备付金日均余额的比例,不得低于10%。《非金融机构支付服务管理办法》所称客户备付金日均余额,是指备付金存管银行的法人机构根据最近90日内支付机构每日日终的客户备付金总量计算的平均值。

支付机构应当按规定核对客户的有效身份证件或其他有效身份证明文件,并登记客户身份基本信息。支付机构明知或应知客户利用其支付业务实施违法犯罪活动的,应当停止为其办理支付业务。

支付机构应当具备必要的技术手段,确保支付指令的完整性、一致性和不可抵赖性,支付业务处理的及时性、准确性和支付业务的安全性;具备灾难恢复处理能力和应急处理能力,确保支付业务的连续性。

支付机构应当依法保守客户的商业秘密,不得对外泄露。法律法规另有规定的除外。

支付机构应当按规定妥善保管客户身份基本信息、支付业务信息、会计档案等资料。

支付机构应当接受中国人民银行及其分支机构定期或不定期的现场检查和非现场检查,如实提供有关资料,不得拒绝、阻挠、逃避检查,不得谎报、隐匿、销毁相关证据材料。

中国人民银行及其分支机构依据法律、行政法规、中国人民银行的有关规定对支付机构的公司治理、业务活动、内部控制、风险状况、反洗钱工作等进行定期或不定期现场检查和非现场检查。中国人民银行及其分支机构依法对支付机构进行现场检查,适用《中国人民银行执法检查程序规定》。

中国人民银行及其分支机构可以采取下列措施对支付机构进行现场检查:询问支付机构的工作人员,要求其对被检查事项作出解释、说明;查阅、复制与被检查事项有关的文件、资料,对可能被转移、藏匿或毁损的文件、资料予以封存;检查支付机构的客户备付金专用存款账户及相关账户;检查支付业务设施及相关设施。

支付机构有下列情形之一的,中国人民银行及其分支机构有权责令其停止办理部分或全部支付业务:累计亏损超过其实缴货币资本的50%;有重大经营风险;有重大违法违规行为。

支付机构因解散、依法被撤销或被宣告破产而终止的,其清算事宜按照国家有关法律规定办理。

四、罚则

中国人民银行及其分支机构的工作人员有下列情形之一的,依法给予行政处分;构成犯罪的,依法追究刑事责任:违反规定审查批准"支付业务许可证"的申请、变更、终止等事项;违反规定对支付机构进行检查的;泄露知悉的国家秘密或商业秘密的;滥用职权、玩忽职守的其他行为。

商业银行有下列情形之一的,中国人民银行及其分支机构责令其限期改正,并给予警告或处1万元以上3万元以下罚款;情节严重的,中国人民银行责令其暂停或终止客户备付金存管业务:未按规定报送客户备付金的存管或使用情况等信息资料的;未按规定对支付机构调整备付金专用存款账户头寸的行为进行复核的;未对支付机构违反规定使用客户备付金的申请或指令予以拒绝的。

支付机构有下列情形之一的,中国人民银行分支机构责令其限期改正,并给予警告或处1万元以上3万元以下罚款:未按规定建立有关制度办法或风险管理措施的;未按规定办理相关备案手续的;未按规定公开披露相关事项的;未按规定报送或保管相关资料的;未按规定办理相关变更事项的;未按规定向客户开具发票的;未按规定保守客户商业秘密的。

支付机构有下列情形之一的,中国人民银行分支机构责令其限期改正,并处3万元罚款;情节严重的,中国人民银行注销其"支付业务许可证";涉嫌犯罪的,依法移送公安机关立案侦查;构成犯罪的,依法追究刑事责任:转让、出租、出借"支付业务许可证"的;超出核准业务范围或将业务外包的;未按规定存放或使用客户备付金的;未遵守实缴货币资本与客户备付金比例管理规定的;无正当理由中断或终止支付业务的;拒绝或阻碍相关检查监督的;其他危及支付机构稳健运行、损害客户合法权益或危害支付服务市场的违法违规行为。

支付机构未按规定履行反洗钱义务的,中国人民银行及其分支机构依据国家有关反洗钱法律法规等进行处罚;情节严重的,中国人民银行注销其"支付业务许可证"。

支付机构超出"支付业务许可证"有效期限继续从事支付业务的,中国人民银行及其分支机构责令其终止支付业务;涉嫌犯罪的,依法移送公安机关立案侦查;构成犯罪的,依法追究刑事责任。

以欺骗等不正当手段申请"支付业务许可证"但未获批准的,申请人及持有其5%以上股权的出资人3年内不得再次申请或参与申请"支付业务许可证"。以欺骗等不正当手段申请"支付业务许可证"且已获批准的,由中国人民银行及其分支机构责令其终止支付业务,注销其"支付业务许可证";涉嫌犯罪的,依法移送公安机关立案侦查;构成犯罪的,依法追究刑事责任;申请人及持有其5%以上股权的出资人不得再次申请或参与申请"支付业务许可证"。

任何非金融机构和个人未经中国人民银行批准擅自从事或变相从事支付业务的,中国人民银行及其分支机构责令其终止支付业务;涉嫌犯罪的,依法移送公安机关立案侦查;构成犯罪的,依法追究刑事责任。

 思考题:如何监管支付机构?

第四节　金融资产管理公司

金融资产管理公司

一、金融资产管理公司的概念

金融资产管理公司,是指经国务院决定设立的收购国有银行不良贷款,管理和处置因收购国有银行不良贷款形成的资产的国有独资非银行金融机构。金融资产管理公司以最大限度保全资产、减少损失为主要经营目标,依法独立承担民事责任。

《金融资产管理公司条例》于2000年11月1日颁布。其目的是为了规范金融资产管理公司的活动,依法处理国有银行不良贷款,促进国有银行和国有企业的改革和发展。

中国人民银行、财政部和中国证券监督管理委员会依据各自的法定职责对金融资产管理公司实施监督管理。

二、金融资产管理公司的设立和业务范围

(一)金融资产管理公司的设立

金融资产管理公司的注册资本为人民币100亿元,由财政部核拨。

金融资产管理公司由中国人民银行颁发"金融机构法人许可证",并向市场监督管理部门依法办理登记。

金融资产管理公司设立分支机构,须经财政部同意,并报中国人民银行批准,由中国人民银行颁发"金融机构营业许可证",并向市场监督管理部门依法办理登记。

金融资产管理公司设总裁1人、副总裁若干人。总裁、副总裁由国务院任命。总裁对外代表金融资产管理公司行使职权,负责金融资产管理公司的经营管理。金融资产管理公司的高级管理人员须经中国人民银行审查任职资格。金融资产管理公司监事会的组成、职责和工作程序,依照《国有重点金融机构监事会暂行条例》执行。

(二)金融资产管理公司的业务范围

金融资产管理公司在其收购的国有银行不良贷款范围内,管理和处置因收购国有银行不良贷款形成的资产时,可以从事下列业务活动。

(1)追偿债务。

(2)对所收购的不良贷款形成的资产进行租赁或者以其他形式转让、重组。

(3)债权转股权,并对企业阶段性持股。

(4)资产管理范围内公司的上市推荐及债券、股票承销。

(5)发行金融债券,向金融机构借款。

(6)财务及法律咨询,资产及项目评估。

(7)中国人民银行、中国证券监督管理委员会批准的其他业务活动。

金融资产管理公司可以向中国人民银行申请再贷款。

 思考题:金融资产管理公司的经营范围有哪些?

三、收购不良贷款的范围、额度及资金来源

(一)收购不良贷款的范围、额度

金融资产管理公司按照国务院确定的范围和额度收购国有银行不良贷款;超出确定的范围或者额度收购的,须经国务院专项审批。

在国务院确定的额度内,金融资产管理公司按照账面价值收购有关贷款本金和相对应的计入损益的应收未收利息;对未计入损益的应收未收利息,实行无偿划转。

金融资产管理公司收购不良贷款后,即取得原债权人对债务人的各项权利。原借款合同的债务人、担保人及有关当事人应当继续履行合同规定的义务。

(二)收购不良贷款的资金来源

金融资产管理公司收购不良贷款的资金来源如下。

(1)划转中国人民银行发放给国有独资商业银行的部分再贷款。

(2)发行金融债券。

中国人民银行发放给国有独资商业银行的再贷款划转给金融资产管理公司,实行固定利率,年利率为2.25%。

金融资产管理公司发行金融债券,由中国人民银行会同财政部审批。

四、债权转股权

金融资产管理公司可以将收购国有银行不良贷款取得的债权转为对借款企业的股权。金融资产管理公司持有的股权,不受本公司净资产额或者注册资本的比例限制。

实施债权转股权,应当贯彻国家产业政策,有利于优化经济结构,促进有关企业的技术进步和产品升级。

实施债权转股权的企业,由国家发展和改革委员会向金融资产管理公司推荐。金融资产管理公司对被推荐的企业进行独立评审,制定企业债权转股权的方案并与企业签订债权转股权协议。债权转股权的方案和协议由国家发展和改革委员会会同财政部、中国人民银行审核,报国务院批准后实施。

实施债权转股权的企业,应当按照现代企业制度的要求,转换经营机制,建立规范的公司法人治理结构,加强企业管理。有关地方人民政府应当帮助企业减员增效、下岗分流,分离企业办社会的

职能。

金融资产管理公司的债权转股权后,作为企业的股东,可以派员参加企业董事会、监事会,依法行使股东权利。

金融资产管理公司持有的企业股权,可以按照国家有关规定向境内外投资者转让,也可以由债权转股权企业依法回购。

企业实施债权转股权后,应当按照国家有关规定办理企业产权变更等有关登记。

国家发展和改革委员会负责组织、指导、协调企业债权转股权工作。

五、公司的经营和管理

金融资产管理公司实行经营目标责任制。

财政部根据不良贷款质量的情况,确定金融资产管理公司处置不良贷款的经营目标,并进行考核和监督。

金融资产管理公司应当根据不良贷款的特点,制定经营方针和有关措施,完善内部治理结构,建立内部约束机制和激励机制。

金融资产管理公司管理、处置因收购国有银行不良贷款形成的资产,应当按照公开、竞争、择优的原则运作。

金融资产管理公司转让资产,主要采取招标、拍卖等方式。

金融资产管理公司的债权因债务人破产等原因得不到清偿的,按照国务院的规定处理。

金融资产管理公司资产处置管理办法由财政部制定。

金融资产管理公司根据业务需要,可以聘请具有会计、资产评估和法律服务等资格的中介机构协助开展业务。

金融资产管理公司免交在收购国有银行不良贷款和承接、处置因收购国有银行不良贷款形成的资产的业务活动中的税收。具体办法由财政部会同国家税务总局制定。

金融资产管理公司免交工商登记注册费等行政性收费。

金融资产管理公司应当按照中国人民银行、财政部和中国证券监督管理委员会等有关部门的要求,报送财务、统计报表和其他有关材料。

金融资产管理公司应当依法接受审计机关的审计监督。

金融资产管理公司应当聘请财政部认可的注册会计师对其财务状况进行年度审计,并将审计报告及时报送各有关监督管理部门。

六、公司的终止和清算

金融资产管理公司终止时,由财政部组织清算组,进行清算。

金融资产管理公司处置不良贷款形成的最终损失,由财政部提出解决方案,报国务院批准执行。

金融资产管理公司违反金融法律、行政法规的,由中国人民银行依照有关法律和《金融违法行为处罚办法》给予处罚;违反其他有关法律、行政法规的,由有关部门依法给予处罚;构成犯罪的,依法追究刑事责任。

 思考题:金融资产管理公司如何经营管理?

第五节　贷款公司

一、贷款公司的概念

贷款公司是指经中国银保监会依据有关法律、法规批准,由境内商业银行或农村合作银行在农村地区设立的专门为县域农民、农业和农村经济发展提供贷款服务的非银行业金融机构。贷款公司是由境内商业银行或农村合作银行全额出资的有限责任公司。

贷款公司是独立的企业法人,享有由投资形成的全部法人财产权,依法享有民事权利,并以全部法人财产独立承担民事责任。贷款公司的投资人依法享有资产收益、重大决策和选择管理者等权利。

贷款公司以安全性、流动性、效益性为经营原则,自主经营,自担风险,自负盈亏,自我约束。贷款公司依法开展业务,不受任何单位和个人的干涉。贷款公司应遵守国家法律、行政法规,执行国家金融方针和政策,依法接受中国银保监会的监督管理。

《贷款公司管理暂行办法》于 2007 年 1 月 22 日经中国银保监会通过。其目的是为保护贷款公司、客户的合法权益,规范贷款公司的行为,加强监督管理,保障贷款公司稳健运行。

二、贷款公司的设立

(一)贷款公司的名称

贷款公司的名称由行政区划、字号、行业、组织形式依次组成,其中行政区划指县级行政区划的名称或地名。

(二)贷款公司的设立

设立贷款公司应当符合下列条件。

(1)有符合规定的章程。

(2)注册资本不低于 50 万元,为实收货币资本,由投资人一次足额缴纳。

(3)有具备任职专业知识和业务工作经验的高级管理人员。

(4)有具备相应专业知识和从业经验的工作人员。

(5)有必需的组织机构和管理制度。

(6)有符合要求的营业场所、安全防范措施和与业务有关的其他设施。

(7)中国银保监会规定的其他条件。

(三)设立贷款公司的投资人的条件

设立贷款公司,其投资人应符合下列条件。

(1)投资人为境内商业银行或农村合作银行。

(2)资产规模不低于 50 亿元。

(3)公司治理良好,内部控制健全有效。

(4)主要审慎监管指标符合监管要求。

(5)中国银保监会规定的其他审慎性条件。

(四)贷款公司的设立程序

设立贷款公司应当经筹建和开业两个阶段。

1. 筹建

筹建贷款公司,申请人应提交下列文件、材料:筹建申请书;可行性研究报告;筹建方案;筹建人员名单及简历;非贷款公司设立地的投资人应提供最近两年资产负债表和损益表,以及该投资人注册地银保监会地方监管局的书面意见;中国银保监会规定的其他材料。

贷款公司的筹建申请,由中国银保监会相关地方监管局受理,中国银保监会审查并决定。中国银保监会自收到完整申请材料或自受理之日起 4 个月内作出批准或不予批准的书面决定。

2. 开业

贷款公司的筹建期最长为自批准决定之日起 6 个月。筹建期内达到开业条件的,申请人可提交开业申请。

贷款公司申请开业,申请人应当提交下列文件、材料:开业申请书;筹建工作报告;章程草案;法定验资机构出具的验资报告;拟任高级管理人员的备案材料;营业场所所有权或使用权的证明材料;公安、消防部门对营业场所出具的安全、消防设施合格证明;中国银保监会规定的其他资料。

贷款公司的开业申请,由中国银保监会相关地方监管局受理、审查并决定。中国银保监会相关地方监管局自受理之日起 2 个月内作出核准或不予核准的决定。

3. 分公司的设立

贷款公司可根据业务发展需要,在县域内设立分公司。分公司的设立需经筹建和开业两个阶段。

贷款公司分公司的筹建方案,应事先报监管办事处备案。未设监管办事处的,向中国银保监会相关地方监管局备案。贷款公司在分公司筹建方案备案后即可开展筹建工作。分公司的开业申请,由中国银保监会相关地方监管局受理、审查并决定,中国银保监会相关地方监管局自受理之日起 2 个月内作出核准或不予核准的决定。

4. 许可和登记

经核准开业的贷款公司及其分公司,由决定机关颁发金融许可证,并凭金融许可证向市场监督管理部门办理登记,领取营业执照。

思考题:贷款公司的设立条件有哪些?

三、贷款公司的组织机构和经营管理

(一)贷款公司的组织机构

贷款公司可不设立董事会、监事会,但必须建立健全经营管理机制和监督机制。投资人可委派监督人员,也可聘请外部机构履行监督职能。

贷款公司的经营管理层由投资人自行决定,报中国银保监会相关地方监管局备案。

贷款公司章程由投资人制定和修改,报中国银保监会相关地方监管局审查并核准。

贷款公司董事会负责制订经营方针和业务发展计划,未设董事会的,由经营管理层制订,并经投资人决定后组织实施。

(二)贷款公司的业务范围

经相关地方监管局批准,贷款公司可经营下列业务。

(1)办理各项贷款。

(2)办理票据贴现。

(3)办理资产转让。

(4)办理贷款项下的结算。

(5)经中国银保监会批准的其他资产业务。贷款公司不得吸收公众存款。

(三)贷款公司的营运资金

贷款公司的营运资金为实收资本和向投资人的借款。

(四)贷款业务

贷款公司开展业务,必须坚持为农民、农业和农村经济发展服务的经营宗旨,贷款的投向主要用于支持农民、农业和农村经济发展。

贷款公司发放贷款应当坚持小额、分散的原则,提高贷款覆盖面,防止贷款过度集中。贷款公司对同一借款人的贷款余额不得超过资本净额的 10%;对单一集团企业客户的授信余额不得超过资本净额的 15%。

(五)贷款公司的管理

(1)贷款公司应当加强贷款风险管理,建立科学的授权授信制度、信贷管理流程和内部控制体系,增强风险的识别和管理能力,提高贷款质量。

(2)贷款公司应按照国家有关规定,建立审慎、规范的资产分类制度和资本补充、约束机制,准确划分资产质量,充分计提呆账准备,真实反映经营成果,确保资本充足率在任何时点不低于 8%,资产损失准备充足率不低于 100%。

(3)贷款公司应建立健全内部审计制度,对内部控制执行情况进行检查、评价,并对内部控制的薄弱环节进行纠正和完善,确保依法合规经营。

(4)贷款公司执行国家统一的金融企业财务会计制度,按照国家有关规定,建立健全贷款公司的财务、会计制度。

(5)贷款公司应当真实记录并全面反映其业务活动和财务状况,编制年度财务会计报告,并由投资人聘请具有资质的会计师事务所进行审计。审计报告须报中国银保监会相关地方监管局备案。

(6)贷款公司应当按规定向中国银保监会相关地方监管局报送会计报告、统计报表及其他资料,并对报告、资料的真实性、准确性、完整性负责。

(7)贷款公司应当建立信息披露制度,及时披露年度经营情况、重大事项等信息。

四、监督管理

(1)贷款公司开展业务,依法接受中国银保监会的监督管理,与投资人实施并表监管。

(2)中国银保监会依据法律、法规对贷款公司的资本充足率、不良贷款率、风险管理、内部控制、风险集中、关联交易等实施持续、动态监管。

(3)中国银保监会根据贷款公司资本充足状况和资产质量状况,适时采取下列监管措施。

①对资本充足率大于 8%,且不良贷款率在 5% 以下的,可适当减少检查频率,支持其稳健发展。

②对资本充足率低于 8%、大于 4%,或不良贷款率在 5% 以上的,要加大非现场监管和现场检查力度,并督促其限期补充资本、改善资产质量。

③对资本充足率降至 4% 以下,或不良贷款率高于 15% 的,适时采取责令其调整高级管理人员、停办所有业务、限期重组等措施。

④对限期内不能实现有效重组、资本充足率降至 2% 以下的,应责令投资人适时接管或由银行业监督管理机构予以撤销。

(4)中国银保监会依据有关法律、法规对贷款公司的资本充足状况、资产质量及内部控制的有效性进行检查、评价,督促其完善资本补充机制、贷款管理制度及内部控制,加强风险管理。

(5)中国银保监会有权要求投资人加强对贷款公司的监督检查,定期对其资产质量进行审计,对其贷款授权授信制度、信贷管理流程和内部控制体系进行评估,有权根据贷款公司的运行情况要求投资人追加补充资本,确保贷款公司稳健运行。

(6)贷款公司违反本规定的,中国银保监会有权采取风险提示、约见谈话、监管质询、责令停办业务等措施,督促其及时进行整改,防范资产风险。

(7)贷款公司及其工作人员在业务经营和管理过程中,有违反国家法律法规行为的,由中国银保监会依照《银行业监督管理法》《商业银行法》及有关法律、行政法规实施处罚;构成犯罪的,依法追究刑事责任。

(8)贷款公司及其工作人员对中国银保监会的处罚决定不服的,可依法提请行政复议或向人民法院提起行政诉讼。

五、贷款公司的变更与终止

(一)贷款公司的变更

贷款公司有下列变更事项之一的,需经中国银保监会相关地方监管局批准。

(1)变更名称。

(2)变更注册资本。

(3)变更住所。

(4)修改章程。

(5)中国银保监会规定的其他变更事项。

(二)贷款公司的解散

贷款公司有下列情形之一的,应当申请解散。

(1)章程规定的营业期限届满或者章程规定的其他解散事由出现。

(2)股东决定解散。

(3)因分立、合并需要解散。

贷款公司解散的,由其投资人按照《商业银行法》和《公司法》及有关行政法规的规定实施。

贷款公司因解散、被撤销而终止的,应当向发证机关缴回金融许可证,并及时到市场监督管理部门办理注销登记,并予以公告。

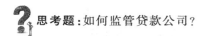

思考题:如何监管贷款公司?

第六节　小额贷款公司

小额贷款公司

一、小额贷款公司的概念

小额贷款公司是由自然人、企业法人与其他社会组织投资设立,不吸收公众存款,经营小额贷款业务的有限责任公司或股份有限公司。

小额贷款公司是企业法人,有独立的法人财产,享有法人财产权,以全部财产对其债务承担民事责任。小额贷款公司股东依法享有资产收益、参与重大决策和选择管理者等权利,以其认缴的出资额或认购的股份为限对公司承担责任。

小额贷款公司应执行国家金融方针和政策,在法律、法规规定的范围内开展业务,自主经营,自负盈亏,自我约束,自担风险,其合法的经营活动受法律保护,不受任何单位和个人的干涉。

小额贷款公司不得向股东、董事和高级管理人员发放贷款。小额贷款公司应设立在县(市、区)。

不得跨县级行政区域发放贷款。

中国银监会、中国人民银行2008年发布了《关于小额贷款公司试点的指导意见》。全国各地先后颁行地方性法规,小额贷款公司主要由地方性法规规制。

小额贷款公司立法的目的是为保护小额贷款公司、股东、债权人的合法权益,规范小额贷款公司的行为,加强监督管理,保障小额贷款公司持续、稳健发展,维护社会经济秩序。小额贷款公司一般由各省、直辖市、自治区地方政府设立的金融办负责监管。金融办作为小额贷款公司试点工作的主管部门,负责地方小额贷款公司监督管理工作,具体负责牵头组织实施试点工作,制定和完善试点工作的相关政策,对小额贷款公司的设立、变更等重大事项进行审批等工作。各市(地)、县(市、区)应指定一个主管部门(金融办或相关机构)负责对小额贷款公司的日常监督管理。小额贷款公司应依法接受各级小额贷款公司主管部门的监督管理。

二、小额贷款公司的设立

(一)小额贷款公司的名称

小额贷款公司的名称由行政区划、字号、行业、组织形式依次组成,其中行政区划指小额贷款公司所在县(市、区)的名称,组织形式为有限责任公司或股份有限公司。小额贷款公司应当在申请开业前向企业名称登记机关申请办理企业名称预先核准登记。

(二)设立小额贷款公司应当具备的条件

(1)有符合规定的章程。

(2)发起人或出资人应符合规定的条件。

(3)有符合规定的注册资本,如黑龙江省规定,有限责任公司的注册资本不得低于1000万元,股份有限公司的注册资本不得低于2000万元。

(4)有符合规定的股东,如黑龙江省就规定,有限责任公司应由9～50个以下股东出资设立;股份有限公司应有9～200名发起人,其中须有半数以上的发起人在中国境内有住所。

(5)注册资本来源应真实合法,全部为实收货币资本,由出资人或发起人在公司设立时一次足额缴纳。

(6)有符合任职资格条件的董事和高级管理人员。

(7)有具备相应专业知识和从业经验的工作人员。

(8)有必需的组织机构和管理制度。

(9)有符合要求的营业场所、安全防范措施和与业务有关的其他设施。

(三)小额贷款公司的设立程序

设立小额贷款公司应当经过筹建和开业两个阶段。

1. 筹建

筹建小额贷款公司,申请人应提交下列文件和材料:筹建申请书;可行性研究报告;筹建工作方案;筹建人员名单及简历;发起人或出资人基本情况及除自然人以外的其他发起人或出资人最近两年经审计的会计报告;其他材料。

2. 开业

小额贷款公司的筹建期最长为自批准之日起6个月。筹建期内达到开业条件的,申请人可提交开业申请。

小额贷款公司申请开业,申请人应提交以下文件和材料:开业申请书;筹建工作报告;章程草案;拟任职董事、高级管理人员的任职资格资料;法定验资机构出具的验资证明;企业名称预先核准通知书;营业场所所有权或使用权的证明材料;其他材料。

(三)董事和高管的条件

拟任小额贷款公司董事和高级管理人员,除应符合《公司法》规定的条件外,还应符合下列条件:小额贷款公司董事、高级管理人员应具备与其履行职责相适应的知识、经验及能力;小额贷款公司的董事长和高级管理人员应具备从事相关经济工作8年以上或者从事银行业工作5年以上的工作经验,具备大专以上(含大专)学历。高级管理人员,是指小额贷款公司法定代表人和对经营管理具有决策权或对风险控制起重要作用的人员。

(四)审批和登记

小额贷款公司的筹建由县级主管部门受理和初审,由市级主管部门复审,省政府主管部门批准。

小额贷款公司达到开业条件,其开业申请由县级主管部门受理和初审,由市级主管部门复审,省政府主管部门批准。

经批准开业的小额贷款公司,由省政府主管部门发放批准文件,并凭批准文件在批准之日起2个月内,按正常程序办理注册、登记等手续,领取营业执照。

小额贷款公司在领取营业执照后,还应在5个工作日内向当地公安机关、中国银保监会派出机构和人民银行分支机构报送相关资料。

 思考题:小额贷款公司的设立条件有哪些?

三、小额贷款公司的股权设置和股东资格

(一)小额贷款公司的股权设置

企业法人、自然人、其他具有法人资格的经济组织可以向小额贷款公司投资入股。小额贷款公司不得虚假出资或者抽逃出资。

小额贷款公司的股权设置按照《公司法》有关规定执行。小额贷款公司最大股东持股比例不超过小额贷款公司股本总额的20%,其他股东持股比例不超过小额贷款公司股本总额的10%,不得低于小额贷款公司股本总额的5‰。小额贷款公司在市场监督管理部门登记后,向认缴股本的股东签发记名股权证,作为股东所持股份和分红的凭证。

小额贷款公司的股份可依法转让、继承和赠与。但发起人或出资人持有的股份自小额贷款公司成立之日起3年内不得转让或质押。小额贷款公司董事和高级管理人员持有的股份,在任职期间内不得转让或质押。

小额贷款公司实收资本变更后,必须相应变更其注册资本。

(二)小额贷款公司的股东资格

(1)小额贷款公司最大股东应是境内企业法人,应符合以下条件。

①企业净资产不低于1000万元。

②入股前上一年度末,企业资产负债率不高于70%。

③入股前上两年度连续盈利,且上两年度利润总额之和不低于600万元。

(2)除上述条件外,最大股东和其他投资入股小额贷款公司企业法人应符合以下条件。

①在市场监督管理部门登记注册,具有法人资格。

②有良好的社会声誉、诚信记录和纳税记录,无犯罪记录和不良信用记录。

③财务状况良好,入股前上两年度连续盈利。

④年终分配后,净资产达到全部资产的30%以上(合并会计报表口径)。

⑤入股资金来源合法,不得以借贷资金入股,不得以他人委托资金入股。

⑥有较强的经营管理能力和资金实力。

⑦其他条件。

拟入股的企业法人属于企业改制的,原企业经营业绩及经营年限可以延续作为新企业的经营业绩和经营年限计算。

(3)境内自然人投资入股小额贷款公司的,应符合以下条件。

①有完全民事行为能力。

②有良好的社会声誉和诚信记录,无犯罪记录和不良信用记录。

③入股资金来源合法,不得以借贷资金入股,不得以他人委托资金入股。

④其他条件。

(4)其他具有法人资格的经济组织作为小额贷款公司的出资人(发起人),应当符合国家有关法律法规及省政府主管部门规定的有关条件。

四、小额贷款公司的经营管理

小额贷款公司除经营小额贷款业务外,不得从事其他经营活动,不得对外投资,不得设立分支机构。

小额贷款公司不得进行任何形式的吸收公众存款和集资活动。

小额贷款公司的主要资金来源为股东缴纳的资本金、捐赠资金,以及来自不超过两个省内银行业金融机构的融入资金。不得向内部或外部集资、吸收或变相吸收公众存款。在法律、法规规定的范围内,小额贷款公司从银行业金融机构获得融入资金的余额,不得超过资本净额的 50%。

小额贷款公司在坚持为农民、农业和农村经济发展服务的原则下自主选择贷款对象。小额贷款公司应面向农户和微型企业提供信贷服务,着力扩大客户数量和服务覆盖面。

小额贷款公司发放贷款,应坚持"小额、分散"的原则。小额贷款公司对同一借款人的贷款余额不得超过小额贷款公司资本净额的 5%,对单一集团企业客户的授信余额不得超过资本净额的 15%。

小额贷款公司按照市场化原则进行经营,贷款利率上限放开,但不得超过司法部门规定的上限,下限为人民银行公布的贷款基准利率的 0.9 倍,在此区间的具体浮动幅度按照市场原则自主确定。有关贷款期限和贷款偿还条款等合同内容,均由借贷双方在公平自愿的原则下依法协商确定。

小额贷款公司的贷款利率管理、支付清算管理、金融统计和监管报表、征信管理、现金管理按照《中国人民银行、中国银行业监督管理委员会关于村镇银行、贷款公司、农村资金互助社、小额贷款公司有关政策的通知》规定执行。

小额贷款公司应按照《公司法》要求健全公司治理结构,明确股东、董事、监事和经理之间的权责关系,制定稳健有效的议事规则、决策程序和内审制度,提高公司治理的有效性。

小额贷款公司应建立健全贷款管理制度,明确贷前调查、贷时审查和贷后检查业务流程和操作规范,切实加强贷款管理。

小额贷款公司应加强内部控制,按照《会计法》《金融企业会计制度》等有关法律规定建立健全企业财务会计制度,真实记录和全面反映其业务活动和财务活动。

小额贷款公司应按照有关规定,建立审慎规范的资产分类制度和拨备制度,准确进行资产分类,充分计提呆账准备金,确保资产损失准备充足率保持在 100% 以上,全面覆盖风险。

小额贷款公司应按要求向主管部门报送会计报告、统计报表及其他资料,并对报告、资料的真实性、准确性、完整性负责。

小额贷款公司应建立信息披露制度,按要求向公司股东、主管部门、向其提供融资的银行业金融机构、有关捐赠机构披露经中介机构审计的财务报表和年度业务经营情况、融资情况、重大事项等信息,必要时应向社会披露。

五、小额贷款公司的变更与终止

（一）小额贷款公司的变更

融资性担保公司

小额贷款公司有下列变更事项之一的，须经县级主管部门初审，市级主管部门复审，省政府主管部门审批。

(1)变更名称。

(2)变更注册资本。

(3)变更住所。

(4)变更持有资本总额或者股份总额5%以上的股东。

(5)股东之间股份转让。

(6)修改章程。

(7)变更组织形式。

(8)其他变更事项。

更换董事、高级管理人员，应报市、县级主管部门审查其任职资格，由省政府主管部门负责核准。

（二）小额贷款公司的终止

小额贷款公司法人资格的终止包括解散和破产两种情况。

小额贷款公司可因下列原因解散：公司章程规定的解散事由出现；股东大会决议解散；因公司合并或者分立需要解散；依法被吊销营业执照、责令关闭或者被撤销；人民法院依法宣布公司解散。

小额贷款公司解散，按照《公司法》进行清算和注销。

小额贷款公司被依法宣告破产的，依照有关企业破产的法律实施破产清算。

小额贷款公司因解散、被撤销和被宣告破产而终止的，应向省政府主管部门缴回批准开业文件，及时到市场监督管理部门办理注销登记，并予以公告。

六、监督检查

市场监管部门、人民银行要根据自身职能指导和督促系统内下属机构加强对小额贷款公司的监督检查。

市、县级主管部门负责依法对小额贷款公司实施持续、动态的日常监管。市、县级主管部门要建立多方联动的协同监管机制，组织市场监督、公安、人民银行、银保监会等部门加强对小额贷款公司的监督检查，重点防范和处置吸收公众存款、非法集资、高利贷等违法违规行为。

市场监督部门应搞好准入把关、加强日常巡查和信用分类监管，强化企业年度检验，督促企业合规经营。对小额贷款公司涉嫌从事非法集资的行为，银保监会应根据地方政府主管部门的认定申请，及时进行认定。

人民银行对小额贷款公司的利率、资金流向进行跟踪监督检查，并将小额贷款公司纳入信贷征信系统。小额贷款公司应按要求向人民银行分支机构信贷征信系统提供借款人、贷款金额、贷款担保和贷款偿还等业务信息。

地方政府建立小额贷款公司动态监测信息系统，实行网络化、信息化监管。

小额贷款公司应建立发起人承诺制度，公司股东与小额贷款公司签订承诺书，承诺自觉遵守公司章程，参与管理并承担风险。

小额贷款公司应向注册地人民银行分支机构申领贷款卡。向小额贷款公司提供融资的银行业金融机构，应将融资信息及时报送小额贷款公司所在地小额贷款公司主管部门，并应跟踪监督小额贷款公司融资的使用情况。

小额贷款公司主管部门应建立对小额贷款公司经营服务质量的考核体系和考核办法，定期对小额贷款公司的经营管理和服务质量进行考核评价,并可将考核评价结果作为对小额贷款公司综合评价、行政许可及高级管理人员履职评价的重要内容。小额贷款公司违反本规定,小额贷款公司主管部门有权采取风险提示、约见其董事或高级管理人员谈话、监管质询、责令停办业务、建议吊销营业执照等措施,督促其及时进行整改,防范风险。

小额贷款公司在经营过程中出现下列情形之一的,主管部门和相关部门应依法责令其整改、罚款、责令停业整顿或者吊销营业执照;构成犯罪的,依法追究其刑事责任:擅自设立分支机构的;未经批准擅自变更登记事项的;未经市场监督管理部门登记注册擅自以小额贷款公司名义从事经营活动的;违反利率政策的;未经核准擅自更换法定代表人和任命主要管理人员的;拒绝或者阻碍主管部门和有关部门依法监管检查的;不按照要求和规定提供报表、报告等文件、资料的,提供虚假的或者隐瞒重要事实的报表、报告等文件、资料的;未按照规定进行信息披露的;法律、法规授权市场监督、人民银行、银保监会处理的其他情形;其他违规行为。

思考题:小额贷款公司的经营管理规则有哪些?

第七节　汽车金融公司

汽车金融公司

一、汽车金融公司的概念

汽车金融公司,是指经中国保监会批准设立的,为境内(不包括港、澳、台地区)的汽车购买者及销售者提供金融服务的非银行金融机构。所称销售者,是指专门从事汽车销售的经销商,不包括汽车制造商及其他形式的汽车销售者。汽车是指我国《汽车产业发展政策》中所定义的道路机动车辆(摩托车除外)。汽车金融公司涉及推土机、挖掘机、搅拌机、泵机等非道路机动车辆金融服务的,可比照《汽车金融公司管理办法》执行。

汽车金融公司名称中应标明"汽车金融"字样。未经中国银保监会批准,任何单位和个人不得从事汽车金融业务,不得在机构名称中使用"汽车金融""汽车信贷"等字样。

《汽车金融公司管理办法》经 2007 年 12 月 27 日中国银行业监督管理委员会第 64 次主席会议通过,2008 年 1 月 24 日中国银行业监督管理委员会令 2008 年第 1 号公布。其目的是为加强对汽车金融公司的监督管理,促进我国汽车金融业的健康发展。

中国银保监会及其派出机构依法对汽车金融公司实施监督管理。

二、汽车金融公司的设立、变更与终止

(一)汽车金融公司的设立

1. 设立汽车金融公司应具备的条件
(1)具有符合本办法规定的出资人。
(2)具有符合本办法规定的最低限额注册资本。
(3)具有符合《公司法》和中国银保监会规定的公司章程。
(4)具有符合任职资格条件的董事、高级管理人员和熟悉汽车金融业务的合格从业人员。
(5)具有健全的公司治理、内部控制、业务操作、风险管理等制度。
(6)具有与业务经营相适应的营业场所、安全防范措施和其他设施。
(7)中国银保监会规定的其他审慎性条件。

2.出资人

汽车金融公司的出资人为中国境内外依法设立的企业法人,其中主要出资人须为生产或销售汽车整车的企业或非银行金融机构。主要出资人是指出资数额最多并且出资额不低于拟设汽车金融公司全部股本30%的出资人。

汽车金融公司出资人中至少应有1名出资人具备5年以上丰富的汽车金融业务管理和风险控制经验。汽车金融公司出资人如不具备前款规定的条件,至少应为汽车金融公司引进合格的专业管理团队。

非金融机构作为汽车金融公司出资人,应当具备以下条件。

(1)最近1年的总资产不低于80亿元或等值的可自由兑换货币,年营业收入不低于50亿元或等值的可自由兑换货币(合并会计报表口径)。

(2)最近1年年末净资产不低于资产总额的30%(合并会计报表口径)。

(3)经营业绩良好,且最近两个会计年度连续盈利。

(4)入股资金来源真实合法,不得以借贷资金入股,不得以他人委托资金入股。

(5)遵守注册所在地法律,近两年无重大违法违规行为。

(6)承诺3年内不转让所持有的汽车金融公司股权(中国银保监会依法责令转让的除外),并在拟设公司章程中载明。

(7)中国银保监会规定的其他审慎性条件。

非银行金融机构作为汽车金融公司出资人,除应具备第8条第3—6项的规定外,还应当具备注册资本不低于3亿元或等值的可自由兑换货币的条件。

3.注册资本

汽车金融公司注册资本的最低限额为5亿元或等值的可自由兑换货币。注册资本为一次性实缴货币资本。

中国银保监会根据汽车金融业务发展情况及审慎监管的需要,可以调高注册资本的最低限额。

4.设立程序

汽车金融公司的设立须经过筹建和开业两个阶段。申请设立汽车金融公司,应由主要出资人作为申请人,按照中国银保监会非银行金融机构行政许可事项申请材料目录和格式要求的具体规定,提交筹建、开业申请材料。申请材料以中文文本为准。未经中国银保监会批准,汽车金融公司不得设立分支机构。中国银保监会对汽车金融公司董事和高级管理人员实行任职资格核准制度。

(二)汽车金融公司的变更

汽车金融公司有下列变更事项之一的,应报经中国银保监会批准:变更公司名称;变更注册资本;变更住所或营业场所;调整业务范围;改变组织形式;变更股权或调整股权结构;修改章程;变更董事及高级管理人员;合并或分立;中国银保监会规定的其他变更事项。

(三)汽车金融公司的终止

汽车金融公司有以下情况之一的,经中国银保监会批准后可以解散:公司章程规定的营业期限届满或公司章程规定的其他解散事由出现;公司章程规定的权力机构决议解散;因公司合并或分立需要解散;其他法定事由。

汽车金融公司有以下情形之一的,经中国银保监会批准,可向法院申请破产:不能清偿到期债务,并且资产不足以清偿全部债务或明显缺乏清偿能力,自愿或应其债权人要求申请破产;因解散或被撤销而清算,清算组发现汽车金融公司财产不足以清偿债务,应当申请破产。

汽车金融公司因解散、依法被撤销或被宣告破产而终止的,其清算事宜,按照国家有关法律法规办理。

（四）行政许可程序

汽车金融公司设立、变更、终止和董事及高级管理人员任职资格核准的行政许可程序,按照《中国银监会非银行金融机构行政许可事项实施办法》执行。

思考题:汽车金融公司的设立条件有哪些?

三、汽车金融公司的业务范围

经中国银保监会批准,汽车金融公司可从事下列部分或全部人民币业务。

(1)接受境外股东及其所在集团在华全资子公司和境内股东3个月(含)以上定期存款。

(2)接受汽车经销商采购车辆贷款保证金和承租人汽车租赁保证金。

(3)经批准,发行金融债券。

(4)从事同业拆借。

(5)向金融机构借款。

(6)提供购车贷款业务。

(7)提供汽车经销商采购车辆贷款和营运设备贷款,包括展示厅建设贷款和零配件贷款,以及维修设备贷款等。

(8)提供汽车融资租赁业务(售后回租业务除外);汽车融资租赁业务,是指汽车金融公司以汽车为租赁标的物,根据承租人对汽车和供货人的选择或认可,将其从供货人处取得的汽车按合同约定出租给承租人占有、使用,向承租人收取租金的交易活动。售后回租业务,是指承租人和供货人为同一人的融资租赁方式。即承租人将自有汽车出卖给出租人,同时与出租人签订融资租赁合同,再将该汽车从出租人处租回的融资租赁形式。

(9)向金融机构出售或回购汽车贷款应收款和汽车融资租赁应收款业务。

(10)办理租赁汽车残值变卖及处理业务。

(11)从事与购车融资活动相关的咨询、代理业务。

(12)经批准,从事与汽车金融业务相关的金融机构股权投资业务。

(13)经中国银保监会批准的其他业务。

汽车金融公司发放汽车贷款应遵守《汽车贷款管理办法》等有关规定。

汽车金融公司经营业务中涉及外汇管理事项的,应遵守国家外汇管理有关规定。

四、风险控制与监督管理

汽车金融公司应按照中国银保监会有关银行业金融机构内控指引和风险管理指引的要求,建立健全公司治理和内部控制制度,建立全面有效的风险管理体系。

汽车金融公司应遵守以下监管要求。

(1)资本充足率不低于8%,核心资本充足率不低于4%。

(2)对单一借款人的授信余额不得超过资本净额的15%。

(3)对单一集团客户的授信余额不得超过资本净额的50%。

(4)对单一股东及其关联方的授信余额不得超过该股东在汽车金融公司的出资额。

(5)自用固定资产比例不得超过资本净额的40%。

中国银保监会可根据监管需要对上述指标做出适当调整。

汽车金融公司应按照有关规定实行信用风险资产五级分类制度,并应建立审慎的资产减值损失准备制度,及时足额计提资产减值损失准备。未提足准备的,不得进行利润分配。

汽车金融公司应按规定编制并向中国银保监会报送资产负债表、损益表及中国银保监会要求的其他报表。

汽车金融公司应建立定期外部审计制度,并在每个会计年度结束后的4个月内,将经法定代表人签名确认的年度审计报告报送公司注册地的中国银保监会派出机构。

中国银保监会及其派出机构必要时可指定会计师事务所对汽车金融公司的经营状况、财务状况、风险状况、内部控制制度及执行情况等进行审计。中国银保监会及其派出机构可要求汽车金融公司更换专业技能和独立性达不到监管要求的会计师事务所。

汽车金融公司如有业务外包需要,应制定与业务外包相关的政策和管理制度,包括业务外包的决策程序、对外包方的评价和管理、控制业务信息保密性和安全性的措施和应急计划等。汽车金融公司签署业务外包协议前应向注册地中国银保监会派出机构报告业务外包协议的主要风险及相应的风险规避措施等。

汽车金融公司违反《汽车金融公司管理办法》规定的,中国银保监会将责令限期整改;逾期未整改的,或其行为严重危及公司稳健运行、损害客户合法权益的,中国银保监会可区别情形,依照《银行业监督管理法》等法律法规的规定,采取暂停业务、限制股东权利等监管措施。

汽车金融公司已经或可能发生信用危机、严重影响客户合法权益的,中国银保监会将依法对其实行接管或促成机构重组。汽车金融公司有违法经营、经营管理不善等情形,不撤销将严重危害金融秩序、损害公众利益的,中国银保监会将予以撤销。

汽车金融公司可成立行业性自律组织,实行自律管理。自律组织开展活动,应当接受中国银保监会的指导和监督。

 思考题:汽车金融公司如何进行风险管理?

相互保险组织

第八节　相互保险组织

一、相互保险组织的概念

相互保险是指具有同质风险保障需求的单位或个人,通过订立合同成为会员,并缴纳保费形成互助基金,由该基金对合同约定的事故发生所造成的损失承担赔偿责任,或者当被保险人死亡、伤残、疾病或者达到合同约定的年龄、期限等条件时承担给付保险金责任的保险活动。

相互保险组织是指,在平等自愿、民主管理的基础上,由全体会员持有并以互助合作方式为会员提供保险服务的组织,包括一般相互保险组织,专业性、区域性相互保险组织等组织形式。

2015年1月23日,中国保监会以保监发〔2015〕11号印发《相互保险组织监管试行办法》。该《办法》分总则、设立、会员、组织机构、业务规则、监督管理、附则7章42条,自发布之日起施行。《相互保险组织监管试行办法》的立法目的是为加强对相互保险组织的监督管理,规范相互保险组织的经营行为。

2018年国家机构改革之后,中国保监会与中国银监会的职能进行了重新整合,组建了中国银保监会,根据法律、法规和国务院授权,对相互保险组织和相互保险活动进行统一监管。

中国银保监会的派出机构在中国银保监会授权范围内行使对相互保险组织的监督管理职能。

相互保险组织从事保险活动,必须遵守法律、法规,遵守社会公德,不得从事与章程规定无关的经营活动。

二、相互保险组织的设立

(一)设立审批和登记

相互保险组织应当经中国保监会批准设立,并在市场监督管理部门依法登记注册。

(二)相互保险组织的名称

相互保险组织的名称中必须有"相互"或"互助"字样。

(三)相互保险组织的设立条件

1.设立一般相互保险组织应当具备的条件

(1)具有符合本办法规定的主要发起会员和一般发起会员。其中,主要发起会员负责筹集初始运营资金,一般发起会员承诺在组织成立后参保成为会员,一般发起会员数不低于500个。

(2)有不低于1亿元的初始运营资金。

(3)有符合法律、法规及本办法规定的章程。

(4)有具备任职所需专业知识和业务工作经验的董(理)事、监事和高级管理人员。

(5)有健全的组织机构和管理制度。

(6)有符合要求的营业场所和与经营业务有关的其他设施。

(7)中国银保监会规定的其他条件。

2.设立专业性、区域性相互保险组织应当具备的条件

(1)具有符合本办法规定的主要发起会员和一般发起会员,一般发起会员数不低于100个。

(2)有不低于1000万元的初始运营资金。

(3)在坚持会员制和封闭性原则基础上,针对特定风险开展专门业务或经营区域限定在地市级以下行政区划。

(4)其他设立条件参照一般相互保险组织。

3.初始运营资金

以农民或农村专业组织为主要服务对象的涉农相互保险组织,或其他经银保监会认可的专业性、区域性相互保险组织,可以在前款规定的基础上适当降低设立标准,但初始运营资金不得低于100万元。

初始运营资金由主要发起会员负责筹集,可以来自他人捐赠或借款,必须以实缴货币资金形式注入。

在弥补开办费之前,相互保险组织不得偿还初始运营资金。初始运营资金为债权的,在盈余公积与未分配利润之和达到初始运营资金数额后,经会员(代表)大会表决通过,并报银保监会批准,可以分期偿还初始运营资金本金和利息。当偿付能力不足时,应停止偿还初始运营资金本息。其他形式的初始运营资金偿付和回报方式由相互保险组织章程另行规定。

4.相互保险组织的主要发起会员的条件

相互保险组织的主要发起会员应当信誉良好,具有持续出资能力,其资质要求参照《保险法》《保险公司股权管理办法》中主要股东条件,主要发起会员为个人的除外。

5.设立程序

相互保险组织的设立程序,适用中国保监会关于保险公司设立的一般规定。

6.董(理)事、监事和高级管理人员任职资格

一般相互保险组织董(理)事、监事和高级管理人员任职资格管理按照《保险法》和中国银保监会有关规定执行;专业性、区域性相互保险组织董(理)事、监事和高级管理人员任职资格标准可根据实际情况适度予以降低,但不得违反法律、法规、规章的禁止性要求。

7. 相互保险组织可以申请设立分支机构

根据业务发展需要,相互保险组织也可以通过提供初始运营资金和再保险支持等方式,申请设立经营同类业务的相互保险子组织,并实施统一管理。具体设立条件和方式由中国银保监会另行规定。

思考题:如何设立相互保险组织?

三、相互保险组织会员

相互保险组织会员是指承认并遵守相互保险组织章程并向其投保的单位或个人。

主要发起会员的权利、义务可由相互保险组织章程规定。

(一)会员的权利

相互保险组织会员享有下列权利。

(1)参加会员(代表)大会,并享有表决权、选举权、被选举权和参与该组织民主管理的权利。

(2)按照章程规定和会员(代表)大会决议分享盈余的权利。

(3)按照合同约定享受该组织提供的保险及相关服务的权利。

(4)对该组织工作的批评建议权及监督权。

(5)查阅组织章程、会员(代表)大会记录、董(理)事会决议、监事会决议、财务会计报告和会计账簿的权利。

(6)章程规定的其他权利。

(二)会员的义务

相互保险组织会员应履行以下义务。

(1)遵守组织章程。

(2)执行会员(代表)大会和董(理)事会的决议。

(3)按照保险合同约定缴纳保费,并以所缴纳保费为限对该组织承担责任,章程另有规定的除外。

(4)不得滥用会员权利损害相互保险组织或者其他会员的利益。

(5)章程规定的其他义务。

(三)会员资格的终止

有下列情形之一的,会员资格自动终止。

(1)保险合同终止。

(2)章程规定事由发生。

四、相互保险组织的组织机构

(一)会员大会

相互保险组织应当设立会员(代表)大会,决定该组织重大事项。会员(代表)大会由全体会员(代表)组成,是相互保险组织的最高权力机构,原则上采取一人一票的表决方式。

除章程另有规定外,会员(代表)大会的权力和组织程序参照《公司法》有关股东大会的规定。

会员(代表)大会选举或者作出决议,应当由出席会议的会员或会员代表表决权总数过半数通过;作出修改章程或者合并、分立、解散的决议及制定支付初始运营资金本息、分配盈余、保额调整等方案应当由出席会议的会员或会员代表表决权总数的 3/4 以上通过。

(二)相互保险组织章程

相互保险组织章程应当包括下列事项:名称和住所;宗旨、业务范围和经营地域;发起会员与一般会员资格及其权利、义务;组织机构及其产生办法、职权、任期和议事规则;初始运营资金的筹集方式、使用条件及偿付办法;财务管理制度和盈余分配办法;发生重大保险事故导致偿付困难时的风险控制机制;章程的修改程序;解散事由和清算办法;应当由章程规定的其他事项。

(三)董(理)事会、监事会

相互保险组织应当设立董(理)事会、监事会。一般相互保险组织董(理)事会应建立独立董(理)事制度。

除章程另有规定外,相互保险组织的董(理)事会、监事会适用《公司法》关于股份有限公司董事会、监事会的规定。

(四)会议

相互保险组织召开会员(代表)大会、董(理)事会,应提前7个工作日通知银保监会,银保监会有权列席会议。

会员(代表)大会、董(理)事会决议应在会后7个工作日内报银保监会备案。

五、相互保险组织的业务规则

相互保险组织的业务范围由银保监会依法核定。

相互保险组织应当按照章程规定,加强内部管理,建立完善的内部控制制度。

相互保险组织应根据保障会员利益原则,按照企业会计准则和中国银保监会有关规定评估保险责任准备金。

相互保险组织的保险条款和保险费率,适用中国银保监会有关保险条款、保险费率的规定。

相互保险组织的资金应实行全托管制度。相互保险组织应在保证资金安全性的前提下,按照中国银保监会有关规定进行资金运用。其中,专业性、区域性相互保险组织实行自行投资的,其资金运用限于下列形式:银行存款;国债及其他中国银保监会认可的低风险固定收益类产品;经中国银保监会批准的其他形式。

专业性、区域性相互保险组织委托经中国银保监会认可的专业投资机构进行投资的不受上述形式限制。相互保险组织应审慎经营,严格进行风险管理,依据实际情况进行再保险分保业务,并建立重大风险事故的应对预案。

相互保险组织参照保险公司缴纳保险保障基金,具体缴纳方式和标准由中国银保监会另行规定。

相互保险组织应当按照企业会计准则进行会计核算,并建立符合相互制经营特色的财务管理制度。

相互保险组织应当建立适合相互保险组织经营特点的信息披露制度,保障会员作为保险消费者和相互保险组织所有者的合法权益,使用通俗易懂的语言定期向会员披露产品信息、财务信息、治理信息、风险管理状况信息、偿付能力信息、重大关联交易信息及重大事项信息。

相互保险组织应当建立健全监督审计制度。监督审计情况应当向会员(代表)大会报告。一般相互保险组织应当聘请外部审计机构进行年度审计。高管人员离任的,应当进行离任审计。

六、监督管理

中国银保监会按照审慎监管要求对相互保险组织进行持续、动态监管。

中国银保监会对相互保险组织的监督管理,采取现场监管与非现场监管相结合的方式。

中国银保监会对相互保险组织的监管包括但不限于下列事项。

(1)组织设立、变更是否依法经批准或者向中国银保监会报告。

(2)董(理)事、监事、高级管理人员任职资格是否依法经核准。

(3)初始运营资金、各项准备金是否真实、充足。

(4)内控制度和内部治理是否符合中国银保监会的规定。

(5)偿付能力是否充足。

(6)资金运用是否合法。

(7)信息披露是否充分。

(8)业务经营和财务情况是否合法,报告、报表、文件、资料是否及时、完整、真实。

(9)保险条款和费率是否按规定报经审批或者备案。

(10)需要事后报告的其他事项是否按照规定报告。

(11)中国银保监会依法规定的其他事项。

相互保险组织偿付能力管理参照保险公司偿付能力管理规定执行,中国银保监会另有规定的从其规定。当偿付能力不足时,相互保险组织应当向会员及时进行风险警示,并在两个月内召开会员(代表)大会确定改善偿付能力措施。

相互保险组织应当按照有关规定报送统计报表,做好保险统计工作。一般相互保险组织应当按照规定及时向中国银保监会报送偿付能力报告、财务会计报告、精算报告、合规报告及其他有关报告、报表、文件和资料;专业性、区域性相互保险组织应当及时向中国银保监会报送偿付能力报告、财务会计报告、营业报告及其他有关报告、报表、文件和资料。

 思考题:相互保险组织经营规则有哪些?

征信机构

第九节　征信机构

一、征信机构的概念

征信机构,是指依法设立、主要经营征信业务的机构。

中国人民银行依法履行对征信机构的监督管理职责。中国人民银行分支机构在总行的授权范围内,履行对辖区内征信机构的监督管理职责。

征信机构应当遵守法律、行政法规和中国人民银行的规定,诚信经营,不得损害国家利益、社会公共利益,不得侵犯他人合法权益。

《征信机构管理办法》经 2013 年 9 月 18 日中国人民银行第 14 次行长办公会议通过,2013 年 11 月 15 日中国人民银行令〔2013〕第 1 号发布。《征信机构管理办法》分总则,机构的设立、变更与终止,高级任职人员管理,监督管理,罚则,附则 6 章 39 条,自 2013 年 12 月 20 日起施行。其目的是为加强对征信机构的监督管理,促进征信业健康发展。

二、征信机构的设立、变更与终止

(一)征信机构的设立条件

设立个人征信机构,除应当符合《征信业管理条例》第 6 条规定外,还应当具备以下条件。

(1)有健全的组织机构。

(2)有完善的业务操作、信息安全管理、合规性管理等内控制度。

(3)个人信用信息系统符合国家信息安全保护等级二级或二级以上标准。

《征信业管理条例》第 6 条第 1 项所称主要股东是指出资额占公司资本总额 5%以上或者持股占公司股份 5%以上的股东。

（二）申请

申请设立个人征信机构，应当向中国人民银行提交下列材料：个人征信机构设立申请表；征信业务可行性研究报告，包括发展规划、经营策略等；公司章程；股东关联关系和实际控制人说明；主要股东最近3年无重大违法违规行为的声明及主要股东的信用报告；拟任董事、监事和高级管理人员任职资格证明；组织机构设置及人员基本构成说明；已经建立的内控制度，包括业务操作、安全管理、合规性管理等；具有国家信息安全等级保护测评资质的机构出具的个人信用信息系统安全测评报告，关于信息安全保障措施的说明和相关安全保障制度；营业场所所有权或者使用权证明文件；市场监督管理部门出具的企业名称预先核准通知书复印件。

中国人民银行可以通过实地调查、面谈等方式对申请材料进行核实。中国人民银行在受理个人征信机构设立申请后公示申请人的下列事项：拟设立征信机构的名称、营业场所、业务范围；拟设立征信机构的资本；拟设立征信机构的主要股东名单及其出资额或者所持股份；拟任征信机构的董事、监事和高级管理人员名单。

（三）征信机构的设立

1. 个人征信机构的设立

（1）个人征信机构的设立审批

设立个人征信机构应当经中国人民银行批准。

中国人民银行自受理个人征信机构设立申请之日起60日内对申请事项进行审查，并根据有利于征信业公平竞争和健康发展的审慎性原则作出批准或者不予批准的决定。决定批准的，依法颁发个人征信业务经营许可证；决定不予批准的，应当作出书面决定。

经批准设立的个人征信机构，凭个人征信业务经营许可证向公司登记机关办理登记，领取营业执照；个人征信机构应当自公司登记机关准予登记之日起20日内，向中国人民银行提交营业执照复印件。

个人征信机构拟合并或者分立的，应当向中国人民银行提出申请，说明申请和理由，并提交相关证明材料。中国人民银行自受理申请之日起20日内，作出批准或者不予批准的书面决定。

个人征信机构拟变更资本、主要股东的，应当向中国人民银行提出申请，说明变更事项和变更理由，并提交相关证明材料。中国人民银行自受理申请之日起20日内，作出批准或者不予批准的书面决定。

（2）个人征信机构分支机构的设立

个人征信机构拟设立分支机构的，应当符合以下条件：对拟设立分支机构的可行性已经进行充分论证；最近3年无受到重大行政处罚的记录。

个人征信机构申请设立分支机构，应当向中国人民银行提交下列材料：个人征信机构分支机构设立申请表；个人征信机构上一年度经审计的财务会计报告；设立分支机构的可行性论证报告，包括拟设立分支机构的3年业务发展规划、市场分析和经营方针等；针对设立分支机构所作出的内控制度安排和风险防范措施；个人征信机构最近3年未受重大行政处罚的声明；拟任职的分支机构高级管理人员履历材料。

中国人民银行自受理申请之日起20日内，作出批准或者不予批准的书面决定。

（3）个人征信机构的变更

个人征信机构变更机构名称、营业场所、法定代表人的，应当向中国人民银行申请变更个人征信业务经营许可证载记事项。

个人征信机构应当在个人征信业务经营许可证记载事项变更后，向公司登记机关申办变更登记，并自公司登记机关准予变更之日起20日内，向中国人民银行备案。

（4）个人征信业务经营许可证

个人征信业务经营许可证应当在个人征信机构营业场所的显著位置公示。

个人征信机构应当妥善保管个人征信业务经营许可证，不得涂改、倒卖、出租、出借、转让。

个人征信业务经营许可证有效期为 3 年。有效期届满需要续展的，应当在有效期届满 60 日前向中国人民银行提出申请，换发个人征信业务经营许可证。

有效期届满不再续展的，个人征信机构应当在个人征信业务经营许可证有效期届满 60 日前向中国人民银行报告，并依照《征信机构管理办法》第 20 条的规定，妥善处理信息数据库，办理个人征信业务经营许可证注销手续；个人征信机构在个人征信业务经营许可证有效期届满 60 日前未提出续展申请的，中国人民银行可以在个人征信业务经营许可证有效期届满之日注销其个人征信业务经营许可证，并依照《征信业管理条例》第 12 条的规定处理信息数据库。

2. 企业征信机构

设立企业征信机构，应当符合《公司法》规定的公司设立条件，自公司登记机关准予登记之日起 30 日内向所在地的中国人民银行省会（首府）城市中心支行以上分支机构办理备案，并提交下列材料：企业征信机构备案表；营业执照复印件；股权结构说明，包括资本、股东名单及其出资额或者所持股份；组织机构设置及人员基本构成说明；业务范围和业务规则基本情况报告；业务系统的基本情况，包括企业信用信息系统建设情况报告和具有国家信息安全等级保护测评资质的机构出具的企业信用信息系统安全测评报告；信息安全和风险防范措施，包括已经建立的内控制度和安全管理制度。

企业征信机构备案事项发生变更的，应当自变更之日起 30 日内向备案机构办理变更备案。

（四）征信机构的终止

1. 个人征信机构的终止

个人征信机构因解散或者被依法宣告破产等原因拟终止征信业务的，应当在拟终止之日前 60 日向中国人民银行报告退出方案，并依照《征信业管理条例》第 12 条第 1 款规定处理信息数据库。

个人征信机构终止征信业务的，应当自终止之日起 20 日内，在中国人民银行指定的媒体上公告，并办理个人征信业务经营许可证注销手续，将许可证缴回中国人民银行；逾期不缴回的，中国人民银行应当依法收缴。

2. 企业征信机构的终止

企业征信机构因解散或者被依法宣告破产等原因拟终止征信业务的，应当在拟终止之日前 60 日向中国人民银行报告退出方案，并依照《征信业管理条例》第 12 条第 1 款规定处理信息数据库。

思考题：如何设立征信机构？

三、高级任职人员管理

（一）个人征信机构的高级任职人员管理

个人征信机构的董事、监事、高级管理人员，应当在任职前取得中国人民银行核准的任职资格。

取得个人征信机构董事、监事和高级管理人员任职资格，应当具备以下条件：正直诚实，品行良好；具有大专以上学历；从事征信工作 3 年以上或者从事金融、法律、会计、经济工作 5 年以上；具有履行职责所需的管理能力；熟悉与征信业务相关的法律法规和专业知识。

有下列情形之一的，不得担任个人征信机构董事、监事和高级管理人员：因贪污、贿赂、侵占财产、挪用财产或者破坏社会主义市场经济秩序，被判处刑罚，或者因犯罪被剥夺政治权利，执行期满未逾 5 年的；最近 3 年有重大违法违规记录的。重大违法违规记录，是指除前款第一项所列之外的犯罪记录或者重大行政处罚记录。

个人征信机构向中国人民银行申请核准董事、监事和高级管理人员的任职资格,应当提交下列材料:董事、监事和高级管理人员任职资格申请表;拟任职的董事、监事和高级管理人员的个人履历材料;拟任职的董事、监事和高级管理人员的学历证书复印件;拟任职的董事、监事和高级管理人员最近3年无重大违法违规记录的声明;拟任职的董事、监事和高级管理人员的个人信用报告。

个人征信机构应当如实提交前款规定的材料,个人征信机构及拟任职的董事、监事和高级管理人员应当对材料的真实性、完整性负责。中国人民银行根据需要对材料的真实性进行核实,并对申请任职资格的董事、监事和高级管理人员进行考察或者谈话。

中国人民银行依法对个人征信机构董事、监事和高级管理人员的任职资格进行审查,作出核准或者不予核准的书面决定。

(二)企业征信机构的高级任职人员管理

企业征信机构的董事、监事、高级管理人员,应当由任职的征信机构自任命之日起20日内向所在地的中国人民银行省会(首府)城市中心支行以上分支机构备案,并提交下列材料:董事、监事、高级管理人员备案表;董事、监事、高级管理人员的个人履历材料;董事、监事、高级管理人员的学历证书复印件;董事、监事、高级管理人员的备案材料真实性声明。

企业征信机构的董事、监事、高级管理人员发生变更的,应当自变更之日起20日内向备案机构办理变更备案。

四、征信机构的监督管理

个人征信机构应当在每年第一季度末,向中国人民银行报告上一年度征信业务开展情况。企业征信机构应当在每年第一季度末,向备案机构报告上一年度征信业务开展情况。报告内容应当包括信用信息采集、征信产品开发、信用信息服务、异议处理及信用信息系统建设情况,信息安全保障情况等。

个人征信机构应当按规定向中国人民银行报送征信业务统计报表、财务会计报告、审计报告等资料。企业征信机构应当按规定向备案机构报送征信业务统计报表、财务会计报告、审计报告等资料。征信机构应当对报送的报表和资料的真实性、准确性、完整性负责。

征信机构应当按照国家信息安全保护等级测评标准,对信用信息系统的安全情况进行测评。征信机构信用信息系统安全保护等级为二级的,应当每两年进行测评;信用信息系统安全保护等级为三级及以上的,应当每年进行测评。个人征信机构应当自具有国家信息安全等级保护测评资质的机构出具测评报告之日起20日内,将测评报告报送中国人民银行,企业征信机构应当将测评报告报送备案机构。

征信机构有下列情形之一的,中国人民银行及其分支机构可以将其列为重点监管对象:上一年度发生严重违法违规行为的;出现可能发生信息泄露征兆的;出现财务状况异常或者严重亏损的;被大量投诉的;未按本办法第28条、第29条、第30条规定报送相关材料的;中国人民银行认为需要重点监管的其他情形。征信机构被列为重点监管对象的,中国人民银行及其分支机构可以酌情缩短征信机构报告征信业务开展情况、进行信用信息系统安全情况测评的周期,并采取相应的监管措施,督促征信机构整改。整改后第一款中所列情形消除的,中国人民银行及其分支机构可不再将其列为重点监管对象。

中国人民银行及其分支机构可以根据监管需要,约谈征信机构董事、监事和高级管理人员,要求其就征信业务经营、风险控制、内部管理等有关重大事项作出说明。

五、法律责任

申请设立个人征信机构的申请人隐瞒有关情况或者提供虚假材料的,中国人民银行依照《中华人民共和国行政许可法》的相关规定进行处罚。

个人征信机构的个人信用信息系统未达到国家信息安全保护等级二级或者二级以上要求的,中国人民银行可以责令整顿;情节严重或者拒不整顿的,中国人民银行依照《征信业管理条例》第38条的规定,吊销其个人征信业务经营许可证。

申请个人征信机构的董事、监事、高级管理人员任职资格的申请人隐瞒有关情况或者提供虚假材料的,中国人民银行不予受理或者不予核准其任职资格,并给予警告;已经核准的,取消其任职资格。禁止上述申请人3年内再次申请任职资格。

个人征信机构任命未取得任职资格董事、监事、高级管理人员的,由中国人民银行责令改正并给予警告;情节严重的,处1万元以上3万元以下罚款。企业征信机构任命董事、监事、高级管理人员未及时备案或者变更备案,以及在备案中提供虚假材料的,由中国人民银行分支机构责令改正并给予警告;情节严重的,处1万元以上3万元以下罚款。

征信机构违反《征信机构管理办法》第29条、第30条规定的,由中国人民银行及其分支机构责令改正;情节严重的,处1万元以上3万元以下罚款;涉嫌犯罪的,依法移交司法机关追究其刑事责任。

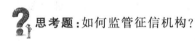 **思考题**:如何监管征信机构?

本章引用法律资源

1.《企业集团财务公司管理办法》。

2.《金融租赁公司管理办法》。

3.《非金融机构支付服务管理办法》。

4.《金融资产管理公司条例》。

5.《关于小额贷款公司试点的指导意见》。

6.《汽车金融公司管理办法》。

7.《相互保险组织监管试行办法》。

8.《征信机构管理办法》。

本章参考文献

1.刘隆亨.银行金融法学[M].北京:北京大学出版社,2014.

2.郭庆平.中央银行法的理论与实践[M].北京:中国金融出版社,2016.

3.刘少军.金融法学[M].北京:中国政法大学出版社,2016.

本章网站资源

1.中国人民银行官网:http://www.pbc.gov.cn。

2.中国银行保险监督管理委员会网:http://www.cbirc.gov.cn。

第五章课后练习题

第六章　金融合同法

教学目标

通过学习,理解金融合同法的基本内容。掌握合同的概念和分类,明确金融合同订立的概念、订立的主体、合同形式、合同内容、订立过程、合同成立的时间地点及缔约过失责任;了解金融合同的三种效力类型:合同的生效、无效和可撤销;掌握抗辩权、保全等金融合同的履行规则;知晓保证、抵押、质押、留置、定金等金融合同的担保方式;了解金融合同的变更和转让;掌握金融合同权利义务终止的方式,包括履行、解除、抵销、提存、免除、混同等;了解违约行为与违约责任的内容;着重掌握借款、融资租赁、保理合同和行纪合同等金融类合同。

第一节　合同与合同法概述

一、合同

合同概念在民法中还有广义与狭义之分。广义的合同,是指以发生法律上效果为目的的一切协议,包括物权合同、准物权合同、债权合同及身份合同等。狭义的合同,仅指以发生债权债务为目的的债权合同。《中华人民共和国民法典》(以下简称《民法典》)第 464 条规定:"合同是民事主体之间设立、变更、终止民事法律关系的协议。婚姻、收养、监护等有关身份关系的协议,适用有关该身份关系的法律规定;没有规定的,可以依据其性质参照使用本编规定。"可见,我国《民法典》"合同"编所调整的合同是狭义的合同,不包括身份协议在内。

思考题:什么是合同?

二、合同的分类

根据不同的标准,可以将合同划分为不同的类型。

(1)以法律是否对合同的名称进行规定为标准,可将合同分为有名合同与无名合同。有名合同,亦称典型合同,是指法律设有规范,并对其名称进行规定的合同。《合同法》分则即规定了买卖合同、供用电、水、气、热力合同、赠与合同、借款合同等 19 类有名合同。《民法典》"合同"编中,增加了保证合同、保理合同和合伙合同。无名合同,亦称非典型合同,是指法律未设规定,亦未规定名称的合同。

(2)以合同双方当事人是否互负对待义务,可将合同分为双务合同与单务合同。双务合同,是指合同双方当事人相互负有给付与对待给付义务的合同,如买卖合同、租赁合同等。单务合同,是指仅有一方当事人负担给付义务的合同,如赠与合同、无偿委托合同等。

(3)以当事人是否因给付而获得对价为标准,可将合同分为有偿合同与无偿合同。有偿合同,是指一方当事人享有合同规定的权益,须向对方偿付相应代价的合同,如买卖合同、租赁合同、承揽合同等。无偿合同,是指一方当事人享有合同规定的权益,无须向对方偿付相应代价的合同,如赠与合同等。

(4)以合同的成立除意思表示外是否需要交付标的物为标准,可将合同分为诺成合同与实践合同。诺成合同,亦称不要物合同,是指仅须双方当事人意思表示一致即可成立的合同,如买卖合同、赠与合同、借款合同等。实践合同,亦称要物合同,是指除双方当事人意思表示一致外,还需交付标的物才能成立的合同,如保管合同等。

(5)以合同的成立是否需要一定的形式为标准,可将合同分为要式合同与不要式合同。要式合同,是指依据法律规定或当事人约定必须采取特定形式才能成立的合同,如建设工程合同、融资租赁合同等。不要式合同,是指法律或当事人未对合同的成立规定或约定特定形式的合同,如买卖合同、租赁合同等。合同的成立以不要式为原则,要式为例外。

(6)以时间因素是否对合同义务的内容和范围产生影响为标准,可将合同分为一时的合同和继续性合同。一时的合同,是指一次给付即可实现的合同,如买卖合同、赠与合同等。继续性合同,是指并非一次性给付即可完结的合同,给付的内容取决于给付时间的长短,如租赁合同、保管合同等。

(7)以不同合同间的主从关系为标准,可将它们分为主合同和从合同。主合同,是指不需要以其他合同存在为前提即可独立存在的合同,如借贷合同。从合同,是指必须以其他合同存在为前提,不能独立存在的合同,如抵押合同。

思考题:合同的分类有哪些?

三、合同立法

我国《合同法》经历了复杂的立法过程。1981 年 12 月 13 日第五届全国人民代表大会第四次会议通过《中华人民共和国经济合同法》,并于 1982 年 7 月 1 日起施行。这是新中国第一部关于合同的法律,使经济活动"有法可依"。1985 年 3 月 21 日第六届全国人大常委会第十次会议通过《中华人民共和国涉外经济合同法》,并于 1985 年 7 月 1 日起施行,这是为了适应对外开放带来的对外经济关系的增多而颁布的法律。1986 年 4 月 12 日第六届全国人民代表大会第四次会议通过《中华人民共和国民法通则》,并于 1987 年 1 月 1 日起施行。该法第一次以"合同"概念取代"经济合同"一词。1987 年 6 月 23 日第六届全国人大常委会第二十一次会议通过《中华人民共和国技术合同法》,并于 1987 年 11 月 1 日施行,这是我国实行技术商品化的法律规定。随着改革开放的不断深入和扩大,以及经济贸易的不断发展,这三部合同法的一些规定不能完全适应社会的发展要求。制定一部统一的、较为完备的合同法,规范各类合同,以更好地适应社会主义市场经济发展的需要,对于及时解决经济纠纷,保护当事人的合法权益,维护社会经济秩序,促进社会主义现代化建设,十分必要。1999 年 3 月 15 日第九届全国人民代表大会第二次会议通过《中华人民共和国合同法》并于 1999 年 10 月 1 日施行,前述三部合同法同时废止。党的十八届四中全会提出编纂民法典,2019 年 12 月"完整版"的民法典草案亮相,其中的"合同编"是在《合同法》的基础上编订纂修的,解决《合同法》实施以来出现的新情况、新问题,借鉴国际立法经验,进一步修改完善了合同制度。2020 年 5 月 28 日第十三届全国人民代表大会第三次会议通过《中华人民共和国民法典》,自 2021 年 1 月 1 日起施行,《中华人民共和国合同法》同时废止。

思考题:简述我国合同法的立法史?

四、合同的基本原则

合同的基本原则,是合同当事人在合同活动中应当遵守的基本准则。我国《民法典》主要规定了五项基本原则。平等原则,指地位平等的合同当事人,在权利义务对等的基础上,经充分协调达成一致,以实现互利互惠的经济利益目的。自愿原则,指合同当事人通过协商,自愿决定和调整相互权利义务关系。公平原则,要求合同双方当事人之间的权利义务要公平合理,要大体上平衡,强调一方给付与对方给付之间的等值性,合同上的负担和风险的合理分配。诚实信用原则,要求当事人在订立、履行合同,以及合同终止后的全过程中,都要诚实,讲信用,相互协作。遵守法律,不得损害社会公共利益原则,合同的订立和履行要遵守法律,尊重公德,不得扰乱社会经济秩序,损害社会公共利益。

思考题:《民法典》"合同"编的基本原则有哪些?

第二节 金融合同的订立

🎬金融合同的订立

一、金融合同订立的概念

金融合同属于金融领域内的合同,其订立与合同的一般订立相同。合同订立,指合同各方当事人进行意思表示,就具体条款达成合意并成立合同的过程。

合同订立涵盖从合同各方当事人接触开始,到磋商谈判,再到协议达成的整个动态过程。这个动态过程包括要约邀请、要约、承诺、先合同义务、违约责任、缔约过失责任等内容。合同订立与合同成立并不是完全相同的概念。合同成立,主要指合同各方当事人达成合意,合同主要条款确定,各方当事人的权利义务固定的静态状态。从两者关系上看,合同成立是合同订立的重要组成部分,标志着合同的产生和存在。

思考题:什么是金融合同的订立?

二、订立金融合同的主体

订立金融合同的主体,指实际订立金融合同的人,既可以是缔结金融合同的当事人,也可以是金融合同当事人委托的代理人。当事人在订立金融合同时,应当具有相应的民事权利能力和民事行为能力。民事权利能力是指法律赋予民事主体享有民事权利和承担民事义务的能力和资格,是作为民事主体进行民事活动的前提条件。民事行为能力是指民事主体以自己的行为享有民事权利、承担民事义务的能力和资格。具体而言,可订立金融合同的主体有三种类型:自然人、法人和非法人组织。

当事除亲自订立金融合同外,还可以通过代理人实施订立合同的法律行为。代理人在代理权限内,以被代理人的名义实施法律行为,被代理人对代理人的法律行为承担民事责任。

思考题:订立金融合同的主体有哪些?

三、金融合同的形式

金融合同有多种形式。《民法典》第 469 条规定:"当事人订立合同,可以采用书面形式、口头形式或者其他形式。"

(一)书面形式

书面形式,指以文字等可以有形式再现内容的方式达成的协议。这种形式明确肯定,有据可查,对于防止争议和解决纠纷有积极意义。书面形式有合同书、书信、电报、电传、传真、电子数据交换等多种表现方式。

(1)合同书、信件、电报、电传和传真

合同书面形式中最通常的是当事人各方对合同有关内容进行协定的并有双方签字(或者同时盖章)的合同文本,也称作合同书或者书面合同。合同也可以信件订立,也就是平时我们所说的书信。电报、电传、传真也属于书面形式,大量的合同通过这三种形式订立。

(2)电子数据交换和电子邮件

通过计算机网络系统订立合同,主要形式有电子数据交换和电子邮件。电子数据交换,又称"电子资料通联",是一种在公司、企业间传输订单、发票等商业文件进行贸易的电子化手段。电子邮件,又称电子邮箱,通过电子计算机系统来完成的。

(3)合同书、信件和数据电文

这是"可以有形地表现所载内容的形式",但也不限于明确规定的这几类。凡是"可以有形地表现所载内容的形式"都可以作为合同的书面形式。

(二)口头形式

口头形式是指当事人面对面地谈话或者以通信设备如电话交谈达成协议。以口头订立合同的特点是直接、简便、快速,数额较小或者现款交易通常采用口头形式。口头合同是老百姓日常生活中广泛采用的合同形式。由于口头形式没有凭证,发生争议后,难以取证,不易分清责任,金融合同很少采用此种形式。

(三)其他形式

除了书面形式和口头形式,合同还可以其他形式成立。我们可以根据当事人的行为或者特定情形推定合同的成立,或者也可以称之为默示合同。此类合同是指当事人未用语言明确表示成立,而是根据当事人的行为推定合同成立。以此种形式成立的金融合同极为少数。

 思考题:金融合同的形式有哪些?

四、金融合同的内容

金融合同的内容是指合同中规定的权利和义务。金融合同的内容除少数由法律直接规定外,绝大部分是经合同各方当事人协商一致加以约定形成的。在这个意义上,金融合同的内容即指向合同的条款。我国《民法典》就合同的主要条款、格式条款及免责条款进行了相应规定。金融合同的内容也包括这些条款。

(一)合同的主要条款

当事人订立合同一般包括以下主要条款。

1. 当事人的名称或者姓名和住所

这是每个合同必须具备的条款,当事人是合同的主体。当事人的确定与权利的享受、义务的承担及纠纷的解决密切相关。在合同中不仅要把当事人写进去,而且要把各方当事人的名称或者姓名和住所都写准确、清楚。

2. 标的

标的是合同当事人的权利义务指向的对象。标的是合同成立的必要条件,是一切合同的必备条款。没有标的,合同不能成立,合同关系无法建立。合同的标的包括有形财产、无形财产、劳务、工作成果等。

3. 数量

在大多数的合同中,数量是必备条款,没有数量,合同是不能成立的。合同中的数量要准确,选择使用合同各方当事人共同接受的计量单位、计量方法和计量工具。

4.质量

合同中应当对质量问题尽可能地规定细致、准确和清楚。国家有强制性标准规定的,必须按照规定的标准执行。如有其他质量标准的,应尽可能约定其适用的标准,当事人可以约定质量检验的方法、质量责任的期限和条件、对质量提出异议的条件与期限等。

5.价款或者报酬

这是一方当事人向对方当事人所付代价的货币支付。价款一般指对提供财产的当事人支付的货币。报酬一般指对提供劳务或者工作成果的当事人支付的货币。

6.履行期限

履行期限是指合同中规定的当事人履行自己的义务如交付标的物、价款或者报酬,履行劳务、完成工作的时间界限。履行期限直接关系到合同义务完成的时间,涉及当事人的期限利益,也是确定合同是否按时履行或者迟延履行的客观依据。

7.履行地点和方式

履行地点是指当事人履行合同义务和对方当事人接受履行的地点。履行方式是指当事人履行合同义务的具体做法。履行方式与当事人的利益密切相关,应当从方便、快捷和防止欺诈等方面考虑采取最为适当地履行方式。

8.违约责任

违约责任是指当事人一方或者双方不履行合同或者不适当履行合同,依照法律的规定或者按照当事人的约定应当承担的法律责任。违约责任是促使当事人履行合同义务,使对方免受或少受损失的法律措施,也是保证合同履行的主要条款。

9.解决争议的办法

解决争议的方法指合同争议的解决途径,对合同条款发生争议时的解释以及法律适用等。解决争议的途径主要有四种:一是双方协商和解,二是由第三人进行调解,三是通过仲裁解决,四是通过诉讼解决。解决争议的方法的选择对于纠纷发生后当事人利益的保护非常重要,应慎重对待。

思考题:金融合同的主要条款有哪些?

(二)格式条款

1.格式条款的概念及限制

格式条款,是当事人为了重复使用而预先拟定,并在订立合同时未与对方协商的条款。提供商品或服务的一方往往利用自己的优势地位,制定有利于自己而不利于对方的格式条款。在金融合同中,格式条款非常常见。法律对格式条款的适用存在诸多限制。第一,提供格式条款一方在拟定格式条款以及在订立合同时应当遵循公平的原则确定双方的权利和义务,不能利用自己的优势地位制定不公平的条款。第二,提供格式条款的一方当事人应当采取合理的方式提示对方注意免除或者减轻其责任的条款,并按照对方提出的要求,对该类条款予以说明。提供格式条款的一方未履行提示或者说明义务,致使对方没有注意或者理解与其有重大利害关系的条款的,对方可以主张该条款不成为合同的内容。

2.格式条款无效的情形

格式条款在三种情况下无效。第一,格式条款具有《民法典》第一编第六章第三节和第506条规定的无效情形:无民事行为能力人实施的民事法律行为无效;行为人与相对人以虚假的意思表示实施的民事法律行为无效;违反法律、行政法规的强制性规定的民事法律行为无效;违背公序良俗的民事法律行为无效;行为人与相对人恶意串通,损害他人合法权益的民事法律行为无效。第二,提供格式条款一方不合理地免除或者减轻其责任、加重对方责任、限制对方主要权利。第三,提供格式条款一方排除对方主要权利。

3.格式条款的解释

对格式条款的理解发生争议时,一般按照通常理解予以解释,即当提供格式条款的对方订约能力较弱时,可以不按照提供格式条款的一方的理解予以解释,而是按可能订立该合同的一般人的理解予以解释。有两种以上解释的,应当作出不利于提供格式条款一方的解释。非格式条款如果与格式条款不一致的,当然采用非格式条款。

 思考题:格式条款的无效情形有哪些?

(三)免责条款

免责条款是指合同各方当事人在合同中约定的,为免除或者限制一方或者双方当事人未来责任的条款。对于免责条款的效力,法律视不同情况采取不同的态度。一般来说,当事人经过充分协商确定的免责条款,只要是完全建立在当事人自愿的基础上,又不违反社会公共利益,就有效。但免责条款在两种情况下无效:第一,造成对方人身伤害的条款无效;第二,因故意或者重大过失给对方造成财产损失的免责条款无效。

思考题:免责条款无效的情形有哪些?

五、金融合同订立的过程

合同本质上是一种合意。金融合同订立的典型方式是当事人通过要约—承诺,对合同内容的合意。

(一)要约

要约是当事人一方向另一方提出合同条件,希望另一方接受的意思表示。要约仅仅是希望订立合同的意思表示。仅有要约并不能成立合同。

1.要约的构成要件

(1)要约是特定合同当事人的意思表示。发出要约的人必须能够特定化,但并不一定需要说明要约人的具体情况,也不一定需要知道他究竟是谁。

(2)要约须向要约人希望与之缔结合同的相对人发出。合同经相对人对要约进行承诺而成立,所以要约不能对希望与其订立合同的相对人以外的第三人发出。此外,要约一般应向特定人发出。相对人的特定化意味着要约人对谁有资格作为承诺人,作为合同相对方作出了选择,这样对方一承诺,合同就成立了。

(3)要约须具有缔约目的并表明经承诺即受此意思表示的拘束。要约是一种法律行为,要约人发出的要约的内容必须能够表明:若对方接受要约,合同即成立。

(4)要约的内容须具备足以使合同成立的主要条件。要约的内容必须是确定的和完整的。所谓确定的是要求必须明确清楚,不能模棱两可、产生歧义。所谓完整的是要求要约的内容必须满足构成一个合同所必备的条件,如标的、数量等。

思考题:要约的概念和构成要件是什么?

2.要约邀请

要约邀请,又称要约引诱,是邀请或者引诱他人向自己发出订立合同的要约的意思表示。要约邀请与要约不同,要约是一经承诺就成立合同的意思表示,而要约邀请只是邀请他人向自己发出要约,自己如果承诺才成立合同。要约邀请处于合同的准备阶段,没有法律约束力。宣传、寄送的价目表、拍卖公告、招标公告、招股说明书、商业广告和债券募集办法、基金招募说明书等都属于要约邀请。商业广告的内容符合要约规定的,则视为要约。

思考题:什么是要约邀请?

3.要约的生效

要约在到达受要约人时生效。"到达"并不是指一定要实际送到受要约人或者其代理人手中,只要送达到受要约人通常的地址、住所或者能够控制的地方(如信箱)即可。采用数据电文形式订立合同,收件人指定特定系统接收数据电文的,该数据电文进入该特定系统的时间,视为到达时间;未指定特定系统的,相对人知道或者应当知道该数据电文进入其系统时生效。当事人对采用数据电文形式的意思表示的生效时间另有约定的,按照其约定。

思考题:要约何时生效?

4.要约的效力

要约一经生效,就会产生相应的法律拘束力。其一,要约生效后,要约人不能随意撤回、撤销或者对要约进行限制、变更和扩张。其二,要约生效后,受要约人即处于承诺适格状态,一经受要约人承诺,合同就成立。

5.要约的撤回、撤销和失效

(1)要约的撤回

要约的撤回是指在要约发出之后发生法律效力之前,要约人欲使该要约不发生法律效力而作出的意思表示。撤回要约的条件是撤回要约的通知在要约到达受要约人之前或者同时到达受要约人。

(2)要约的撤销

要约的撤销是指要约人在要约发生法律效力之后受要约人承诺之前,欲使该要约失去法律效力的意思表示。要约的撤销发生在要约生效之后,是使一个已经发生法律效力的要约失去法律效力。要约撤销的通知应在受要约人发出承诺通知之前到达受要约人。要约在两种情形下不得撤销。情形一,要约中有不可撤销的表示。这种表示可以是要约人以确定承诺期限,或者以其他形式明示要约不可撤销。情形二,受要约人有理由认为要约是不可撤销的,并已经为履行合同做了准备工作。

(3)要约的失效

要约的失效,指要约丧失法律效力,要约人与受要约人不再受其约束。要约人不再承担接受承诺的义务,受要约人亦不再享有通过承诺使合同得以成立的权利。要约失效的情形有四种:第一,要约被拒绝;第二,要约被依法撤销;第三,承诺期限届满,受要约人未作出承诺;第四,受要约人对要约的内容作出实质性变更。

思考题:要约撤销与失效的类型有哪些? 要约撤回与要约撤销的区别是什么?

(二)承诺

承诺是指受要约人同意接受要约的全部条件以缔结合同的意思表示。在一般情况下,承诺作出生效后,合同即告成立。

1.承诺应当具备的条件

(1)承诺须由受要约人作出。受要约人是要约人选定的交易相对方,受要约人进行承诺的权利是要约人赋予的,只有受要约人才能取得承诺的能力,受要约人以外的第三人不享有承诺的权利。

(2)承诺须向要约人作出。承诺是对要约的同意,是受要约人与要约人订立合同,当然要向要约人作出。

(3)承诺的内容须与要约保持一致。这是承诺最核心的要件,承诺必须是对要约完全的、单纯的同意。

(4)承诺必须在要约的有效期内作出。若要约规定了承诺期限,则承诺应在规定的承诺期限内作出;若要约没有规定承诺期限,则承诺应当在合理的期限内作出。

思考题: 承诺的概念和应当具备的条件是什么?

2.承诺的方式

承诺的方式是指受要约人将其承诺的意思表示传达给要约人所采取的方式。承诺的方式以通知为原则,在例外情形下亦可通过行为作出。

(1)通知。通知可以是口头形式的,也可以是书面形式的。如果法律或要约中没有规定必须以书面形式表示承诺,当事人就可以口头形式表示承诺。

(2)行为。以行为的方式作出承诺,指根据交易习惯或者要约的内容作出承诺。所谓的行为通常是指履行的行为,比如预付款。

思考题: 承诺的方式有哪些?

3.承诺的期限

要约中规定了承诺期限的,承诺必须在要约规定的期限内到达要约人。要约没有规定承诺期限的,如果是口头要约,则应即时进行承诺;如果要约以非对话方式作出,则承诺应当在合理期限内到达要约人。承诺本应在承诺期限内作出,超过有效的承诺期限,要约已经失效。对于失效要约发出的承诺,不能发生承诺的效力,应视为新要约。若受要约人在要约的有效期限内发出承诺通知,依通常情形可在有效期限内到达要约人而实际上迟到的,对这样的承诺,若要约人不愿意接受,则负有对承诺人发迟到通知的义务。如果要约人怠于发迟到通知,则该迟到的承诺视为未迟到的承诺,具有承诺的效力,合同成立。

思考题: 承诺的期限具体指什么?

4.承诺的生效与撤回

依据《民法典》第484条,承诺的生效有以下两种形式。

(1)以通知方式作出的承诺,生效的时间适用《民法典》第137条的规定。

以对话方式作出的承诺,要约人知道其内容时生效。

以非对话方式作出的承诺,到达要约人时生效。以非对话方式作出的采用数据电文形式的承诺,要约人指定特定系统接收数据电文的,该数据电文进入该特定系统时生效;未指定特定系统的,要约人知道或者应当知道该数据电文进入其系统时生效。当事人对采用数据电文形式的承诺的生效时间另有约定的,按照其约定。

(2)承诺不需要通知的,根据交易习惯或者要约的要求作出承诺的行为时生效。

另外,承诺对要约的内容不能作实质性变更,否则,承诺视为新的要约。实质性变更主要包括但不限于对合同标的、数量、质量、价款或者报酬、履行期限、履行地点和方式、违约责任和解决争议方法等的变更。承诺对要约的内容作出非实质性变更的,除要约人及时表示反对或要约表明承诺不得对要约的内容作出任何变更的以外,该承诺有效,合同的内容以承诺的内容为准。

承诺也可以撤回。承诺的撤回是指受要约人阻止承诺发生法律效力的意思表示。撤回承诺的通知应当在承诺通知到达之前或者与承诺通知同时到达要约人。

思考题: 承诺生效和承诺撤回的含义是什么?

六、金融合同成立的时间和地点

采用合同书等书面形式订立金融合同的,自合同双方当事人均签字、盖章或者按指印时合同成立。在签名、盖章或者按指印之前,当事人一方已经履行主要义务,对方接受时,该合同成立。当事人采用信件、数据电文订立合同要求签订确认书的,签订确认书时合同成立。当事人一方通过互联网等信息网络发布的商品或者服务信息符合要约条件的,对方选择该商品或者服务并提交订单成功时合同成立,但是当事人另有约定的除外。法律、行政法规规定或者当事人约定合同应当采用书面形式订立,当事人应当采用书面形式订立合同。当事人未采用书面形式但是一方已经履行主要义务,对方接受时,该合同成立。

一般来说,承诺生效合同成立的,承诺生效地点为合同成立的地点。采用数据电文形式订立合同的,收件人的主营业地为合同成立的地点,没有主营业地的,其住所地为合同成立的地点。而法律规定或者当事人约定采用特定形式成立合同的,特定形式完成地点为合同成立的地点。当事人采用合同书形式订立合同的,最后签名、盖章或者按指印的地点为合同成立的地点,但是当事人另有约定的除外。法律、行政法规规定或者当事人约定必须经过公证合同才成立的,公证的地点为合同成立的地点。

思考题:金融合同成立的时间和地点分别如何确定?

七、缔约过失责任

缔约过失责任,指当事人在订立合同过程中,因违背诚实信用原则而给对方造成损失的赔偿责任。当事人应承担缔约过失责任的情形主要有以下四种。

(1)假借订立合同,恶意进行磋商。即根本没有与对方订立合同的目的,与对方进行谈判只是一个借口,目的是损害对方或者第三人的利益,恶意地与对方进行合同谈判。

(2)在订立合同中隐瞒重要事实或者提供虚假情况。

(3)其他违背诚信原则的行为。

(4)泄露或者不正当地使用商业秘密。无论合同是否达成,当事人均不得泄露或者不正当使用所知悉的商业秘密。

负有缔约过失责任的当事人,应当赔偿受损害的当事人。赔偿应当以受损害的当事人的损失为限。这个损失包括直接利益的减少,还应当包括受损害的当事人因此失去的与第三人订立合同的机会的损失。

思考题:哪些情形构成缔约过失?

第三节 金融合同的效力

■金融合同的效力

金融合同的效力,是指已经成立的金融合同在当事人之间产生的一定的法律拘束力,也就是通常说的合同的法律效力。

一、金融合同的生效

金融合同的生效是指金融合同产生法律约束力。金融合同生效一般应具备以下要件:第一,行为人具有相应的民事行为能力;第二,意思表示真实;第三,不违反法律或者公序良俗。根据合同类型的不同,合同有不同的生效时间。

(1)依法成立的合同,自成立时生效。但是法律另有规定或者当事人另有约定的除外。

(2)法律、行政法规规定合同应当办理批准、登记等手续生效的,自批准、登记时生效。这是合同生效的特别要件。

(3)当事人对合同的效力可以附条件或附期限。附生效条件的合同,自条件成就时生效。附解除条件的合同,自条件成就时失效。附生效期限的合同,自期限届至时生效。附终止期限的合同,自期限届满时失效。

 思考题:金融合同生效的类型有哪些?

二、无效金融合同

(一)无效金融合同的特征

无效金融合同是指不具有法律约束力和不发生履行效力的金融合同。无效金融合同一般具有以下特征。

1. 违法性

无效金融合同大都违反了法律和行政法规的强制性规定和损害了国家利益、社会公共利益。

2. 自始性

无效金融合同自始无效,即合同从订立时起就没有法律约束力,以后也不会转化为有效合同。

3. 当然性

无效金融合同当然无效,无需经他人主张,也不必经由意定程序使其失效。

4. 确定性

无效金融合同确定无效,不因时间的经过而被补正,成为有效合同。

(二)法律四种合同无效的情形

法律规定了四种合同无效的情形。

1. 恶意串通,损害他人合法权益

所谓恶意串通的合同,就是合同的双方当事人非法勾结,为牟取私利,而共同订立损害他人合法权益的合同。

2. 以虚假的意思表示订立的合同无效

此类合同中,行为人为达到非法目的以迂回的方式避开了法律或者行政法规的强制性规定。

3. 违反法律、行政法规的强制性规定的合同

强制性规定排除了合同当事人的意思自由,即当事人在合同中不得合意排除法律、行政法规强制性规定的适用。

4. 违背公序良俗的民事法律行为无效

公序良俗即公共秩序和善良风俗的简称,也体现了国家对民事领域意思自治的限制。因此,对公序良俗的违背也属于合同无效的理由。

合同无效存在部分无效和全部无效之分。部分无效的合同,是指有些合同条款虽然因违反法律规定无效,但并不影响其他条款效力的合同。此外,合同无效并不影响合同中独立存在的有关解决争议方法的条款的效力。如仲裁条款、选择受诉法院的条款、选择检验或鉴定机构的条款、法律适用条款等。

(三)合同无效后当事人仍应当负担的相应的民事责任

合同无效后,当事人仍应负担相应的民事责任如下。

1. 返还财产

返还财产是指合同当事人在合同被确认无效后,对已交给对方的财产享有财产返还请求权,而已接受该财产的当事人则有返还财产的义务。

2.折价补偿

在财产不能返还或者没有必要返还的情况下,为了达到恢复原状的目的,应当折价补偿对方当事人。

3.赔偿损失

凡是因合同无效而给对方造成的损失,主观上有故意或者过失的当事人都应当赔偿对方的财产损失。

思考题:无效金融合同的特征和类型有哪些?

三、可撤销金融合同

(一)可撤销金融合同的特征

可撤销金融合同,是因意思表示不真实,通过有撤销权的当事人行使撤销权,使已经生效的意思表示归于无效的合同。可撤销金融合同有以下特征。

(1)该合同在未被撤销前,是有效合同。

(2)该合同一般是意思表示不真实的合同。

(3)该合同的撤销要由撤销权人通过行使撤销权实现。

(二)法律上规定三种可撤销合同

(1)基于重大误解而订立的金融合同。所谓重大误解,是指误解者作出意思表示时,对涉及合同法律效果的重要事项存在着认识上的显著缺陷,其后果是使误解者的利益受到较大的损失,或者达不到误解者订立合同的目的。

(2)一方利用对方处于危困状态,缺乏判断能力等情形致使合同成立时显失公平的。所谓显失公平的合同,是指一方当事人在紧迫或者缺乏经验的情况下订立的使当事人之间享有的权利和承担的义务严重不对等的合同。

(3)一方以欺诈、胁迫的手段,使对方在违背其真实意思的情况下订立的金融合同。第三人实施欺诈行为,使一方违背真实意思的情况下订立的金融合同。

可撤销合同被撤销后并不影响合同中独立存在的有关解决争议方法的条款的效力。其法律后果亦与前述无效合同的法律后果相同。

思考题:可撤销金融合同的类型有哪些?

四、效力待定金融合同

效力待定的金融合同是指合同已经成立,其效力是否发生尚未确定,有待于其他行为使其确定的金融合同。效力待定金融合同既不同于自始不发生效力的无效合同,也不同于已经生效的可撤销合同。根据法律的规定,效力待定的合同主要有三种。

(一)限制民事行为能力人订立的合同

限制民事行为能力人订立的合同,除纯获利益的合同或者与其年龄、智力、精神健康状况相适应而订立的合同外,其他合同效力待定。此类合同要具有效力,须经法定代理人的追认。所谓追认,是指法定代理人明确无误地表示同意限制民事行为能力人与他人签订的合同。合同的相对人可以催告限制民事行为能力人的法定代理人在 30 日内进行追认。法定代理人未作表示的,视为拒绝追认。善意的合同相对人还可以在法定代理人追认前作出撤销合同的行为。

(二)无权代理人以被代理人名义订立的合同

无权代理合同是无代理权人代理他人从事民事行为所签订的合同。该类合同未经被代理人追认,对被代理人不发生效力。合同相对人同样存在催告权,善意的合同相对人还有撤销权。

需注意的是,表见代理与无权代理不完全相同。表见代理,是行为人没有代理权、超越代理人或者代理权终止后签订了合同,如果合同相对人有理由相信其有代理权,那么相对人就可以向本人主张该合同的效力,要求本人承担合同中所规定的义务,受合同的约束。

(三)无处分权人处分他人财产的合同

无处分权人,是指对归属于他人的财产没有进行处置的权利或虽对财产拥有所有权,但由于在该财产上负有义务而对此不能进行自由处分的人。无处分权人处分他人财产而签订的合同必须经过权利人的追认或者在合同订立后取得对财产的处分权才有效。

思考题:效力待定金融合同的类型有哪些?

第四节　金融合同的履行

金融合同的履行

一、金融合同履行的概述

金融合同的履行,是指金融合同生效后,合同当事人依照合同的约定全面地、适当地完成合同义务,从而使合同目的得以实现。

(一)金融合同履行的一般规则

在履行金融合同时,合同当事人应当依照诚信原则履行。基于诚信原则,当事人除应当按照合同约定履行自己的义务外,也要履行合同未作约定但依照诚信原则也应当履行的协助、告知、保密、防止损失扩大等义务。当事人在履行合同过程中,应当避免浪费资源、污染环境和破坏生态。

(二)约定不明时的履行

当对质量、价款、履行地点、履行方式、履行期限、履行费用未作出约定或者约定不明确时,当事人可以协议补充确定。不能达成补充协议的,可以通过合同的相关条款或者交易习惯确定。通过合同有关条款或者交易习惯仍不能确定的,可适用以下规定。

(1)质量标准不明确的,按照强制性国家标准履行;没有强制性国家标准的,按照推荐性国家标准履行;没有推荐性国家标准的,按照行业标准履行;没有国家标准、行业标准的,按照同类产品或者同类服务的市场通常质量标准或者符合合同目的特定标准履行。

(2)价款不明确的,除依法必须执行政府定价、政府指导价以外,按照同类产品、同类服务订立合同时履行地的市场价格履行。

(3)履行地点不明确的,如果是给付货币,在接受给付一方的所在地履行。交付不动产的,在不动产所在地履行。其他标的在履行义务一方的所在地履行。

(4)履行期限不明确的,债务人可以随时向债权人履行义务,债权人也可以随时请求债务人履行义务。不能即时履行的,应当给对方必要的准备时间。

(5)履行方式不明确的,按照标的物性质决定的方式或者有利于实现合同目的的方式履行。

(6)履行费用的负担不明确的,由履行义务一方负担履行费用;因债权人原因增加的履行费用,由债权人负担。

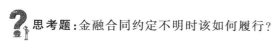思考题：金融合同约定不明时该如何履行？

(三)涉第三人合同的履行

涉及第三人的合同,包括向第三人履行的合同和由第三人履行的合同。

1.向第三人履行的合同

向第三人履行的合同,指双方当事人约定,由债务人向第三人履行债务,第三人直接取得请求权的合同。在此类合同中,债务由债务人向第三人履行,而不是向债权人履行;不但债权人享有请求债务人向第三人履行的权利,第三人亦直接取得请求债务人履行的权利。第三人未取得请求权的,则不是真正的向第三人履行的合同。债权人与债务人订立向第三人履行的合同,债权人可以事先征得第三人的同意,也可以不告知第三人。债务人按照合同向第三人履行时,应当通知第三人。第三人受领的,应当作出接受的意思表示。第三人拒绝受领的,债务人应当将不受领的情况通知债权人。

2.由第三人履行的合同

由第三人履行的合同,指双方当事人约定债务由第三人履行的合同。双方签订由第三人履行的合同时,债务人事先应当征得第三人的同意。债务人未征询第三人意见而签订合同,事后征得第三人同意的,第三人也应向债权人履行。由第三人履行的合同以债权人、债务人为合同当事人,第三人不是合同当事人。第三人只负担向债权人履行,不承担合同责任。

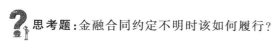思考题：向第三人履行的合同与由第三人履行的合同有何区别？

二、抗辩权

抗辩权是指在双务金融合同中,一方当事人在对方不履行或履行不符合约定时,依法对抗对方要求或否认对方主张的权利。主要存在同时履行抗辩权、后履行抗辩权和不安抗辩权。

(一)同时履行抗辩权

同时履行抗辩权,指双务合同中应当同时履行的一方当事人有证据证明另一方当事人在同时履行的时间不能履行或者不能适当履行,到履行期时其享有不履行或者部分履行的权利。

同时履行抗辩权的发生,需具备以下条件。

(1)需基于同一双务合同。

(2)该合同需由双方当事人同时履行。

(3)一方当事人有证据证明同时履行的对方当事人不能履行合同或者不能适当履行合同。

同时履行抗辩权属延期的抗辩权,只是暂时阻止对方当事人请求权的行使,非永久的抗辩权。对方当事人完全履行了合同义务,同时履行抗辩权消灭,当事人应当履行自己的义务。

(二)后履行抗辩权

后履行抗辩权,指在双务合同中应当先履行的一方当事人未履行或者不适当履行,到履行期限的对方当事人享有不履行、部分履行的权利。

后履行抗辩权的发生,需具备以下条件。

(1)需基于同一双务合同。

(2)该合同需由一方当事人先为履行。

(3)应当先履行的当事人不履行合同或者不适当履行合同。

后履行抗辩权同样属于延期抗辩权。对方当事人完全履行了合同该义务,后履行抗辩权消灭,当事人应当履行自己的义务。

(三)不安抗辩权

不安抗辩权,指双务合同成立后,应当先履行的当事人有证据证明对方不能履行义务,或者有不能履行合同义务的可能时,在对方没有履行或者提供担保之前,有权中止履行合同义务。

不安抗辩权的发生,需具备以下条件。

(1)需基于同一双务合同。

(2)合同履行顺序有先后之分。

(3)后履行的当事人发生变化,该变化导致其不能履行合同义务或可能不能履行合同义务。

当事人行使不安抗辩权后,应当立即通知对方当事人。不安抗辩权仍属于延期抗辩权,当事人仅是中止合同的履行。倘若对方当事人提供了担保或者作了对待给付,不安抗辩权消灭,当事人应当履行合同。

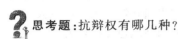 **思考题:**抗辩权有哪几种?

三、金融合同的保全

保全,又称责任财产的保全,指债权人行使代位权和撤销权,防止债务人的责任财产不当减少,以确保无特别担保的一般债权得以清偿。金融合同的保全包括代位权与撤销权。

(一)代位权

代位权,指债务人怠于行使其债权或者与该债权有关的从权利,债权人为保全债权,以自己的名义向第三人行使债务人现有债权的权利。

代位权的发生,需具备以下条件。

(1)需债务人对第三人享有债权或与该债权有关的从权利。

(2)需债务人怠于行使其债权或与该债权有关的从权利,债务人应当收取债务,且能够收取,而不收取。

(3)债务人怠于行使自己的债权或与该债权有关的从权利,已害及债权人的债权。

(4)需债务人已经陷于迟延履行。

债权人有数人的,一人行使代位权能够保全其他债权人的债权的,其他债权人不能再就同一债权重复行使代位权。债权人行使代位权,对第三人、债务人和债权人本人都会产生法律效力。

(二)撤销权

撤销权,指债务人、第三人有损害债权的行为,债权人享有撤销该行为的权利。

引起撤销权发生的要件是有损害债权的行为。债务人实施损害债权的行为主要指债务人以赠与、免除等无偿行为处分债权或者恶意延长其到期债权的履行期限。债权人行使撤销权,可以向债务人、第三人提出,也可以诉请法院撤销。债务人、第三人的行为被撤销的,其行为自始无效。

撤销权存在除斥期间:债权人知道撤销原因的,自知道之日起,为1年;债权人不知道撤销原因的,自债务人行为发生之日起,为5年。期间届满,当事人的撤销权消灭。

思考题:金融合同保全的类型和具体内容是什么?

第五节　金融合同的担保

金融合同的担保,指合同当事人为了保障合同债权的实现,根据法律规定或双方约定而采取的法律措施。担保合同是主债权债务合同的从合同。金融合同的担保方式主要有保证、抵押、质押、留置、定金五种。

一、保证

保证是指保证人和债权人约定,于债务人不履行债务时,由保证人按照约定履行主合同的义务或者承担责任的行为。

(一)保证人

具有代为清偿债务能力的法人、其他组织或者公民都可以做保证人。机关法人不得为保证人,但经国务院批准为使用国外政府或者国际经济组织贷款进行转贷的除外。学校、幼儿园、医院等以公益为目的的非营利法人、非法人组织不得为保证人。企业法人的分支机构、职能部门不得为保证人。企业法人的分支机构有法人书面授权的,可以在授权范围内提供保证。保证人应当具有代为清偿债务的能力。不具有完全代偿能力的主体,只要以保证人身份订立保证合同后,就应当承担保证责任。

(二)保证合同和保证方式

1.保证合同

保证合同是为保障债权的实现,保证人和债权人约定,当债务人不履行到期债务或者发生当事人约定的情形时,保证人履行债务或者承担责任的合同。

保证合同应当包括:被保证的主债权种类、数额;债务人履行债务的期限;保证的方式;保证担保的范围;保证的期间;双方认为需要约定的其他事项。

2.保证方式

(1)一般保证

一般保证是指当事人在保证合同中约定,债务人不能履行债务时,由保证人承担保证责任的保证。一般保证的保证人在主合同纠纷未经审判或者仲裁,并就债务人财产依法强制执行仍不能履行债务前,有权拒绝向债权人承担保证责任,即享有先诉抗辩权。但在四种情形中,保证人不享有此种权利:①债务人下落不明,且无财产可供执行;②人民法院已经受理债务人破产案件;③债权人有证据证明债务人的财产不足以履行全部债务或者丧失履行债务能力;④保证人书面表示放弃本款规定的权利。

(2)连带责任保证

连带责任保证是指当事人在保证合同中约定保证人与债务人对债务承担连带责任的保证。连带责任保证的债务人不履行到期债务或者发生当事人约定的情形时,债权人可以请求债务人履行债务,也可以请求保证人在其保证范围内承担保证责任。当事人在保证合同中对保证方式没有约定或者约定不明确的,按照一般保证承担保证责任。

(三)保证责任

1.保证责任的范围

保证责任的范围包括主债权及其利息、违约金、损害赔偿金和实现债权的费用。当事人另有约定的,按照约定。当事人对保证担保的范围没有约定或者约定不明确的,保证人应当对全部债务承担责任。

2.主合同变更与保证责任的承担

主要存在三种情形。

(1)债权人转让全部或者部分债权,未通知保证人的,该转让对保证人不发生效力。保证人与债权人约定禁止债权转让,债权人未经保证人书面同意转让债权的,保证人对受让人不再承担保证责任。

(2)债权人未经保证人书面同意,允许债务人转移全部或者部分债务,保证人对未经其同意转移的债务不再承担保证责任,但是债权人和保证人另有约定的除外。第三人加入债务的,保证人的保证责任不受影响。

(3)债权人和债务人未经保证人书面同意,协商变更主债权债务合同内容,减轻债务的,保证人仍对变更后的债务承担保证责任;加重债务的,保证人对加重的部分不承担保证责任。债权人和债务人变更主债权债务合同的履行期限,未经保证人书面同意的,保证期间不受影响。

3.保证期间

对保证期间合同有约定的,依照约定;未约定的或者约定的保证期间早于主债务履行期限、与主债务履行期限同时届满,则保证期间为主债务履行期届满之日起的6个月。在保证期间内,债权人未要求保证人承担保证责任的,保证人免除保证责任。

4.其他情形下的保证责任

(1)同一债权既有保证又有物的担保的,保证人对物的担保以外的债务承担保证责任。债权人放弃物的担保的,保证人在债权人放弃权利的范围内免除保证责任。

(2)企业法人的分支机构未经法人书面授权或者超过授权范围与债权人订立保证合同的,该合同无效或者超出授权范围的部分无效,债权人和企业法人有过错的,应当根据其过错各自承担相应的民事责任;债权人无过错的,由企业法人承担民事责任。

5.保证责任的免除

在两种情形下,保证可以不承担保证责任:其一,主合同当事人双方串通,骗取保证人提供保证;其二,主合同债权人采取欺诈、胁迫等手段,使保证人在违背真实意思的情况下提供保证。

6.保证人的追偿权

保证人承担保证责任后,除当事人另有约定外,有权在其承担保证责任的范围内向债务人追偿,享有债权人对债务人的权利,但是不得损害债权人的利益。

人民法院受理债务人破产案件后,债权人未申报债权的,保证人可以参加破产财产分配,预先行使追偿权。

二、抵押

抵押是指债务人或者第三人不转移抵押财产的占有,将抵押财产作为债权的担保。当债务人不履行债务时,债权人有权依照法律的规定以抵押财产折价或者以拍卖、变卖该财产的价款优先受偿。

(一)抵押物

可抵押的财产包括:建筑物和其他土地附着物,建设用地使用权,海域使用权,生产设备、原材料、半成品、产品,正在建造的建筑物、船舶、航空器,交通运输工具,法律、行政法规未禁止抵押的其他财产。这些财产可以单独抵押,也可以一并抵押。抵押人所担保的债权不得超出抵押物的价值。财产抵押后,该财产的价值大于所担保债权的余额部分,可以再次抵押,但不得超出其余额部分。此外,在对房屋或土地使用权进行抵押时,一般应同时抵押土地使用权或土地上的房屋。

不得抵押的财产包括:土地所有权;宅基地、自留地、自留山等集体所有的土地使用权,但法律规定可以抵押的除外;学校、幼儿园、医疗机构等为公益目的成立的非营利法人的教育设施、医疗卫生设施和其他社会公益设施;所有权、使用权不明或者有争议的财产;依法被查封、扣押、监管的财产;依法不得抵押的其他财产。

(二)抵押合同

抵押人和抵押权人应当以书面形式订立抵押合同。抵押合同应当包括以下内容:被担保的主债权种类、数额;债务人履行债务的期限;抵押物的名称、数量等情况;抵押担保的范围;当事人认为需要约定的其他事项。

订立抵押合同时,抵押权人和抵押人在合同中约定在债务履行期届满抵押权人未受清偿时,抵押物的所有权移转给债权人的,只能就该抵押财产优先受偿。

(三)抵押物登记

以建筑物和其他土地附着物,建设用地使用权,海域使用权,正在建造的建筑物等设定抵押的应当办理抵押物登记手续,抵押权自登记之日起设立。而以动产设定抵押的,抵押权自抵押合同生效时设立,未经登记,不得对抗善意第三人。

(四)抵押的效力

抵押担保的范围包括主债权及利息、违约金、损害赔偿金和实现抵押权的费用。抵押合同另有约定的,依照约定。

1.抵押财产的出租、转让与价值减损

订立抵押合同之前抵押财产已经出租并且转移占有的,原来的租赁关系不受该抵押权的影响。

抵押期间,抵押人可以转让抵押财产。当事人另有约定的,按照其约定。抵押财产转让的,抵押权不受影响。

抵押人转让抵押财产的,应当及时通知抵押权人。抵押权人能够证明抵押财产转让可能损害抵押权的,可以请求抵押人将转让所得的价款向抵押权人提前清偿债务或者提存。转让的价款超过债权数额的部分归抵押人所有,不足部分由债务人清偿。

抵押人的行为足以使抵押财产价值减少的,抵押权人有权请求抵押人停止其行为。若抵押财产价值确实减少,则抵押权人有权请求抵押人恢复抵押财产的价值,或者提供与减少的价值相应的担保。如果抵押人不恢复抵押财产的价值也不提供相应的担保,那么抵押权人有权请求债务人提前清偿债务。

2.抵押权的转让与顺位变化

抵押权不得与债权分离而单独转让,或者作为其他债权的担保。债权转让的,抵押该债权的抵押权应一并转让,但是法律另有规定或者当事人另有约定的除外。

抵押权人可以放弃抵押权或者抵押权的顺位。抵押权人与抵押人可以协议变更抵押权顺位及被担保的债权数额等内容。但是,抵押权的变更,未经其他抵押权人书面同意的,不得对其他抵押权人产生不利影响。债务人以自己的财产设定抵押的,抵押权人放弃该抵押权、抵押权顺位或者变更抵押权的,其他担保人在抵押权人丧失优先受偿权益的范围内免除担保责任,但是,其他担保人承诺仍然提供担保的除外。

(五)抵押权的实现

债务人不履行到期债务或者发生当事人约定的实现抵押权的情形时,抵押权人可以与抵押人协议以抵押财产折价或者以拍卖、变卖该抵押财产所得的价款优先受偿。抵押权人与抵押人未能就抵押权实现的方式达成协议的,抵押权人可以请求人民法院拍卖、变卖抵押财产。抵押财产应当参照市场价格进行折价或者变卖。抵押财产折价或者拍卖、变卖后,所得价款超过债权数额的部分归抵押人所有,不足的部分由债务人清偿。

同一财产向两个以上债权人抵押的,拍卖、变卖抵押财产所得的价款应依照一定的顺序进行清偿。

(1)抵押权已经登记的,按照登记的时间先后确定清偿顺序;顺序相同的,按照债权比例清偿。

(2)抵押权已经登记的先于未登记的受偿。

(3)抵押权未登记的,按照债权比例清偿。

其他可以登记的担保物权,清偿顺序参照适用前款规定。

抵押权人应当在主债权诉讼时效期间内行使抵押权。

(六)最高额抵押

最高额抵押,指为担保债务的履行,债务人或者第三人对一定期间内将要发生的债权提供担保财产的,债务人不履行到期债务或者发生当事人约定的实现抵押权的情形时,抵押权人有权在最高债权额限度内就该担保财产优先受偿。

在以下情形中,最高额抵押权人的债权获得确定。

(1)约定的债权确定期间届满。

(2)没有约定债权确定期间或者约定不明确,抵押权人或者抵押人可自最高额抵押权设立之日起满两年后请求确定债权。

(3)新的债权不可能发生。

(4)抵押权人知道或者应当知道抵押财产被查封、扣押。

(5)债务人、抵押人被宣告破产或者解散。

(6)法律规定债权确定的其他情形。

三、质押

质押可分为动产质押和权利质押。质押是指债务人或者第三人将其动产移交债权人占有,或者将其财产权利交由债权人控制,将该动产或者财产权利作为债权的担保。债务人不履行债务时,债权人有权依照法律的规定以该动产或者财产权利折价,或者以拍卖、变卖该动产或者财产权利的价款优先受偿。

(一)动产质押

设立质权,当事人应当订立书面形式的质权合同。质权自出质人交付质押财产时设立。质权人在债务履行期限届满前,与出质人约定债务人不履行到期债务时质押财产归债权人所有的,只能依法就质押财产优先受偿。

动产质押期间,质权人享有相应的权利、承担相应的义务。质权人有权收取质押财产的孳息,但是合同另有约定的除外。质权人负有妥善保管质押财产的义务。质权人因保管不善;或未经出质人同意,擅自使用、处分质押财产,造成出质人损害;或转质,造成质押财产毁损灭失的,应当承担赔偿责任。

质权人的行为可能使质押财产毁损灭失的,出质人可以请求质权人将质押财产提存,或者要求提前清偿债务并返还质押财产。因不可归责于质权人的事由可能使质押财产毁损或者价值明显减少,足以危害质权人权利的,质权人有权要求出质人提供相应的担保;出质人不提供担保的,质权人可以拍卖、变卖质押财产,并与出质人通过协议将拍卖、变卖所得的价款提前清偿债务或者提存。

债务人以自己的财产出质,质权人放弃该债权的,其他担保人在质权人丧失优先受偿权益的范围内免除担保责任,但是其他担保人承诺仍然提供担保的除外。债务人履行债务或者出质人提前清偿所担保的债权的,质权人应当返还质押财产。债务人不履行到期债务或者发生当事人约定的实现质权的情形时,质权人可以与出质人协议以质押财产折价,也可以就拍卖、变卖质押财产所得的价款优先受偿。

（二）权利质押

可以出质的权利包括：汇票、本票、支票；债券、存款单；仓单、提单；可以转让的基金份额、股权；可以转让的注册商标专用权、专利权、著作权等知识产权中的财产权；现有的及将有的应收账款；法律、行政法规规定可以出质的其他财产权利。以汇票、本票、支票、债券、存款单、仓单、提单出质的，质权自权利凭证交付质权人时设立；没有权利凭证的，质权自有关部门办理出质登记时设立。法律另有规定的，依照其规定。以基金份额、股权出质的，质权自办理出质登记时设立。以注册商标专用权、专利权、著作权等知识产权中的财产权出质的，质权自办理出质登记时设立。以应收账款出质的，质权自办理出质登记时设立。

四、留置

留置是指债权人依照合同约定占有债务人的动产，债务人不按照合同约定的期限履行债务的，债权人有权依照法律规定留置该财产，以该财产折价或者以拍卖、变卖该财产的价款优先受偿。

债权人留置的动产，应当与债权属于同一法律关系，但是企业之间留置的除外。留置权人应当妥善保管留置财产。因保管不善致使留置财产毁损、灭失的，留置权人应承担赔偿责任。留置权人有权收取留置财产的孳息。留置权人与债务人应当约定留置财产后的债务履行期限；没有约定或者约定不明确的，留置权人一般应当给债务人 60 日以上履行债务的期限。但是鲜活易腐等不易保管的动产除外。债务人逾期未履行的，留置权人可以与债务人协议以留置财产折价，也可以就拍卖、变卖留置财产所得的价款优先受偿。

同一动产上已经设立抵押权或者质权，该动产又被留置的，留置权人优先受偿。留置权人对留置财产丧失占有或者留置权人接受债务人另行提供担保的，留置权消灭。

五、定金

定金是指合同当事人一方为了担保合同的履行，预先支付另一方一定数额的金钱的行为。债务人履行债务后，定金应当抵作价款或者收回。给付定金的一方不履行合同约定的债务或者履行债务不符合约定，致使不能实现合同目的的，无权要回定金；收受定金的一方不履行合同约定的债务或者履行债务不符合约定，致使不能实现合同目的的，应当双倍返还定金。

定金应当以书面形式约定。定金的数额由当事人约定，但不得超过主合同标的额的 20％。当事人约定的定金数额超过主合同标的额 20％的，超过部分，不产生定金的效力。

思考题：金融合同担保的方式有哪些？

第六节　金融合同的变更与转让

金融合同的变化，包括内容的变化与主体的变化。内容的变化，又被称为合同的变更。主体的变化，又称为合同的转让，具体包括合同权利的转让、合同义务的转移，以及合同权利和义务的一并转让。

一、金融合同的变更

金融合同的变更是指合同成立后，当事人在原合同的基础上对合同内容进行修改或者补充。

由于合同是当事人协商一致的产物，所以，当事人在变更合同内容时，也应当本着协商的原则进行。当事人可以依据要约、承诺等有关合同成立的规定,确定是否就变更事项达成协议。如果双方当事人就变更事项达成了一致意见,变更后的内容就取代了原合同的内容,当事人就应当按照变更后的内容履行合同。一方当事人未经对方当事人同意任意改变合同的,变更后的内容不仅对另一方没有约束力,而且这种擅自改变合同的做法也是一种违约行为,当事人应当承担违约责任。

合同的变更既可能是合同标的的变更,也可能是合同数量的增加或减少;既可能是履行地点的变化,也可能是履行方式的改变;既可能是合同履行期的提前或延后,也可能是违约责任的重新约定。给付条款或者报酬的调整也是合同变更的主要原因。合同担保条款及解决争议方式的变化也会导致合同的变更。

合同变更需要当事人协商一致,但在一些情况下,仅有当事人协商一致时不够的,当事人还应当履行法定的程序。法律、行政法规规定变更合同事项应当办理批准、登记手续的,依照其规定。因此,法律、行政法规对变更合同事项有具体要求的,当事人应当按照有关规定办理相应的手续。如果没有履行法定程序,即使当事人已协议变更了合同,变更的内容也不发生法律效力。

若当事人对于合同变更的内容约定不明确的,则推定为未变更。当事人只需按照原有合同的规定履行即可,任何一方不得要求对方履行变更中约定不明确的内容。

 思考题:金融合同变更的具体表现有哪些?

二、金融合同的转让

金融合同的转让是指合同当事人将其合同的权利和义务全部或部分转让给第三人的行为。合同的转让仅指合同主体的变化,不改变合同的内容。

(一)金融合同权利的转让

金融合同权利的转让,指不改变合同权利的内容,由债权人将权利转让给第三人。债权人既可以将合同权利的全部进行转让,也可以将合同权利的部分进行转让。合同权利全部转让的,原合同关系消灭,产生一个新的合同关系,受让人取代原债权人的地位,成为新的债权人。合同权利部分转让的,受让人作为第三人加入到原合同关系中,与原债权人共同享有债权。

但并非所有的合同权利都可以转让。以下三种情形,债权人不得转让合同权利。

1. 根据债权性质不得转让的权利

主要是指合同是基于特定当事人的身份关系订立的,合同权利转让给第三人,会使合同的内容发生变化,动摇合同订立的基础,违反了当事人订立合同的目的,使当事人的合法利益得不到应有的保护。

2. 依照当事人约定不得转让的权利

当事人在订立合同时可以对权利的转让作出特别的约定,禁止债权人将权利转让给第三人。这种约定只要是当事人真实意思的表示,且不违反法律禁止性规定,即对当事人有法律效力。但合同当事人间的这种特别约定,不能对抗善意的第三人。当事人约定非金钱债权不得转让的,不得对抗善意第三人。当事人约定金钱债权不得转让的,不得对抗第三人。

3. 依照法律规定不得转让的权利

我国一些法律中对某些权利的转让作出了禁止性规定。对于这些规定,当事人应当严格遵守,不得违反法律的规定,擅自转让法律禁止转让的权利。

债权人转让债权的,应当通知债务人。通知到达债务人时转让行为生效。未经通知,该转让行为对债务人不发生效力。

债权人转让主权利时应当将从权利一并转让,受让人在得到权利的同时,也取得与债权人有关的从权利。此外,考虑到有的从权利的设置是针对债权人自身的,与债权人有不可分离的关系,因而在确定从权利随主权利转让原则的同时,规定专属于债权人自身的从权利不随主权利的转让而转让。受让人取得从权利不因该从权利未办理转移登记手续或者未转移占有而受到影响。

为了保障债权人转让权利的行为不损害债务人的利益,债务人接到债权转让通知时,债务人对让与人的抗辩,可以向受让人主张。债务人接到权利转让通知后,可以行使抗辩权来保护自己的权利。此外,在权利进行转让后,若债务人对债权人也享有债权,且该债权已届清偿期,或债务人的债权与转让的债权是基于同一合同产生,则债务人可以依照法律的规定向受让人行使抵销权。

？思考题:不得进行权利转让的情形有哪些?

(二)金融合同义务的转移

金融合同义务的转移,指债务人经债权人同意,将债务全部或者部分转让给第三人。债务人或者第三人可以催告债权人在合理期限内予以同意,债权人未作表示的,视为不同意。债权人和债务人的合同关系是产生在相互了解的基础上,在订立合同时,债权人一般要对债务人的资信情况和偿还能力进行了解,而对于取代债务人或者加入到债务人中的第三人的资信情况及履行债务的能力,债权人不可能完全清楚。所以,如果债务人不经债权人的同意就将债务转让给了第三人,那么,对于债权人来说是不公平的,不利于保障债权人合法利益的实现。法律、行政法规规定义务转移应当办理批准、登记等手续的,当事人应当按照规定办理。

合同义务的转移可分为两种情况:一是合同义务的全部转移,在这种情况下,新的债务人完全取代旧的债务人,新的债务人负责全面的履行合同义务;另一种情况是合同义务的部分转移,即新的债务人加入到原债务中,和原债务人一起向债权人履行义务。债务人不论转移的是全部义务还是部分义务,都需要征得债权人同意。未经债权人同意,债务人转移合同义务的行为对债权人不发生效力。

债务人转移义务的,新的债务人取代了原债务人的地位,承担其履行义务的责任。原债务人从合同关系中退出后,其享有的抗辩权由新债务人承担。债务人的抗辩权不因债务的转移而消灭。但原债务人对债权人享有债权的,新债务人不得向债权人主张抵销。

债务人转移义务的,其从债务随着主债务的转移而转移,新债务人应当承担与主债务有关的从债务。

？思考题:金融合同义务的转移怎样才能产生效力?

(三)金融合同权利义务的一并转让

金融合同权利义务的一并转让,又称为概括转让,指合同一方当事人将其权利和义务一并转移给第三人,由第三人全部地承受这些权利和义务。权利和义务一并转让不同于权利转让和义务转让的是,它是合同一方当事人对合同权利和义务的全面处分,其转让的内容实际上包括权利的转让和义务的转移两部分内容。权利和义务一并转让的后果是导致原合同关系的消灭,第三人取代了转让方的地位,产生出一种新的合同关系。

合同权利义务一并转让时,债权人应当通知债务人;债务人移转义务的必须经债权人的同意。如果未经对方同意,一方当事人就擅自一并转让权利和义务的,那么其转让行为无效,对方有权就转让行为对自己造成的损害,追究转让方的违约责任。

权利和义务一并转让只出现在双务合同中。对于当事人只承担义务或者享有权利的单务合同不存在权利和义务一并转让的问题。

合同关系的一方当事人将权利和义务一并转让时,除了应当征得另一方当事人的同意外,还应当遵守有关转让权利和义务转移的其他规定。具体有:不得转让法律禁止转让的权利;转让合同权利和义务时,从权利和从债务一并转让,受让人取得与债权有关的从权利和从债务,但该从权利和从债务专属于让与人自身的除外;转让合同权利和义务不影响债务人抗辩权的行使;债务人对让与人享有债权的,可以依照有关规定向受让人主张抵销;法律、行政法规规定应当办理批准、登记手续的,应当依照其规定办理。

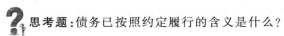
思考题:金融合同权利和义务一并转让与金融合同权利转让和金融合同义务移转的区别与联系?

(四)当事人合并或分立后债权债务的处理

当事人订立金融合同后合并的,由合并后的法人或者其他组织行使合同权利,履行合同义务。当事人订立金融合同后分立的,除债务人和债权人另有约定的以外,由分立后的法人或者其他组织对合同的权利和义务享有连带债权,承担连带债务。此外,法律、行政法规规定当事人合并、分立需要办理有关手续的,当事人应当遵守该规定办理。

思考题:当事人订立金融合同后合并或分立的该如何享有债权、承担债务?

第七节　金融合同的权利义务终止

金融合同的权利义务终止,指依法生效的金融合同,因具备法定情形和当事人约定的情形,合同债权、债务归于消灭,债权人不再享有合同权利,债务人也不必再履行合同义务。

一、债务已经履行

金融合同目的的实现,有赖于债务的履行。债务按照合同约定得到履行,一方面可使合同债权得到满足,另一方面也使得合同债务归于消灭,产生合同的权利义务终止的后果。债务已经按照约定履行,指债务人按照约定的标的、质量、数量价款或者报酬、履行期限、履行地点和方式全面履行。

以下情况也属于合同按照约定履行。

(1)当事人约定的第三人按照合同内容履行

为了实现当事人特定目的,便捷交易,法律允许合同债务由当事人约定的第三人履行,第三人履行债务,也产生债务消灭的后果。

(2)债权人同意以他种给付代替合同原定给付

在实际履行不可能的情况下,经债权人同意,可以采用代物履行的办法,达到债务消灭的目的。

(3)当事人之外的第三人接受履行

当事人约定由债务人向第三人履行债务,债务人向第三人履行后,也产生债务消灭的后果。

金融合同中约定若干项债务时,某项债务按照约定履行,产生债务消灭的效果,但并非终止合同。在双务合同中,只有当事人双方都按照约定履行,合同才能终止。任何一方履行有欠缺,都不能达到终止合同的目的。

思考题:债务已按照约定履行的含义是什么?

二、解除

金融合同的解除,指合同有效成立后,当具备法律规定或当事人约定的合同解除条件时,因当事人一方或双方的意思表示而使合同关系归于消灭的行为。合同解除可分为约定解除和法定解除两种。

（一）约定解除

1.协商解除

协商解除，指合同生效后，未履行或未完全履行之前，当事人以解除合同为目的，经协商一致，订立一个解除原来合同的协议。协商解除是双方的法律行为，应当遵守合同订立的程序，即双方当事人应当对解除合同意思表示一致，协议未达成之前，原合同仍然有效。

2.约定解除权

约定解除权，指当事人在合同中约定，合同履行过程中出现某种情况，当事人一方或者双方有解除合同的权利。解除权可以在订立合同时约定，也可以在履行合同的过程中约定，可以约定一方享有解除合同的权利，也可以约定双方享有解除合同的权利。

思考题：约定解除的情形有哪些？

（二）法定解除

法定解除，指合同生效后，没有履行或者未履行完毕前，当事人在法律规定的解除条件出现时，行使解除权而使合同关系消灭。

法定解除的情形如下。

1.因不可抗力致使合同不能实现合同目的的

只有不可抗力致使合同目的不能实现时，当事人才可以解除合同。

2.因预期违约

因预期违约解除合同，指在合同履行期限届满之前，当事人一方明确表示或者以自己的行为表明不履行主要债务的，对方当事人可以解除合同。

3.因迟延履行

当事人一方迟延履行主要债务，经催告后在合理期限内仍未履行的，对方当事人可以解除合同。因迟延履行解除合同的，须满足以下条件：①迟延履行主要债务，②经催告后债务人仍然不履行债务。

4.因迟延履行或者有其他违约行为不能实现合同目的

迟延履行不能实现合同目的，指迟延的时间对于债权的实现至关重要，超过了合同约定的期限履行合同，合同目的就将落空。致使不能实现合同目的的其他违约行为，主要指违反的义务对合同目的的实现十分重要，如一方不履行这种义务，将剥夺另一方当事人根据合同有权期待的利益。

5.法律规定的其他解除情形

如因行使不安抗辩权而中止履行合同，对方在合理期限内未恢复履行能力，也未提供适当担保的，中止履行的一方可以请求解除合同。

以持续履行的债务为内容的不定期合同，当事人可以随时解除合同，但是应当在合理期限之前通知对方。

思考题：法定解除的情形有哪些？

（三）解除权的行使

解除权的行使，是法律赋予当事人保护自己合法权益的手段。解除权应当在意定期间行使。行使解除权的期限分为两种情况。

1.按照法律规定或者当事人约定的解除权行使期限行使

法律规定或者当事人约定解除权行使期限的，期限届满当事人不行使的，该权利消灭。

2.在对方当事人催告后的合理期限内行使

法律没有规定或者当事人没有约定解除权行使期限的，应当在解除权人知道或者应当知道解除事由之日起 1 年内行使。非受不可抗力影响的当事人或者违约一方当事人为明确自己义务是否还需要履行,可以催告享有解除权的当事人行使解除权,享有解除权的当事人在知道或者应当知道解除事由之日起 1 年内或者经催告不行使解除权的,解除权消灭,合同关系仍然存在,当事人仍要按照合同约定履行义务。

思考题:解除权行使的期限如何确定?

(四)解除合同的程序

解除合同应当遵守下列程序。

(1)必须具备法定解除合同的条件。

(2)行使解除权应当通知对方当事人。

(3)法律、行政法规规定解除合同应当办理批准、登记手续的,未办理有关手续,合同不能终止。

**思考题:**解除合同的程序是什么?

(五)合同解除的效力

合同解除后,尚未履行的,终止履行;已经履行的,根据履行情况和合同性质,当事人可以请求恢复原状或者采取其他补救措施,并有权请求赔偿损失。合同因违约解除的,解除权人可以请求违约方承担违约责任,但是当事人另有约定的除外。主合同解除后,担保人对债务人应当承担的民事责任仍应当承担担保责任,但是担保合同另有约定的除外。

恢复原状,指恢复到订约前的状态。恢复原状时,原物存在的,应当返还原物,原物不存在的,如果原物是种类物,可以用同一种类返还。恢复原状还包括返还财产所产生的孳息,支付一方在财产占有期间为维护该财产所花费的必要费用,以及因返还财产所支出的必要费用。其他补救措施,包括请求修理、更换、重作、减价等措施。

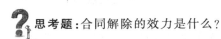**思考题:**合同解除的效力是什么?

三、抵销

抵销,指当事人互负到期债务,又互享债权,以自己的债权充抵对方的债权,是自己的债务与对方的债务在等额内消灭。抵销因其产生的根据不同,可分为法定抵销和协议抵销。

(一)法定抵销

1. 法定抵销的条件

法定抵销,指法律规定抵销的条件,具备条件时依当事人一方的意思表示即发生抵销的效力。

法定抵销应当具备以下条件。

(1)当事人双方互负债务互享债权。抵销发生的基础在于当事人双方既互负债务,又互享债权,只有债务而无债权或者只有债权而无债务,均不发生抵销。

(2)双方债务均已到期。抵销具有相互清偿的作用,因此只有履行期限届至时,才可以主张抵销。

(3)债务的标的物种类、品质相同。种类相同,指合同标的物本身的性质和特点一致。

2. 除外的情况

当事人双方互负到期债务的,任何一方可以将自己的债务与对方的债务抵销,但下列情况除外。

(1)依照法律规定不得抵销的。法律规定不得抵销的债务,当事人不得通过协议抵销。

(2)按照合同的性质不得抵销的。按照合同的性质不得抵销的情形主要有:①必须履行的债务不得抵销,②具有特定人身性质或者依赖特定技能完成的债务不得抵销。

(3)按照当事人的约定不得抵销。当事人之间特别约定不得抵销的,基于自愿原则,应当承认这种约定的效力,当事人不得主张抵销。

当事人主张抵销的,必须以意思表示为之,该意思表示以通知对方时发生效力,对方为无行为能力人或限制行为能力人的,通知到达其法定代理人时发生效力。抵销不得附条件或附期限。在当事人双方债权债务互为相等的情况下,抵销产生合同关系消灭的法律后果,但如果债务的数额大于抵销额,抵销不能消灭合同关系,而只是在抵销范围内减少债权。

(二)约定抵销

约定抵销,指当事人双方协商一致,使自己的债务与对方的债务在对等额内消灭。

约定抵销有如下特点。

(1)约定抵销,双方必须协商一致,不能由单方决定抵销。

(2)约定抵销标的物的种类、品质可以不同。

(3)约定抵销,双方互负的债务即使没有到期,只要双方当事人协商一致,愿意在履行期到来前将互负的债务抵销的,也可以抵销。

(4)约定抵销,双方达成抵销协议时,发生抵销的法律效力,不必履行通知义务。

思考题:抵销的类型和条件是什么?

四、提存

提存,指由于债权人的原因,债务人无法向其提交合同标的物时,债务人将该标的物交给提存机关而消灭合同的制度。

(一)提存的条件

有下列情形之一,难以履行债务的,债务人可以将标的物提存。

1.债权人无正当理由拒绝受领

债权人无正当理由拒绝受领,指在合同约定的履行期间,债务人提出履行债务的请求,债权人能够接受履行,却无理由的不予受领。

2.债权人下落不明

所谓下落不明,指债权人离开自己的住所或者变更住所,在合理期间经多方查找仍无下落。债权人下落不明,债务人无法给付,为消灭债权债务关系,债务人可以将标的物提存。

3.债权人死亡或者丧失行为能力而未确定继承人、遗产管理人,或者监护人

债权人死亡,可由其继承人享有债权,因此债务人应当向债权人的继承人或者遗产管理人履行债务。债权人丧失行为能力应当由其监护人代理行使债权。但如果债权人的继承人和监护人没有确定,债务就不能因履行而消灭。为此,可将标的物提存以终止合同。

4.法律规定的其他情形

法律对提存问题有规定的,应当依照法律规定。

标的物不适于提存或者提存费用过高的,债务人依法可以拍卖或者变卖标的物,提存所得的价款。

(二)提存的通知

为便于债权人受领提存物,债务人应当将提存的事实及时通知债权人或者债权人的继承人、遗产管理人、监护人、财产代管人。通知应当告知提存的标的、提存的地点、领取提存物的时间和方法等有关提存的实现。

(三)提存的效力

标的物提存后,不论债权人是否提取,都产生债务消灭的法律后果。根据法律规定,标的物所有权自标的物交付时起转移。提存视为标的物的交付。因此,自提存之日起,提存物的所有权转移,债权人作为提存标的物的所有者,该标的物上的权利由其享有,义务和风险由其承担。提存期间,标的物的孳息归债权人所有。

(四)领取提存物的权利和期限

标的物提存后债务消灭,债权人取得提存物的所有权,他可以随时领取提存物。但提存是消灭债务的措施,在双务合同中,只有合同当事人双方均履行了各自的义务,合同才能终止。有时,债务人虽然将标的物提存,按照合同履行了自己的债务,但与其互负到期债务的债权人并未履行对待给付义务。为避免先行履行可能发生的风险,保证自己债权的实现,债务人可以对提存部门交付提存物的行为附条件。即只有在债权人履行了对债务人的对待债务,或者为履行提供相应的担保后,才能领取提存物。

领取提存物的时效期间,即债权人领取提存物的权利,自提存之日起5年内不行使而消灭。该时效期间是除斥期间,权利因时间的经过不复存在。提存物自提存之日起经过5年,扣除提存费用后归国家所有,债权人不能再对提存物主张权利。但是,债权人未履行对债务人的到期债务,或者债权人向提存部门书面表示放弃领取提存物权利的,债务人负担提存费用后有权取回提存物。

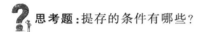 **思考题**:提存的条件有哪些?

五、免除

债权人免除债务,指债权人放弃自己的债权。债权人可以免除部分债务,也可以免除全部债务。免除部分债务的,合同部分终止;免除全部债务的,合同全部终止。但是债务人在合理期限内拒绝的除外。

六、混同

债权和债务同归于一人,指由于某种事实的发生,使一项合同中,原本由一方当事人享有的债权,而由另一方当事人负担的债务,统归于一方当事人,使得该当事人既是合同的债权人,又是合同的债务人。

合同关系的存在,必须有债权人和债务人,当事人双方混同,合同失去存在基础,自然应当终止。合同终止债权消灭,债权的从权利如利息债权、违约金债权、担保债权同时消灭。但当债权是他人权利的标的时,为保护第三人的利益,债权不能因混同而消灭。

七、法律规定或当事人约定终止的其他情形

出现法律规定终止的其他情形的,合同的权利义务也可以终止。如代理人死亡、丧失民事行为能力,作为复代理人或者代理人的法人终止,委托代理终止;委托人或者受托人死亡、丧失民事行为能力或者破产的,委托合同终止。

当事人也可以约定合同权利义务终止的情形。如当事人订立附解除条件的合同,当解除条件成就时,债权债务关系消灭,合同的权利义务终止。当事人订立附终止期限的合同,期限届至时,合同的权利义务终止。

八、金融合同权利义务终止的法律后果

(一)后合同义务

1.后合同义务的特点

后合同义务,指合同的权利义务终止后,当事人依照法律的规定,遵循诚信原则,根据交易习惯履行的义务。

后合同义务的特点如下。

(1)后合同义务是合同的权利义务终止后产生的义务。

(2)后合同义务主要是法律规定的义务。

(3)后合同义务是诚信原则派生的义务。

(4)后合同义务的内容根据交易习惯确定。

2.合同终止后的义务

遵循诚信原则,根据交易习惯,合同终止后的义务通常有以下几方面。

(1)通知义务。合同权利义务终止后,一方当事人应当将有关情况及时通知另一方当事人。

(2)协助义务。合同权利义务终止后,当事人应当协助对方处理与原合同有关的事务。

(3)保密义务。这是指保守国家秘密、商业秘密和合同约定不得泄露的事项。

(4)旧物回收。为进一步促进生态文明建设,当事人在债权债务终止后,还依法负有旧物回收的义务。旧物回收也可能会包括包装物的回收。

(二)合同中结算和清理条款的效力

合同终止,合同条款也相应地失去其效力。但是如果该合同尚未结算清理完毕,合同中约定的结算清理条款仍然有效。结算是经济活动中的货币给付。清理指对债权债务进行清点、估价和处理。

思考题:合同权利义务终止后的法律后果有哪些?

第八节　违约责任

违约责任

金融合同中的违约,即违反金融合同。违反合同义务,就要承担违约责任。因而,违约责任,是合同当事人不履行合同义务或者履行合同义务不符合约定时,依法产生的法律责任。

一、违约行为的几种分类

(一)根本违约和非根本违约

根据违约行为是否完全违背缔约目的,可分为根本违约和非根本违约。完全违背缔约目的的为根本违约。部分违背缔约目的的,为非根本违约。

(二)合同的不履行和不适当履行

按照合同是否履行与履行状况,违约行为可分为合同的不履行和不适当履行。合同的不履行,指当事人不履行合同义务。合同的不履行包括拒不履行和履行不能。拒不履行指当事人能够履行合同却无正当理由而故意不履行;履行不能指因不可归责于债务人的事由致使合同的履行在事实上已经不可能。合同的不适当履行,又称不完全给付,指当事人履行合同义务不符合约定的条件。

(三)一般瑕疵履行和加害履行

按照违约行为是否在成侵权损害,可分为一般瑕疵履行和加害履行。当事人履行合同有一般瑕疵的,为一般瑕疵履行。当事人履行合同除有一般瑕疵外,还造成对方当事人的其他财产、人身损害的,为加害履行。

(四)债务人迟延履行和债权人受领迟延

按照迟延履行的主体,可分为债务人履行迟延和债权人受领迟延。债务人超逾履行期履行的,为债务人履行迟延。债权人超逾履行期受领的,为债权人受领迟延。

(五)预期违约和届期违约

按违约行为发生的时间,可分为预期违约和届期违约。违约行为发生于合同履行期届至之后的,为届期违约。违约行为发生于合同履行期届至之前的,为预期违约。当事人在合同履行期到来之前无正当理由明确表示将不履行合同,或者以自己的行为表明将不履行合同,即构成预期违约。

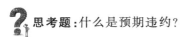
思考题:什么是预期违约?

二、违约责任的承担方式

(一)继续履行

1.继续履行的条件

继续履行是指在违约方不履行合同时,通过法律规定的强制手段,强制违约方继续履行合同债务的违约责任方式。当事人一方不履行非金钱或履行非金钱债务不符合约定的,对方可以请求履行,但是存有下列情形的除外。

(1)法律或事实上不能履行。

(2)债务的标的不适于强制履行或者履行费用过高。

(3)债权人在合理期限内未请求履行。

有上述除外情形之一,致使不能实现合同目的的,人民法院或者仲裁机构可以根据当事人的请求终止合同权利义务关系,但是不影响违约责任的承担。

2.继续履行的构成要件

继续履行的构成要件如下。

(1)存在违约行为。

(2)违约方能够继续履行合同。

(3)守约方请求继续履行合同。

(二)采取补救措施

如果债务人履行合同义务不符合约定,则应当承担采取补救措施等违约责任。受损害当事人可以合理选择请求对方承担修理、重做、更换、减少价款或报酬等补救措施。

(三)赔偿损失

这里的赔偿损失指违约的赔偿损失,是一方当事人不履行合同义务或者履行合同义务不符合约定,在履行义务或采取补救措施后,对方还有其他损失的,应当进行赔偿。损失赔偿额应当相当于因违约所造成的损失,包括合同履行后可获得的利益,但是不能超过违约一方订立合同时预见或应当预见到的因违约可能造成的损失。

当事人一方违约后,对方应当采取适当措施防止损失的扩大;没有采取适当措施致使损失扩大的,不得就扩大的损失请求赔偿。当事人因防止损失扩大而支出的合理费用,由违约方负担。

(四)支付违约金

违约金是指按照当事人的约定或者法律直接规定,一方当事人违约的,应向另一方支付的金钱。违约金有法定违约金和约定违约金之分。有法律直接规定的违约金为法定违约金。违约金是由当事人约定的,为约定违约金。

(五)定金罚则

定金是债的一种担保方式,是指合同当事人一方为了担保合同的履行而预先向对方支付一定数额的金钱。当事人在订立合同时,可以约定一方向对方给付定金作为债权的担保。债务人履行债务后,定金应当抵作价款或者收回。给付定金的一方不履行约定的债务或者履行债务不符合约定,致使不能实现合同目的的,无权要求返还定金;收受定金的一方不履行约定的债务或者履行债务不符合约定,致使不能实现合同目的的,应当双倍返还定金。

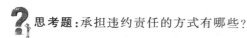 思考题:承担违约责任的方式有哪些?

三、免责事由

合同的免责事由是指合同违约方不承担违约责任的条件。根据我国《民法典》的规定,当出现法律规定的事由时违约方即使不履行或不完全履行合同,也不承担违约责任。

《民法典》中明确规定的免责事由为不可抗力。不可抗力,指当事人订立合同时不可预见,它的发生不可避免,人力对其不可克服的自然灾害、战争等客观情况。不可抗力造成违约的,违约方没有过错,因此通常是免责的。

当事人一方因不可抗力不能履行合同的,应及时通知对方。必要时,应当提供不可抗力的证明。

第九节 金融类合同

🎬金融类合同

在日常生活、商事交易中,会接触到不少金融类合同,这里介绍最为常见的三类金融类合同。

一、借款合同

借款合同,是贷款人向借款人提供借款,借款人到期返还借款,并向贷款人支付利息的合同。

🎬借款合同

金融机构与自然人、法人和其他组织的借款合同是诺成合同。当事人意思表示一致达成书面协议,合同就成立。自然人之间的借款合同是实践合同,贷款人提供贷款时合同生效。

(一)当事人的权利与义务

订立借款合同,贷款人可以要求借款人提供担保,借款人可采取保证、抵押、质押等担保方式。借款人还应当按照贷款人的要求提供有关业务活动和财务状况的真实情况。

贷款人未按照约定的日期、数额提供借款,造成借款人损失的,应当赔偿损失。借款人未按照约定的日期、数额收取借款的,应当按照约定的日期、数额支付利息。

贷款人和借款人可以在合同中约定,贷款人有权检查、监督贷款的使用情况。除此之外,借款人还应当按照约定向贷款人定期提供有关的财务会计报表或者其他资料。借款人未按照约定的借款用途使用借款的,贷款人可以停止发放借款、提前收回借款或解除合同。

借款人应当按照约定期限返还借款。对借款期限没有约定或者约定不明,且未能就此达成协议补充的,借款人可以随时返还借款;贷款人也可以催告借款人在合理期限内返还。若借款人在合同约定的借款期限内不能偿还借款,在征得贷款人同意的情形下,可以延长原借款的期限。

(二)借款的利息

借款利率,是指借款人和贷款人约定的应当收取的利息的数额与所借出资金的比率。借款人应当按照合同约定的利率向贷款人支付利息和本金。借款的利率不得违反国家有关限制借款利率的规定。如《最高人民法院关于审理民间借贷案件适用法律若干问题的规定》中明确,出借人请求借款人按照合同约定利率支付利息的,人民法院应予支持,但是双方约定的利率超过合同成立时一年期贷款市场报价利率4倍的除外。一年期贷款市场报价利率是指中国人民银行授权全国银行间同业拆借中心自2019年8月20日起每月发布的一年期贷款市场报价利率。

贷款人在提供借款时不得预先将利息从本金中扣除。如果贷款人违反法律规定,仍在提供借款时将利息从本金中扣除的,那么,借款人只需按照实际借款数额返还借款并计算利息。

关于利息支付的期限,有约定则按照约定进行;没有约定或者约定不明的,且依据《民法典》第510条等相关规定仍然不能确定的,则根据借款期间的长短进行区别对待。具体而言,借款期间不满1年的,应当在返还借款时一并支付利息;借款期间1年以上的,应当在每届满1年时支付,剩余期间不满1年的,则应当在返还借款时一并支付。

若借款人没有按照约定的期限返还借款,就应当按照约定或国家有关规定支付逾期利息。相反的,若借款人提前返还借款,除非当事人另有约定,否则,应当按照实际借款的期间计算利息。

 思考题:借款合同在利息上受何特殊约束?

二、融资租赁合同

(一)融资租赁合同的概念、内容、效力

融资租赁合同是出租人根据承租人对出卖人、租赁物的选择,向出卖人购买租赁物,提供给承租人使用,承租人支付租金的合同。

融资租赁合同应当采用书面形式。融资租赁合同的内容一般包括租赁物的名称、数量、规格、技术性能、检验方法,租赁期限,租金构成及其支付期限和方式、币种,租赁期限届满租赁物的归属等条款。

当事人以虚构租赁物方式订立的融资租赁合同无效。依照法律、行政法规的规定,对于租赁物的经营使用应当取得行政许可的,出租人未取得行政许可不影响融资租赁合同的效力。

(二)出租人的权利义务

出租人根据承租人对出卖人、租赁物的选择订立的买卖合同,出卖人应当按照约定向承租人交付标的物,承租人享有与受领标的物有关的买受人的权利。

出卖人违反向承租人交付标的物的义务,有下列情形之一的,承租人可以拒绝受领出卖人向其交付的标的物:标的物严重不符合约定;未按照约定交付标的物,经承租人或者出租人催告后在合理期限内仍未交付。承租人拒绝受领标的物的,应当及时通知出租人。

出租人、出卖人、承租人可以约定,出卖人不履行买卖合同义务的,由承租人行使索赔的权利。承租人行使索赔权利的,出租人应当协助。

承租人对出卖人行使索赔权利,不影响其履行支付租金的义务。但是,承租人依赖出租人的技能确定租赁物或者出租人干预选择租赁物的,承租人可以请求减免相应租金。

出租人有下列情形之一，致使承租人对出卖人行使索赔权利失败的，承租人有权请求出租人承担相应的责任：明知租赁物有质量瑕疵而不告知承租人；承租人行使索赔权利时，未及时提供必要协助。出租人怠于行使只能由其对出卖人行使的索赔权利，造成承租人损失的，承租人有权请求出租人承担赔偿责任。

出租人根据承租人对出卖人、租赁物的选择订立的买卖合同，未经承租人同意，出租人不得变更与承租人有关的合同内容。

出租人对租赁物享有的所有权，未经登记，不得对抗善意第三人。

融资租赁合同的租金，除当事人另有约定外，应当根据购买租赁物的大部分或者全部成本及出租人的合理利润确定。

租赁物不符合约定或者不符合使用目的的，出租人不承担责任。但是，承租人依赖出租人的技能确定租赁物或者出租人干预选择租赁物的除外。

出租人应当保证承租人对租赁物的占有和使用。

出租人有下列情形之一的，承租人有权请求其赔偿损失：无正当理由收回租赁物，无正当理由妨碍、干扰承租人对租赁物的占有和使用，因出租人的原因致使第三人对租赁物主张权利，不当影响承租人对租赁物占有和使用的其他情形。

（三）承租人的权利义务

承租人占有租赁物期间，租赁物造成第三人人身损害或者财产损失的，出租人不承担责任。

承租人应当妥善保管、使用租赁物。承租人应当履行占有租赁物期间的维修义务。承租人占有租赁物期间，租赁物毁损、灭失的，出租人有权请求承租人继续支付租金，但是法律另有规定或者当事人另有约定的除外。

承租人应当按照约定支付租金。承租人经催告后在合理期限内仍不支付租金的，出租人可以请求支付全部租金；也可以解除合同，收回租赁物。承租人未经出租人同意，将租赁物转让、抵押、质押、投资入股或者以其他方式处分的，出租人可以解除融资租赁合同。

（四）融资租赁合同的解除和权利归属

有下列情形之一的，出租人或者承租人可以解除融资租赁合同：出租人与出卖人订立的买卖合同解除、被确认无效或者被撤销，且未能重新订立买卖合同；租赁物因不可归责于当事人的原因毁损、灭失，且不能修复或者确定替代物；因出卖人的原因致使融资租赁合同的目的不能实现。

融资租赁合同因买卖合同解除、被确认无效或者被撤销而解除，出卖人、租赁物系由承租人选择的，出租人有权请求承租人赔偿相应损失；但是，因出租人原因致使买卖合同解除、被确认无效或者被撤销的除外。出租人的损失已经在买卖合同解除、被确认无效或者被撤销时获得赔偿的，承租人不再承担相应的赔偿责任。

出租人和承租人可以约定租赁期限届满租赁物的归属；对租赁物的归属没有约定或者约定不明确，依据《民法典》第510条的规定仍不能确定的，租赁物的所有权归出租人。

当事人约定租赁期限届满租赁物归承租人所有，承租人已经支付大部分租金，但是无力支付剩余租金，出租人因此解除合同收回租赁物，收回的租赁物的价值超过承租人欠付的租金及其他费用的，承租人可以请求相应返还。

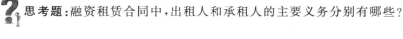**思考题**：融资租赁合同中，出租人和承租人的主要义务分别有哪些？

三、保理合同

（一）保理合同的概念、内容

保理合同是应收账款债权人将现有的或者将有的应收账款转让给保理人，保理人提供资金融通、应收账款管理或者催收、应收账款债务人付款担保等服务的合同。

保理合同应当采用书面形式。保理合同的内容一般包括业务类型、服务范围、服务期限、基础交易合同情况、应收账款信息、保理融资款或者服务报酬及其支付方式等条款。

应收账款债权人与债务人虚构应收账款作为转让标的，与保理人订立保理合同的，应收账款债务人不得以应收账款不存在为由对抗保理人，但是保理人明知虚构的除外。

(二)保理合同的具体规定

保理人向应收账款债务人发出应收账款转让通知的，应当表明保理人身份并附有必要凭证。

应收账款债务人接到应收账款转让通知后，应收账款债权人与债务人无正当理由协商变更或者终止基础交易合同，对保理人产生不利影响的，对保理人不发生效力。

当事人约定有追索权保理的，保理人可以向应收账款债权人主张返还保理融资款本息或者回购应收账款债权，也可以向应收账款债务人主张应收账款债权。保理人向应收账款债务人主张应收账款债权，在扣除保理融资款本息和相关费用后有剩余的，剩余部分应当返还给应收账款债权人。

当事人约定无追索权保理的，保理人应当向应收账款债务人主张应收账款债权，保理人取得超过保理融资款本息和相关费用的部分，无须向应收账款债权人返还。

应收账款债权人就同一应收账款订立多个保理合同，致使多个保理人主张权利的，已经登记的先于未登记的取得应收账款；均已经登记的，按照登记时间的先后顺序取得应收账款；均未登记的，由最先到达应收账款债务人的转让通知中载明的保理人取得应收账款；既未登记也未通知的，按照保理融资款或者服务报酬的比例取得应收账款。

四、行纪合同

行纪合同，指行纪人接受委托人的委托，以自己的名义，为委托人从事贸易活动，委托人支付报酬的合同。接受委托的一方为行纪人，而另一方则为委托人。

(一)行纪人的义务

行纪人应当按照委托人的指示进行交易。行纪人处理委托事务支出的费用，由行纪人负担，但是当事人另有约定的除外。

行纪人与第三人订立合同的，行纪人对该合同直接享有权利、承担义务。第三人不履行义务致使委托人受到损害的，除行纪人与委托人另有约定外，行纪人应当承担赔偿责任，委托人不能直接向第三人追究违约责任。

行纪人占有委托物的，应当妥善保管委托物。委托物交付给行纪人时有瑕疵或容易腐烂、变质的，经委托人同意，行纪人可以处分该物；不能与委托人及时取得联系的，行纪人可以合理处分。

行纪人卖出或者买入具有市场定价的商品，除委托人有相反的意思表示外，行纪人自己可以作为买受人或出卖人。

(二)委托人的义务

对于行纪人按照约定买入的委托物，委托人应当及时受领；经行纪人催告，委托人无正当理由拒绝受领的，行纪人依法可以提存委托物。委托物不能卖出或委托人撤回出卖，经行纪人催告，委托人不取回或不处分该物的，行纪人亦可依法提存委托物。

行纪人完成或部分完成委托事务的，委托人应当向其支付相应的报酬。

思考题：行纪合同中当事人的义务有哪些？

本章引用法律资源

　　1.《中华人民共和国民法典》。

　　2.《中华人民共和国商业银行法》。

　　3.《中华人民共和国银行业监督管理法》。

　　4.《支付结算办法》。

本章参考文献

　　1. 全国人大常委会办公厅. 中华人民共和国民法典[M]. 北京:中国民主法制出版社,2020.

　　2. 黄薇. 中华人民共和国民法典释义[M]. 北京:法律出版社,2020.

　　3. 曾章伟. 经济法学[M]. 杭州:浙江大学出版社,2018.

本章网站资源

　　1. 中国人民银行官网:http://www.pbc.gov.cn/。

　　2. 中国银行保险监督管理委员会网:http://www.cbirc.gov.cn/。

　　3. 中国人大网:http://www.npc.gov.cn/。

第六章课后练习题

第七章 货币与结算法

✏ 教学目标

通过学习,明白货币法、结算法的基本内容;掌握人民币管理的基本规定,掌握现金管理的基本规定;了解票据的分类,掌握票据关系、票据行为、票据权利、票据抗辩的基本规定,重点掌握汇票的出票、背书、保证、承兑、付款、追索等的基本规定,了解本票、支票的规定;了解汇兑、银行卡、信用证的法律规定;掌握支付机构网络支付业务的内容、客户管理、业务管理、风险管理、客户权益保护、监管等规定。

中国货币法

第一节 货币法

我国的货币法律法规是《中国人民银行法》《人民币管理条例》《现金管理条例》。货币法的立法目的是为了加强对人民币的管理,维护人民币的信誉,稳定金融秩序。

中国人民银行是国家管理人民币的主管机关,负责《中国人民银行法》和《人民币管理条例》的组织实施。

货币简史

一、人民币

(一)货币

货币是充当一般等价物的特殊商品,在法律上看,货币是一种可以互相替代的种类物。现代货币理论认为,货币是财产所有人之间交换权的契约。货币的表现形式从实物货币到金融货币,再到纸币与铸币并存。遵照格勒善法则,随着数字技术、信息技术、网络技术的发展,数字货币或者虚拟货币将会取代纸币和铸币。

货币是一种价值尺度,可以衡量商品或者服务的价值,为商品或者服务的交换充当媒介物,起到了流通手段的职能作用。货币还有储藏职能,在进行债务清偿时,货币是一种支付手段。如果一种货币在世界范围内作为一般等价物,则可称之为世界货币。

(二)人民币

中华人民共和国的法定货币是人民币。以人民币支付中华人民共和国境内的一切公共的和私人的债务,任何单位和个人不得拒收。任何单位和个人都应当爱护人民币。禁止损害人民币和妨碍人民币流通。

人民币,是指中国人民银行依法发行的货币,包括纸币和硬币。人民币的单位为元,人民币辅币单位为角、分。1元等于10角,1角等于10分。人民币依其面额支付。人民币数字化是法定货币数字化的必然结果。

二、人民币设计和印制

五套人民币

(一)人民币的设计

新版人民币由中国人民银行组织设计,报国务院批准。

(二)人民币的印刷

人民币由中国人民银行统一印制、发行。任何单位和个人不得印制、发售代币票券,以代替人民币在市场上流通。

人民币由中国人民银行指定的专门企业印制。印制人民币的企业应当按照中国人民银行制定的人民币质量标准和印制计划印制人民币。印制人民币的企业应当将合格的人民币产品全部解缴中国人民银行人民币发行库,将不合格的人民币产品按照中国人民银行的规定全部销毁。

印制人民币的原版、原模使用完毕后,由中国人民银行封存。印制人民币的特殊材料、技术、工艺、专用设备等重要事项属于国家秘密。印制人民币的企业和有关人员应当保守国家秘密;未经中国人民银行批准,任何单位和个人不得对外提供。除中国人民银行指定的印制人民币的企业外,任何单位和个人不得研制、仿制、引进、销售、购买和使用印制人民币所特有的防伪材料、防伪技术、防伪工艺和专用设备。有关管理办法由中国人民银行另行制定。

人民币样币是检验人民币印制质量和鉴别人民币真伪的标准样本,由印制人民币的企业按照中国人民银行的规定印制。人民币样币上应当加印"样币"字样。

三、人民币的发行和回收

(一)人民币的发行

人民币由中国人民银行统一发行。中国人民银行发行新版人民币,应当报国务院批准。中国人民银行应当将新版人民币的发行时间、面额、图案、式样、规格、主色调、主要特征等予以公告。中国人民银行不得在新版人民币发行公告发布前将新版人民币支付给金融机构。

因防伪或者其他原因,需要改变人民币的印制材料、技术或者工艺的,由中国人民银行决定。中国人民银行应当将改版后的人民币的发行时间、面额、主要特征等予以公告。中国人民银行不得在改版人民币发行公告发布前将改版人民币支付给金融机构。

中国人民银行可以根据需要发行纪念币。纪念币是具有特定主题的限量发行的人民币,包括普通纪念币和贵金属纪念币。纪念币的主题、面额、图案、材质、式样、规格、发行数量、发行时间等由中国人民银行确定;但是,纪念币的主题涉及重大政治、历史题材的,应当报国务院批准。中国人民银行应当将纪念币的主题、面额、图案、材质、式样、规格、发行数量、发行时间等予以公告。中国人民银行不得在纪念币发行公告发布前将纪念币支付给金融机构。

中国人民银行设立人民币发行库,在其分支机构设立分支库,负责保管人民币发行基金。各级人民币发行库主任由同级中国人民银行行长担任。人民币发行基金是中国人民银行人民币发行库保存的未进入流通的人民币。人民币发行基金的调拨,应当按照中国人民银行的规定办理。任何单位和个人不得违反规定动用人民币发行基金,不得干扰、阻碍人民币发行基金的调拨。

(二)人民币的回收

特定版别的人民币的停止流通,应当报国务院批准,并由中国人民银行公告。办理人民币存取款业务的金融机构应当按照中国人民银行的规定,收兑停止流通的人民币,并将其缴存当地中国人民银行。中国人民银行不得将停止流通的人民币支付给金融机构,金融机构不得将停止流通的人民币对外支付。

办理人民币存取款业务的金融机构应当按照中国人民银行的规定,无偿为公众兑换残缺、污损的人民币,挑剔残缺、污损的人民币,并将其缴存当地中国人民银行。中国人民银行不得将残缺、污损的人民币支付给金融机构,金融机构不得将残缺、污损的人民币对外支付。

停止流通的人民币和残缺、污损的人民币,由中国人民银行负责回收、销毁。具体办法由中国人民银行制定。

四、人民币的流通和保护

(一)人民币的流通

办理人民币存取款业务的金融机构应当根据合理需要的原则,办理人民币券别调剂业务。

禁止非法买卖流通人民币。纪念币的买卖,应当遵守中国人民银行的有关规定。人民币样币禁止流通。人民币样币的管理办法,由中国人民银行制定。中国公民出入境、外国人入出境携带人民币实行限额管理制度,具体限额由中国人民银行规定。

任何单位和个人不得印制、发售代币票券,以代替人民币在市场上流通。

人民币有下列情形之一的,不得流通:不能兑换的残缺、污损的人民币;停止流通的人民币。

(二)人民币的保护

禁止下列损害人民币的行为:故意毁损人民币;制作、仿制、买卖人民币图样;未经中国人民银行批准,在宣传品、出版物或者其他商品上使用人民币图样;中国人民银行规定的其他损害人民币的行为。前款人民币图样包括放大、缩小和同样大小的人民币图样。

禁止伪造、变造人民币。禁止出售、购买伪造、变造的人民币。禁止走私、运输、持有、使用伪造、变造的人民币。禁止故意毁损人民币。

单位和个人持有伪造、变造的人民币的,应当及时上交中国人民银行、公安机关或者办理人民币存取款业务的金融机构;发现他人持有伪造、变造的人民币的,应当立即向公安机关报告。

中国人民银行、公安机关发现伪造、变造的人民币,应当予以没收,加盖"假币"字样的戳记,并登记造册;持有人对公安机关没收的人民币的真伪有异议的,可以向中国人民银行申请鉴定。公安机关应当将没收的伪造、变造的人民币解缴当地中国人民银行。

办理人民币存取款业务的金融机构发现伪造、变造的人民币,数量较多、有新版的伪造人民币或者有其他制造贩卖伪造、变造的人民币线索的,应当立即报告公安机关;数量较少的,由该金融机构两名以上工作人员当面予以收缴,加盖"假币"字样的戳记,登记造册,向持有人出具中国人民银行统一印制的收缴凭证,并告知持有人可以向中国人民银行或者向中国人民银行授权的国有独资商业银行的业务机构申请鉴定。对伪造、变造的人民币收缴及鉴定的具体办法,由中国人民银行制定。办理人民币存取款业务的金融机构应当将收缴的伪造、变造的人民币解缴当地中国人民银行。

中国人民银行和中国人民银行授权的国有独资商业银行的业务机构应当无偿提供鉴定人民币真伪的服务。对盖有"假币"字样戳记的人民币,经鉴定为真币的,由中国人民银行或者中国人民银行授权的国有独资商业银行的业务机构按照面额予以兑换;经鉴定为假币的,由中国人民银行或者中国人民银行授权的国有独资商业银行的业务机构予以没收。中国人民银行授权的国有独资商业银行的业务机构应当将没收的伪造、变造的人民币解缴当地中国人民银行。

办理人民币存取款业务的金融机构应当采取有效措施,防止以伪造、变造的人民币对外支付。办理人民币存取款业务的金融机构应当在营业场所无偿提供鉴别人民币真伪的服务。

伪造、变造的人民币由中国人民银行统一销毁。

人民币反假鉴别仪应当按照国家规定标准生产。人民币反假鉴别仪国家标准,由中国人民银行会同有关部门制定,并协助组织实施。

思考题:如何发行人民币?

五、现金的使用与监管

(一)现金的监管机关

凡在银行和其他金融机构开立账户的机关、团体、部队、企业、事业单位和其他单位,必须依照法律规定收支和使用现金,接受开户银行的监督。

国家鼓励开户单位和个人在经济活动中,采取转账方式进行结算,减少使用现金。开户单位之间的经济往来,除按规定的范围可以使用现金外,应当通过开户银行进行转账结算。

各级人民银行应当严格履行金融主管机关的职责,负责对开户银行的现金管理进行监督和稽核。开户银行依照《现金管理条例》和中国人民银行的规定,负责现金管理的具体实施,对开户单位收支、使用现金进行监督管理。

(二)现金的使用与管理

1.现金使用范围与限额

开户单位可以在下列范围内使用现金:职工工资、津贴,个人劳务报酬,根据国家规定颁发给个人的科学技术、文化艺术、体育等各种奖金,各种劳保、福利费用及国家规定的对个人的其他支出,向个人收购农副产品和其他物资的价款,出差人员必须随身携带的差旅费,结算起点(钱款结算起点定为1000元)以下的零星支出,中国人民银行确定需要支付现金的其他支出。开户单位支付给个人的款项,超过使用现金限额的部分,应当以支票或者银行本票支付;确需全额支付现金的,经开户银行审核后,予以支付现金。

转账结算凭证在经济往来中,具有同现金相同的支付能力。开户单位在销售活动中,不得对现金结算给予比转账结算优惠的待遇;不得拒收支票、银行汇票和银行本票。机关、团体、部队、全民所有制和集体所有制企业事业单位购置国家规定的专项控制商品,必须采取转账结算方式,不得使用现金。

开户银行应当根据实际需要,核定开户单位3~5天的日常零星开支所需的库存现金限额。边远地区和交通不便地区的开户单位的库存现金限额,可以多于5天,但不得超过15天的日常零星开支。

经核定的库存现金限额,开户单位必须严格遵守。需要增加或者减少库存现金限额的,应当向开户银行提出申请,由开户银行核定。

2.现金收支办理

开户单位现金收支应当依照下列规定办理。

(1)开户单位现金收入应当于当日送存开户银行。当日送存确有困难的,由开户银行确定送存时间。

(2)开户单位支付现金,可以从本单位库存现金限额中支付或者从开户银行提取,不得从本单位的现金收入中直接支付(即坐支)。因特殊情况需要坐支现金的,应当事先报经开户银行审查批准,由开户银行核定坐支范围和限额。坐支单位应当定期向开户银行报送坐支金额和使用情况。

(3)开户单位根据《现金管理条例》第5条和第6条的规定,从开户银行提取现金,应当写明用途,由本单位财会部门负责人签字盖章,经开户银行审核后,予以支付现金。

(4)因采购地点不固定、交通不便、生产或者市场急需、抢险救灾及其他特殊情况必须使用现金的,开户单位应当向开户银行提出申请,由本单位财会部门负责人签字盖章,经开户银行审核后,予以支付现金。

开户单位应当建立健全现金账目,逐笔记载现金支付。账目应当日清月结,账款相符。

具备条件的银行应当接受开户单位的委托,开展代发工资、转存储蓄业务。

为保证开户单位的现金收入及时送存银行,开户银行必须按照规定做好现金收款工作,不得随意缩短收款时间。大中城市和商业比较集中的地区,应当建立非营业时间收款制度。

开户银行应当加强柜台审查,定期和不定期地对开户单位现金收支情况进行检查,并按规定向当地人民银行报告现金管理情况。

一个单位在几家银行开户的,由一家开户银行负责现金管理工作,核定开户单位库存现金限额。

各金融机构的现金管理分工,由中国人民银行确定。有关现金管理分工的争议,由当地人民银行协调、裁决。

开户银行应当建立健全现金管理制度,配备专职人员,改进工作作风,改善服务设施。现金管理工作所需经费应当在开户银行业务费中解决。

思考题:如何监管现金的使用?

第二节 票据法

全国人大常委会于 1995 年 5 月 10 日通过《票据法》,自 1996 年 1 月 1 日起施行。全国人大常委会于 2004 年修订《票据法》。票据结算的法律依据还包括《票据管理实施办法》《最高人民法院关于审理票据纠纷案件若干问题的规定》《支付结算办法》等。制定票据法的目的是为了规范票据行为,保障票据活动中当事人的合法权益,维护社会经济秩序,促进社会主义市场经济的发展。

一、票据

票据概述

票据,是指汇票、本票和支票。我国的票据,主要包括银行汇票、商业汇票、银行本票和支票。

二、票据行为、票据权利与票据责任

(一)票据行为与票据责任

票据行为是指能产生票据权利义务关系的法律行为。票据行为有出票、背书、承兑、保证等。票据责任,是指票据债务人向持票人支付票据金额的义务。

票据出票人制作票据,应当按照法定条件在票据上签章,并按照所记载的事项承担票据责任。票据金额以中文大写和数码同时记载,二者必须一致,二者不一致的,票据无效。票据上的记载事项必须符合票据法的规定。票据金额、日期、收款人名称不得更改,更改的票据无效。对票据上的其他记载事项,原记载人可以更改,更改时应当由原记载人签章证明。

票据行为

票据法律关系

票据瑕疵

持票人行使票据权利,应当按照法定程序在票据上签章,并出示票据。其他票据债务人在票据上签章的,按照票据所记载的事项承担票据责任。无民事行为能力人或者限制民事行为能力人在票据上签章的,其签章无效,但是不影响其他签章的效力。票据上的签章,为签名、盖章或者签名加盖章。法人和其他使用票据的单位在票据上的签章,为该法人或者该单位的盖章加其法定代表人或者其授权的代理人的签章。在票据上的签名,应当为该当事人的本名。

票据当事人可以委托其代理人在票据上签章,并应当在票据上表明其代理关系。没有代理权而以代理人名义在票据上签章的,应当由签章人承担票据责任;代理人超越代理权限的,应当就其超越权限的部分承担票据责任。

票据上的记载事项应当真实,不得伪造、变造。伪造、变造票据上的签章和其他记载事项的,应当承担法律责任。票据上有伪造、变造的签章的,不影响票据上其他真实签章的效力。票据上其他记载事项被变造的,在变造之前签章的人,对原记载事项负责;在变造之后签章的人,对变造之后的记载事项负责;不能辨别是在票据被变造之前或者之后签章的,视同在变造之前签章。

(二)票据权利

票据权利

票据权利是指持票人向票据债务人请求支付票据金额的权利,包括付款请求权和追索权。付款请求权是第一次权利,追索权是第二次权利,票据权利其实是双重请求权。

1. 票据权利的取得

票据的签发、取得和转让,应当遵循诚实信用的原则,具有真实的交易关系和债权债务关系。票据的取得,必须给付对价,即应当给付票据双方当事人认可的相对应的代价。因税收、继承、赠与可以依法无偿取得票据的,不受给付对价的限制。但是,所享有的票据权利不得优于其前手的权利。前手是指在票据签章人或者持票人之前签章的其他票据债务人。

以欺诈、偷盗或者胁迫等手段取得票据的,或者明知有前列情形,出于恶意取得票据的,不得享有票据权利。持票人因重大过失取得不符合票据法规定的票据的,也不得享有票据权利。

2. 票据时效

票据权利在下列期限内不行使而消灭:持票人对票据的出票人和承兑人的权利,自票据到期日起两年。见票即付的汇票、本票,自出票日起两年;持票人对支票出票人的权利,自出票日起 6 个月;持票人对前手的追索权,自被拒绝承兑或者被拒绝付款之日起 6 个月;持票人对前手的再追索权,自清偿日或者被提起诉讼之日起 3 个月。票据的出票日、到期日由票据当事人依法确定。

持票人因超过票据权利时效或者因票据记载事项欠缺而丧失票据权利的,仍享有民事权利,可以请求出票人或者承兑人返还其与未支付的票据金额相当的利益。

3. 票据权利的行使与保全

持票人行使票据权利,应当按照法定程序在票据上签章,并出示票据。

人民法院在审理、执行票据纠纷案件时,对具有下列情形之一的票据,经当事人申请并提供担保,可以依法采取保全措施或者执行措施:不履行约定义务,与票据债务人有直接债权债务关系的票据当事人所持有的票据;持票人恶意取得的票据;应付对价而未付对价的持票人持有的票据;记载有"不得转让"字样而用于贴现的票据;记载有"不得转让"字样而用于质押的票据;法律或者司法解释规定有其他情形的票据。

持票人对票据债务人行使票据权利,或者保全票据权利,应当在票据当事人的营业场所和营业时间内进行,票据当事人无营业场所的,应当在其住所进行。

4. 票据权利的救济

票据丧失的救济措施有挂失止付、公示催告、诉讼三种。

(1)挂失止付

票据丧失
与补救

票据丧失,失票人可以及时通知票据的付款人挂失止付,但是,未记载付款人或者无法确定付款人及其代理付款人的票据除外。

允许挂失止付的票据丧失,失票人需要挂失止付的,应填写挂失止付通知书并签章。付款人或者代理付款人收到挂失止付通知书后,查明挂失票据确未付款时,应立即暂停支付。付款人或者代理付款人自收到挂失止付通知书之日起 12 日内没有收到人民法院的止付通知书的,自第 13

日起,持票人提示付款并依法向持票人付款的,不再承担责任。付款人或者代理付款人在收到挂失止付通知书之前,已经向持票人付款的,不再承担责任。但是,付款人或者代理付款人以恶意或者重大过失付款的除外。

(2)公示催告

失票人应当在通知挂失止付后3日内,也可以在票据丧失后,依法向人民法院申请公示催告。人民法院决定受理公示催告申请,应当同时通知付款人及代理付款人停止支付,并自立案之日起3日内发出公告。付款人或者代理付款人收到人民法院发出的止付通知,应当立即停止支付,直至公示催告程序终结。非经发出止付通知的人民法院许可擅自解付的,不得免除票据责任。

人民法院决定受理公示催告申请后发布的公告应当在全国性的报刊上登载。公示催告的期间,国内票据自公告发布之日起60日,涉外票据可根据具体情况适当延长,但最长不得超过90日。在公示催告期间,以公示催告的票据质押、贴现,因质押、贴现而接受该票据的持票人主张票据权利的,人民法院不予支持,但公示催告期间届满以后人民法院作出除权判决以前取得该票据的除外。

(3)诉讼

失票人应当在通知挂失止付后3日内,也可以在票据丧失后,依法向人民法院提起诉讼。

思考题:票据权利的救济措施有哪些?

三、票据抗辩

票据抗辩,是指票据债务人根据《票据法》规定对票据债权人拒绝履行义务的行为。

(一)对物的抗辩

《最高人民法院关于审理票据纠纷案件若干问题的规定》明确规定,票据债务人对持票人提出下列抗辩的,人民法院应予支持:欠缺法定必要记载事项或者不符合法定格式的;超过票据权利时效的;人民法院作出的除权判决已经发生法律效力的;以背书方式取得但背书不连续的;其他依法不得享有票据权利的。

(二)对人的抗辩

《支付结算办法》规定,票据债务人对下列情况的持票人可以拒绝付款:对不履行约定义务的与自己有直接债权债务关系的持票人;以欺诈、偷盗或者胁迫等手段取得票据的持票人;对明知有欺诈、偷盗或者胁迫等情形,出于恶意取得票据的持票人;明知债务人与出票人或者持票人的前手之间存在抗辩事由而取得票据的持票人;因重大过失取得不符合《票据法》规定的票据的持票人;取得背书不连续票据的持票人;符合《票据法》规定的其他抗辩事由。

《票据法》规定,票据债务人不得以自己与出票人或者与持票人的前手之间的抗辩事由,对抗持票人。但是,持票人明知存在抗辩事由而取得票据的除外。票据债务人可以对不履行约定义务的与自己有直接债权债务关系的持票人,进行抗辩。

四、汇票

(一)汇票的定义和种类

汇票是出票人签发的,委托付款人在见票时或者在指定日期无条件支付确定的金额给收款人或者持票人的票据。汇票分为银行汇票和商业汇票。

(二)出票

出票是指出票人签发票据并将其交付给收款人的票据行为。

汇票的出票人必须与付款人具有真实的委托付款关系,并且具有支付汇票金额的可靠资金来源。不得签发无对价的汇票用以骗取银行或者其他票据当事人的资金。

汇票必须记载下列事项:表明"汇票"的字样;无条件支付的委托;确定的金额;付款人名称;收款人名称;出票日期;出票人签章。汇票上未记载前款规定事项之一的,汇票无效。

汇票上记载付款日期、付款地、出票地等事项的,应当清楚、明确。汇票上未记载付款日期的,为见票即付。汇票上未记载付款地的,付款人的营业场所、住所或者经常居住地为付款地。汇票上未记载出票地的,出票人的营业场所、住所或者经常居住地为出票地。

汇票上可以记载《票据法》规定事项以外的其他出票事项,但是该记载事项不具有汇票上的效力。

付款日期可以按照下列形式之一记载:见票即付;定日付款;出票后定期付款;见票后定期付款。前款规定的付款日期为汇票到期日。

出票人签发汇票后,即承担保证该汇票承兑和付款的责任。出票人在汇票得不到承兑或者付款时,应当向持票人清偿票据法规定的金额和费用。

(三)背书

背书是指在票据背面或者粘单上记载有关事项并签章的票据行为。

持票人可以将汇票权利转让给他人或者将一定的汇票权利授予他人行使。出票人在汇票上记载"不得转让"字样的,汇票不得转让。持票人行使第一款规定的权利时,应当背书并交付汇票。票据凭证不能满足背书人记载事项的需要,可以加附粘单,黏附于票据凭证上。粘单上的第一记载人,应当在汇票和粘单的粘接处签章。

背书由背书人签章并记载背书日期。背书未记载日期的,视为在汇票到期日前背书。

汇票以背书转让或者以背书将一定的汇票权利授予他人行使时,必须记载被背书人名称。

以背书转让的汇票,背书应当连续。持票人以背书的连续,证明其汇票权利;非经背书转让,而以其他合法方式取得汇票的,依法举证,证明其汇票权利。前款所称背书连续,是指在票据转让中,转让汇票的背书人与受让汇票的被背书人在汇票上的签章依次前后衔接。

以背书转让的汇票,后手应当对其直接前手背书的真实性负责。后手是指在票据签章人之后签章的其他票据债务人。

背书不得附有条件。背书时附有条件的,所附条件不具有汇票上的效力。将汇票金额的一部分转让的背书或者将汇票金额分别转让给两人以上的背书无效。

背书人在汇票上记载"不得转让"字样,其后手再背书转让的,原背书人对后手的被背书人不承担保证责任。

背书记载"委托收款"字样的,被背书人有权代背书人行使被委托的汇票权利。但是,被背书人不得再以背书转让汇票权利。汇票可以设定质押;质押时应当以背书记载"质押"字样。被背书人依法实现其质权时,可以行使汇票权利。

汇票被拒绝承兑、被拒绝付款或者超过付款提示期限的,不得背书转让;背书转让的,背书人应当承担汇票责任。

背书人以背书转让汇票后,即承担保证其后手所持汇票承兑和付款的责任。背书人在汇票得不到承兑或者付款时,应当向持票人清偿票据法规定的金额和费用。

? **思考题**:票据背书的规则有哪些?

(四)承兑

承兑是指汇票付款人承诺在汇票到期日支付汇票金额的票据行为。

定日付款或者出票后定期付款的汇票,持票人应当在汇票到期日前向付款人提示承兑。提示承兑是指持票人向付款人出示汇票,并要求付款人承诺付款的行为。

见票后定期付款的汇票,持票人应当自出票日起1个月内向付款人提示承兑。汇票未按照规定期限提示承兑的,持票人丧失对其前手的追索权。见票即付的汇票无须提示承兑。

付款人对向其提示承兑的汇票,应当自收到提示承兑的汇票之日起3日内承兑或者拒绝承兑。付款人收到持票人提示承兑的汇票时,应当向持票人签发收到汇票的回单。回单上应当记明汇票提示承兑日期并签章。

付款人承兑汇票的,应当在汇票正面记载"承兑"字样和承兑日期并签章;见票后定期付款的汇票,应当在承兑时记载付款日期。汇票上未记载承兑日期的,以规定期限的最后一日为承兑日期。

付款人承兑汇票,不得附有条件;承兑附有条件的,视为拒绝承兑。

付款人承兑汇票后,应当承担到期付款的责任。

(五)保证

汇票的债务可以由保证人承担保证责任。保证人由汇票债务人以外的他人担当。

保证人必须在汇票或者粘单上记载下列事项:表明"保证"的字样;保证人名称和住所;被保证人的名称;保证日期;保证人签章。

保证人在汇票或者粘单上未记载被保证人名称的,已承兑的汇票,承兑人为被保证人;未承兑的汇票,出票人为被保证人。保证人在汇票或者粘单上未记载保证日期的,出票日期为保证日期。

保证不得附有条件;附有条件的,不影响对汇票的保证责任。

保证人对合法取得汇票的持票人所享有的汇票权利,承担保证责任。但是,被保证人的债务因汇票记载事项欠缺而无效的除外。

被保证的汇票,保证人应当与被保证人对持票人承担连带责任。汇票到期后得不到付款的,持票人有权向保证人请求付款,保证人应当足额付款。

保证人为两人以上的,保证人之间承担连带责任。

保证人清偿汇票债务后,可以行使持票人对被保证人及其前手的追索权。

(六)付款

持票人应当按照下列期限提示付款:见票即付的汇票,自出票日起1个月内向付款人提示付款;定日付款、出票后定期付款或者见票后定期付款的汇票,自到期日起10日内向承兑人提示付款。持票人未按照前款规定期限提示付款的,在作出说明后,承兑人或者付款人仍应当继续对持票人承担付款责任。通过委托收款银行或者通过票据交换系统向付款人提示付款的,视同持票人提示付款。持票人依照前条规定提示付款的,付款人必须在当日足额付款。

持票人获得付款的,应当在汇票上签收,并将汇票交给付款人。持票人委托银行收款的,受委托的银行将代收的汇票金额转账收入持票人账户,视同签收。

持票人委托的收款银行的责任,限于按照汇票上记载事项将汇票金额转入持票人账户。付款人委托的付款银行的责任,限于按照汇票上记载事项从付款人账户支付汇票金额。

付款人及其代理付款人付款时,应当审查汇票背书的连续,并审查提示付款人的合法身份证明或者有效证件。付款人及其代理付款人以恶意或者有重大过失付款的,应当自行承担责任。

对定日付款、出票后定期付款或者见票后定期付款的汇票,付款人在到期日前付款的,由付款人自行承担所产生的责任。

汇票金额为外币的,按照付款日的市场汇价,以人民币支付。汇票当事人对汇票支付的货币种类另有约定的,从其约定。

付款人依法足额付款后,全体汇票债务人的责任解除。

(七)追索

汇票到期被拒绝付款的,持票人可以对背书人、出票人及汇票的其他债务人行使追索权。汇票到期日前,有下列情形之一的,持票人也可以行使追索权:汇票被拒绝承兑的;承兑人或者付款人死亡、逃匿的;承兑人或者付款人被依法宣告破产的或者因违法被责令终止业务活动的。

持票人行使追索权时,应当提供被拒绝承兑或者被拒绝付款的有关证明。持票人提示承兑或者提示付款被拒绝的,承兑人或者付款人必须出具拒绝证明,或者出具退票理由书。未出具拒绝证明或者退票理由书的,应当承担由此产生的民事责任。

持票人因承兑人或者付款人死亡、逃匿或其他原因,不能取得拒绝证明的,可以依法取得其他有关证明。

承兑人或者付款人被人民法院依法宣告破产的,人民法院的有关司法文书具有拒绝证明的效力。承兑人或者付款人因违法被责令终止业务活动的,有关行政主管部门的处罚决定具有拒绝证明的效力。

持票人不能出示拒绝证明、退票理由书或者未按照规定期限提供其他合法证明的,丧失对其前手的追索权。但是,承兑人或者付款人仍应当对持票人承担责任。

持票人应当自收到被拒绝承兑或者被拒绝付款的有关证明之日起 3 日内,将被拒绝事由书面通知其前手;其前手应当自收到通知之日起 3 日内书面通知其再前手。持票人也可以同时向各汇票债务人发出书面通知。未按照前款规定期限通知的,持票人仍可以行使追索权。因延期通知给其前手或者出票人造成损失的,由没有按照规定期限通知的汇票当事人,承担对该损失的赔偿责任,但是所赔偿的金额以汇票金额为限。在规定期限内将通知按照法定地址或者约定的地址邮寄的,视为已经发出通知。

汇票的出票人、背书人、承兑人和保证人对持票人承担连带责任。持票人可以不按照汇票债务人的先后顺序,对其中任何一人、数人或者全体行使追索权。持票人对汇票债务人中的一人或者数人已经进行追索的,对其他汇票债务人仍可以行使追索权。被追索人清偿债务后,与持票人享有同一权利。

持票人为出票人的,对其前手无追索权。持票人为背书人的,对其后手无追索权。

持票人行使追索权,可以请求被追索人支付下列金额和费用:被拒绝付款的汇票金额;汇票金额自到期日或者提示付款日起至清偿日止,按照中国人民银行规定的利率计算的利息;取得有关拒绝证明和发出通知书的费用。被追索人清偿债务时,持票人应当交出汇票和有关拒绝证明,并出具所收到利息和费用的收据。

被追索人依照前条规定清偿后,可以向其他汇票债务人行使再追索权,请求其他汇票债务人支付下列金额和费用:已清偿的全部金额;前项金额自清偿日起至再追索清偿日止,按照中国人民银行规定的利率计算的利息;发出通知书的费用。行使再追索权的被追索人获得清偿时,应当交出汇票和有关拒绝证明,并出具所收到利息和费用的收据。

被追索人依照规定清偿债务后,其责任解除。

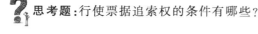 **思考题:**行使票据追索权的条件有哪些?

五、本票

本票是出票人签发的,承诺自己在见票时无条件支付确定的金额给收款人或者持票人的票据。《票据法》所称本票,是指银行本票。

本票的出票人必须具有支付本票金额的可靠资金来源,并保证支付。

本票必须记载下列事项:表明"本票"的字样;无条件支付的承诺;确定的金额;收款人名称;出票日期;出票人签章。本票上未记载前款规定事项之一的,本票无效。

本票上记载付款地、出票地等事项的,应当清楚、明确。本票上未记载付款地的,出票人的营业场所为付款地。本票上未记载出票地的,出票人的营业场所为出票地。

本票的出票人在持票人提示见票时,必须承担付款的责任。

本票自出票日起,付款期限最长不得超过两个月。

本票的持票人未按照规定期限提示见票的,丧失对出票人以外的前手的追索权。

本票的背书、保证、付款行为和追索权的行使,除本章规定外,适用有关汇票的规定。本票的出票行为,除本章规定外,适用关于汇票的规定。

六、支票

支票是出票人签发的,委托办理支票存款业务的银行或者其他金融机构在见票时无条件支付确定的金额给收款人或者持票人的票据。

开立支票存款账户,申请人必须使用其本名,并提交证明其身份的合法证件。开立支票存款账户和领用支票,应当有可靠的资信,并存入一定的资金。开立支票存款账户,申请人应当预留其本名的签名式样和印鉴。

支票可以支取现金,也可以转账,用于转账时,应当在支票正面注明。支票中专门用于支取现金的,可以另行制作现金支票,现金支票只能用于支取现金。支票中专门用于转账的,可以另行制作转账支票,转账支票只能用于转账,不得支取现金。

支票必须记载下列事项:表明"支票"的字样;无条件支付的委托;确定的金额;付款人名称;出票日期;出票人签章。支票上未记载前款规定事项之一的,支票无效。

支票上的金额可以由出票人授权补记,未补记前的支票,不得使用。

支票上未记载收款人名称的,经出票人授权,可以补记。支票上未记载付款地的,付款人的营业场所为付款地。支票上未记载出票地的,出票人的营业场所、住所或者经常居住地为出票地。出票人可以在支票上记载自己为收款人。

支票的出票人所签发的支票金额不得超过其付款时在付款人处实有的存款金额。出票人签发的支票金额超过其付款时在付款人处实有的存款金额的,为空头支票。禁止签发空头支票。

支票的出票人不得签发与其预留本名的签名式样或者印鉴不符的支票。

出票人必须按照签发的支票金额承担保证向该持票人付款的责任。出票人在付款人处的存款足以支付支票金额时,付款人应当在当日足额付款。

支票限于见票即付,不得另行记载付款日期。另行记载付款日期的,该记载无效。

支票的持票人应当自出票日起10日内提示付款;异地使用的支票,其提示付款的期限由中国人民银行另行规定。超过提示付款期限的,付款人可以不予付款;付款人不予付款的,出票人仍应当对持票人承担票据责任。

付款人依法支付支票金额的,对出票人不再承担受委托付款的责任,对持票人不再承担付款的责任。但是,付款人以恶意或者有重大过失付款的除外。

支票的背书、付款行为和追索权的行使,除本章规定外,适用有关汇票的规定。支票的出票行为,除本章规定外,适用关于汇票的规定。

?思考题:支票出票的规则有哪些?

第三节 非票据结算方式

支付结算是指单位或者个人通过现金、票据、汇兑、托收承付、委托收款、银行卡、信用证、电子支付、网络支付等方式支付货币和进行资金清算的行为。现金、票据、汇兑、托收承付、委托收款等方式是传统的支付结算方式,银行卡、信用证、电子支付、网络支付等方式是新型的支付结算方式。本节主要介绍汇兑、托收承付、委托收款、银行卡、信用证五种结算方式。

一、汇兑

汇兑是汇款人委托银行将其款项支付给收款人的结算方式。单位和个人的各种款项的结算,均可使用汇兑结算方式。汇兑分为信汇、电汇两种,由汇款人选择使用。

汇款人签发汇兑凭证。汇出银行受理汇款人签发的汇兑凭证,经审查无误后,应及时向汇入银行办理汇款。汇入银行对开立存款账户的收款人,应将汇给其的款项直接转入收款人账户,并向其发出收账通知。

汇款人对汇出银行尚未汇出的款项可以申请撤销。申请撤销时,应出具正式函件或本人身份证件及原信、电汇回单。汇出银行查明确未汇出款项的,收回原信、电汇回单,方可办理撤销。

汇款人对汇出银行已经汇出的款项可以申请退汇。对在汇入银行开立存款账户的收款人,由汇款人与收款人自行联系退汇;对未在汇入银行开立存款账户的收款人,汇款人应出具正式函件或本人身份证件,以及原信、电汇回单,由汇出银行通知汇入银行,经汇入银行核实汇款确未支付,并将款项汇回汇出银行,方可办理退汇。汇入银行对于收款人拒绝接受的汇款,应即办理退汇。汇入银行对于向收款人发出取款通知,经过两个月无法交付的汇款,应主动办理退汇。

转汇银行不得受理汇款人或汇出银行对汇款的撤销或退汇。

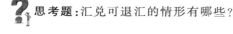 思考题:汇兑可退汇的情形有哪些?

二、托收承付

托收承付是根据购销合同由收款人发货后委托银行向异地付款人收取款项,由付款人向银行承认付款的结算方式。托收承付结算每笔的金额起点为 1 万元。新华书店系统每笔的金额起点为 1000 元。托收承付结算款项的划回方法,分邮寄和电报两种,由收款人选用。

使用托收承付结算方式的收款单位和付款单位,必须是国有企业、供销合作社及经营管理较好,并经开户银行审查同意的城乡集体所有制工业企业。

办理托收承付结算的款项,必须是商品交易,以及因商品交易而产生的劳务供应的款项。代销、寄销、赊销商品的款项,不得办理托收承付结算。

收付双方使用托收承付结算必须签有符合规定的购销合同,并在合同上订明使用托收承付结算方式。收款人办理托收,必须具有商品确已发运的证件。没有发运证件,可凭法定其他有关证件办理托收。

收款人按照签订的购销合同发货后,委托银行办理托收。收款人应将托收凭证并附发运证件或其他符合托收承付结算的有关证明和交易单证送交银行。

收款人开户银行接到托收凭证及其附件后,进行审查后付款。承付货款分为验单付款和验货付款两种,由收付双方商量选用,并在合同中明确规定。

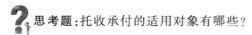 思考题:托收承付的适用对象有哪些?

三、委托收款

委托收款是收款人委托银行向付款人收取款项的结算方式。单位和个人凭已承兑商业汇票、债券、存单等付款人债务证明办理款项的结算,均可以使用委托收款结算方式。委托收款在同城、异地均可以使用。在同城范围内,收款人收取公用事业费或根据国务院的规定,可以使用同城特约委托收款。委托收款结算款项的划回方式,分邮寄和电报两种,由收款人选用。

签发委托收款凭证必须记载下列事项:表明"委托收款"的字样、确定的金额、付款人名称、收款人名称、委托收款凭据名称及附寄单证张数、委托日期、收款人签章。欠缺记载上列事项之一的,银行不予受理。

委托收款以银行以外的单位为付款人的,委托收款凭证必须记载付款人开户银行名称;以银行以外的单位或在银行开立存款账户的个人为收款人的,委托收款凭证必须记载收款人开户银行名称;未在银行开立存款账户的个人为收款人的,委托收款凭证必须记载被委托银行名称。欠缺记载的,银行不予受理。

收款人办理委托收款应向银行提交委托收款凭证和有关的债务证明。银行接到寄来的委托收款凭证及债务证明,审查无误办理付款。

付款人审查有关债务证明后,对收款人委托收取的款项需要拒绝付款的,可以办理拒绝付款。

思考题:委托收款的付款要求有哪些?

银行卡

四、银行卡

(一)银行卡的定义与分类

1.银行卡的定义

银行卡是指由商业银行向社会发行的具有消费信用、转账结算、存取现金等全部或部分功能的信用支付工具。商业银行未经批准不得发行银行卡。

2.银行卡的分类

银行卡根据不同的标准可以分为不同的类别。

(1)银行卡按币种不同分为人民币卡、外币卡。

(2)银行卡按发行对象不同分为单位卡(商务卡)、个人卡;按信息载体不同分为磁条卡、芯片(IC)卡。芯片(IC)卡既可应用于单一的银行卡品种,又可应用于组合的银行卡品种。

(3)银行卡根据是否可以透支分为信用卡和借记卡。借记卡不得透支,信用卡可以透支。

借记卡按功能不同分为转账卡、专用卡、储值卡。信用卡按是否向发卡银行交存备用金分为贷记卡、准贷记卡两类。此外,还有一种银行卡,就是联名/认同卡。联名/认同卡是商业银行与营利性机构/非营利性机构合作发行的银行卡附属产品,可以办理结算。

(二)银行卡业务审批

商业银行开办银行卡业务应当具备法定的条件。符合法定条件的商业银行,可向中国人民银行申请开办银行卡业务。中国人民银行审批后,商业银行可以办理银行卡业务。

(三)计息和收费标准

1.银行卡的计息

银行卡的计息包括计收利息和计付利息。发卡银行对准贷记卡及借记卡(不含储值卡)账户内的存款,按照中国人民银行规定的同期同档次存款利率及计息办法计付利息。发卡银行对贷记卡账户的存款、储值卡(含IC卡的电子钱包)内的币值不计付利息。

贷记卡持卡人非现金交易享受如下优惠条件。

(1)免息还款期待遇

银行记账日至发卡银行规定的到期还款日之间为免息还款期,免息还款期最长为60天。持卡人在到期还款日前偿还所使用全部银行款项即可享受免息还款期待遇,无须支付非现金交易的利息。

（2）最低还款额待遇

持卡人在到期还款日前偿还所使用全部银行款项有困难的,可按照发卡银行规定的最低还款额还款。

2.银行卡的手续费

发卡银行可以按照国家规定收取服务费、手续费等费用,不得违反法律规定收费。

（四）银行卡账户及交易管理

1.银行卡账户管理

个人申领银行卡(储值卡除外),应当向发卡银行提供公安部门规定的本人有效身份证件,经发卡银行审查合格后,为其开立记名账户;凡在中国境内金融机构开立基本存款账户的单位,应当依照法律规定的程序申领单位卡;银行卡及其账户只限经发卡银行批准的持卡人本人使用,不得出租和转借。

银行账户管理

2.银行卡交易

单位人民币卡可办理商品交易和劳务供应款项的结算,但不得透支;超过中国人民银行规定起点的,应当经中国人民银行当地分行办理转汇。

思考题:银行卡账户管理的具体要求有哪些?

五、信用证

（一）国内信用证的定义

国内信用证(以下简称信用证),是指银行(包括政策性银行、商业银行、农村合作银行、村镇银行和农村信用社)依照申请人的申请开立的、对相符交单予以付款的承诺。信用证是以人民币计价、不可撤销的跟单信用证。

信用证

（二）信用证业务的当事人

信用证业务当事人具体有:申请人指申请开立信用证的当事人,一般为货物购买方或服务接受方。受益人指接受信用证并享有信用证权益的当事人,一般为货物销售方或服务提供方。开证行指应申请人申请开立信用证的银行。通知行指应开证行的要求向受益人通知信用证的银行。交单行指向信用证有效地点提交信用证项下单据的银行。转让行指开证行指定的办理信用证转让的银行。保兑行指根据开证行的授权或要求对信用证加具保兑的银行。议付行指开证行指定的为受益人办理议付的银行,开证行应指定一家或任意银行作为议付信用证的议付行。

思考题:信用证业务的当事人有哪些?

（三）信用证业务办理

1.开证

开证银行与申请人在开证前应签订明确双方权利义务的协议。开证行可要求申请人交存一定数额的保证金,并可根据申请人资信情况要求其提供抵押、质押、保证等合法有效的担保。

开证申请人申请开立信用证,须提交其与受益人签订的贸易合同。开立信用证可以采用信开和电开方式。

2.保兑

保兑是指保兑行根据开证行的授权或要求,在开证行承诺之外做出的对相符交单付款、确认到期付款或议付的确定承诺。

保兑行自对信用证加具保兑之时起即不可撤销地承担对相符交单付款、确认到期付款或议付的责任。

3.修改

开证申请人须对已开立的信用证内容修改的,应向开证行提出修改申请,明确修改的内容。增额修改的,开证行可要求申请人追加增额担保;付款期限修改的,不得超过规定的信用证付款期限的最长期限。开证行发出的信用证修改书中应注明本次修改的次数。信用证受益人同意或拒绝接受修改的,应提供接受或拒绝修改的通知。如果受益人未能给予通知,当交单与信用证及尚未接受的修改的要求一致时,即视为受益人已做出接受修改的通知,并且该信用证修改自此对受益人形成约束。对同一修改的内容不允许部分接受,部分接受将被视作拒绝接受修改。开证行自开出信用证修改书之时起,即不可撤销地受修改内容的约束。

思考题:信用证的修改要求有哪些?

4.通知

(1)通知行的确定

通知行可由开证申请人指定,如开证申请人没有指定,开证行有权指定通知行。通知行可自行决定是否通知。通知行同意通知的,应于收到信用证次日起3个营业日内通知受益人;拒绝通知的,应于收到信用证次日起3个营业日内告知开证行。

开证行发出的信用证修改书,应通过原信用证通知行办理通知。

(2)通知行的责任

通知行收到信用证或信用证修改书,应认真审查内容表面是否完整、清楚,核验开证行签字、印章、所用密押是否正确等表面真实性,或另以电信方式证实。核验无误的,应填制信用证通知书或信用证修改通知书,连同信用证或信用证修改书正本交付受益人。

5.议付

(1)议付指可议付信用证项下单证相符或在开证或保兑行已确认到期付款的情况下,议付行在收到开证行或保兑行付款前购买单据、取得信用证项下索款权利,向受益人预付或同意预付资金的行为。议付行审核并转递单据而没有预付或没有同意预付资金不构成议付。

(2)信用证未明示可议付,任何银行不得办理议付;信用证明示可议付,如开证行仅指定一家议付行,未被指定为议付行的银行不得办理议付,被指定的议付行可自行决定是否办理议付。

6.付款

开证行或保兑行在收到交单行寄交的单据及交单面函(寄单通知书)或受益人直接递交的单据,经审核后付款。开证行或保兑行拒付时,应提供书面拒付通知。

思考题:信用证如何付款?

第四节　非银行支付机构网络支付业务

为规范非银行支付机构(以下简称支付机构)网络支付业务,防范支付风险,保护当事人合法权益,中国人民银行根据《中国人民银行法》《非金融机构支付服务管理办法》等规定,制定《非银行支付机构网络支付业务管理办法》。

一、基本规定

(一)支付机构与网络支付业务

支付机构是指依法取得《支付业务许可证》,获准办理互联网支付、移动电话支付、固定电话支付、数字电视支付等网络支付业务的非银行机构。

网络支付业务,是指收款人或付款人通过计算机、移动终端等电子设备,依托公共网络信息系统远程发起支付指令,且付款人电子设备不与收款人特定专属设备交互,由支付机构为收付款人提供货币资金转移服务的活动。

收款人特定专属设备,是指专门用于交易收款,在交易过程中与支付机构业务系统交互并参与生成、传输、处理支付指令的电子设备。

(二)支付账户

支付账户,是指获得互联网支付业务许可的支付机构,根据客户的真实意愿为其开立的,用于记录预付交易资金余额、客户凭以发起支付指令、反映交易明细信息的电子簿记。

支付机构应当遵循主要服务电子商务发展和为社会提供小额、快捷、便民小微支付服务的宗旨,基于客户的银行账户或者按照本办法规定为客户开立支付账户提供网络支付服务。

支付账户不得透支,不得出借、出租、出售,不得利用支付账户从事或者协助他人从事非法活动。

(三)网络支付与银行卡

支付机构基于银行卡为客户提供网络支付服务的,应当执行银行卡业务相关监管规定和银行卡行业规范。

支付机构对特约商户的拓展与管理、业务与风险管理应当执行《银行卡收单业务管理办法》等相关规定。

支付机构网络支付服务涉及跨境人民币结算和外汇支付的,应当执行中国人民银行、国家外汇管理局相关规定。

支付机构应当依法维护当事人合法权益,遵守反洗钱和反恐怖融资相关规定,履行反洗钱和反恐怖融资义务。

支付机构依照中国人民银行有关规定接受分类评价,并执行相应的分类监管措施。

二、客户管理

客户分为单位客户和个人客户。单位客户,是指接受支付机构支付服务的法人、其他组织或者个体工商户。个人客户,是指接受支付机构支付服务的自然人。

(一)客户识别

支付机构应当遵循"了解你的客户"原则,建立健全客户身份识别机制。支付机构为客户开立支付账户的,应当对客户实行实名制管理,登记并采取有效措施验证客户身份基本信息,按规定核对有效身份证件并留存有效身份证件复印件或者影印件,建立客户唯一识别编码,并在与客户业务关系存续期间采取持续的身份识别措施,确保有效核实客户身份及其真实意愿,不得开立匿名、假名支付账户。

(二)签订服务协议

支付机构应当与客户签订服务协议,约定双方责任、权利和义务,至少明确业务规则(包括但不限于业务功能和流程、身份识别和交易验证方式、资金结算方式等),收费项目和标准,查询、差错争议及投诉等服务流程和规则,业务风险和非法活动防范及处置措施,客户损失责任划分和赔付规则等内容。

支付机构应当确保协议内容清晰、易懂,并以显著方式提示客户注意与其有重大利害关系的事项。

(三)开立支付账户

支付机构为客户开立支付账户的,还应在服务协议中以显著方式告知客户,并采取有效方式确认客户充分知晓并清晰理解下列内容:"支付账户所记录的资金余额不同于客户本人的银行存款,不受《存款保险条例》保护,其实质为客户委托支付机构保管的、所有权归属于客户的预付价值。该预付价值对应的货币资金虽然属于客户,但不以客户本人名义存放在银行,而是以支付机构名义存放在银行,并且由支付机构向银行发起资金调拨指令。"

获得互联网支付业务许可的支付机构,经客户主动提出申请,可为其开立支付账户;仅获得移动电话支付、固定电话支付、数字电视支付业务许可的支付机构,不得为客户开立支付账户。

支付机构不得为金融机构,以及从事信贷、融资、理财、担保、信托、货币兑换等金融业务的其他机构开立支付账户。

 **思考题:**支付机构如何依法管理客户?

三、业务管理

支付机构不得经营或者变相经营证券、保险、信贷、融资、理财、担保、信托、货币兑换、现金存取等业务。

(一)支付指令要求

支付机构向客户开户银行发送支付指令,扣划客户银行账户资金的,支付机构和银行应当执行下列要求。

(1)支付机构应当事先或在首笔交易时自主识别客户身份并分别取得客户和银行的协议授权,同意其向客户的银行账户发起支付指令扣划资金。

(2)银行应当事先或在首笔交易时自主识别客户身份并与客户直接签订授权协议,明确约定扣款适用范围和交易验证方式,设立与客户风险承受能力相匹配的单笔和单日累计交易限额,承诺无条件全额承担此类交易的风险损失先行赔付责任。

(3)除单笔金额不超过200元的小额支付业务,公共事业缴费、税费缴纳、信用卡还款等收款人固定并且定期发生的支付业务,以及符合法律规定的情形以外,支付机构不得代替银行进行交易验证。

(二)支付账户分类管理

支付机构应根据客户身份对同一客户在本机构开立的所有支付账户进行关联管理,并按照下列要求对个人支付账户进行分类管理。

(1)对于以非面对面方式通过至少1个合法安全的外部渠道进行身份基本信息验证,且为首次在本机构开立支付账户的个人客户,支付机构可以为其开立Ⅰ类支付账户,账户余额仅可用于消费和转账,余额付款交易自账户开立起累计不超过1000元(包括支付账户向客户本人同名银行账户转账)。

(2)对于支付机构自主或委托合作机构以面对面方式核实身份的个人客户,或以非面对面方式通过至少3个合法安全的外部渠道进行身份基本信息多重交叉验证的个人客户,支付机构可以为其开立Ⅱ类支付账户,账户余额仅可用于消费和转账,其所有支付账户的余额付款交易年累计不超过10万元(不包括支付账户向客户本人同名银行账户转账)。

(3)对于支付机构自主或委托合作机构以面对面方式核实身份的个人客户,或以非面对面方式通过至少5个合法安全的外部渠道进行身份基本信息多重交叉验证的个人客户,支付机构可以为其开立Ⅲ类支付账户,账户余额可以用于消费、转账及购买投资理财等金融类产品,其所有支付账户的余额付款交易年累计不超过 20 万元(不包括支付账户向客户本人同名银行账户转账)。

(三)客户验证与转账

客户身份基本信息外部验证渠道包括但不限于政府部门数据库、商业银行信息系统、商业化数据库等。其中,通过商业银行验证个人客户身份基本信息的,应为Ⅰ类银行账户或信用卡。

支付机构办理银行账户与支付账户之间转账业务的,相关银行账户与支付账户应属于同一客户。

支付机构应按照与客户的约定及时办理支付账户向客户本人银行账户转账业务,不得对Ⅱ类、Ⅲ类支付账户向客户本人银行账户转账设置限额。

支付机构为客户办理本机构发行的预付卡向支付账户转账的,应当按照《支付机构预付卡业务管理办法》相关规定对预付卡转账至支付账户的余额单独管理,仅限其用于消费,不得通过转账、购买投资理财等金融类产品等形式进行套现或者变相套现。

(四)交易信息管理

支付机构应当确保交易信息的真实性、完整性、可追溯性及在支付全流程中的一致性,不得篡改或者隐匿交易信息。交易信息包括但不限于下列内容:交易渠道、交易终端或接口类型、交易类型、交易金额、交易时间,以及直接向客户提供商品或者服务的特约商户名称、编码和按照国家与金融行业标准设置的商户类别码;收付款客户名称,收付款支付账户账号或者银行账户的开户银行名称及账号;付款客户的身份验证和交易授权信息;有效追溯交易的标识;单位客户单笔超过 5 万元的转账业务的付款用途和事由。

因交易取消(撤销)、退货、交易不成功或者投资理财等金融类产品赎回等原因需划回资金的,相应款项应当划回原扣款账户。

对于客户的网络支付业务操作行为,支付机构应当在确认客户身份及真实意愿后及时办理,并在操作生效之日起至少 5 年内,真实、完整地保存操作记录。

客户操作行为包括但不限于登录和注销登录、身份识别和交易验证、变更身份信息和联系方式、调整业务功能、调整交易限额、变更资金收付方式,以及变更或挂失密码、数字证书、电子签名等。

四、风险管理与客户权益保护

(一)风险管理

支付机构应当综合客户类型、身份核实方式、交易行为特征、资信状况等因素,建立客户风险评级管理制度和机制,并动态调整客户风险评级及相关风险控制措施。

支付机构应当根据客户风险评级、交易验证方式、交易渠道、交易终端或接口类型、交易类型、交易金额、交易时间、商户类别等因素,建立交易风险管理制度和交易监测系统,对疑似欺诈、套现、洗钱、非法融资、恐怖融资等交易,及时采取调查核实、延迟结算、终止服务等措施。

支付机构应当向客户充分提示网络支付业务的潜在风险,及时揭示不法分子新型作案手段,对客户进行必要的安全教育,并对高风险业务在操作前、操作中进行风险警示。

支付机构为客户购买合作机构的金融类产品提供网络支付服务的,应当确保合作机构为取得相应经营资质并依法开展业务的机构,并在首次购买时向客户展示合作机构信息和产品信息,充分提示相关责任、权利、义务及潜在风险,协助客户与合作机构完成协议签订。

支付机构应当建立健全风险准备金制度和交易赔付制度,并对不能有效证明因客户原因导致的资金损失及时先行全额赔付,保障客户合法权益。

支付机构应于每年 1 月 31 日前,将前一年度发生的风险事件、客户风险损失发生和赔付等情况在网站对外公告。支付机构应在年度监管报告中如实反映上述内容和风险准备金计提、使用及结余等情况。

(二)客户权益保护

支付机构应当依照中国人民银行有关客户信息保护的规定,制定有效的客户信息保护措施和风险控制机制,履行客户信息保护责任。

1.客户信息管理

支付机构不得存储客户银行卡的磁道信息或芯片信息、验证码、密码等敏感信息,原则上不得存储银行卡有效期。因特殊业务需要,支付机构确需存储客户银行卡有效期的,应当取得客户和开户银行的授权,以加密形式存储。

支付机构应当以“最小化”原则采集、使用、存储和传输客户信息,并告知客户相关信息的使用目的和范围。支付机构不得向其他机构或个人提供客户信息,法律法规另有规定,以及经客户本人逐项确认并授权的除外。

支付机构应当通过协议约定禁止特约商户存储客户银行卡的磁道信息或芯片信息、验证码、有效期、密码等敏感信息,并采取定期检查、技术监测等必要监督措施。

特约商户违反协议约定存储上述敏感信息的,支付机构应当立即暂停或者终止为其提供网络支付服务,采取有效措施删除敏感信息、防止信息泄露,并依法承担因相关信息泄露造成的损失和责任。

2.交易验证

支付机构可以组合选用下列三类要素,对客户使用支付账户余额付款的交易进行验证:仅客户本人知悉的要素,如静态密码等;仅客户本人持有并特有的、不可复制或者不可重复利用的要素,如经过安全认证的数字证书、电子签名,以及通过安全渠道生成和传输的一次性密码等;客户本人生理特征要素,如指纹等。

支付机构应当确保采用的要素相互独立,部分要素的损坏或者泄露不应导致其他要素损坏或者泄露。

支付机构采用数字证书、电子签名作为验证要素的,数字证书及生成电子签名的过程应符合《中华人民共和国电子签名法》《金融电子认证规范》(JR/T 0118-2015)等有关规定,确保数字证书的唯一性、完整性及交易的不可抵赖性。

支付机构采用一次性密码作为验证要素的,应当切实防范一次性密码获取端与支付指令发起端为相同物理设备而带来的风险,并将一次性密码有效期严格限制在最短的必要时间内。

支付机构采用客户本人生理特征作为验证要素的,应当符合国家、金融行业标准和相关信息安全管理要求,防止被非法存储、复制或重放。

3.限额管理

支付机构应根据交易验证方式的安全级别,按照下列要求对个人客户使用支付账户余额付款的交易进行限额管理。

(1)支付机构采用包括数字证书或电子签名在内的两类(含)以上有效要素进行验证的交易,单日累计限额由支付机构与客户通过协议自主约定。

(2)支付机构采用不包括数字证书、电子签名在内的两类(含)以上有效要素进行验证的交易,单个客户所有支付账户单日累计金额应不超过5000元(不包括支付账户向客户本人同名银行账户转账)。

(3)支付机构采用不足两类有效要素进行验证的交易,单个客户所有支付账户单日累计金额应不超过1000元(不包括支付账户向客户本人同名银行账户转账),且支付机构应当承诺无条件全额承担此类交易的风险损失赔付责任。

4.支付系统和技术

支付机构网络支付业务相关系统设施和技术,应当持续符合国家、金融行业标准和相关信息安全管理要求。如未符合相关标准和要求,或者尚未形成国家、金融行业标准,支付机构应当无条件全额承担客户直接风险损失的先行赔付责任。

支付机构应当在境内拥有安全、规范的网络支付业务处理系统及其备份系统,制定突发事件应急预案,保障系统安全性和业务连续性。

5.交易服务与补救措施

支付机构为境内交易提供服务的,应当通过境内业务处理系统完成交易处理,并在境内完成资金结算。

支付机构应当采取有效措施,确保客户在执行支付指令前可对收付款客户名称和账号、交易金额等交易信息进行确认,并在支付指令完成后及时将结果通知客户。

因交易超时、无响应或者系统故障导致支付指令无法正常处理的,支付机构应当及时提示客户;因客户原因造成支付指令未执行、未适当执行、延迟执行的,支付机构应当主动通知客户更改或者协助客户采取补救措施。

支付机构应当通过具有合法独立域名的网站和统一的服务电话等渠道,为客户免费提供至少最近1年以内交易信息查询服务,并建立健全差错争议和纠纷投诉处理制度,配备专业部门和人员据实、准确、及时处理交易差错和客户投诉。支付机构应当告知客户相关服务的正确获取途径,指导客户有效辨识服务渠道的真实性。

支付机构应当于每年1月31日前,将前一年度发生的客户投诉数量和类型、处理完毕的投诉占比、投诉处理速度等情况在网站对外公告。

支付机构应当充分尊重客户自主选择权,不得强迫客户使用本机构提供的支付服务,不得阻碍客户使用其他机构提供的支付服务。

支付机构应当公平展示客户可选用的各种资金收付方式,不得以任何形式诱导、强迫客户开立支付账户或者通过支付账户办理资金收付,不得附加不合理条件。

支付机构因系统升级、调试等原因,需暂停网络支付服务的,应当至少提前5个工作日予以公告。

支付机构变更协议条款、提高服务收费标准或者新设收费项目的,应当于实施之前在网站等服务渠道以显著方式连续公示30日,并于客户首次办理相关业务前确认客户知悉且接受拟调整的全部详细内容。

思考题: 支付机构如何进行风险管理?

五、监督管理

(一)报告制度

支付机构提供网络支付创新产品或者服务、停止提供产品或者服务、与境外机构合作在境内开展网络支付业务的,应当至少提前30日向法人所在地中国人民银行分支机构报告。

支付机构发生重大风险事件的,应当及时向法人所在地中国人民银行分支机构报告;发现涉嫌违法犯罪的,同时报告公安机关。

(二)分类评价与管理制度

中国人民银行可以结合支付机构的企业资质、风险管控特别是客户备付金管理等因素,确立支付机构分类监管指标体系,建立持续分类评价工作机制,并对支付机构实施动态分类管理。具体办法由中国人民银行另行制定。

评定为"A"类且Ⅱ类、Ⅲ类支付账户实名比例超过95％的支付机构,可以采用能够切实落实实名制要求的其他客户身份核实方法,经法人所在地中国人民银行分支机构评估认可并向中国人民银行备案后实施。

评定为"A"类且Ⅱ类、Ⅲ类支付账户实名比例超过95％的支付机构,可以对从事电子商务经营活动、不具备工商登记注册条件且相关法律法规允许不进行工商登记注册的个人客户(以下简称个人卖家)参照单位客户管理,但应建立持续监测电子商务经营活动、对个人卖家实施动态管理的有效机制,并向法人所在地中国人民银行分支机构备案。

支付机构参照单位客户管理的个人卖家,应至少符合下列条件:相关电子商务交易平台已依照相关法律法规对其真实身份信息进行审查和登记,与其签订登记协议,建立登记档案并定期核实更新,核发证明个人身份信息真实合法的标记,加载在其从事电子商务经营活动的主页面醒目位置;支付机构已按照开立Ⅲ类个人支付账户的标准对其完成身份核实;持续从事电子商务经营活动满6个月,且期间使用支付账户收取的经营收入累计超过20万元。

评定为"A"类且Ⅱ类、Ⅲ类支付账户实名比例超过95%的支付机构,对于已经实名确认、达到实名制管理要求的支付账户,在办理第12条第1款所述转账业务时,相关银行账户与支付账户可以不属于同一客户。但支付机构应在交易中向银行准确、完整发送交易渠道、交易终端或接口类型、交易类型、收付款客户名称和账号等交易信息。

评定为"A"类且Ⅱ类、Ⅲ类支付账户实名比例超过95%的支付机构,可以将达到实名制管理要求的Ⅱ类、Ⅲ类支付账户的余额付款单日累计限额,提高至第24条规定的2倍。

评定为"B"类及以上,且Ⅱ类、Ⅲ类支付账户实名比例超过90%的支付机构,可以将达到实名制管理要求的Ⅱ类、Ⅲ类支付账户的余额付款单日累计限额,提高至第24条规定的15倍。

评定为"A"类的支付机构按照第10条规定办理相关业务时,可以与银行根据业务需要,通过协议自主约定由支付机构代替进行交易验证的情形,但支付机构应在交易中向银行完整、准确发送交易渠道、交易终端或接口类型、交易类型、商户名称、商户编码、商户类别码、收付款客户名称和账号等交易信息;银行应核实支付机构验证手段或渠道的安全性,且对客户资金安全的管理责任不因支付机构代替验证而转移。

对于评定为"C"类及以下、支付账户实名比例较低、对零售支付体系或社会公众非现金支付信心产生重大影响的支付机构,中国人民银行及其分支机构可以在第19条、第28条等规定的基础上适度提高公开披露相关信息的要求,并加强非现场监管和现场检查。

中国人民银行及其分支机构对照上述分类管理措施相应条件,动态确定支付机构适用的监管规定并持续监管。支付机构分类评定结果和支付账户实名比例不符合上述分类管理措施相应条件的,应严格按照相关规定执行。

中国人民银行及其分支机构可以根据社会经济发展情况和支付机构分类管理需要,对支付机构网络支付业务范围、模式、功能、限额及业务创新等相关管理措施进行适时调整。

(三)行业自律

支付机构应当加入中国支付清算协会,接受行业自律组织管理。

中国支付清算协会应当根据本办法制定网络支付业务行业自律规范,建立自律审查机制,向中国人民银行备案后组织实施。自律规范应包括支付机构与客户签订协议的范本,明确协议应记载和不得记载事项,还应包括支付机构披露有关信息的具体内容和标准格式。

中国支付清算协会应当建立信用承诺制度,要求支付机构以标准格式向社会公开承诺依法合规开展网络支付业务、保障客户信息安全和资金安全、维护客户合法权益、如违法违规自愿接受约束和处罚。

六、法律责任

支付机构从事网络支付业务有下列情形之一的,中国人民银行及其分支机构依据《非金融机构支付服务管理办法》第42条的规定进行处理:未按规定建立客户实名制管理、支付账户开立与使用、差错争议和纠纷投诉处理、风险准备金和交易赔付、应急预案等管理制度的;未按规定建立客户风险评级管理、支付账户功能与限额管理、客户支付指令验证管理、交易和信息安全管理、交易监测系统等风险控制机制的；未按规定对支付业务采取有效风险控制措施的；未按规定进行风险提示、公开披露相关信息的；未按规定履行报告义务的。

支付机构从事网络支付业务有下列情形之一的，中国人民银行及其分支机构依据《非金融机构支付服务管理办法》第43条的规定进行处理；情节严重的，中国人民银行及其分支机构依据《中国人民银行法》第46条的规定进行处理：不符合支付机构支付业务系统设施有关要求的；不符合国家、金融行业标准和相关信息安全管理要求的，采用数字证书、电子签名不符合《电子签名法》《金融电子认证规范》等规定的；为非法交易、虚假交易提供支付服务，发现客户疑似或者涉嫌违法违规行为未按规定采取有效措施的；未按规定采取客户支付指令验证措施的；未真实、完整、准确反映网络支付交易信息，篡改或者隐匿交易信息的；未按规定处理客户信息，或者未履行客户信息保密义务，造成信息泄露隐患或者导致信息泄露的；妨碍客户自主选择支付服务提供主体或资金收付方式的；公开披露虚假信息的；违规开立支付账户，或擅自经营金融业务活动的。

支付机构违反反洗钱和反恐怖融资规定的，依据国家有关法律法规进行处理。

思考题：如何监管支付机构？

本章引用法律资源

　　1.《中华人民共和国票据法》。

　　2.《人民币管理条例》。

　　3.《现金管理暂行条例》。

　　4.《支付结算办法》。

　　5.《非金融机构支付服务管理办法》。

　　6.《非银行支付机构网络支付业务管理办法》。

本章参考文献

　　1.刘心稳.票据法[M].北京:中国政法大学出版社,2010.

　　2.董安生.票据法[M].北京:中国人民大学出版社,2009.

　　3.曾章伟.经济法学[M].杭州:浙江大学出版社,2018.

本章网站资源

　　1.中国人民银行官网:http://www.pbc.gov.cn。

　　2.中国银行保险监督管理委员会官网:http://www.cbirc.gov.cn。

第七章课后练习题

第八章　保险法

教学目标

通过学习,了解保险法的基本规定。掌握保险的概念、分类、基本原则,了解保险主体的类型,掌握保险合同的基本规定,掌握人身保险合同的条款、设立、变更和终止,掌握财产保险合同的条款、设立、变更、终止,掌握保险的监督管理。

第一节　保险法概述

保险与保险法概述

一、保险的概念

自然风险和社会风险的存在,对生命、健康和财产造成巨大的威胁。尽管风险无处不在,风险无时不有,人类尚不能消除风险的存在,但趋利避害是人的本性,最大限度地消除危险发生的可能性、规避风险、减少因风险发生造成的损害或损失,是我们每一个人的合理选择。这使得保险的存在有其必要和现实基础。

保险是危险管理的一种有效方式,是以危险的存在为前提的;没有危险就没有保险,特定的危险是保险的对象。按照《保险法》第2条的规定,保险是指投保人根据合同约定,向保险人支付保险费,保险人对于合同约定的可能发生的事故因其发生所造成的财产损失承担赔偿保险金责任,或者当被保险人死亡、伤残、疾病或者达到合同约定的年龄、期限等条件时承担给付保险金责任的商业保险行为。由此可见,《保险法》规范的仅仅是商业保险行为,而不调整社会保险。

需要注意的是,保险并不能消灭风险,其只是通过保险合同来明确投保人与保险人之间的权利义务,并在保险事故发生时帮助被保险人分散风险、消化损失的。

保险合同是投保人与保险人约定保险权利义务关系的协议,其具有以下几个方面的特征。

第一,自愿性。除强制保险外,投保人是否投保、投保哪一类型的保险及选择哪家保险公司投保,都是由投保人意思自治的结果;同时,保险人也有选择的权利,其有权决定是否承保。

第二,有偿性。一方面,投保人支付保险费,被保险人人身或财产获得保险合同保障;另一方面,保险人向投保人收取保险费,并承担保险责任。因为有偿性,使得保险合同具有双务性,即相互承担大致对等的义务。当然,保险合同的有偿性并不意味保险合同是以保险费的支付为前提的,实践中不仅存在大量的保险合同一经成立就开始生效,而且存在不少保险公司基于产品营销或履行公司社会责任等因素而向特定人群免费赠送保险的情形。

第三,射幸性。保险合同中约定的危险事故,是一种具有不确定的事件,其是否发生、何时发生、发生后损失程度如何,均具有偶然性。保险合同射幸性质是由事故发生的偶然性产生的:在发生保险合同约定的保险事故时,保险人需要支付保险金;未发生保险事故时,保险人无须支付保险金。当然,保险合同的射幸性是就单个保险合同而言,就所有保险合同的总体来看,是不存在射幸性和偶然性的。

第四,互助性。保险的功能在于分散风险、消化损失。从保险精算和大数法则来看,危险越分散,单个投保人支付的保险费越低;投保人越多,保险基金就越大、也越稳定,被保险人的损害补偿就越有保障,充分体现了"我为人人,人人为我"的互助理念。此外,还因为保险合同通常是由保险人为重复使用而预先拟定并在订立合同时不与投保人协商而具有附和性;因为大部分保险合同通常不以保险单的签发而成立,而是自成立时生效,因此具有非要式性和诺成性等。

二、保险的分类

(一)人身保险和财产保险

以保险标的的种类为标准,可以将保险分为人身保险和财产保险。人身保险,是指以人的寿命和身体为保险标的的保险,具体包括人寿保险、健康保险、意外伤害险和年金保险等。财产保险,是指以财产及其有关利益为保险标的的保险,具体包括财产损失保险、责任保险、信用保险和保证保险等。

(二)定额保险和补偿保险

以保险给付的标的为标准,可以将保险分为定额保险和补偿保险。定额保险,是指当事人双方预先约定一定数额的保险金额,在保险事故发生时或约定期限届满时,保险人按照保险合同约定的保险金额给付保险金。补偿保险,是指在保险事故发生时,由保险人评估被保险人所遭受的实际损失,并在保险金额限度内给付保险金,以弥补被保险人所受的实际损失。定额保险不以填补被保险人的损害为保险给付的目的,不论被保险人所发生的实际损失或者损失数额大小,保险人均应当给付保险合同约定的保险金额;而补偿保险以填补被保险人的实际损失为保险给付的目的。

(三)原保险和再保险

以保险人所负保险责任的次序为标准,可以将保险分为原保险和再保险。原保险,又称为第一次保险,是指投保人和保险人通过订立保险合同建立的原始保险关系。再保险,又称为第二次保险合同,是指保险人将其承担的保险业务,以分保形式部分转移给其他保险人的保险。

保险公司对每一危险单位,即对一次保险事故可能造成的最大损失范围所承担的责任,不得超过其实有资本金加公积金总和的10%;超过的部分应当办理再保险。同时,按照保险法第29条的规定,再保险接受人不得向原保险的投保人要求支付保险费;原保险的被保险人或者受益人不得向再保险接受人提出赔偿或者给付保险金的请求;再保险分出人不得以再保险接受人未履行再保险责任为由,拒绝履行或者迟延履行其原保险责任。

(四)单保险和复保险

按照承保同一风险的保险人的人数划分,可以将保险分为单保险和重复保险。单保险,是指投保人对同一保险标的、同一保险利益、同一保险事故,与一个保险人所订立的保险合同。重复保险,是指投保人对同一保险标的、同一保险利益、同一保险事故分别与两个以上保险人订立的保险合同。需要注意的是,重复报保险中,保险金额总和超过保险价值的保险。

(五)自愿保险和强制保险

以保险合同的成立方式为标准,可以将保险分为自愿保险和强制保险。自愿保险,又称任意保险,指投保人和保险人在平等、自愿和等价有偿的基础上,通过协商一致而建立的保险关系。强制保险,又称法定保险,指依据法律规定或行政命令而在投保人和保险人之间强制建立的保险关系。

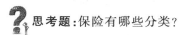 **思考题:**保险有哪些分类?

三、保险法的基本原则

（一）诚实信用原则

保险法上诚实信用原则，有的学者又称其为最大诚信原则，是指保险合同的双方当事人在合同的订立和履行过程中，必须以最大的诚意履行自己的义务，互不欺骗和隐瞒，恪守合同的约定，否则将影响合同的成立及效力的存续。按照《保险法》第5条的规定，保险活动当事人行使权利、履行义务应当遵循诚实信用原则。

保险法上的诚实信用原则主要体现在以下三方面。

1. 投保人的如实履行告知义务

投保人的如实履行告知义务，即在保险合同订立时，投保人应将其有关保险标的的重要事实如实告知保险人。投保人的如实告知是投保人的法定义务，其对于保险人判断危险状况和决定是否承保及收取多少保险费具有决定性的影响。

我国立法对投保人的如实履行告知义务的范围采取询问告知主义，而不是无限告知主义：投保人的告知义务限于保险人询问的范围和内容。同时，当事人对询问范围及内容有争议的，保险人负举证责任。需要注意的是，投保人对在保险合同订立时明知的与保险标的或者被保险人有关的情况，应当如实告知；保险人不得以投保人违反了对投保单询问表中所列概括性条款的如实告知义务为由请求解除合同，除非该概括性条款有具体内容。

投保人故意或者因重大过失未履行前款规定的如实告知义务，足以影响保险人决定是否同意承保或者提高保险费率的，保险人有权解除合同。该合同解除权，自保险人知道有解除事由之日起，超过30日不行使而消灭。自合同成立之日起超过两年的，保险人不得解除合同；发生保险事故的，保险人应当承担赔偿或者给付保险金的责任。投保人故意不履行如实告知义务的，保险人对于合同解除前发生的保险事故，不承担赔偿或者给付保险金的责任，并不退还保险费。投保人因重大过失未履行如实告知义务，对保险事故的发生有严重影响的，保险人对于合同解除前发生的保险事故，不承担赔偿或者给付保险金的责任，但应当退还保险费。此外，在财产保险合同订立时，除非保险人知道或者应当知道被保险人在保险合同订立前已经放弃对第三人侵权或违约等导致的赔偿权利外，保险人就是否存在放弃情形提出询问时，投保人也应如实告知，否则在保险人不能代位行使请求赔偿权利时，保险人有权请求返还相应保险金。

当然，保险人在合同订立时已经知道投保人未如实告知的情况的，保险人不得解除合同；发生保险事故的，保险人应当承担赔偿或者给付保险金的责任。

2. 保险人的说明义务

保险人的说明义务，是指在保险合同订立时，保险人应当将保险合同涉及的条款内容（尤其是格式条款中的免除保险人责任条款）向投保人作出提示并予以说明。

订立保险合同，采用保险人提供的格式条款的，保险人向投保人提供的投保单应当附格式条款，保险人应当向投保人说明合同的内容。对保险合同中免除保险人责任的条款，保险人在订立合同时应当在投保单、保险单或者其他保险凭证上作出足以引起投保人注意的提示，并对该条款的内容以书面或者口头形式向投保人作出明确说明；未作提示或者明确说明的，该条款不产生效力。当然，保险人的提示和说明义务通常限于投保时，保险人已向投保人履行了保险法规定的提示和明确说明义务，保险标的受让人以保险标的转让后保险人未向其提示或者明确说明为由，主张免除保险人责任的条款不生效的，人民法院不予支持。

关于免责条款的范围，保险法规定的"免除保险人责任的条款"主要涉及保险人提供的格式合同文本中的责任免除条款、免赔额、免赔率、比例赔付或者给付等免除或者减轻保险人责任的条款，但不包括保险人因投保人、被保险人违反法定或者约定义务而享有解除合同权利的条款。当然，保险人将法律、行政法规中的禁止性规定情形作为保险合同免责条款的免责事由,保险人对该条款作出提示后,投保人、被保险人或者受益人以保险人未履行明确说明义务为由主张该条款不生效的,人民法院不予支持。

3.保险人的弃权与禁反言规则

保险人的弃权,是指保险人依法或依约有权解除合同,或者有权拒绝承担保险责任时,明示或者默示地放弃该权利,最终导致丧失合同解除权,或者抗辩被保险人或受益人的给付保险金的权利不能获得法院支持的情形。

禁反言,是指保险人对某种事实向投保人或被保险人所做的错误陈述被投保人或被保险人所合理信赖,以至于如果允许保险人不受该陈述的约束将损害投保人或被保险人的利益时,保险人须受其所陈述内容的约束,丧失反悔权的情形。

(二)保险利益原则

保险利益,又称可保利益,是指投保人或者被保险人对保险标的的具有的法律上承认的利益,是在保险事故发生时,投保人或被保险人可能遭受的损失或丧失的利益。只有具有保险利益的保险行为,才具有法律效力;投保人或被保险人对保险标的的不具有保险利益的,保险合同不具有法律效力。强调保险利益,不仅能防止具有射幸性的保险沦为赌博行为,防范道德风险,而且通过限制赔偿程度来防止不当得利或保障被保险人的生命安全。

人身保险的保险利益,是投保人对被保险人的寿命和身体所具有的利害关系,且必须在合同订立时存在;但在保险合同效力持续期间和发生保险事故时,保险利益是否存在,不影响保险的效力。对于人身保险的保险利益的范围,投保人对下列人员具有保险利益:本人;配偶、子女、父母;前项以外与投保人有抚养、赡养或者扶养关系的家庭其他成员、近亲属;与投保人有劳动关系的劳动者。除前款规定外,被保险人同意投保人为其订立合同的,视为投保人对被保险人具有保险利益。订立合同时,投保人对被保险人不具有保险利益的,合同无效。人民法院审理人身保险合同纠纷案件时,应主动审查投保人订立保险合同时是否具有保险利益,以及以死亡为给付保险金条件的合同是否经过被保险人同意并认可保险金额。当然,人身保险中,因投保人对被保险人不具有保险利益导致保险合同无效,投保人主张保险人退还扣减相应手续费后的保险费的,人民法院应予支持。

财产保险的保险利益,是指投保人或被保险人对保险标的的所具有的合法的经济利益,具有合法性、经济性和可确定性等特点。需要注意的是,财产保险合同中,保险利益不要求在订立合同时就存在,但要求在保险事故发生时存在保险利益;订立保险合同时有无保险利益不影响保险合同的成立。保险事故发生时,被保险人对保险标的的不具有保险利益的,不得向保险人请求赔偿保险金。

(三)损失补偿原则

损失补偿原则,是指保险标的发生保险责任范围内的损失时,被保险人有权按照保险合同的约定获得保险赔偿,以弥补被保险人遭受到的实际损失。损失补偿原则主要适用于财产保险和其他补偿性保险合同。

损失补偿原则包括两个方面的含义:无损失,无补偿,只有发生了保险责任范围内的损失,保险人才承担损失补偿责任;损失补偿以被保险人的实际损失为限,以使被保险人的经济状态恢复到受损前的状态,但不能使其获得额外利益。

按照《保险法》的规定,损失补偿的范围,即被保险人的实际损失主要包括以下几个方面:因保险事故发生而导致的保险标的的实际损失;施救费用,即保险事故发生后,被保险人为防止或者减少保险标的的损失所支付的必要的、合理的费用,但最高不超过保险金额的数额;其他合理费用。保险人、被保险人为查明和确定保险事故的性质、原因和保险标的的损失程度所支付的必要的、合理的费用。损失补偿以金钱赔付方式为主,辅之以修理、更换和重置等方式。

思考题:什么是保险利益?

保险合同主体

第二节　保险主体

一、保险合同的当事人

保险合同的当事人是指依法订立保险合同并受保险合同约束的利害关系人。按照《保险法》的规定,保险合同的当事人是投保人和保险人。

投保人,是指与保险人订立保险合同,并按照合同约定负有支付保险费义务的人。投保人必须对保险标的具有保险利益;投保人在投保时须履行如实告知义务,并负有缴付保险费的义务。

保险人,是指与投保人订立保险合同,并按照合同约定承担赔偿或者给付保险金责任的保险公司。按照保险法的规定,保险人必须是依法成立的经营保险事业的组织,其在保险合同成立时,有权收取保险费,但在保险事故发生时,应该按照合同约定承担赔偿或给付保险金责任。同时,保险人还有通知和保密义务,即《保险法》规定的"及时核定和并将核定结果通知被保险人或者受益人""经核定不属于保险责任的须向被保险人或受益人发出拒绝给付保险金通知书并说明理由""保险公司及其工作人员不得泄露在业务活动中知悉的投保人、被保险人的商业秘密"。

二、保险关系人

保险关系人,是指并未参与保险合同的订立但享受保险合同约定利益的人,包括被保险人和受益人。

被保险人,是指其财产或者人身受保险合同保障,享有保险金请求权的人。投保人可以为被保险人。

受益人,是指人身保险合同中由被保险人或者投保人指定的享有保险金请求权的人。投保人、被保险人可以为受益人。

三、保险辅助人

保险辅助人,是指依法接受保险人委托或者为被保险人的利益而代办保险业的从业人员。保险辅助人主要包括保险代理人和保险经纪人等。

保险代理人,是指根据保险人的委托,向保险人收取佣金,并在保险人授权的范围内代为办理保险业务的机构或者个人。保险代理机构包括专门从事保险代理业务的保险专业代理机构和兼营保险代理业务的保险兼业代理机构。需要注意的是,保险代理人为保险人代为办理保险业务,须与保险人签订委托代理协议,明确双方的权利和义务。

保险经纪人,是指基于投保人的利益,为投保人与保险人订立保险合同提供中介服务,并依法收取佣金的机构。与保险代理人不同的是,保险经纪人是为了投保人的利益,以自己的名义独立开展保险中介业务。

思考题:保险主体有哪些?

第三节 保险合同的一般规定

一、保险合同的成立与变更

保险合同原则

(一)保险合同的成立

保险合同是投保人与保险人约定保险权利义务关系的协议。保险合同的成立,是保险合同当事人就保险合同主要条款达成一致的状态。投保人提出保险要求,经保险人同意承保,保险合同成立。保险成立后,保险人应当及时向投保人签发保险单或者其他保险凭证;但是保险合同为非要式合同,除非保险合同另有约定,保险合同的成立不以保险单的签发为前提,也不以保险费的缴纳为要件。保险合同成立后,投保人按照约定交付保险费,保险人按照约定的时间开始承担保险责任,保险人不能以未交付保费为由主张保险合同不成立。

当然,保险合同成立并不意味着合同生效。依法成立的保险合同,自成立时生效。但是订立合同时,投保人对被保险人不具有保险利益的,合同无效。除父母为其未成年子女投保的人身保险外,投保人不得为无民事行为能力人投保以死亡为给付保险金条件的人身保险。除父母为其未成年子女投保的人身保险外,以死亡为给付保险金条件的合同,未经被保险人同意并认可保险金额的,合同无效。此外,投保人和保险人还可以对合同的效力约定附条件或者附期限。

(二)保险合同的变更

保险合同的变更,是指在保险合同的有效期限内,当事人依法对合同某些条款进行修改或补充的行为。

合同一经成立,便在当事人之间产生法律约束力,任何一方不得擅自变更。但是当事人可以依法进行变更,具体涉及以下几种情形:保险合同主体的变更,具体涉及投保人、保险人及受益人的变更;保险合同内容的变更,具体涉及保险标的范围、保险价值、保险金额、保险责任范围、保险期限、保险费、保险合同争议的解决方式和地点等事项的变更。

投保人和保险人协商变更保险合同的,通常通过另行订立保险合同,或者以"批注"或"批单"等明确已经变更的内容。投保人和保险人按照变更后的合同行使权利并履行义务,被保险人或受益人则按照变更后的合同享有请求保险人给付保险金的权利。

二、保险合同的主要条款

保险条款,是经保险人与投保人约定并记载于合同,作为明确投保人、保险人、被保险人及受益人相互权利义务关系的具体规定。因保险合同数量庞大且具有较强的专业性,为节约缔约成本,保险合同大多是由保险公司事先拟定,且在订立合同时很多条款内容未与投保人协商的,属于典型的格式合同。

保险合同的主要条款,一般包括以下几个方面。

(一)当事人及关系人的名称和住所

具体涉及保险人的名称和住所;投保人、被保险人的姓名或者名称、住所;人身保险的受益人的姓名或者名称、住所。明确当事人及关系人的名称和住所,是履行保险合同的前提。

(二)保险标的

保险标的,指保险合同双方当事人权利和义务所指向的对象。财产保险的保险标的是投保人的财产及其有关利益;人身保险的保险标的是人的寿命和身体。明确保险标的,目的在于判断投保人对保险标的是否具有保险利益,确定保险金额及保险人应承担保险责任的范围。

(三)保险责任和责任免除

保险责任是指保险人依照保险合同对被保险人或者受益人承担的保险给付责任。在保险责任范围内发生财产损失或人身保险事故,保险人均要负责赔偿或给付保险金。当然,保险人承担保险责任须满足:保险标的的损失发生在保险期间;属于保险责任范围内的事故;以保险金额为限。责任免除,又称除外责任,是指依法律规定或合同约定,保险人不负赔偿或给付责任的危险事项。责任免除通常以列举的方式在保险合同中加以明确,以限制保险人的责任。如在人身意外伤害保险中,投保人的故意行为或者被保险人的自残、自杀行为;核爆炸、核辐射或核污染;恐怖袭击;被保险人犯罪或拒捕等导致的损害,属于保险人不负赔偿责任的范围。

(四)保险期间和保险责任开始时间

保险期间,又称保险期限、承保期间,是指保险合同载明的保险人承担保险责任的有效期限。保险期限通常会明确起讫时间,如从起保日的零时开始到约定期限届满日的 24 时止;某些保险中以某一行为发生的始末为保险期间,如航程保险合同。当然,保险期间并不是保险人履行赔付义务的时间。

(五)保险金额

保险金额,是指保险人承担赔偿或者给付保险金责任的最高限额。在定值财产保险中,保险金额由当事人约定;在不定值财产保险中,保险金额可以由投保人自行确定、与保险人协商确定,也可以按照投保人会计账目载明的账面价值来确定。但是,保险金额的确定要以保险标的的保险价值为基础。保险金额不得超过保险价值,保险金额超过保险价值的,超过部分无效,保险人应当退还相应的保险费;保险金额低于保险价值的,除合同另有约定外,保险人按照保险金额与保险价值的比例承担赔偿保险金的责任。当然,人身保险中,除父母为未成年子女投保以死亡为给付保险金条件时存在限额限制外,保险金额由双方当事人约定,法律一般没有限制。

(六)保险费及支付办法

保险费是投保人为换取保险人承担保险金给付责任所应支付的对价。保险费的多寡,取决于保险金额和保险费率。通常来说,保险金额越高,保险费率越高,投保人应缴付的保险费越多;反之,保险金额较低,或者保险费率较低,则投保人应缴付的保险费就较少。而保险费率,财产保险中通常由保险公司根据保险标的保险事故发生的概率和损失程度来测算的;人身保险中则由保险公司根据人的死亡率或生存率等因素来测定。至于保险费的支付办法,主要涉及支付方式(现金支付或转账支付)、支付时间(包括一次支付或分期支付)及支付币种(人民币或某种外币)等。

(七)保险金赔偿或者给付办法

保险标的发生保险事故时,保险人应该按照法律规定和保险合同的约定向被保险人或受益人支付保险金,并按照约定的支付办法进行支付。

(八)违约责任和争议处理

违约责任是当事人违反法律规定或保险合同约定所需承担的法律后果。违约责任条款的存在,有利于更好地约束保险合同当事人,以更好地保证合同的履行。争议处理是指保险合同发生纠纷后的争议处理方式,主要包括协商、仲裁和诉讼三种。

(九)订立合同的年、月、日

订约时间是确定投保人对保险标的是否具有保险利益、保险费的缴纳期限及合同生效时间的重要依据。保险合同的订约时间须具体明确。

三、保险格式条款的效力

由于大部分保险合同是由保险人一方事先拟定的格式合同,所以《保险法》规定,订立保险合同,采用保险人提供的格式条款的,保险人向投保人提供的投保单应当附格式条款,保险人应当向投保人说明合同的内容。对保险合同中免除保险人责任的条款,保险人在订立合同时应当在投保单、保险单或者其他保险凭证上作出足以引起投保人注意的提示,并对该条款的内容以书面或者口头形式向投保人作出明确说明;未作提示或者明确说明的,该条款不产生效力。这不仅为提供保险格式合同的保险人设定了说明义务,而且明确保险人对免除保险人责任条款的提示和说明义务,并强调未对免责条款作提示或者明确说明的,该条款不产生效力。

免除保险人责任的条款主要包括保险人提供的格式合同文本中的责任免除条款、免赔额、免赔率、比例赔付或者给付等免除或者减轻保险人责任的条款,但不包括保险人因投保人、被保险人违反法定或者约定义务而享有解除合同权利的条款。同时,在保险人将法律、行政法规中的禁止性规定情形作为保险合同免责条款的免责事由时,保险人对该条款作出提示后,投保人、被保险人或者受益人不得以保险人未履行明确说明义务为由主张该条款不生效。

 思考题: 保险合同的主要条款有哪些?

四、保险事故的通知和证明

保险事故的发生是保险人支付保险金的前提。受信息不对称的影响,投保人和被保险人或受益人最清楚保险标的的状况,也最有动力请求保险人以法律规定或合同约定给付保险金。因此,《保险法》规定,投保人、被保险人或者受益人知道保险事故发生后,应当及时通知保险人。故意或者因重大过失未及时通知,致使保险事故的性质、原因、损失程度等难以确定的,保险人对无法确定的部分,不承担赔偿或者给付保险金的责任,但保险人通过其他途径已经及时知道或者应当及时知道保险事故发生的除外。明确投保人、被保险人或受益人的出险通知义务,不仅是为了让保险人尽早介入,以采取必要措施防止损失的扩大,也是为了勘查事故、固定证据,进而确定事故的性质、原因和损失程度,从而准确处理保险索赔。

除须履行出险通知义务外,保险事故发生后,投保人、被保险人或者受益人按照保险合同请求保险人赔偿或者给付保险金时,应当向保险人提供其所能提供的与确认保险事故的性质、原因、损失程度等有关的证明和资料。保险人按照合同的约定,认为有关的证明和资料不完整的,应当及时一次性通知投保人、被保险人或者受益人补充提供。

五、保险人的核定与赔偿

保险人收到被保险人或者受益人的赔偿或者给付保险金的请求后,应当及时对投保人、被保险人或者受益人提供的所有材料进行核定;情形复杂的,应当在 30 日内作出核定,但合同另有约定的除外。保险人应当将核定结果通知被保险人或者受益人。对属于保险责任的,在与被保险人或者受益人达成赔偿或者给付保险金的协议后 10 日内,履行赔偿或者给付保险金义务;对不属于保险责任的,应当自作出核定之日起 3 日内向被保险人或者受益人发出拒绝赔偿或者拒绝给付保险金通知书,并说明理由。

保险合同对赔偿或者给付保险金的期限有约定的,保险人应当按照约定履行赔偿或者给付保险金义务。保险人未及时履行核定、通知及赔付义务的,除支付保险金外,应当赔偿被保险人或者受益人因此受到的损失。

保险人自收到赔偿或者给付保险金的请求和有关证明、资料之日起 60 日内,对其赔偿或者给付保险金的数额不能确定的,应当根据已有证明和资料可以确定的数额先予支付;保险人最终确定赔偿或者给付保险金的数额后,应当支付相应的差额。

此外,任何单位和个人不得非法干预保险人履行赔偿或者给付保险金的义务,也不得限制被保险人或者受益人取得保险金的权利。

六、再保险

再保险,又称分保险,是指保险人将其承担的保险业务,以分保形式部分转移给其他保险人。再保险是原保险人与再保险人之间的合同关系,是原保险人将其承包的被保险人风险部分转嫁给再保险人的合同行为。在再保险法律关系中,将保险责任部分转移给其他保险人承保的保险人,是再保险合同的投保人,又称为原保险人、再保险分出人或再保险被保险人;与原保险人订立再保险合同,接受原保险人转移保险责任的保险人,是再保险人,又称再保险接受人、再保险分保人。

根据《保险法》第28条第1款的规定,原保险人不得将其承担的保险责任全部转嫁给再保险人,而是必须自留部分风险。因再保险人不清楚保险标的的情况,在再保险合同中,原保险人对再保险人有如实告知义务,即应再保险接受人的要求,再保险分出人应当将其自负责任及原保险的有关情况书面告知再保险接受人。

由于再保险合同的当事人是原保险人和再保险人,原保险合同的投保人不是再保险合同的当事人,再保险接受人不得向原保险的投保人要求支付保险费,原保险的被保险人或者受益人也不得向再保险接受人提出赔偿或者给付保险金的请求。同时,再保险分出人不得以再保险接受人未履行再保险责任为由,拒绝履行或者迟延履行其原保险责任。

七、保险合同的诉讼时效

诉讼时效,又称消灭时效,是指权利人在法定的期限内不行使权利,其权利将归于消灭或不再受法律保护。诉讼时效的设置,在于督促权利人及时行使权利,以避免权利义务长期处于不确定状态,进而有效维护社会的秩序和稳定。

对于保险合同的诉讼时效,《保险法》第26条规定,人寿保险以外的其他保险的被保险人或者受益人,向保险人请求赔偿或者给付保险金的诉讼时效期间为两年,自其知道或者应当知道保险事故发生之日起计算。人寿保险的被保险人或者受益人向保险人请求给付保险金的诉讼时效期间为5年,自其知道或者应当知道保险事故发生之日起计算。需要注意的是,根据《海商法》的规定,根据海上保险合同向保险人要求保险赔偿的请求权,时效期间为两年,自保险事故发生之日起计算。

思考题:什么叫再保险?

第四节　人身保险合同

投保方义务

一、投保的真实性

人身保险合同,是指投保人与保险人约定,由投保人向保险人支付保险费,保险人在被保险人死亡、伤残、疾病或者生存到约定的年龄、期限时,向被保险人或者受益人给付保险金的合同。由于人身保险合同是以被保险人的寿命和身体为保险标的,投保人应对被保险人的年龄和健康状况等信息的真实性负责,并履行如实告知义务。

投保的真实性主要体现在以下几个方面。

（一）投保人对被保险人具有保险利益

人身保险的投保人在保险合同订立时，对被保险人应当具有保险利益；订立合同时，投保人对被保险人不具有保险利益的，合同无效。保险合同订立后，因投保人丧失对被保险人的保险利益，当事人主张保险合同无效的，人民法院不予支持。如夫妻一方在夫妻关系存续期间可以为另一方购买人身意外伤害险，即便后来双方离婚，也不影响原保险合同效力；保险人不得以夫妻关系不复存在为由主张保险合同无效。人身保险合同中，保险法专门规定了投保人的保险利益范围，投保人对下列人员具有保险利益：本人；配偶、子女、父母；前项以外与投保人有抚养、赡养或者扶养关系的家庭其他成员、近亲属；与投保人有劳动关系的劳动者。除前款规定外，被保险人同意投保人为其订立合同的，视为投保人对被保险人具有保险利益。

（二）年龄真实

按照《保险法》第32条的规定，一方面，如果投保人申报的被保险人年龄不真实，并且其真实年龄不符合合同约定的年龄限制的，保险人可以解除合同，并按照合同约定退还保险单的现金价值。保险人行使合同解除权时，自保险人知道有解除事由之日起，超过30日不行使而消灭。自合同成立之日起超过两年的，保险人不得解除合同；发生保险事故的，保险人应当承担赔偿或者给付保险金的责任。当然，保险人在合同订立时已经知道投保人未如实告知的被保险人真实年龄的，保险人不得解除合同；发生保险事故的，保险人应当承担赔偿或者给付保险金的责任。另一方面，如果投保人申报的被保险人年龄不真实，致使投保人支付的保险费少于应付保险费的，保险人有权更正并要求投保人补交保险费，或者在给付保险金时按照实付保险费与应付保险费的比例支付。当然，投保人申报的被保险人年龄不真实，致使投保人支付的保险费多于应付保险费的，保险人应当将多收的保险费退还投保人。

（三）投保人确认未为无民事行为能力人投保以死亡为保险金支付条件的人身保险

按照《保险法》第33条的规定，投保人不得为无民事行为能力人投保以死亡为给付保险金条件的人身保险，保险人也不得承保。当然，父母可以为其未成年子女投保以死亡为保险金支付条件的人身保险，且无须征得未成年子女的同意与认可，但是因被保险人死亡给付的保险金总和不得超过国务院保险监督管理机构规定的限额。

（四）以死亡为给付保险金条件的合同征得了被保险人同意并认可保险金额

《保险法》第34条第1款规定："以死亡为给付保险金条件的合同，未经被保险人同意并认可保险金额的，合同无效。"这就意味着投保人为被保险人投保此类保险时，投保人应提供证据证明其征得了被保险人同意并认可。按照《保险法司法解释三》第1条的规定，同意并认可的形式可以是书面形式。口头形式或者其他形式，既可以在保险合同订立时作出，也可以在保险合同订立后追认。同时，该条还规定"被保险人明知他人代其签名同意而未表示异议的"、"被保险人同意投保人指定的受益人的"、"有证据足以认定被保险人同意投保人为其投保的其他情形"等，应认定为被保险人同意投保人为其订立保险合同并认可保险金额。需要注意的是，按照《保险法司法解释三》第2条的规定，被保险人以书面形式通知保险人和投保人撤销其之前作出的同意意思表示的，可认定为保险合同解除。不仅如此，按照《保险法司法解释三》第3条的规定，人民法院在审理人身保险合同纠纷案件时，应主动审查以死亡为给付保险金条件的合同是否经过被保险人同意并认可保险金额。

二、保险金

保险金是指保险人根据保险合同的约定，向被保险人或者受益人给付的金额。由于人的寿命和身体是无法用金钱来衡量的，一旦发生保险事故或保险合同约定的保险给付条件，保险人就应该按照合同约定给付保险金。因为人身保险中的保险金不适用损失补偿原则,也不存在超额保险和代位求偿权的问题。

人身保险合同中保险金的给付,需要注意以下几种特殊情形。

第一,投保人申报的被保险人年龄不真实,并且其真实年龄不符合合同约定的年龄限制的,保险人解除合同的,应当按照合同约定退还保险单的现金价值。

第二,保险合同约定分期支付保险费,投保人自保险人催告之日起超过30日未支付当期保险费,或者超过约定的期限60日未支付当期保险费,导致合同效力中止时,被保险人在该期限内发生保险事故的,保险人应当按照合同约定给付保险金,但可以扣减欠交的保险费;同时,因投保人逾期未支付当期保险费,导致合同效力中止的,如自合同效力中止之日起满两年双方未达成复效协议,保险人解除合同的,应当按照合同约定退还保险单的现金价值。

第三,投保人故意造成被保险人死亡、伤残或者疾病的,保险人不承担给付保险金的责任;投保人已交足两年以上保险费的,保险人应当按照合同约定向其他权利人退还保险单的现金价值。

第四,以被保险人死亡为给付保险金条件的合同,自合同成立或者合同效力恢复之日起两年内,被保险人自杀的,保险人不承担给付保险金的责任,但应当按照合同约定退还保险单的现金价值。同时,如果被保险人自杀时为无民事行为能力人的,保险人应当依照合同约定承担给付保险金责任。

第五,被保险人故意犯罪或者抗拒依法采取的刑事强制措施导致其伤残或者死亡的,保险人不承担给付保险金的责任;但如果投保人已交足两年以上保险费的,保险人应当按照合同约定退还保险单的现金价值。

第六,投保人解除合同的,保险人应当自收到解除合同通知之日起30日内,按照合同约定退还保险单的现金价值。

三、保险费

正如前文所述,保险费是投保人为换取保险人承担保险金给付责任所应支付的对价,保险费的多寡取决于保险金额和保险费率。投保人可以按照合同约定向保险人一次支付全部保险费或者分期支付保险费。如果合同约定分期支付保险费的,投保人支付首期保险费后,除合同另有约定外,投保人自保险人催告之日起超过30日未支付当期保险费,或者超过约定的期限60日未支付当期保险费的,合同效力中止,或者由保险人按照合同约定的条件减少保险金额。如果投保人未按照约定缴纳保险费,但被保险人在该期限内发生了保险事故,保险人应当按照合同约定给付保险金,但可以扣减欠交的保险费。

尽管投保人未按照合同约定缴纳保险费时,可能发生合同效力的中止和违约责任的承担,但保险人不得用诉讼方式要求投保人支付人寿保险的保险费。

尽管按照合同约定缴纳保险费是投保人的义务,被保险人或受益人并无缴纳保险费的义务,但是法律并不禁止被保险人、受益人或其他主体缴纳保险费。当事人以被保险人、受益人或者他人已经代为支付保险费为由,主张投保人对应的交费义务已经履行的,人民法院应予支持。

四、受益人

受益人,是指人身保险合同中由被保险人或者投保人指定的享有保险金请求权的人。投保人、被保险人可以为受益人。在受益人的确定上,人身保险的受益人由被保险人或者投保人指定,但投保人指定受益人时须经被保险人同意;投保人指定受益人未经被保险人同意的,人民法院应认定指定行为无效。投保人为与其有劳动关系的劳动者投保人身保险,不得指定被保险人及其近亲属以外的人为受益人;被保险人为无民事行为能力人或者限制民事行为能力人的,可以由其监护人指定受益人。需要注意的是,按照《保险法》第39条和《保险法司法解释三》第9条的规定,当事人对保险合同约定的受益人存在争议,除投保人、被保险人在保险合同之外另有约定外,按照以下情形分别处理:受益人约定为"法定"或者"法定继承人"的,以继承法规定的法定继承人为受益人;受益人仅约定为身份关系,投保人与被保险人为同一主体的,根据保险事故发生时与被保险人的身份关系确定受益人;投保人与被保险人为不同主体的,根据保险合同成立时与被保险人的身份关系确定受益人;受益人的约定包括姓名和身份关系,保险事故发生时身份关系发生变化的,认定为未指定受益人。

被保险人或者投保人可以指定一人或者数人为受益人。受益人为数人的,被保险人或者投保人可以确定受益顺序和受益份额;未确定受益份额的,受益人按照相等份额享有受益权。

当然,受益人不是一成不变的,而是可以依法进行变更。首先,受益人的变更应该在保险事故发生前进行,投保人或者被保险人在保险事故发生后变更受益人,变更后的受益人请求保险人给付保险金的,人民法院不予支持。其次,受益人变更应该经被保险人同意并书面通知保险人。一方面,投保人变更受益人时须经被保险人同意,未经被保险人同意的,人民法院应定变更行为无效。另一方面,被保险人或者投保人可以变更受益人并书面通知保险人;未通知保险人的,保险人主张变更对其不发生效力的,人民法院应予支持。保险人收到变更受益人的书面通知后,应当在保险单或者其他保险凭证上批注或者附贴批单。再次,对于变更受益人的时间,投保人或者被保险人变更受益人,当事人主张变更行为自变更意思表示发出时生效的,人民法院应予支持。

需要注意的是,受益权并不是一经确定且未经变更就必然存在,而是可能因一些外在原因的变化导致某一或者数个乃至全部受益人受益权的丧失。受益人将因以下事由导致受益权丧失。

(1)受益人先于被保险人死亡的。受益权是以保险事故发生前或保险合同约定的保险金给付条件成就时仍然生存为条件的,受益人先于被保险人死亡的,其受益权消灭,具体包括两种情况:一是,如果全体受益人先于被保险人死亡的,受益权全部丧失,保险金作为被保险人的遗产,由被保险人的继承人依法继承;二是,如果部分受益人先于被保险人死亡的,该死者的受益权丧失,但不影响其他受益人享有保险金请求权。在因受益人先于被保险人死亡而丧失受益权时,其继承人不得主张继承该受益人的权利,相应的份额按照《保险法司法解释三》第12条的规定处理。

(2)投保人故意造成被保险人死亡、伤残或者疾病的。按投保人故意造成被保险人死亡、伤残或者疾病的,保险人不承担给付保险金的责任。投保人已交足两年以上保险费的,保险人应当按照合同约定向其他权利人退还保险单的现金价值。

(3)受益人故意侵害被保险人的。受益人故意造成被保险人死亡、伤残、疾病的,或者故意杀害被保险人未遂的,该受益人丧失受益权。需要注意的是,在受益人为多人时,部分受益人故意造成被保险人死亡、伤残、疾病的,或者故意杀害被保险人未遂的,仅该故意侵害被保险人的受益人丧失其受益权,其他受益人仍然有受益权。

(4)被保险人自杀的。为防止被保险人通过自杀行为使其受益人获得保险金,保险法规定,以被保险人死亡为给付保险金条件的合同,自合同成立或者合同效力恢复之日起两年内,被保险人自杀的,保险人不承担给付保险金的责任,但被保险人自杀时为无民事行为能力人的除外。保险人依照前款规定不承担给付保险金责任的,应当按照合同约定退还保险单的现金价值。

(5)被保险人故意犯罪致残或致死的。因被保险人故意犯罪或者抗拒依法采取的刑事强制措施导致其伤残或者死亡的,保险人不承担给付保险金的责任。投保人已交足两年以上保险费的,保险人应当按照合同约定退还保险单的现金价值。

❓思考题:保险受益人有哪些?

五、保险赔偿

在保险事故发生时或者约定期限届满时,保险人应该按照合同约定向被保险人或受益人给付保险金。在投保人和被保险人、受益人为一人时,如果保险事故发生时或者约定期限届满时被保险人还健在的,保险金归被保险人(实质上也是归受益人和投保人);如果被保险人死亡的,保险金属于被保险人(实质上也是归受益人和投保人)的遗产,由其继承人依法继承。当投保人与被保险人、受益人不是同一人的,被保险人出险的,保险金归受益人。

投保人经被保险人同意指定了受益人,或者被保险人指定了受益人,且不存在受益人丧失受益权情形的,在保险事故发生时,受益人有权获得保险金。同时,按照《保险法》第42条的规定,被保险人死亡后,在没有适格受益人的情况下,保险金作为被保险人的遗产,由保险人依照《民法典》"继承"篇的规定履行给付保险金的义务,具体涉及以下几种情形:没有指定受益人,或者受益人指定不明无法确定的;受益人先于被保险人死亡,没有其他受益人的;受益人依法丧失受益权或者放弃受益权,没有其他受益人的。受益人与被保险人在同一事件中死亡,且不能确定死亡先后顺序的,推定受益人死亡在先。当然,在保险金成为被保险人遗产的情况下,尽管保险人有义务根据被保险人的继承人的请求给付保险金,但是保险人不负责该部分遗产的分配,也不可能实质审查继承人的继承份额并分批分次给付不同的继承人,因此,《保险法司法解释三》第14条明确规定,保险金根据《保险法》第42条规定作为被保险人的遗产,被保险人的继承人要求保险人给付保险金,保险人以其已向持有保险单的被保险人的其他继承人给付保险金为由抗辩的,人民法院应予支持。

需要注意的是,投保人或者被保险人指定数人为受益人,部分受益人在保险事故发生前死亡、放弃受益权或者依法丧失受益权的,该受益人应得的受益份额按照保险合同的约定处理;保险合同没有约定或者约定不明的,该受益人应得的受益份额按照以下情形分别处理:未约定受益顺序和受益份额的,由其他受益人平均享有;未约定受益顺序但约定受益份额的,由其他受益人按照相应比例享有;约定受益顺序但未约定受益份额的,由同顺序的其他受益人平均享有;同一顺序没有其他受益人的,由后一顺序的受益人平均享有;约定受益顺序和受益份额的,由同顺序的其他受益人按照相应比例享有;同一顺序没有其他受益人的,由后一顺序的受益人按照相应比例享有。

此外,由于在保险事故发生后,符合条件的受益人对保险人的保险金请求权属于债权性质,除根据合同性质、当事人约定或者法律规定不得转让的外,在保险事故发生后,受益人可以将与本次保险事故相对应的全部或者部分保险金请求权转让给第三人。

第五节　财产保险合同

财产保险合同要符合保险合同的一般规定,也有一些特殊规定。

一、保险标的的转让

保险标的的转让,是指被保险人将保险标的的所有权转让给受让人,从而导致被保险人丧失对保险标的的保险利益的行为。财产保险是以财产及其有关利益为保险标的的保险,财产保险的被保险人在保险事故发生时,对保险标的应当具有保险利益;保险事故发生时,被保险人对保险标的不具有保险利益的,不得向保险人请求赔偿保险金。

标的的转让,是作为转让人与受让人之间意思表示达成一致的结果,对财产及有关权利投保的目的在于避免因相关事故的发生造成对财产及权利价值的减损,但不能因此而剥夺或限制保险标的的转让,只是要兼顾因保险标的的转让而牵涉到的标的物的保险合同转让问题,相关主体须履行相应的义务。按照《保险法》第49条的规定,一方面,保险标的转让的,保险标的的受让人承继被保险人的权利和义务。只要保险标的已交付受让人,即使尚未依法办理所有权变更登记,承担保险标的的毁损灭失风险的受让人,有权依法主张行使被保险人的权利。同时,被保险人死亡,继承保险标的的当事人有权主张承继被保险人的权利和义务的。另一方面,除货物运输保险合同和另有约定的合同外,保险标的转让的,被保险人或者受让人应当及时通知保险人;被保险人、受让人未履行通知义务的,因转让导致保险标的危险程度显著增加而发生的保险事故,保险人不承担赔偿保险金的责任。同时,因保险标的转让导致危险程度显著增加的,保险人自收到被保险人或者受让人的通知之日起 30 日内,可以按照合同约定增加保险费或者解除合同。保险人解除合同的,应当将已收取的保险费,按照合同约定扣除自保险责任开始之日起至合同解除之日止应收的部分后,退还投保人。需要注意的是,只要被保险人或者受让人依法及时履行了通知义务即可,保险人按照《保险法司法解释四》第 5 条的规定,被保险人、受让人依法及时向保险人发出保险标的转让通知后,保险人作出答复前,发生保险事故,被保险人或者受让人有权向主张保险人按照保险合同承担赔偿保险金的责任。

二、保险标的的安全

投保人与保险人订立保险合同后,在很大程度上将保险标的的特定风险转嫁给了保险人,如果被保险人在合同生效后不再对保险标的负安全维护义务,极易导致被保险人对保险标的的安全状况漠不关心,以致增加保险事故发生概率,甚至诱发道德风险。这

保险诈骗

不仅易导致社会财富的变相减少,而且极易增加保险人的保险负担,违背保险制度的本意。对此,《保险法》第 51 条规定:"被保险人应当遵守国家有关消防、安全、生产操作、劳动保护等方面的规定,维护保险标的的安全。保险人可以按照合同约定对保险标的的安全状况进行检查,及时向投保人、被保险人提出消除不安全因素和隐患的书面建议。投保人、被保险人未按照约定履行其对保险标的的安全应尽责任的,保险人有权要求增加保险费或者解除合同。保险人为维护保险标的的安全,经被保险人同意,可以采取安全预防措施。"

三、保险费用

保险费是投保人为换取保险人承担保险赔偿金给付责任所应支付的对价。投保人应该按照合同的约定缴纳保险费。需要注意的是,保险费是保险人基于投保人的如实告知的保险标的信息和安全状况而评估确定的,然而,保险标的的风险却不是静态的而是不断变动的,这在很大程度上使得保险人的风险处于很大的不确定性中;当然,有可能出现保险标的价值明显减少或危险程度明显降低而使得投保人或被保险人的负担畸高的现象。为避免危险程度的明显改变导致被保险人与保险人之间利益的失衡,《保险法》不仅要求保险人在保险标的危险程度显著增加时履行及时通知义务并有权增加保险费,而且也要求保险人在特定情况下降低保险费。对此,一方面,《保险法》第 52 条规定:"在合同有效期内,保险标的的危险程度显著增加的,被保险人应当按照合同约定及时通知保险人,保险人可以按照合同约定增加保险费或者解除合同。保险人解除合同的,应当将已收取的保险费,按照合同约定扣除自保险责任开始之日起至合同解除之日止应收的部分后,退还投保人。被保险人未履行通知义务的,因保险标的的危险程度显著增加而发生的保险事故,保险人不承担赔偿保险金的责任。"而按照《保险法司法解释四》的规定,判断"危险程度显著增加"应当综合考虑保险标的用途的改变、保险标的的使用范围的改变、保险标的的所处环境的变化、保险标的的因改装等原因引起的变化、保险标的的使用人或者管理人的改变、危险程度增加持续的时间及其他可能导致危险程度显著增加的因素。当然,保险标的的危险程度虽然增加,但增加的危险属于保险合同订立时保险人预见或者应当预见的保险合同承保范围的,不构成危险程度显著增加。

另一方面,《保险法》第 53 条规定:"有下列情形之一的,除合同另有约定外,保险人应当降低保险费,并按日计算退还相应的保险费:(一)据以确定保险费率的有关情况发生变化,保险标的的危险程度明显减少的;(二)保险标的的保险价值明显减少的。"

此外,保险合同也不是铁板一块,投保人可以视自己的情况决定解除合同,并有权要求保险人退还部分保险费。按照《保险法》第 54 条的规定,因投保人解除合同的时间节点不同,退回保险费的计算方法存在一定差异:保险责任开始前,投保人要求解除合同的,应当按照合同约定向保险人支付手续费,保险人应当退还保险费;保险责任开始后,投保人要求解除合同的,保险人应当将已收取的保险

费,按照合同约定扣除自保险责任开始之日起至合同解除之日止应收的部分后,退还投保人。

四、保险价值

保险价值,又称可保价值,是指财产保险的保险标的在客观上所具有的价值。保险标的的保险价值的确定方式有两种:一是当事人约定,二是按照市场价格确定其实际价值。按照《保险法》第55条第1款和第2款的规定,投保人和保险人约定保险标的的保险价值并在合同中载明的,保险标的的发生损失时,以约定的保险价值为赔偿计算标准。投保人和保险人未约定保险标的的保险价值的,保险标的的发生损失时,以保险事故发生时保险标的的实际价值为赔偿计算标准。

保险价值是保险人承担保险责任的基础,也是保险人给付保险赔偿的最高限额。尽管财产保险的保险标的都有保险价值,但由于财产保险是以损失补偿为原则,因此,不论以何种方式确定保险标的的价值,保险金额都不得超过保险标的的保险价值。按照《保险法》第55条第3款和第4款的规定,保险金额不得超过保险价值。超过保险价值的,超过部分无效,保险人应当退还相应的保险费。保险金额低于保险价值的,除合同另有约定外,保险人按照保险金额与保险价值的比例承担赔偿保险金的责任。

 思考题:如何区别保险金与保险价值?

五、重复保险

重复保险,又称复保险,是指投保人对同一保险标的、同一保险利益、同一保险事故分别与两个以上保险人订立保险合同,且保险金额总和超过保险价值的保险。尽管法律并不禁止投保人就同一保险标的投保不同的财产险,也不限制不同的投保人从其权利角度对保险标的进行投保,然而,财产保险以损失补偿原则为基础,为避免被保险人通过保险获得超出保险标的的保险价值的补偿,并合理分担各保险人的赔偿责任,《保险法》第56条对重复保险从三个方面进行了限制:首先,投保人的通知义务,即重复保险的投保人应当将重复保险的有关情况通知各保险人。通知义务应该主动履行,且不以保险人的询问为前提,投保人不得以保险人没有询问为由不通知保险人其订立重复保险的有关情况;投保人主动通知的"有关情况"通常涉及保险人的名称和住所、保险标的、保险价值、保险费、保险金额、保险责任范围、保险期间及保险金的给付等。其次,允许重复保险,但禁止超额保险,即重复保险的各保险人赔偿保险金的总和不得超过保险价值。当然,超额保险的存在并不会导致整个保险合同无效,而仅仅是影响超额部分的效力:一方面,按照《保险法》第55条第3款的规定,保险金额超过保险价值,即发生超额保险时,超过部分无效;另一方面,按照《保险法》第56条第2款的规定,在保险赔付时,除保险合同另有约定外,各保险人按照其保险金额与保险金额总和的比例承担赔偿保险金的责任。最后,投保人有权就超额保险多支付的保险费要求返还,即第56条第3款规定的"重复保险的投保人可以就保险金额总和超过保险价值的部分,请求各保险人按比例返还保险费"。

六、损失赔偿

在保险事故发生后,保险人应该按照合同的约定向被保险人或受益人给付保险赔偿。损失赔偿的范围主要包括以下几个方面。

(1)因保险事故发生而导致的保险标的的实际损失。

(2)施救费用,即保险事故发生后,被保险人为防止或者减少保险标的的损失所支付的必要的、合理的费用,该部分费用数额在保险标的损失赔偿金额以外另行计算,但最高不超过保险金额的数额。对于该费用,保险人以被保险人采取的措施未产生实际效果为由抗辩的,人民法院不予支持。

(3)责任保险中的仲裁或者诉讼费用及其他必要的、合理的费用。按照《保险法》第66条的规定,责任保险的被保险人因给第三者造成损害的保险事故而被提起仲裁或者诉讼的,被保险人支付的仲裁或者诉讼费用及其他必要的、合理的费用,除合同另有约定外,由保险人承担。

(4)其他合理费用。保险人、被保险人为查明和确定保险事故的性质、原因和保险标的的损失程度所支付的必要的、合理的费用。

需要注意的是,保险事故发生后,保险人已支付了全部保险金额,并且保险金额等于保险价值的,受损保险标的的全部权利归于保险人;保险金额低于保险价值的,保险人按照保险金额与保险价值的比例取得受损保险标的的部分权利。

七、代位求偿权

保险代位求偿权,是指因第三者对保险标的的损害而造成保险事故的,保险人自向被保险人赔偿保险金之日起,在赔偿金额范围内代位行使被保险人对第三者请求赔偿的权利。第三人造成保险标的的损害,可以是因侵权行为,也可以是违约行为,还可以是法律规定的其他行为。保险代位求偿权的设置不仅能有效避免损害赔偿责任人逃脱法律责任,而且能有效防止被保险人不当得利并降低保险人赔付负担,进而整体降低保费水平。

(一)代位求偿权的行使条件

保险代位求偿权的行使须满足以下要件。

(1)因第三者原因造成保险标的发生保险责任范围内的损害,且不存在被保险人在保险合同订立前放弃对第三者请求赔偿的权利。按照《保险法司法解释四》第9条第1款的规定,在保险人以第三者为被告提起的代位求偿权之诉中,第三者以被保险人在保险合同订立前已放弃对其请求赔偿的权利为由进行抗辩,人民法院认定上述放弃行为合法有效,保险人就相应部分主张行使代位求偿权的,人民法院不予支持。

(2)保险人已经给付保险赔偿金。保险代位求偿权自保险人向被保险人赔偿保险金之日起取得,保险人对被保险人给付保险赔偿金之前,对造成损害保险标的的损害的第三人不能行使代位求偿权。

(3)代位求偿的金额不得超过保险人对被保险人赔付的金额。

(4)第三方责任人不属于特殊身份的主体。《保险法》第62条规定,除被保险人的家庭成员或者其组成人员故意造成本法第60条第1款规定的保险事故外,保险人不得对被保险人的家庭成员或者其组成人员行使代位请求赔偿的权利。这就意味着,通常情况下,保险人不得对被保险人的家庭成员或者其组成人员等具有特殊身份的主体行使代位求偿权,除非上述主体故意造成保险标的的损失。但是,投保人造成保险标的损害的,保险人可以主张代位求偿权,即《保险法司法解释四》第8条规定的,投保人和被保险人为不同主体,因投保人对保险标的的损害而造成保险事故,保险人依法主张代位行使被保险人对投保人请求赔偿的权利的,人民法院应予支持,但法律另有规定或者保险合同另有约定的除外。

(5)保险人应该在向被保险人给付保险赔偿金后、第三者向被保险人作出赔偿前通知第三者。因第三者对保险标的的损害而造成保险事故,保险人获得代位请求赔偿的权利的情况未通知第三者或者通知到达第三者前,第三者在被保险人已经从保险人处获赔的范围内又向被保险人作出赔偿,保险人主张代位行使被保险人对第三者请求赔偿的权利的,人民法院不予支持。保险人就相应保险金主张被保险人返还的,人民法院应予支持。保险人获得代位请求赔偿的权利的情况已经通知到第三者,第三者又向被保险人作出赔偿,保险人主张代位行使请求赔偿的权利,第三者以其已经向被保险人赔偿为由抗辩的,人民法院不予支持。

事实上,保险事故发生后,被保险人可以向第三人请求赔偿,也可以向保险人要求给付保险赔偿金;如果被保险人已经从第三者取得部分或全部损害赔偿的,则保险人在给付赔偿保险金时,可以相应扣减被保险人从第三者已取得的赔偿金额。需要注意的是,保险人行使代位请求赔偿的权利,不影响被保险人就未取得赔偿的部分向第三者请求赔偿的权利。

(二)被保险人的义务

此外,考虑到保险代位求偿权是保险人依法取得的法定权利,且是以自己的名义实施的权利,为确保该权利的有效实现,《保险法》为被保险人设定了相关义务。

(1)提供必要文件和情况并协助保险人追偿的义务,即保险人向第三者行使代位请求赔偿的权利时,被保险人应当向保险人提供必要的文件和所知道的有关情况。如被保险人因故意或者重大过失未履行上述义务,致使保险人未能行使或者未能全部行使代位请求赔偿的权利,保险人有权主张在其损失范围内扣减或者返还相应保险金。

(2)不得妨碍保险人行使代位求偿权。保险事故发生后,保险人未赔偿保险金之前,被保险人放弃对第三者请求赔偿的权利的,保险人不承担赔偿保险金的责任。保险人向被保险人赔偿保险金后,被保险人未经保险人同意放弃对第三者请求赔偿的权利的,该行为无效。被保险人故意或者因重大过失致使保险人不能行使代位请求赔偿的权利的,保险人可以扣减或者要求返还相应的保险金。

 思考题:保险代位求偿权的行使条件有哪些?

八、责任保险

责任保险,又称第三者责任保险,是指以被保险人对第三者依法应负的赔偿责任为保险标的的保险。责任保险具有保险人的替代赔偿责任、责任保险的标的有限、保险责任的第三人性及限额赔偿等特点。

在责任保险中,投保人按照约定向保险人支付保险费,在被保险人给第三人造成损害而应当向第三人承担赔偿责任时,保险人按照约定向投保人给付责任范围内的保险赔偿金。而按照保险法的规定,一方面,保险人对责任保险的被保险人给第三者造成的损害,可以依照法律的规定或者合同的约定,直接向该第三者赔偿保险金。按照《保险法司法解释四》第 14 条的规定,在"被保险人对第三者所负的赔偿责任经人民法院生效裁判、仲裁裁决确认""被保险人对第三者所负的赔偿责任经被保险人与第三者协商一致""被保险人对第三者应负的赔偿责任能够确定的其他情形"等三种情况下,被保险人可以请求保险人直接向第三者赔偿保险金;同时,保险人还可以主张按照保险合同确定保险赔偿责任。另一方面,责任保险的被保险人给第三者造成损害,被保险人对第三者应负的赔偿责任确定的,根据被保险人的请求,保险人应当直接向该第三者赔偿保险金。被保险人怠于请求的,第三者有权就其应获赔偿部分直接向保险人请求赔偿保险金。责任保险的被保险人给第三者造成损害,被保险人未向该第三者赔偿的,保险人不得向被保险人赔偿保险金。被保险人对第三者应负的赔偿责任确定后,被保险人不履行赔偿责任,且第三者以保险人为被告或者以保险人与被保险人为共同被告提起诉讼时,被保险人尚未向保险人提出直接向第三者赔偿保险金的请求的,属于"被保险人怠于请求"的情形。同时,责任保险的保险人在被保险人向第三者赔偿之前向被保险人赔偿保险金,第三者依法向保险人行使保险金请求权时,保险人不得以其已向被保险人赔偿为由拒绝赔偿保险金;但保险人向第三者赔偿后,有权请求被保险人返还相应的保险金。

正如前文所述及的,责任保险的被保险人因给第三者造成损害的保险事故而被提起仲裁或者诉讼的,被保险人支付的仲裁或者诉讼费用及其他必要的、合理的费用,除合同另有约定外,由保险人承担。此外,在因被保险人共同侵权导致损害的情形,责任保险的被保险人因共同侵权依法承担连带责任,保险人不能以该连带责任超出被保险人应承担的责任份额为由,拒绝赔付保险金;但保险人在承担保险责任后,有权就超出被保险人责任份额的部分向其他连带责任人追偿。

第六节 保险业监督管理

🎥保险业法

一、保险业监管

保险监管,是指国家保险监管机构对保险业的组织及其经营活动进行监督和管理。由于保险业的稳健与可持续发展,不仅关系诸多投保人、被保险人及受益人的切身利益,而且关系保险人的正常运营和保险市场的健康有序运行,更关系着金融市场的稳定与安全,因此,需要对保险业进行监管。

国务院保险监督管理机构依法对保险业实施监督管理,其可以根据履行职责的需要设立派出机构,派出机构按照授权履行监督管理职责。目前我国对保险业进行监管管理的机构是中国银行保险监督管理委员会及其派出机构。

二、保险业监管措施

按照《保险法》的规定,保险监督管理机构依照保险法和国务院规定的职责,遵循依法、公开、公正的原则,对保险业实施监督管理,维护保险市场秩序,保护投保人、被保险人和受益人的合法权益。监督管理机构依照法律、行政法规制定并发布有关保险业监督管理的规章。

目前,保险监督管理机构对保险业的监管举措主要包括:保险条款和保险费率的审批与备案;营业报告和营业检查;对保险公司偿付能力的监控;保险公司的整顿;保险公司的接管、撤销与清算等。以下主要分析保险条款和保险费率的审批与备案和对保险公司偿付能力的监管。

(一)保险条款和保险费率的审批与备案

按照《保险法》的规定,首先,保险公司应当按照国务院保险监督管理机构的规定,公平、合理拟订保险条款和保险费率,不得损害投保人、被保险人和受益人的合法权益。其次,关系社会公众利益的保险险种、依法实行强制保险的险种和新开发的人寿保险险种等的保险条款和保险费率,应当报国务院保险监督管理机构批准。国务院保险监督管理机构审批时,应当遵循保护社会公众利益和防止不正当竞争的原则。其他保险险种的保险条款和保险费率,应当报保险监督管理机构备案。最后,保险公司使用的保险条款和保险费率违反法律、行政法规或者国务院保险监督管理机构的有关规定的,由保险监督管理机构责令停止使用,限期修改;情节严重的,可以在一定期限内禁止申报新的保险条款和保险费率。

(二)对保险公司偿付能力的监管

保险公司偿付能力,是指保险公司承担保险责任所应当具有的经济补偿或支付能力。

从保险公司角度,应该确保其最低偿付能力,并尽可能维持保险公司的偿付能力。从保险监管的角度,国务院保险监督管理机构应当建立健全保险公司偿付能力监管体系,对保险公司的偿付能力实施监控。对偿付能力不足的保险公司,国务院保险监督管理机构应当将其列为重点监管对象,并可以根据具体情况采取下列措施:责令增加资本金、办理再保险;限制业务范围;限制向股东分红;限制固定资产购置或者经营费用规模;限制资金运用的形式、比例;限制增设分支机构;责令拍卖不良资产、转让保险业务;限制董事、监事、高级管理人员的薪酬水平;限制商业性广告;责令停止接受新业务。保险公司未依照《保险法》的规定提取或者结转各项责任准备金,或者未依照《保险法》规定办理再保险,或者严重违反《保险法》关于资金运用的规定的,由保险监督管理机构责令限期改正,并可以责令调整负责人及有关管理人员。

? **思考题**:如何监管保险业?

三、整顿、接管、破产

(一)保险公司的整顿

整顿是指保险公司不能在限期内改正其违法行为时,保险监管机构成立整顿组以监督保险公司纠正其违法行为的行政强制措施。

保险公司未依照《保险法》规定提取或者结转各项责任准备金,或者未依照《保险法》规定办理再保险,或者严重违反《保险法》关于资金运用的规定的,由保险监督管理机构作出责令限期改正的决定后,保险公司逾期未改正的,保险监督管理机构可以决定选派保险专业人员和指定该保险公司的有关人员组成整顿组,对公司进行整顿。

整顿决定应当载明被整顿公司的名称、整顿理由、整顿组成员和整顿期限,并予以公告。整顿组有权监督被整顿保险公司的日常业务。被整顿公司的负责人及有关管理人员应当在整顿组的监督下行使职权。

整顿过程中,被整顿保险公司的原有业务继续进行。但是,国务院保险监督管理机构可以责令被整顿公司停止部分原有业务、停止接受新业务,调整资金运用。被整顿保险公司经整顿已纠正其违反《保险法》规定的行为,恢复正常经营状况的,由整顿组提出报告,经国务院保险监督管理机构批准,结束整顿,并由国务院保险监督管理机构予以公告。

(二)保险公司的接管

接管,是指当保险公司的偿付能力严重不足,或者偿付能力受到严重影响时,由保险监督管理机构成立接管组全面接受并支配保险公司财产和营业的行政强制措施。

保险公司有下列情形之一的,国务院保险监督管理机构可以对其实行接管:公司的偿付能力严重不足的;违反保险法规定,损害社会公共利益,可能严重危及或者已经严重危及公司的偿付能力的。被接管的保险公司的债权债务关系不因接管而变化。

接管组的组成和接管的实施办法,由国务院保险监督管理机构决定,并予以公告。接管期限届满,国务院保险监督管理机构可以决定延长接管期限,但接管期限最长不得超过两年。接管期限届满,被接管的保险公司已恢复正常经营能力的,由国务院保险监督管理机构决定终止接管,并予以公告。

(三)保险公司的破产

破产,是指保险公司不能清偿到期债务,并且资产不足以清偿全部债务后者明显缺乏偿债能力,经保险监管管理机构同意,人民法院根据债权人或保险公司申请,或者保险监督管理部门的申请,将保险公司全部财产公平清偿全体债权人的概括性执行程序。

根据《保险法》的规定,达到破产标准的保险公司,经国务院保险监督管理机构同意,保险公司、债权人及保险监督管理机构可以依法向人民法院申请对该保险公司进行破产清算。

在保险公司破产财产清偿过程中,破产财产在优先清偿破产费用和共益债务后,按照下列顺序清偿:所欠职工工资和医疗、伤残补助、抚恤费用,所欠应当划入职工个人账户的基本养老保险、基本医疗保险费用,以及法律、行政法规规定应当支付给职工的补偿金;赔偿或者给付保险金;保险公司欠缴的除法律规定以外的社会保险费用和所欠税款;普通破产债权。破产财产不足以清偿同一顺序的清偿要求的,按照比例分配。破产保险公司的董事、监事和高级管理人员的工资,按照该公司职工的平均工资计算。

思考题：接管保险公司的条件有哪些？

本章引用法律资源

1.《中华人民共和国保险法》。

2.《最高人民法院关于适用〈中华人民共和国保险法〉若干问题的解释（一）》。

3.《最高人民法院关于适用〈中华人民共和国保险法〉若干问题的解释（二）》。

4.《最高人民法院关于适用〈中华人民共和国保险法〉若干问题的解释（三）》。

5.《最高人民法院关于适用〈中华人民共和国保险法〉若干问题的解释（四）》。

本章参考文献

1.李玉泉.保险法学：理论与实务[M].北京：高等教育出版社，2010.

2.邹海林.保险法[M].北京：社会科学文献出版社，2017.

3.温世扬.保险法[M].北京：法律出版社，2016.

4.傅廷中.保险法学[M].北京：清华大学出版社，2015.

5.最高人民法院民事审判二庭.保险案件审判指导[M].北京：法律出版社，2015.

6.李志强.最高人民法院保险法司法精释精解[M].北京：中国法制出版社，2016.

7.《商法学》编写组.商法学[M].北京：高等教育出版社，2019.

本章网站资源

1.全国人大网：http://www.npc.gov.cn。

2.中国政府网：http://www.gov.cn。

3.中华人民共和国最高人民法院官网：http://www.court.gov.cn。

4.中华人民共和国最高人民检察院官网：http://www.spp.gov.cn。

5.中国银行保险监督管理委员会官网：http://www.cbirc.gov.cn。

第八章课后练习题

第九章　证券法

 教学目标

通过学习,掌握证券法的基本规定。掌握证券的概念,掌握证券发行的基本规定;掌握证券交易的基本规定,尤其是证券上市的条件、禁止的交易行为的种类;掌握上市公司收购的基本规定;掌握信息披露的内容;掌握投资者保护的基本规定;了解证券交易场所、证券公司、证券登记结算机构、证券服务机构、证券业协会、证券监督管理机构的规定;了解证券法律责任。

证券法的原
则与主体

第一节　证券法概述

一、证券

证券是证明持有人权利的凭证,涵盖了资本证券、货币证券、实物证券等种类。证券法规定的证券,指的是在证券市场中交易的各类权利凭证,主要指的是资本证券。证券法规定的证券种类,包括了股票、债券、证券投资基金份额凭证、认股权证、存托凭证、资产支持证券、资产管理产品和国务院依法认定的其他证券。

证券的主要种类是股票、债券。股票是股份有限公司的股份表现形式。股份有限公司的资本划分为股份,每一股的金额相等,公司的股份采取股票的形式,股票是股份有限公司签发的证明股东所持股份的凭证。债券,是指企业、公司、政府依照法定程序发行、约定在一定期限还本付息的有价证券。债券按照发行主体,可以分为公司债券、企业债券、政府债券等类型。

二、证券法

广义的证券法是指调整证券关系的法律规范的总称。狭义的证券法是指全国人大常委会通过的《中华人民共和国证券法》,1998年12月29日由第九届全国人民代表大会常务委员会第六次会议通过,并于2004年、2005年、2013年、2014年、2019年先后进行了修订广义的证券法包括了国务院颁行的证券行政法规定、各部委发布的部委规章、中国证券业监督管理委员会等国家机关制定的各类规范性文件。

证券法的立法目的,是为了规范证券发行和交易行为,保护投资者的合法权益,维护社会经济秩序和社会公共利益,促进社会主义市场经济的发展。

在中国境内,股票、公司债券、存托凭证和国务院依法认定的其他证券的发行和交易,适用证券法;证券法未规定的,适用《公司法》和其他法律、行政法规的规定。政府债券、证券投资基金份额的上市交易,适用证券法;其他法律、行政法规另有规定的,适用其规定。资产支持证券、资产管理产品发行、交易的管理办法,由国务院依照证券法的原则规定。在中国境外的证券发行和交易活动,扰乱中国境内市场秩序,损害境内投资者合法权益的,依照证券法有关规定处理并追究法律责任。境内企业直接或者间接到境外发行证券或者将其证券在境外上市交易,应当符合国务院的有关规定。境内公司股票以外币认购和交易的,具体办法由国务院另行规定。

三、证券法的基本原则

(一)公开、公平、公正的原则

证券的发行、交易活动,必须遵循公开、公平、公正的原则。

(二)自愿、有偿、诚实信用的原则

证券发行、交易活动的当事人具有平等的法律地位,应当遵守自愿、有偿、诚实信用的原则。

(三)守法原则

证券的发行、交易活动,必须遵守法律、行政法规;禁止欺诈、内幕交易和操纵证券市场的行为。

(四)分业经营、分业管理原则

证券业和银行业、信托业、保险业实行分业经营、分业管理,证券公司与银行、信托、保险业务机构分别设立。国家另有规定的除外。

(五)国家监督原则

国务院证券监督管理机构依法对全国证券市场实行集中统一监督管理。国务院证券监督管理机构根据需要可以设立派出机构,按照授权履行监督管理职责。国家审计机关依法对证券交易场所、证券公司、证券登记结算机构、证券监督管理机构进行审计监督。

思考题:证券法的基本原则有哪些?

第二节　证券发行

证券发行

一、证券发行

证券的发行是证券发行人为筹集资本,在证券市场依照法定条件和法定程序向投资者出售证券的行为。证券发行可以分为公开发行和不公开发行,前者叫公募,后者又叫私募。

有下列情形之一的,为公开发行:向不特定对象发行证券;向特定对象发行证券累计超过 200 人,但依法实施员工持股计划的员工人数不计算在内;法律、行政法规规定的其他发行行为。

非公开发行证券,不得采用广告、公开劝诱和变相公开方式。

二、证券发行的保荐

发行人申请公开发行股票、可转换为股票的公司债券,依法采取承销方式的,或者公开发行法律、行政法规规定实行保荐制度的其他证券的,应当聘请证券公司担任保荐人。

保荐人应当遵守业务规则和行业规范,诚实守信,勤勉尽责,对发行人的申请文件和信息披露资料进行审慎核查,督导发行人规范运作。

保荐人的管理办法由国务院证券监督管理机构规定。

三、证券发行条件

(一)《公司法》关于股票的规定

《公司法》关于股票的规定如下。

1. 股份发行的原则

股份的发行,实行公平、公正的原则,同种类的每一股份应当具有同等权利。同次发行的同种类股票,每股的发行条件和价格应当相同;任何单位或者个人所认购的股份,每股应当支付相同价额。

2. 股票发行价格和形式

股票发行价格可以按票面金额,也可以超过票面金额,但不得低于票面金额。股票采用纸面形式或者国务院证券监督管理机构规定的其他形式。股票应当载明下列主要事项:公司名称,公司成立日期,股票种类、票面金额及代表的股份数,股票的编号。股票由法定代表人签名,公司盖章。发起人的股票,应当标明发起人股票字样。国务院可以对公司发行《公司法》规定以外的其他种类的股份,另行作出规定。

3. 股票的种类

公司发行的股票,可以为记名股票,也可以为无记名股票。公司向发起人、法人发行的股票,应当为记名股票,并应当记载该发起人、法人的名称或者姓名,不得另立户名或者以代表人姓名记名。

4. 股东信息的记载

股份有限公司成立后,即向股东正式交付股票。公司成立前不得向股东交付股票。公司发行记名股票的,应当置备股东名册,记载下列事项:股东的姓名或者名称及住所、各股东所持股份数、各股东所持股票的编号、各股东取得股份的日期。发行无记名股票的,公司应当记载其股票数量、编号及发行日期。

(二)股票的发行

设立股份有限公司公开发行股票,应当符合《公司法》规定的条件和经国务院批准的国务院证券监督管理机构规定的其他条件。

1.《公司法》规定的股份有限公司设立的条件

有限责任公司不能发行股票,只有股份有限公司可以发行股票。设立股份有限公司,应当具备下列条件:发起人符合法定人数;有符合公司章程规定的全体发起人认购的股本总额或者募集的实收股本总额;股份发行、筹办事项符合法律规定;发起人制订公司章程,采用募集方式设立的经创立大会通过;有公司名称,建立符合股份有限公司要求的组织机构;有公司住所。

2. 首次发行新股的条件

公司首次公开发行新股,应当符合下列条件:具备健全且运行良好的组织机构;具有持续经营能力;最近3年财务会计报告被出具无保留意见审计报告;发行人及其控股股东、实际控制人最近3年不存在贪污、贿赂、侵占财产、挪用财产或者破坏社会主义市场经济秩序的刑事犯罪;经国务院批准的国务院证券监督管理机构规定的其他条件。

上市公司发行新股,应当符合经国务院批准的国务院证券监督管理机构规定的条件,具体管理办法由国务院证券监督管理机构规定。

公开发行存托凭证的,应当符合首次公开发行新股的条件及国务院证券监督管理机构规定的其他条件。

3. 股票发行提交的文件

设立股份有限公司公开发行股票,应当符合《公司法》规定的条件和经国务院批准的国务院证券监督管理机构规定的其他条件,向国务院证券监督管理机构报送募股申请和下列文件:公司章程;发起人协议;发起人姓名或者名称,发起人认购的股份数、出资种类及验资证明;招股说明书;代收股款银行的名称及地址；承销机构名称及有关的协议。依照《证券法》规定聘请保荐人的，还应当报送保荐人出具的发行保荐书。法律、行政法规规定设立公司必须报经批准的，还应当提交相应的批准文件。

公司公开发行新股，应当报送募股申请和下列文件：公司营业执照、公司章程、股东大会决议、招股说明书或者其他公开发行募集文件、财务会计报告、代收股款银行的名称及地址。

依照《证券法》规定聘请保荐人的，还应当报送保荐人出具的发行保荐书。依照《证券法》规定实行承销的，还应当报送承销机构名称及有关的协议。

4.发行股票筹集的资金用途

公司对公开发行股票所募集资金，必须按照招股说明书或者其他公开发行募集文件所列资金用途使用；改变资金用途，必须经股东大会作出决议。擅自改变用途，未作纠正的，或者未经股东大会认可的，不得公开发行新股。

思考题：股票发行的条件有哪些？

（三）债券的发行

1.公司债券发行条件

公开发行公司债券，应当符合下列条件：具备健全且运行良好的组织机构、最近3年平均可分配利润足以支付公司债券一年的利息及国务院规定的其他条件。

上市公司发行可转换为股票的公司债券，除应当符合《证券法》第15条第1款规定的条件外，还应当遵守《证券法》第12条第2款的规定。但是，按照公司债券募集办法，上市公司通过收购本公司股份的方式进行公司债券转换的除外。

2.发行债券筹集的资金用途

公开发行公司债券筹集的资金，必须按照公司债券募集办法所列资金用途使用；改变资金用途，必须经债券持有人会议作出决议。公开发行公司债券筹集的资金，不得用于弥补亏损和非生产性支出。

3.债券发行提交的文件

申请公开发行公司债券，应当向国务院授权的部门或者国务院证券监督管理机构报送下列文件：公司营业执照；公司章程；公司债券募集办法；国务院授权的部门或者国务院证券监督管理机构规定的其他文件。依照《证券法》规定聘请保荐人的，还应当报送保荐人出具的发行保荐书。

4.不得再次发行债券的情形

有下列情形之一的，不得再次公开发行公司债券：对已公开发行的公司债券或者其他债务有违约或者延迟支付本息的事实，仍处于继续状态；违反《证券法》规定，改变公开发行公司债券所募资金的用途。

四、证券发行的注册

（一）证券发行审核制度

证券发行的审核制度是指证券发行需要由法定的审核机关依照审核程序对发行人资料进行审核后才可发行的制度。证券发行审核制度可以分为审批制、核准制、注册制。我国原来实行严格的审批制，证券发行有指标、有额度，审批条件苛刻，审批程序复杂，证券发行难度大，不利于证券市场发展，后来将审批制改革为核准制。核准制就是证券监督管理机构依照法定的条件和程序对资料进行审核后发行的制度，核准制有利于证券发行。

注册制，即申报制，就是形式审查制。注册制是指证券监督管理机构对发行人发行证券进行申请文件的形式审查，不否定就是同意发行的制度。2016年我国开始注册制改革。全国人大常委会于2019年修改的《证券法》，以注册制代替了核准制。《证券法》规定，公开发行证券，必须符合法律、行政法规规定的条件，并依法报经国务院证券监督管理机构或者国务院授权的部门注册。未经依法注册,任何单位和个人不得公开发行证券。证券发行注册制的具体范围、实施步骤,由国务院规定。

(二)证券发行的申请

1. 申请

发行人依法申请公开发行证券所报送的申请文件的格式、报送方式,由依法负责注册的机构或者部门规定。

发行人报送的证券发行申请文件,应当充分披露投资者作出价值判断和投资决策所必需的信息,内容应当真实、准确、完整。为证券发行出具有关文件的证券服务机构和人员,必须严格履行法定职责,保证所出具文件的真实性、准确性和完整性。发行人申请首次公开发行股票的,在提交申请文件后,应当按照国务院证券监督管理机构的规定预先披露有关申请文件。

2. 注册

国务院证券监督管理机构或者国务院授权的部门依照法定条件负责证券发行申请的注册。证券公开发行注册的具体办法由国务院规定。按照国务院的规定,证券交易所等可以审核公开发行证券申请,判断发行人是否符合发行条件、信息披露要求,督促发行人完善信息披露内容。依照前两款规定参与证券发行申请注册的人员,不得与发行申请人有利害关系,不得直接或者间接接受发行申请人的馈赠,不得持有所注册的发行申请的证券,不得私下与发行申请人进行接触。

国务院证券监督管理机构或者国务院授权的部门应当自受理证券发行申请文件之日起3个月内,依照法定条件和法定程序作出予以注册或者不予注册的决定,发行人根据要求补充、修改发行申请文件的时间不计算在内。不予注册的,应当说明理由。

3. 公告

证券发行申请经注册后,发行人应当依照法律、行政法规的规定,在证券公开发行前公告公开发行募集文件,并将该文件置备于指定场所供公众查阅。发行证券的信息依法公开前,任何知情人不得公开或者泄露该信息。发行人不得在公告公开发行募集文件前发行证券。

4. 撤销

国务院证券监督管理机构或者国务院授权的部门对已作出的证券发行注册的决定,发现不符合法定条件或者法定程序,尚未发行证券的,应当予以撤销,停止发行。已经发行尚未上市的,撤销发行注册决定,发行人应当按照发行价并加算银行同期存款利息返还证券持有人;发行人的控股股东、实际控制人及保荐人,应当与发行人承担连带责任,但是能够证明自己没有过错的除外。

5. 责任

股票的发行人在招股说明书等证券发行文件中隐瞒重要事实或者编造重大虚假内容,已经发行并上市的,国务院证券监督管理机构可以责令发行人回购证券,或者责令负有责任的控股股东、实际控制人买回证券。

股票依法发行后,发行人经营与收益的变化,由发行人自行负责;由此变化引致的投资风险,由投资者自行负责。

思考题:什么叫证券的注册制?

五、证券发行的承销

(一)承销方式

发行人向不特定对象发行的证券,法律、行政法规规定应当由证券公司承销的,发行人应当同证券公司签订承销协议。证券承销业务采取代销或者包销方式。

证券代销是指证券公司代发行人发售证券,在承销期结束时,将未售出的证券全部退还给发行人的承销方式。

证券包销是指证券公司将发行人的证券按照协议全部购入或者在承销期结束时将售后剩余证券全部自行购入的承销方式。

(二)承销公司与协议

公开发行证券的发行人有权依法自主选择承销的证券公司。向不特定对象发行证券聘请承销团承销的,承销团应当由主承销和参与承销的证券公司组成。

证券公司承销证券,应当同发行人签订代销或者包销协议,载明下列事项:当事人的名称、住所及法定代表人姓名,代销、包销证券的种类、数量、金额及发行价格,代销、包销的期限及起止日期,代销、包销的付款方式及日期,代销、包销的费用和结算办法,违约责任,国务院证券监督管理机构规定的其他事项。

(三)承销的禁止行为

证券公司承销证券,应当对公开发行募集文件的真实性、准确性、完整性进行核查。发现有虚假记载、误导性陈述或者重大遗漏的,不得进行销售活动;已经销售的,必须立即停止销售活动,并采取纠正措施。

证券公司承销证券,不得有下列行为:进行虚假的或者误导投资者的广告宣传或者其他宣传推介活动;以不正当竞争手段招揽承销业务;其他违反证券承销业务规定的行为。证券公司有前款所列行为,给其他证券承销机构或者投资者造成损失的,应当依法承担赔偿责任。

(四)承销日期与价格

证券的代销、包销期限最长不得超过 90 日。

证券公司在代销、包销期内,对所代销、包销的证券应当保证先行出售给认购人,证券公司不得为本公司预留所代销的证券和预先购入并留存所包销的证券。

股票发行采取溢价发行的,其发行价格由发行人与承销的证券公司协商确定。

(五)备案与发行失败

股票发行采用代销方式,代销期限届满,向投资者出售的股票数量未达到拟公开发行股票数量70%的,为发行失败。发行人应当按照发行价并加算银行同期存款利息返还股票认购人。

公开发行股票,代销、包销期限届满,发行人应当在规定的期限内将股票发行情况报国务院证券监督管理机构备案。

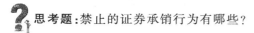 **思考题:**禁止的证券承销行为有哪些?

第三节 证券交易

证券交易

一、一般规定

(一)交易的证券

证券交易当事人依法买卖的证券,必须是依法发行并交付的证券。非依法发行的证券,不得买卖。

（二）交易规则

依法发行的证券，《公司法》和其他法律对其转让期限有限制性规定的，在限定的期限内不得转让。

上市公司持有 5% 以上股份的股东、实际控制人、董事、监事、高级管理人员，以及其他持有发行人首次公开发行前发行的股份或者上市公司向特定对象发行的股份的股东，转让其持有的本公司股份的，不得违反法律、行政法规和国务院证券监督管理机构关于持有期限、卖出时间、卖出数量、卖出方式、信息披露等规定，并应当遵守证券交易所的业务规则。

（三）交易场所与收费

公开发行的证券，应当在依法设立的证券交易所上市交易或者在国务院批准的其他全国性证券交易场所交易。非公开发行的证券，可以在证券交易所、国务院批准的其他全国性证券交易场所、按照国务院规定设立的区域性股权市场转让。

证券交易的收费必须合理，并公开收费项目、收费标准和管理办法。

（四）交易方式和形式

证券在证券交易所上市交易，应当采用公开的集中交易方式或者国务院证券监督管理机构批准的其他方式。

证券交易当事人买卖的证券可以采用纸面形式或者国务院证券监督管理机构规定的其他形式。

（五）证券从业者的规则

证券交易场所、证券公司和证券登记结算机构的从业人员，证券监督管理机构的工作人员，以及法律、行政法规规定禁止参与股票交易的其他人员，在任期或者法定限期内，不得直接或者以化名、借他人名义持有、买卖股票或者其他具有股权性质的证券，也不得收受他人赠送的股票或者其他具有股权性质的证券。任何人在成为前款所列人员时，其原已持有的股票或者其他具有股权性质的证券，必须依法转让。实施股权激励计划或者员工持股计划的证券公司的从业人员，可以按照国务院证券监督管理机构的规定持有、卖出本公司股票或者其他具有股权性质的证券。

证券交易场所、证券公司、证券登记结算机构、证券服务机构及其工作人员应当依法为投资者的信息保密，不得非法买卖、提供或者公开投资者的信息。证券交易场所、证券公司、证券登记结算机构、证券服务机构及其工作人员不得泄露所知悉的商业秘密。

为证券发行出具审计报告或者法律意见书等文件的证券服务机构和人员，在该证券承销期内和期满后 6 个月内，不得买卖该证券。除前款规定外，为发行人及其控股股东、实际控制人，或者收购人、重大资产交易方出具审计报告或者法律意见书等文件的证券服务机构和人员，自接受委托之日起至上述文件公开后 5 日内，不得买卖该证券。实际开展上述有关工作之日早于接受委托之日的，自实际开展上述有关工作之日起至上述文件公开后 5 日内，不得买卖该证券。

上市公司、股票在国务院批准的其他全国性证券交易场所交易的公司持有 5% 以上股份的股东、董事、监事、高级管理人员，将其持有的该公司的股票或者其他具有股权性质的证券在买入后 6 个月内卖出，或者在卖出后 6 个月内又买入，由此所得收益归该公司所有，公司董事会应当收回其所得收益。但是，证券公司因购入包销售后剩余股票而持有 5% 以上股份，以及有国务院证券监督管理机构规定的其他情形的除外。前款所称董事、监事、高级管理人员、自然人股东持有的股票或者其他具有股权性质的证券，包括其配偶、父母、子女持有的及利用他人账户持有的股票或者其他具有股权性质的证券。公司董事会不按照规定执行的，股东有权要求董事会在 30 日内执行。公司董事会未在上述期限内执行的，股东有权为了公司的利益以自己的名义直接向人民法院提起诉讼。公司董事会不按照规定执行的，负有责任的董事依法承担连带责任。

（六）报告

通过计算机程序自动生成或者下达交易指令进行程序化交易的,应当符合国务院证券监督管理机构的规定,并向证券交易所报告,不得影响证券交易所系统安全或者正常交易秩序。

思考题:证券从业者的原则有哪些?

二、证券上市

（一）上市申请

申请证券上市交易,应当向证券交易所提出申请,由证券交易所依法审核同意,并由双方签订上市协议。证券交易所根据国务院授权的部门的决定安排政府债券上市交易。

（二）上市条件

申请证券上市交易,应当符合证券交易所上市规则规定的上市条件。

证券交易所上市规则规定的上市条件,应当对发行人的经营年限、财务状况、最低公开发行比例和公司治理、诚信记录等提出要求。

（三）终止上市

上市交易的证券,有证券交易所规定的终止上市情形的,由证券交易所按照业务规则终止其上市交易。

证券交易所决定终止证券上市交易的,应当及时公告,并报国务院证券监督管理机构备案。

对证券交易所作出的不予上市交易、终止上市交易决定不服的,可以向证券交易所设立的复核机构申请复核。

三、禁止的交易行为

（一）内部交易

1. 内幕人员

证券交易内幕信息的知情人包括:发行人及其董事、监事、高级管理人员;持有公司5%以上股份的股东及其董事、监事、高级管理人员,公司的实际控制人及其董事、监事、高级管理人员;发行人控股或者实际控制的公司及其董事、监事、高级管理人员;由于所任公司职务或者因与公司业务往来可以获取公司有关内幕信息的人员;上市公司收购人或者重大资产交易方及其控股股东、实际控制人、董事、监事和高级管理人员;因职务、工作可以获取内幕信息的证券交易场所、证券公司、证券登记结算机构、证券服务机构的有关人员;因职责、工作可以获取内幕信息的证券监督管理机构工作人员;因法定职责对证券的发行、交易或者对上市公司及其收购、重大资产交易进行管理可以获取内幕信息的有关主管部门、监管机构的工作人员;国务院证券监督管理机构规定的可以获取内幕信息的其他人员。

2. 内幕信息

证券交易活动中,涉及发行人的经营、财务或者对该发行人证券的市场价格有重大影响的尚未公开的信息,为内幕信息。《证券法》第80条第2款、第81条第2款所列重大事件属于内幕信息。

3. 禁止内幕交易

禁止证券交易内幕信息的知情人和非法获取内幕信息的人利用内幕信息从事证券交易活动。证券交易内幕信息的知情人和非法获取内幕信息的人,在内幕信息公开前,不得买卖该公司的证券,或者泄露该信息,或者建议他人买卖该证券。持有或者通过协议、其他安排与他人共同持有公司5%以上股份的自然人、法人、非法人组织收购上市公司的股份,《证券法》另有规定的,适用其规定。内幕交易行为给投资者造成损失的,应当依法承担赔偿责任。

禁止证券交易场所、证券公司、证券登记结算机构、证券服务机构和其他金融机构的从业人员、有关监管部门或者行业协会的工作人员,利用因职务便利获取的内幕信息以外的其他未公开的信息,违反规定,从事与该信息相关的证券交易活动,或者明示、暗示他人从事相关交易活动。利用未公开信息进行交易给投资者造成损失的,应当依法承担赔偿责任。

(二)操纵证券市场行为

禁止任何人以下列手段操纵证券市场,影响或者意图影响证券交易价格或者证券交易量:单独或者通过合谋,集中资金优势、持股优势或者利用信息优势联合或者连续买卖;与他人串通,以事先约定的时间、价格和方式相互进行证券交易;在自己实际控制的账户之间进行证券交易;不以成交为目的,频繁或者大量申报并撤销申报;利用虚假或者不确定的重大信息,诱导投资者进行证券交易;对证券、发行人公开作出评价、预测或者投资建议,并进行反向证券交易;利用在其他相关市场的活动操纵证券市场;操纵证券市场的其他手段。

操纵证券市场行为给投资者造成损失的,应当依法承担赔偿责任。

(三)禁止虚假陈述与信息误导

禁止任何单位和个人编造、传播虚假信息或者误导性信息,扰乱证券市场。

禁止证券交易场所、证券公司、证券登记结算机构、证券服务机构及其从业人员,证券业协会、证券监督管理机构及其工作人员,在证券交易活动中作出虚假陈述或者信息误导。

各种传播媒介传播证券市场信息必须真实、客观,禁止误导。传播媒介及其从事证券市场信息报道的工作人员不得从事与其工作职责发生利益冲突的证券买卖。

编造、传播虚假信息或者误导性信息,扰乱证券市场,给投资者造成损失的,应当依法承担赔偿责任。

(四)禁止欺诈客户

禁止证券公司及其从业人员从事下列损害客户利益的行为:违背客户的委托为其买卖证券;不在规定时间内向客户提供交易的确认文件;未经客户的委托,擅自为客户买卖证券,或者假借客户的名义买卖证券;为牟取佣金收入,诱使客户进行不必要的证券买卖;其他违背客户真实意思表示,损害客户利益的行为。

违反《证券法》第57条第1款规定给客户造成损失的,应当依法承担赔偿责任。

(五)其他禁止性规定

任何单位和个人不得违反规定,出借自己的证券账户或者借用他人的证券账户从事证券交易。

依法拓宽资金入市渠道,禁止资金违规流入股市。禁止投资者违规利用财政资金、银行信贷资金买卖证券。

国有独资企业、国有独资公司、国有资本控股公司买卖上市交易的股票,必须遵守国家有关规定。

证券交易场所、证券公司、证券登记结算机构、证券服务机构及其从业人员对证券交易中发现的禁止的交易行为,应当及时向证券监督管理机构报告。

思考题:禁止的证券交易行为有哪些?

第四节　上市公司的收购

收购

国务院证券监督管理机构依照证券法制定上市公司收购的具体办法。

一、收购方式

投资者可以采取要约收购、协议收购及其他合法方式收购上市公司。

二、收购的报告和公告

1.报告和公告的时间

通过证券交易所的证券交易，投资者持有或者通过协议、其他安排与他人共同持有一个上市公司已发行的有表决权股份达到5％时，应当在该事实发生之日起3日内，向国务院证券监督管理机构、证券交易所作出书面报告，通知该上市公司，并予公告，在上述期限内不得再行买卖该上市公司的股票，但国务院证券监督管理机构规定的情形除外。

投资者持有或者通过协议、其他安排与他人共同持有一个上市公司已发行的有表决权股份达到5％后，其所持该上市公司已发行的有表决权股份比例每增加或者减少5％，应当依照前款规定进行报告和公告，在该事实发生之日起至公告后3日内，不得再行买卖该上市公司的股票，但国务院证券监督管理机构规定的情形除外。

投资者持有或者通过协议、其他安排与他人共同持有一个上市公司已发行的有表决权股份达到5％后，其所持该上市公司已发行的有表决权股份比例每增加或者减少1％，应当在该事实发生的次日通知该上市公司，并予公告。

违反《证券法》第63条第1款、第2款规定买入上市公司有表决权的股份的，在买入后的36个月内，对该超过规定比例部分的股份不得行使表决权。

2.公告的内容

依照规定所作的公告，应当包括下列内容：持股人的名称、住所，持有的股票的名称、数额，持股达到法定比例或者持股增减变化达到法定比例的日期、增持股份的资金来源，在上市公司中拥有表决权的股份变动的时间及方式。

思考题：收购如何报告和公告？

三、要约收购

通过证券交易所的证券交易，投资者持有或者通过协议、其他安排与他人共同持有一个上市公司已发行的有表决权股份达到30％时，继续进行收购的，应当依法向该上市公司所有股东发出收购上市公司全部或者部分股份的要约。

收购上市公司部分股份的要约应当约定，被收购公司股东承诺出售的股份数额超过预定收购的股份数额的，收购人按比例进行收购。

依照前条规定发出收购要约，收购人必须公告上市公司收购报告书，并载明下列事项：收购人的名称、住所；收购人关于收购的决定；被收购的上市公司名称；收购目的；收购股份的详细名称和预定收购的股份数额；收购期限、收购价格；收购所需资金额及资金保证；公告上市公司收购报告书时持有被收购公司股份数占该公司已发行的股份总数的比例。

收购要约约定的收购期限不得少于30日，并不得超过60日。

在收购要约确定的承诺期限内,收购人不得撤销其收购要约。收购人需要变更收购要约的,应当及时公告,载明具体变更事项,且不得存在下列情形:降低收购价格,减少预定收购股份数额,缩短收购期限,以及国务院证券监督管理机构规定的其他情形。

收购要约提出的各项收购条件,适用于被收购公司的所有股东。上市公司发行不同种类股份的,收购人可以针对不同种类股份提出不同的收购条件。

采取要约收购方式的,收购人在收购期限内,不得卖出被收购公司的股票,也不得采取要约规定以外的形式和超出要约的条件买入被收购公司的股票。

四、协议收购

采取协议收购方式的,收购人可以依照法律、行政法规的规定同被收购公司的股东以协议方式进行股份转让。

以协议方式收购上市公司时,达成协议后,收购人必须在3日内将该收购协议向国务院证券监督管理机构及证券交易所作出书面报告,并予公告。在公告前不得履行收购协议。

采取协议收购方式的,协议双方可以临时委托证券登记结算机构保管协议转让的股票,并将资金存放于指定的银行。

采取协议收购方式的,收购人收购或者通过协议、其他安排与他人共同收购一个上市公司已发行的有表决权股份达到30%时,继续进行收购的,应当依法向该上市公司所有股东发出收购上市公司全部或者部分股份的要约。但是,按照国务院证券监督管理机构的规定免除发出要约的除外。

收购人依照上述规定以要约方式收购上市公司股份,应当遵守《证券法》第65条第2款、第66—70条的规定。

五、收购的法律后果

收购期限届满,被收购公司股权分布不符合证券交易所规定的上市交易要求的,该上市公司的股票应当由证券交易所依法终止上市交易;其余仍持有被收购公司股票的股东,有权向收购人以收购要约的同等条件出售其股票,收购人应当收购。

收购行为完成后,被收购公司不再具备股份有限公司条件的,应当依法变更企业形式。

在上市公司收购中,收购人持有的被收购的上市公司的股票,在收购行为完成后的18个月内不得转让。

收购行为完成后,收购人与被收购公司合并,并将该公司解散的,被解散公司的原有股票由收购人依法更换。

收购行为完成后,收购人应当在15日内将收购情况报告国务院证券监督管理机构和证券交易所,并予公告。

上市公司分立或者被其他公司合并,应当向国务院证券监督管理机构报告,并予公告。

思考题:如何区分要约收购与协议收购?

证券信息披露

第五节　信息披露

一、信息披露要求

发行人及法律、行政法规和国务院证券监督管理机构规定的其他信息披露义务人,应当及时依法履行信息披露义务。

信息披露义务人披露的信息,应当真实、准确、完整,简明清晰,通俗易懂,不得有虚假记载、误导性陈述或者重大遗漏。

证券同时在境内境外公开发行、交易的,其信息披露义务人在境外披露的信息,应当在境内同时披露。

二、定期报告

上市公司、公司债券上市交易的公司、股票在国务院批准的其他全国性证券交易场所交易的公司,应当按照国务院证券监督管理机构和证券交易场所规定的内容和格式编制定期报告,并按照以下规定报送和公告。

(1)在每一会计年度结束之日起 4 个月内,报送并公告年度报告,其中的年度财务会计报告应当经符合《证券法》规定的会计师事务所审计。

(2)在每一会计年度的上半年结束之日起两个月内,报送并公告中期报告。

三、股票交易重大事件

发生可能对上市公司、股票在国务院批准的其他全国性证券交易场所交易的公司的股票交易价格产生较大影响的重大事件,投资者尚未得知时,公司应当立即将有关该重大事件的情况向国务院证券监督管理机构和证券交易场所报送临时报告,并予公告,说明事件的起因、目前的状态和可能产生的法律后果。

前述所称重大事件包括如下内容。

(1)公司的经营方针和经营范围的重大变化。

(2)公司的重大投资行为,公司在一年内购买、出售重大资产超过公司资产总额 30%,或者公司营业用主要资产的抵押、质押、出售或者报废一次超过该资产的 30%。

(3)公司订立重要合同、提供重大担保或者从事关联交易,可能对公司的资产、负债、权益和经营成果产生重要影响。

(4)公司发生重大债务和未能清偿到期重大债务的违约情况。

(5)公司发生重大亏损或者重大损失。

(6)公司生产经营的外部条件发生的重大变化。

(7)公司的董事、1/3 以上监事或者经理发生变动,董事长或者经理无法履行职责。

(8)持有公司 5% 以上股份的股东或者实际控制人持有股份或者控制公司的情况发生较大变化,公司的实际控制人及其控制的其他企业从事与公司相同或者相似业务的情况发生较大变化。

(9)公司分配股利、增资的计划,公司股权结构的重要变化,公司减资、合并、分立、解散及申请破产的决定,或者依法进入破产程序、被责令关闭。

(10)涉及公司的重大诉讼、仲裁,股东大会、董事会决议被依法撤销或者宣告无效。

(11)公司涉嫌犯罪被依法立案调查,公司的控股股东、实际控制人、董事、监事、高级管理人员涉嫌犯罪被依法采取强制措施。

(12)国务院证券监督管理机构规定的其他事项。

公司的控股股东或者实际控制人对重大事件的发生、进展产生较大影响的,应当及时将其知悉的有关情况书面告知公司,并配合公司履行信息披露义务。

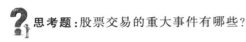 **思考题**:股票交易的重大事件有哪些?

四、债券交易重大事件

发生可能对上市交易公司债券的交易价格产生较大影响的重大事件,投资者尚未得知时,公司应当立即将有关该重大事件的情况向国务院证券监督管理机构和证券交易场所报送临时报告,并予公告,说明事件的起因、目前的状态和可能产生的法律后果。

前述所称重大事件包括如下内容。

(1)公司股权结构或者生产经营状况发生重大变化。

(2)公司债券信用评级发生变化。

(3)公司重大资产抵押、质押、出售、转让、报废。

(4)公司发生未能清偿到期债务的情况。

(5)公司新增借款或者对外提供担保超过上年末净资产的20%。

(6)公司放弃债权或者财产超过上年末净资产的10%。

(7)公司发生超过上年末净资产10%的重大损失。

(8)公司分配股利,作出减资、合并、分立、解散及申请破产的决定,或者依法进入破产程序、被责令关闭。

(9)涉及公司的重大诉讼、仲裁。

(10)公司涉嫌犯罪被依法立案调查,公司的控股股东、实际控制人、董事、监事、高级管理人员涉嫌犯罪被依法采取强制措施。

(11)国务院证券监督管理机构规定的其他事项。

五、信息披露人的义务

发行人的董事、高级管理人员应当对证券发行文件和定期报告签署书面确认意见。发行人的监事会应当对董事会编制的证券发行文件和定期报告进行审核并提出书面审核意见。监事应当签署书面确认意见。发行人的董事、监事和高级管理人员应当保证发行人及时、公平地披露信息,所披露的信息真实、准确、完整。董事、监事和高级管理人员无法保证证券发行文件和定期报告内容的真实性、准确性、完整性或者有异议的,应当在书面确认意见中发表意见并陈述理由,发行人应当披露。发行人不予披露的,董事、监事和高级管理人员可以直接申请披露。

信息披露义务人披露的信息应当同时向所有投资者披露,不得提前向任何单位和个人泄露。但是,法律、行政法规另有规定的除外。任何单位和个人不得非法要求信息披露义务人提供依法需要披露但尚未披露的信息。任何单位和个人提前获知的前述信息,在依法披露前应当保密。

除依法需要披露的信息之外,信息披露义务人可以自愿披露与投资者作出价值判断和投资决策有关的信息,但不得与依法披露的信息相冲突,不得误导投资者。发行人及其控股股东、实际控制人、董事、监事、高级管理人员等作出公开承诺的,应当披露。不履行承诺给投资者造成损失的,应当依法承担赔偿责任。

信息披露义务人未按照规定披露信息,或者公告的证券发行文件、定期报告、临时报告及其他信息披露资料存在虚假记载、误导性陈述或者重大遗漏,致使投资者在证券交易中遭受损失的,信息披露义务人应当承担赔偿责任;发行人的控股股东、实际控制人、董事、监事、高级管理人员和其他直接责任人员,以及保荐人、承销的证券公司及其直接责任人员,应当与发行人承担连带赔偿责任,但是能够证明自己没有过错的除外。

六、信息披露方式与监督

依法披露的信息,应当在证券交易场所的网站和符合国务院证券监督管理机构规定条件的媒体发布,同时将其置备于公司住所、证券交易场所,供社会公众查阅。

国务院证券监督管理机构对信息披露义务人的信息披露行为进行监督管理。

证券交易场所应当对其组织交易的证券的信息披露义务人的信息披露行为进行监督,督促其依法及时、准确地披露信息。

思考题:证券信息披露人的义务有哪些?

第六节　投资者保护

《证券法》加强对投资者特别是中小投资者权益的保护力度。

一、证券投资者的分类

根据财产状况、金融资产状况、投资知识和经验、专业能力等因素,投资者可以分为普通投资者和专业投资者。专业投资者的标准由国务院证券监督管理机构规定。

普通投资者与证券公司发生纠纷的,证券公司应当证明其行为符合法律、行政法规及国务院证券监督管理机构的规定,不存在误导、欺诈等情形。证券公司不能证明的,应当承担相应的赔偿责任。

二、证券投资者的信息提供

证券公司向投资者销售证券、提供服务时,应当按照规定充分了解投资者的基本情况、财产状况、金融资产状况、投资知识和经验、专业能力等相关信息;如实说明证券、服务的重要内容,充分揭示投资风险;销售、提供与投资者上述状况相匹配的证券、服务。

投资者在购买证券或者接受服务时,应当按照证券公司明示的要求提供前款所列真实信息。拒绝提供或者未按照要求提供信息的,证券公司应当告知其后果,并按照规定拒绝向其销售证券、提供服务。

证券公司违反前述规定导致投资者损失的,应当承担相应的赔偿责任。

三、股东权利的征集

上市公司董事会、独立董事、持有1%以上有表决权股份的股东或者依照法律、行政法规或者国务院证券监督管理机构的规定设立的投资者保护机构(以下简称投资者保护机构),可以作为征集人,自行或者委托证券公司、证券服务机构,公开请求上市公司股东委托其代为出席股东大会,并代为行使提案权、表决权等股东权利。依照前述规定征集股东权利的,征集人应当披露征集文件,上市公司应当予以配合。

禁止以有偿或者变相有偿的方式公开征集股东权利。

公开征集股东权利违反法律、行政法规或者国务院证券监督管理机构有关规定,导致上市公司或者其股东遭受损失的,应当依法承担赔偿责任。

思考题：如何征集股东权利？

四、股利的分配

上市公司应当在章程中明确分配现金股利的具体安排和决策程序，依法保障股东的资产收益权。

上市公司当年税后利润，在弥补亏损及提取法定公积金后有盈余的，应当按照公司章程的规定分配现金股利。

五、债券持有人的保护

公开发行公司债券的，应当设立债券持有人会议，并应当在募集说明书中说明债券持有人会议的召集程序、会议规则和其他重要事项。

公开发行公司债券的，发行人应当为债券持有人聘请债券受托管理人，并订立债券受托管理协议。受托管理人应当由本次发行的承销机构或者其他经国务院证券监督管理机构认可的机构担任，债券持有人会议可以决议变更债券受托管理人。债券受托管理人应当勤勉尽责，公正履行受托管理职责，不得损害债券持有人利益。

债券发行人未能按期兑付债券本息的，债券受托管理人可以接受全部或者部分债券持有人的委托，以自己名义代表债券持有人提起、参加民事诉讼或者清算程序。

六、投资者的损失赔偿

发行人因欺诈发行、虚假陈述或者其他重大违法行为给投资者造成损失的，发行人的控股股东、实际控制人、相关的证券公司可以委托投资者保护机构，就赔偿事宜与受到损失的投资者达成协议，予以先行赔付。先行赔付后，可以依法向发行人及其他连带责任人追偿。

七、投资纠纷的处理

（一）调解

投资者与发行人、证券公司等发生纠纷的，双方可以向投资者保护机构申请调解。普通投资者与证券公司发生证券业务纠纷，普通投资者提出调解请求的，证券公司不得拒绝。

（二）诉讼

投资者保护机构对损害投资者利益的行为，可以依法支持投资者向人民法院提起诉讼。

发行人的董事、监事、高级管理人员执行公司职务时违反法律、行政法规或者公司章程的规定给公司造成损失，发行人的控股股东、实际控制人等侵犯公司合法权益给公司造成损失，投资者保护机构持有该公司股份的，可以为公司的利益以自己的名义向人民法院提起诉讼，持股比例和持股期限不受《公司法》规定的限制。

投资者提起虚假陈述等证券民事赔偿诉讼时，诉讼标的是同一种类，且当事人一方人数众多的，可以依法推选代表人进行诉讼。

对按照规定提起的诉讼，可能存在有相同诉讼请求的其他众多投资者的，人民法院可以发出公告，说明该诉讼请求的案件情况，通知投资者在一定期间向人民法院登记。人民法院作出的判决、裁定，对参加登记的投资者发生效力。

投资者保护机构受 50 名以上投资者委托，可以作为代表人参加诉讼，并为经证券登记结算机构确认的权利人依照前款规定向人民法院登记，但投资者明确表示不愿意参加该诉讼的除外。

思考题：投资纠纷如何处理？

第七节 证券交易场所

一、证券交易场所的设立

证券交易所、国务院批准的其他全国性证券交易场所为证券集中交易提供场所和设施,组织和监督证券交易,实行自律管理,依法登记,取得法人资格。证券交易所、国务院批准的其他全国性证券交易场所的设立、变更和解散由国务院决定。国务院批准的其他全国性证券交易场所的组织机构、管理办法等,由国务院规定。

证券交易所、国务院批准的其他全国性证券交易场所可以根据证券品种、行业特点、公司规模等因素设立不同的市场层次。

按照国务院规定设立的区域性股权市场为非公开发行证券的发行、转让提供场所和设施,具体管理办法由国务院规定。

证券交易所履行自律管理职能,应当遵守社会公共利益优先原则,维护市场的公平、有序、透明。设立证券交易所必须制定章程。证券交易所章程的制定和修改,必须经国务院证券监督管理机构批准。

证券交易所必须在其名称中标明证券交易所字样。其他任何单位或者个人不得使用证券交易所或者近似的名称。

二、证券交易所的费用与财产积累

证券交易所可以自行支配的各项费用收入,应当首先用于保证其证券交易场所和设施的正常运行并逐步改善。

证券交易所应当从其收取的交易费用和会员费、席位费中提取一定比例的金额设立风险基金。风险基金由证券交易所理事会管理。风险基金提取的具体比例和使用办法,由国务院证券监督管理机构会同国务院财政部门规定。证券交易所应当将收存的风险基金存入开户银行专门账户,不得擅自使用。

实行会员制的证券交易所的财产积累归会员所有,其权益由会员共同享有,在其存续期间,不得将其财产积累分配给会员。

三、证券交易所的组织机构

实行会员制的证券交易所设理事会、监事会。

证券交易所设总经理一人,由国务院证券监督管理机构任免。

有《公司法》第146条规定的情形或者下列情形之一的,不得担任证券交易所的负责人:因违法行为或者违纪行为被解除职务的证券交易场所、证券登记结算机构的负责人或者证券公司的董事、监事、高级管理人员,自被解除职务之日起未逾5年;因违法行为或者违纪行为被吊销执业证书或者被取消资格的律师、注册会计师或者其他证券服务机构的专业人员,自被吊销执业证书或者被取消资格之日起未逾5年。

因违法行为或者违纪行为被开除的证券交易场所、证券公司、证券登记结算机构、证券服务机构的从业人员和被开除的国家机关工作人员,不得招聘为证券交易所的从业人员。

 **思考题**:证券交易所的组织机构有哪些?

四、集中交易

(一)集中交易

进入实行会员制的证券交易所参与集中交易的,必须是证券交易所的会员。证券交易所不得允许非会员直接参与股票的集中交易。

(二)委托

投资者应当与证券公司签订证券交易委托协议,并在证券公司实名开立账户,以书面、电话、自助终端、网络等方式,委托该证券公司代其买卖证券。

(三)开户

证券公司为投资者开立账户,应当按照规定对投资者提供的身份信息进行核对。证券公司不得将投资者的账户提供给他人使用。投资者应当使用实名开立的账户进行交易。

(四)清算交收

证券公司根据投资者的委托,按照证券交易规则提出交易申报,参与证券交易所场内的集中交易,并根据成交结果承担相应的清算交收责任。证券登记结算机构根据成交结果,按照清算交收规则,与证券公司进行证券和资金的清算交收,并为证券公司客户办理证券的登记过户手续。

五、交易的保障与监督

(一)保障与行情发布

证券交易所应当为组织公平的集中交易提供保障,实时公布证券交易即时行情,并按交易日制作证券市场行情表,予以公布。

证券交易即时行情的权益由证券交易所依法享有。未经证券交易所许可,任何单位和个人不得发布证券交易即时行情。

禁止交易

(二)停牌或者复牌

上市公司可以向证券交易所申请其上市交易股票的停牌或者复牌,但不得滥用停牌或者复牌损害投资者的合法权益。证券交易所可以按照业务规则的规定,决定上市交易股票的停牌或者复牌。

因不可抗力、意外事件、重大技术故障、重大人为差错等突发性事件而影响证券交易正常进行时,为维护证券交易正常秩序和市场公平,证券交易所可以按照业务规则采取技术性停牌、临时停市等处置措施,并应当及时向国务院证券监督管理机构报告。因前述规定的突发性事件导致证券交易结果出现重大异常,按交易结果进行交收将对证券交易正常秩序和市场公平造成重大影响的,证券交易所按照业务规则可以采取取消交易、通知证券登记结算机构暂缓交收等措施,并应当及时向国务院证券监督管理机构报告并公告。

证券交易所对其依照本条规定采取措施造成的损失,不承担民事赔偿责任,但存在重大过错的除外。

证券交易所对证券交易实行实时监控,并按照国务院证券监督管理机构的要求,对异常的交易情况提出报告。证券交易所根据需要,可以按照业务规则对出现重大异常交易情况的证券账户的投资者限制交易,并及时报告国务院证券监督管理机构。

证券交易所应当加强对证券交易的风险监测,出现重大异常波动的,证券交易所可以按照业务规则采取限制交易、强制停牌等处置措施,并向国务院证券监督管理机构报告;严重影响证券市场稳定的,证券交易所可以按照业务规则采取临时停市等处置措施并公告。证券交易所对其依照规定采取措施造成的损失,不承担民事赔偿责任,但存在重大过错的除外。

思考题:如何区分停牌与复牌?

六、交易规则制定

证券交易所依照法律、行政法规和国务院证券监督管理机构的规定,制定上市规则、交易规则、会员管理规则和其他有关业务规则,并报国务院证券监督管理机构批准。

在证券交易所从事证券交易,应当遵守证券交易所依法制定的业务规则。违反业务规则的,由证券交易所给予纪律处分或者采取其他自律管理措施。

七、回避与交易结果不变

证券交易所的负责人和其他从业人员执行与证券交易有关的职务时,与其本人或者其亲属有利害关系的,应当回避。

按照依法制定的交易规则进行的交易,不得改变其交易结果,但证券法另有规定的除外。对交易中违规交易者应负的民事责任不得免除。在违规交易中所获利益,依照有关规定处理。

第八节　证券公司

证券公司

证券公司是指依照《公司法》和《证券法》规定设立的经营证券业务的有限责任公司或者股份有限公司。

一、证券公司的设立条件

设立证券公司,应当具备下列条件,并经国务院证券监督管理机构批准:有符合法律、行政法规规定的公司章程;主要股东及公司的实际控制人具有良好的财务状况和诚信记录,最近3年无重大违法违规记录;有符合《证券法》规定的公司注册资本;董事、监事、高级管理人员、从业人员符合《证券法》规定的条件;有完善的风险管理与内部控制制度;有合格的经营场所、业务设施和信息技术系统;法律、行政法规和经国务院批准的国务院证券监督管理机构规定的其他条件。

二、证券公司的经营范围与注册资本

(一)证券公司的经营范围

经国务院证券监督管理机构核准,取得经营证券业务许可证,证券公司可以经营下列部分或者全部证券业务。

(1)证券经纪。

(2)证券投资咨询。

(3)与证券交易、证券投资活动有关的财务顾问。

(4)证券承销与保荐。

(5)证券融资融券。

(6)证券做市交易。

(7)证券自营。

(8)其他证券业务。

国务院证券监督管理机构应当自受理前款规定事项申请之日起3个月内,依照法定条件和程序进行审查,作出核准或者不予核准的决定,并通知申请人;不予核准的,应当说明理由。

证券公司经营证券资产管理业务的,应当符合《证券投资基金法》等法律、行政法规的规定。除证券公司外,任何单位和个人不得从事证券承销、证券保荐、证券经纪和证券融资融券业务。证券公司从事证券融资融券业务,应当采取措施,严格防范和控制风险,不得违反规定向客户出借资金或者证券。

(二)证券公司的注册资本

证券公司经营范围第1项至第3项业务的,注册资本最低限额为5000万元;经营第4项至第8项业务之一的,注册资本最低限额为1亿元;经营第4项至第8项业务中两项以上的,注册资本最低限额为5亿元。证券公司的注册资本应当是实缴资本。

国务院证券监督管理机构根据审慎监管原则和各项业务的风险程度,可以调整注册资本最低限额,但不得少于前述规定的限额。

思考题:证券公司的设立条件有哪些?

二、证券公司的审批与核准

(一)设立审批

未经国务院证券监督管理机构批准,任何单位和个人不得以证券公司名义开展证券业务活动。

国务院证券监督管理机构应当自受理证券公司设立申请之日起6个月内,依照法定条件和法定程序并根据审慎监管原则进行审查,作出批准或者不予批准的决定,并通知申请人;不予批准的,应当说明理由。

证券公司设立申请获得批准的,申请人应当在规定的期限内向公司登记机关申请设立登记,领取营业执照。

证券公司应当自领取营业执照之日起15日内,向国务院证券监督管理机构申请经营证券业务许可证。未取得经营证券业务许可证,证券公司不得经营证券业务。

(二)变更核准

证券公司变更证券业务范围,变更主要股东或者公司的实际控制人,合并、分立、停业、解散、破产,应当经国务院证券监督管理机构核准。

三、证券公司从业人员要求

证券公司的董事、监事、高级管理人员,应当正直诚实、品行良好,熟悉证券法律、行政法规,具有履行职责所需的经营管理能力。证券公司任免董事、监事、高级管理人员,应当报国务院证券监督管理机构备案。

有《公司法》第146条规定的情形或者下列情形之一的,不得担任证券公司的董事、监事、高级管理人员:因违法行为或者违纪行为被解除职务的证券交易场所、证券登记结算机构的负责人或者证券公司的董事、监事、高级管理人员,自被解除职务之日起未逾5年;因违法行为或者违纪行为被吊销执业证书或者被取消资格的律师、注册会计师或者其他证券服务机构的专业人员,自被吊销执业证书或者被取消资格之日起未逾5年。

证券公司从事证券业务的人员应当品行良好,具备从事证券业务所需的专业能力。因违法行为或者违纪行为被开除的证券交易场所、证券公司、证券登记结算机构、证券服务机构的从业人员和被开除的国家机关工作人员,不得招聘为证券公司的从业人员。国家机关工作人员和法律、行政法规规定的禁止在公司中兼职的其他人员,不得在证券公司中兼任职务。

四、证券公司的经营规则

(一)风险管理

证券发生的 程序与规则

国务院证券监督管理机构应当对证券公司净资本和其他风险控制指标作出规定。

证券公司除依照规定为其客户提供融资融券外,不得为其股东或者股东的关联人提供融资或者担保。

国家设立证券投资者保护基金。证券投资者保护基金由证券公司缴纳的资金及其他依法筹集的资金组成,其规模及筹集、管理和使用的具体办法由国务院规定。

证券公司从每年的业务收入中提取交易风险准备金,用于弥补证券经营的损失,其提取的具体比例由国务院证券监督管理机构会同国务院财政部门规定。

(二)内部控制与业务隔离

证券公司应当建立健全内部控制制度,采取有效隔离措施,防范公司与客户之间、不同客户之间的利益冲突。

证券公司必须将其证券经纪业务、证券承销业务、证券自营业务、证券做市业务和证券资产管理业务分开办理,不得混合操作。

证券公司的自营业务必须以自己的名义进行,不得假借他人名义或者以个人名义进行。证券公司的自营业务必须使用自有资金和依法筹集的资金。证券公司不得将其自营账户借给他人使用。

(三)自主审慎经营

证券公司应当依法审慎经营,勤勉尽责,诚实守信。

证券公司的业务活动,应当与其治理结构、内部控制、合规管理、风险管理,以及风险控制指标、从业人员构成等情况相适应,符合审慎监管和保护投资者合法权益的要求。

证券公司依法享有自主经营的权利,其合法经营不受干涉。

(四)资金管理

证券公司客户的交易结算资金应当存放在商业银行,以每个客户的名义单独立户管理。

证券公司不得将客户的交易结算资金和证券归入其自有财产。禁止任何单位或者个人以任何形式挪用客户的交易结算资金和证券。证券公司破产或者清算时,客户的交易结算资金和证券不属于其破产财产或者清算财产。非因客户本身的债务或者法律规定的其他情形,不得查封、冻结、扣划或者强制执行客户的交易结算资金和证券。

(五)证券业务办理

证券公司办理经纪业务,应当置备统一制定的证券买卖委托书,供委托人使用。采取其他委托方式的,必须作出委托记录。客户的证券买卖委托,不论是否成交,其委托记录应当按照规定的期限,保存于证券公司。

证券公司接受证券买卖的委托,应当根据委托书载明的证券名称、买卖数量、出价方式、价格幅度等,按照交易规则代理买卖证券,如实进行交易记录;买卖成交后,应当按照规定制作买卖成交报告单交付客户。证券交易中确认交易行为及其交易结果的对账单必须真实,保证账面证券余额与实际持有的证券相一致。

证券公司办理经纪业务,不得接受客户的全权委托而决定证券买卖、选择证券种类、决定买卖数量或者买卖价格。证券公司不得允许他人以证券公司的名义直接参与证券的集中交易。证券公司不得对客户证券买卖的收益或者赔偿证券买卖的损失作出承诺。

证券公司的从业人员在证券交易活动中,执行所属的证券公司的指令或者利用职务违反交易规则的,由所属的证券公司承担全部责任。证券公司的从业人员不得私下接受客户委托买卖证券。

证券公司应当建立客户信息查询制度,确保客户能够查询其账户信息、委托记录、交易记录及其他与接受服务或者购买产品有关的重要信息。证券公司应当妥善保存客户开户资料、委托记录、交易记录和与内部管理、业务经营有关的各项信息,任何人不得隐匿、伪造、篡改或者毁损。上述信息的保存期限不得少于 20 年。

 思考题:证券公司的经营规则有哪些?

五、证券公司的监管

(1)证券公司应当按照规定向国务院证券监督管理机构报送业务、财务等经营管理信息和资料。国务院证券监督管理机构有权要求证券公司及其主要股东、实际控制人在指定的期限内提供有关信息、资料。证券公司及其主要股东、实际控制人向国务院证券监督管理机构报送或者提供的信息、资料,必须真实、准确、完整。

(2)国务院证券监督管理机构认为有必要时,可以委托会计师事务所、资产评估机构对证券公司的财务状况、内部控制状况、资产价值进行审计或者评估。具体办法由国务院证券监督管理机构会同有关主管部门制定。

(3)证券公司的治理结构、合规管理、风险控制指标不符合规定的,国务院证券监督管理机构应当责令其限期改正;逾期未改正,或者其行为严重危及该证券公司的稳健运行、损害客户合法权益的,国务院证券监督管理机构可以区别情形,对其采取下列措施:限制业务活动,责令暂停部分业务,停止核准新业务;限制分配红利,限制向董事、监事、高级管理人员支付报酬、提供福利;限制转让财产或者在财产上设定其他权利;责令更换董事、监事、高级管理人员或者限制其权利;撤销有关业务许可;认定负有责任的董事、监事、高级管理人员为不适当人选;责令负有责任的股东转让股权,限制负有责任的股东行使股东权利。

证券公司整改后,应当向国务院证券监督管理机构提交报告。国务院证券监督管理机构经验收,治理结构、合规管理、风险控制指标符合规定的,应当自验收完毕之日起 3 日内解除对其采取的前款规定的有关限制措施。

(4)证券公司的股东有虚假出资、抽逃出资行为的,国务院证券监督管理机构应当责令其限期改正,并可责令其转让所持证券公司的股权。在前款规定的股东按照要求改正违法行为、转让所持证券公司的股权前,国务院证券监督管理机构可以限制其股东权利。

(5)证券公司的董事、监事、高级管理人员未能勤勉尽责,致使证券公司存在重大违法违规行为或者重大风险的,国务院证券监督管理机构可以责令证券公司予以更换。

(6)证券公司违法经营或者出现重大风险,严重危害证券市场秩序、损害投资者利益的,国务院证券监督管理机构可以对该证券公司采取责令停业整顿、指定其他机构托管、接管或者撤销等监管措施。

(7)在证券公司被责令停业整顿、被依法指定托管、接管或者清算期间,或者出现重大风险时,经国务院证券监督管理机构批准,可以对该证券公司直接负责的董事、监事、高级管理人员和其他直接责任人员采取以下措施:通知出境入境管理机关依法阻止其出境;申请司法机关禁止其转移、转让或者以其他方式处分财产,或者在财产上设定其他权利。

 思考题:如何监管证券公司?

第九节 证券登记结算机构与证券服务机构

一、证券登记结算机构

(一)证券登记结算机构的登记与审批

证券登记结算机构为证券交易提供集中登记、存管与结算服务,不以营利为目的,依法登记,取得法人资格。

设立证券登记结算机构必须经国务院证券监督管理机构批准。

(二)证券登记结算机构的设立条件

设立证券登记结算机构,应当具备下列条件:自有资金不少于人民币 2 亿元,具有证券登记、存管和结算服务所必需的场所和设施,国务院证券监督管理机构规定的其他条件。

证券登记结算机构的名称中应当标明证券登记结算字样。

(三)证券登记结算机构的职能

证券登记结算机构履行下列职能:证券账户、结算账户的设立,证券的存管和过户,证券持有人名册登记,证券交易的清算和交收,受发行人的委托派发证券权益,办理与上述业务有关的查询、信息服务,国务院证券监督管理机构批准的其他业务。

(四)证券登记结算机构的经营规则

(1)在证券交易所和国务院批准的其他全国性证券交易场所交易的证券的登记结算,应当采取全国集中统一的运营方式。前款规定以外的证券,其登记、结算可以委托证券登记结算机构或者其他依法从事证券登记、结算业务的机构办理。

(2)证券登记结算机构应当依法制定章程和业务规则,并经国务院证券监督管理机构批准。证券登记结算业务参与人应当遵守证券登记结算机构制定的业务规则。

(3)在证券交易所或者国务院批准的其他全国性证券交易场所交易的证券,应当全部存管在证券登记结算机构。证券登记结算机构不得挪用客户的证券。

(4)证券登记结算机构应当向证券发行人提供证券持有人名册及有关资料。证券登记结算机构应当根据证券登记结算的结果,确认证券持有人持有证券的事实,提供证券持有人登记资料。证券登记结算机构应当保证证券持有人名册和登记过户记录真实、准确、完整,不得隐匿、伪造、篡改或者毁损。

(5)证券登记结算机构应当采取下列措施保证业务的正常进行:具有必备的服务设备和完善的数据安全保护措施,建立完善的业务、财务和安全防范等管理制度,建立完善的风险管理系统。

(6)证券登记结算机构应当妥善保存登记、存管和结算的原始凭证及有关文件和资料。其保存期限不得少于 20 年。

(7)证券登记结算机构应当设立证券结算风险基金,用于垫付或者弥补因违约交收、技术故障、操作失误、不可抗力造成的证券登记结算机构的损失。证券结算风险基金从证券登记结算机构的业务收入和收益中提取,并可以由结算参与人按照证券交易业务量的一定比例缴纳。证券结算风险基金的筹集、管理办法,由国务院证券监督管理机构会同国务院财政部门规定。

(8)证券结算风险基金应当存入指定银行的专门账户,实行专项管理。证券登记结算机构以证券结算风险基金赔偿后,应当向有关责任人追偿。

(9)证券登记结算机构申请解散,应当经国务院证券监督管理机构批准。

(10)投资者委托证券公司进行证券交易,应当通过证券公司申请在证券登记结算机构开立证券账户。证券登记结算机构应当按照规定为投资者开立证券账户。投资者申请开立账户,应当持有证明中华人民共和国公民、法人、合伙企业身份的合法证件。国家另有规定的除外。

(11)证券登记结算机构作为中央对手方提供证券结算服务的,是结算参与人共同的清算交收对手,进行净额结算,为证券交易提供集中履约保障。证券登记结算机构为证券交易提供净额结算服务时,应当要求结算参与人按照货银对付的原则,足额交付证券和资金,并提供交收担保。在交收完成之前,任何人不得动用用于交收的证券、资金和担保物。结算参与人未按时履行交收义务的,证券登记结算机构有权按照业务规则处理前款所述财产。

(12)证券登记结算机构按照业务规则收取的各类结算资金和证券,必须存放于专门的清算交收账户,只能按业务规则用于已成交的证券交易的清算交收,不得被强制执行。

 思考题:证券登记结算机构的经营规则有哪些?

二、证券服务机构

一、证券服务机构的概念

证券服务机构是指为证券的发行和上市提供服务的机构。证券服务机构包括投资咨询机构、财务顾问机构、资信评级机构、资产评估机构、会计师事务所等。

二、证券服务机构的核准与备案

从事证券投资咨询服务业务,应当经国务院证券监督管理机构核准;未经核准,不得为证券的交易及相关活动提供服务。从事其他证券服务业务,应当报国务院证券监督管理机构和国务院有关主管部门备案。

三、证券服务机构的经营规则与责任

会计师事务所、律师事务所,以及从事证券投资咨询、资产评估、资信评级、财务顾问、信息技术系统服务的证券服务机构,应当勤勉尽责、恪尽职守,按照相关业务规则为证券的交易及相关活动提供服务。

证券投资咨询机构及其从业人员从事证券服务业务不得有下列行为:代理委托人从事证券投资,与委托人约定分享证券投资收益或者分担证券投资损失,买卖本证券投资咨询机构提供服务的证券,法律、行政法规禁止的其他行为。有前款所列行为之一,给投资者造成损失的,应当依法承担赔偿责任。

证券服务机构应当妥善保存客户委托文件、核查和验证资料、工作底稿,以及与质量控制、内部管理、业务经营有关的信息和资料,任何人不得泄露、隐匿、伪造、篡改或者毁损。上述信息和资料的保存期限不得少于10年,自业务委托结束之日起算。

证券服务机构为证券的发行、上市、交易等证券业务活动制作、出具审计报告及其他鉴证报告、资产评估报告、财务顾问报告、资信评级报告或者法律意见书等文件,应当勤勉尽责,对所依据的文件资料内容的真实性、准确性、完整性进行核查和验证。其制作、出具的文件有虚假记载、误导性陈述或者重大遗漏,给他人造成损失的,应当与委托人承担连带赔偿责任,但是能够证明自己没有过错的除外。

 思考题:证券服务机构的经营规则有哪些?

第十节　证券业协会与证券监督管理机构

一、证券业协会

（一）证券业协会的概念

证券业协会是证券业的自律性组织，是社会团体法人。

（二）证券业协会的成员和组织机构

证券公司应当加入证券业协会。

证券业协会的权力机构为全体会员组成的会员大会。

证券业协会设理事会。理事会成员依章程的规定由选举产生。

证券业协会章程由会员大会制定，并报国务院证券监督管理机构备案。

（三）证券业协会的职责

证券业协会履行下列职责：教育和组织会员及其从业人员遵守证券法律、行政法规，组织开展证券行业诚信建设，督促证券行业履行社会责任；依法维护会员的合法权益，向证券监督管理机构反映会员的建议和要求；督促会员开展投资者教育和保护活动，维护投资者合法权益；制定和实施证券行业自律规则，监督、检查会员及其从业人员行为，对违反法律、行政法规、自律规则或者协会章程的，按照规定给予纪律处分或者实施其他自律管理措施；制定证券行业业务规范，组织从业人员的业务培训；组织会员就证券行业的发展、运作及有关内容进行研究，收集整理、发布证券相关信息，提供会员服务，组织行业交流，引导行业创新发展；对会员之间、会员与客户之间发生的证券业务纠纷进行调解；证券业协会章程规定的其他职责。

思考题：证券业协会的职责有哪些？

二、证券监督管理机构

（一）证券监督管理机构的概念

国务院证券监督管理机构是专门负责对证券市场进行监督管理的机构，国务院证券监督管理机构是中国证券业监督管理委员会。

国务院证券监督管理机构依法对证券市场实行监督管理，维护证券市场公开、公平、公正，防范系统性风险，维护投资者合法权益，促进证券市场健康发展。

（二）证券监督管理机构的职责

国务院证券监督管理机构在对证券市场实施监督管理中履行下列职责：依法制定有关证券市场监督管理的规章、规则，并依法进行审批、核准、注册，办理备案；依法对证券的发行、上市、交易、登记、存管、结算等行为，进行监督管理；依法对证券发行人、证券公司、证券服务机构、证券交易场所、证券登记结算机构的证券业务活动，进行监督管理；依法制定从事证券业务人员的行为准则，并监督实施；依法监督检查证券发行、上市、交易的信息披露；依法对证券业协会的自律管理活动进行指导和监督；依法监测并防范、处置证券市场风险；依法开展投资者教育；依法对证券违法行为进行查处；法律、行政法规规定的其他职责。

(三)证券监督管理机构的监管措施

国务院证券监督管理机构依法履行职责,有权采取下列措施。

(1)对证券发行人、证券公司、证券服务机构、证券交易场所、证券登记结算机构进行现场检查。

(2)进入涉嫌违法行为发生场所调查取证。

(3)询问当事人和与被调查事件有关的单位和个人,要求其对与被调查事件有关的事项作出说明,或者要求其按照指定的方式报送与被调查事件有关的文件和资料。

(4)查阅、复制与被调查事件有关的财产权登记、通信记录等文件和资料。

(5)查阅、复制当事人和与被调查事件有关的单位和个人的证券交易记录、登记过户记录、财务会计资料及其他相关文件和资料;对可能被转移、隐匿或者毁损的文件和资料,可以予以封存、扣押。

(6)查询当事人和与被调查事件有关的单位和个人的资金账户、证券账户、银行账户及其他具有支付、托管、结算等功能的账户信息,可以对有关文件和资料进行复制;对有证据证明已经或者可能转移或者隐匿违法资金、证券等涉案财产或者隐匿、伪造、毁损重要证据的,经国务院证券监督管理机构主要负责人或者其授权的其他负责人批准,可以冻结或者查封,期限为6个月;因特殊原因需要延长的,每次延长期限不得超过3个月,冻结、查封期限最长不得超过两年。

(7)在调查操纵证券市场、内幕交易等重大证券违法行为时,经国务院证券监督管理机构主要负责人或者其授权的其他负责人批准,可以限制被调查的当事人的证券买卖,但限制的期限不得超过3个月;案情复杂的,可以延长3个月。

(8)通知出境入境管理机关依法阻止涉嫌违法人员、涉嫌违法单位的主管人员和其他直接责任人员出境。

为防范证券市场风险,维护市场秩序,国务院证券监督管理机构可以采取责令改正、监管谈话、出具警示函等措施。

(四)证券监督管理机构的履责

国务院证券监督管理机构对涉嫌证券违法的单位或者个人进行调查期间,被调查的当事人书面申请,承诺在国务院证券监督管理机构认可的期限内纠正涉嫌违法行为,赔偿有关投资者损失,消除损害或者不良影响的,国务院证券监督管理机构可以决定中止调查。被调查的当事人履行承诺的,国务院证券监督管理机构可以决定终止调查;被调查的当事人未履行承诺或者有国务院规定的其他情形的,应当恢复调查。具体办法由国务院规定。国务院证券监督管理机构决定中止或者终止调查的,应当按照规定公开相关信息。

国务院证券监督管理机构依法履行职责,进行监督检查或者调查,其监督检查、调查的人员不得少于两人,并应当出示合法证件和监督检查、调查通知书或者其他执法文书。监督检查、调查的人员少于两人或者未出示合法证件和监督检查、调查通知书或者其他执法文书的,被检查、调查的单位和个人有权拒绝。

国务院证券监督管理机构依法履行职责,被检查、调查的单位和个人应当配合,如实提供有关文件和资料,不得拒绝、阻碍和隐瞒。国务院证券监督管理机构制定的规章、规则和监督管理工作制度应当依法公开。

国务院证券监督管理机构依据调查结果,对证券违法行为作出的处罚决定,应当公开。

国务院证券监督管理机构应当与国务院其他金融监督管理机构建立监督管理信息共享机制。国务院证券监督管理机构依法履行职责,进行监督检查或者调查时,有关部门应当予以配合。

对涉嫌证券违法、违规行为,任何单位和个人有权向国务院证券监督管理机构举报。对涉嫌重大违法、违规行为的实名举报线索经查证属实的,国务院证券监督管理机构按照规定给予举报人奖励。国务院证券监督管理机构应当对举报人的身份信息保密。

国务院证券监督管理机构可以和其他国家或者地区的证券监督管理机构建立监督管理合作机制,实施跨境监督管理。境外证券监督管理机构不得在中华人民共和国境内直接进行调查取证等活动。未经国务院证券监督管理机构和国务院有关主管部门同意,任何单位和个人不得擅自向境外提供与证券业务活动有关的文件和资料。

国务院证券监督管理机构依法履行职责,发现证券违法行为涉嫌犯罪的,应当依法将案件移送司法机关处理;发现公职人员涉嫌职务违法或者职务犯罪的,应当依法移送监察机关处理。

国务院证券监督管理机构工作人员必须忠于职守、依法办事、公正廉洁,不得利用职务便利牟取不正当利益,不得泄露所知悉的有关单位和个人的商业秘密。国务院证券监督管理机构工作人员在任职期间,或者离职后在《中华人民共和国公务员法》规定的期限内,不得到与原工作业务直接相关的企业或者其他营利性组织任职,不得从事与原工作业务直接相关的营利性活动。

 思考题:证券监督管理机构如何履责?

本章引用法律资源

1.《中华人民共和国证券法》。

2.《中华人民共和国证券法》条文释义。

3.《首次公开发行股票并上市管理办法》。

本章参考文献

1.叶林.证券法[M].北京:中国人民大学出版社,2013.

2.李东方.证券法学[M].北京:中国政法大学出版社,2017.

3.曾章伟.经济法学[M].杭州:浙江大学出版社,2018.

本章网站资源

1.中国证券业监督管理委员会官网:http://www.csrc.gov.cn。

2.中国证券业协会官网:http://www.sac.net.cn。

第九章课后练习题

第十章　证券投资基金法

教学目标

　　通过学习，了解证券投资基金的概念与分类、基金投资原则、行业自律与监管；重点掌握基金管理人的设立条件，基金管理人的职责，基金管理人的从业人员的任职资格与禁止性行为；重点掌握基金托管人的条件、职责；熟悉基金的运作方式，基金份额持有人的权利；掌握公开募集基金的募集、交易、信息披露等内容；了解非公开募集基金的投资对象、基金合同、投资范围等事宜；了解基金服务机构和基金行业协会；熟悉国务院证券监督管理机构的监管措施；了解证券投资基金法律责任。

第一节　证券投资基金法概述

基金概述

一、证券投资基金的概念与分类

　　证券投资基金是指在市场经济长期实践探求中形成的一种将社会分散资金集中起来，委托专业机构管理，进行组合证券投资的投资方式。依据不同的分类标准，证券投资基金又可分为不同类型：按组织形态的不同，证券投资基金可以分为契约型基金、公司型基金与合伙型基金；根据募集方式和募集对象的不同，证券投资基金可以分为公开募集基金与非公开募集基金；根据运作方式的不同，证券投资基金主要可以分为封闭式基金与开放式基金；根据投资对象的不同，证券投资基金可以分为股票基金、债券基金和其他投资于不同对象的基金。

　　思考题：证券投资基金的主要分类方式有哪些？

二、基金相关人的权利义务

　　《中华人民共和国证券投资基金法》(2003 年 10 月 28 日通过，2012 年 12 月 28 日修订，2015 年 4 月 24 日修正，以下简称《证券投资基金法》)第 3 条第 1 款、第 2 款规定："基金管理人、基金托管人和基金份额持有人的权利、义务，依照本法在基金合同中约定。基金管理人、基金托管人依照本法和基金合同的约定，履行受托职责。"此两款对证券投资基金三方参与主体的权利、义务作出了原则性规定。证券投资基金无论是从具体的投资运作过程还是从法律关系构建方面来看，各主体均承担确定的、具体的法定和约定义务，相互之间的权利义务不能混同。从立法层面看，在述及基金管理人、基金托管人时更侧重其义务，而在述及基金份额持有人时更侧重其权利。

　　思考题：证券投资基金合同当事人基本权利义务的依据为何？

三、基金投资原则

《证券投资基金法》的基本原则贯穿于证券投资基金活动的每个环节，是全部证券投资基金法规范所反映出来的共同的行为准则。我国证券投资基金活动的基本原则是自愿、公平、诚实信用、不得损害国家利益和社会公共利益。

上述原则在证券投资基金活动中主要体现在：基金份额持有人、基金管理人和基金托管人在证券投资基金活动中地位平等，订立证券投资基金合同要遵循自愿原则——订立自愿、基金合同内容自愿；公平原则强调权利义务的对等性，即基金管理人、基金托管人在依法取得报酬的同时，必须履行忠实、勤勉、尽责义务，并对自己过错造成的损害承担赔偿责任，而基金份额持有人只有按规定或约定履行其认购基金份额的缴款义务后，才享有分享基金财产收益的权利；诚信原则本就是民事活动的帝王原则，加之证券投资基金活动以信托为基础，自然要以信用为本，基金管理人和基金托管人应当以最大的诚信回报基金份额持有人的信任与委托。"不得损害国家利益和社会公共利益"是指从事证券投资基金活动，应当遵守国家法律、行政法规，保证基金份额持有人及相关当事人的合法权益，在谋取单位或者个人利益时，不得损害国家和社会公共利益，否则依法予以制裁。

思考题：我国证券投资基金活动的基本原则？

四、基金管理人、基金托管人的行为规则

基金管理人、基金托管人和基金服务机构从事基金活动应当恪尽职守、诚实信用、谨慎勤勉。恪尽职守义务不仅要求基金管理人、基金托管人遵守职业操守，履行好法定职责与约定职责，还要求其在管理、运用基金财产时始终以基金份额持有人最大利益为出发点，充分权衡投资与收益、长远利益与眼前利益之间的关系；诚实信用义务实则是对诚实信用原则的重申；谨慎勤勉义务要求基金管理人、基金托管人处理相关基金事务时周到严谨、精明细心、认真负责，判断相关主体是否完全履行了谨慎勤勉义务，应当采用专家标准。基金管理人是否完全履行了"恪尽职守、谨慎勤勉"义务，主要是看其在运行基金时是否遵守了审慎经营规则，即投资策略与风险管理制度是否符合法定要求。

思考题：基金管理人和基金托管人的基本义务、基金管理人的经营原则是什么？

五、行业自律和监管

我国对证券投资基金活动的监督管理分为行业自律和政府监管两个层次。行业自律组织是由基金管理人、基金托管人和基金服务机构成立的证券投资基金行业协会，政府监管主要为国务院证券监督管理机构的监管。

思考题：行业自律与政府监管的区别主要有哪些？

第二节　基金管理人

一、基金管理人的概念

基金管理人是指接受基金份额持有人委托，凭借自身专门的知识与经验，根据法律、行政法规的

规定与基金合同的约定,对基金专业人员财产进行管理、运用,以期实现基金财产增值、基金份额持有人利益最大化并从中获取报酬的机构。

基金管理人由依法设立的公司或者合伙企业担任。其中公开募集基金的基金管理人须由基金管理公司或经国务院证券监督管理机构按照规定核准的其他机构担任。自然人不能担任基金管理人。

思考题:请简述对基金管理人主体资格的理解。

二、基金管理公司的设立条件

《证券投资基金法》对管理公开募集基金的基金管理公司设置了严格的准入条件:有符合《证券投资基金法》和《公司法》的章程;实缴货币注册资本不低于 1 亿元;主要股东应具有经营金融业务或管理金融机构的良好业绩、良好的财务状况和社会信誉,最近 3 年没有违法记录,且资产规模达到国务院规定的标准;取得基金从业资格的人员达到法定人数;董事、监事、高级管理人员具备相应的任职条件;有符合要求的营业场所、安全防范设施和与基金管理业务有关的其他设施;有良好的内部治理结构、完善的内部稽核监控制度、风险控制制度;其他相关条件。

思考题:请简述设立管理公开募集基金的基金管理公司应当具备的条件。

三、基金管理公司的审批

基金管理公司设立及变更持有 5% 以上股权的股东、变更公司实际控制人及其他重大事项时,应报国务院证券监督管理机构审核批准。国务院证券监督管理机构应在法定期限内作出批准或不予批准的决定,并通知申请人,其中不予批准的,应当说明理由。

思考题:基金管理公司的哪些事项须报国务院证券监督管理机构审批?

四、基金管理人的董事、监事、高级管理人员和其他从业人员的资格

基金管理人的行为与从业人员的素质有着紧密联系,因此在核准主义之下,证券投资基金法对基金管理人从业人员任职的资格作出了详尽规定。

(一)基金管理人的从业人员的消极资格

根据《证券投资基金法》第 15 条,有下列情形的不得担任公开募集基金的基金管理人的董事、监事、高级管理人员和其他从业人员:因犯有贪污贿赂、渎职、侵犯财产罪或者破坏社会主义市场经济秩序罪,被判处刑罚的;对所任职的公司、企业因经营不善破产清算或者因违法被吊销营业执照负有个人责任的董事、监事、厂长、高级管理人员,自该公司、企业破产清算终结或者被吊销营业执照之日起未逾 5 年的;个人所负债务数额较大,到期未清偿的;因违法行为被开除的基金管理人、基金托管人、证券交易所、证券公司、证券登记结算机构、期货交易所、期货公司及其他机构的从业人员和国家机关工作人员;因违法行为被吊销执业证书或者被取消资格的律师、注册会计师和资产评估机构、验证机构的从业人员、投资咨询从业人员;法律、行政法规规定不得从事基金业务的其他人员。

思考题:请简述公开募集基金的基金管理人的从业人员的消极资格。

(二)基金管理人的从业人员的积极资格

对与基金经营管理、投资决策有重大影响的基金管理人的董事、监事和高级管理人员的任职资格,应当要高于一般基金从业人员。故此类人员除不得有前述情形,还应当符合下列条件:熟悉证券

投资方面的法律、行政法规,以保证证券投资基金活动合规进行;具有 3 年以上与所任职务相关的工作经历;高级管理人员应当具备基金从业资格。

基金托管业务与基金管理业务一样,具有很强的专业性,与基金份额持有人利益密切相关,因此基金托管人的专门基金托管部门的高级管理人员及其他从业人员与基金管理业务的高级管理人员、从业人员适用同样的资格条件。

 思考题:请简述公开募集基金的基金管理人的董事、监事和高级管理人员的积极资格。

五、公募基金管理人的职责

公开募集基金的基金管理人的职责主要有以下 12 项:依法募集资金,办理基金份额的发售和登记事宜;办理基金备案手续;对所管理的不同基金财产分别管理、分别记账,进行证券投资;按照基金合同约定的收益分配原则确定基金收益分配方案,并及时向基金份额持有人分配收益;进行基金会计核算并编制基金财务会计报告;编制中期和年度基金报告;计算并公告基金资产净值,确定基金份额申购、赎回价格;办理与基金财产管理业务活动有关的信息披露事项;按规定召集基金份额持有人大会;保存基金财产管理业务活动的记录、账册、报表和其他相关资料;以基金管理人名义,代表基金份额持有人利益行使诉讼权利或者实施其他法律行为;国务院证券监督管理机构规定的其他职责。其中对所管理的不同基金财产要求分别管理、分别记账,进行证券投资,是为了确保不同基金财产之间的相互独立。

 思考题:请简述公募基金管理人的职责。

六、公募基金管理人及其董事、监事、高级管理人员和其他从业人员的行为限制

(一)共同的禁止性行为

《证券投资基金法》第 20 条明确了公开募集基金的基金管理人及其董事、监事、高级管理人员和其他从业人员的八项禁止性行为:将固有财产或他人财产混同于基金财产从事证券投资;不公平地对待其管理的不同基金财产;利用基金财产或者职务之便为基金份额持有人以外的人牟取利益;向基金份额持有人违规承诺收益或者承担损失;侵占、挪用基金财产;泄露因职务便利获取的未公开信息、利用该信息从事或者明示、暗示他人从事相关的交易活动;玩忽职守,不按照规定履行职责;其他行为。

 思考题:请简述对基金管理人及其从业人员行为的限制。

(二)董事、监事、高级管理人员和其他从业人员证券投资限制与竞业限制

传统的证券市场活动规则禁止从业人员进行任何证券投资活动,但此类规则饱受争议。我国现行立法肯定了公开募集基金管理人的董事、监事、高级管理人员和其他从业人员进行证券投资的权利,但规定其负有事先向基金管理人申报的义务,应进行申报的对象不仅包括本人的证券投资,还包括其配偶、利害关系人的证券投资,旨在将与从业人员构成利益共同的所有人员的证券投资活动均纳入监管视野。

公开募集基金管理人的董事、监事、高级管理人员和其他从业人员,不得担任基金托管人或者其他基金管理人的任何职务,不得从事损害基金财产和基金份额持有人利益的证券交易及其他活动,以防止利益冲突。

 思考题:请简述证券从业人员证券投资申报义务。

七、公募基金管理人的内部治理

公开募集基金的基金管理人应当建立良好的内部治理机构与激励约束机制。良好的内部治理结构要求股东会、董事会、监事会和高级管理人员的职责权限明确。

基金份额持有人利益优先原则是基金管理公司内部治理的首要原则。具体是指,基金管理公司章程、工作流程、议事规则等的制定,公司各级组织机构的职权行使和公司员工的从业行为,应当以保护基金份额持有人利益为根本出发点,公司、股东、员工的利益与基金份额持有人的利益发生冲突时,应当优先保障基金份额持有人的利益。

思考题:请简述基金管理公司内部治理的首要原则。

八、公募基金管理人的风险准备金

公开募集基金的基金管理人应当从管理基金的报酬中计提风险准备金。风险准备金制度是证券市场加强投资者权益保护理念的产物,其计提具有强制性,用途具有特定性:只能用于赔偿因违法违规、违反基金合同等原因给基金财产或基金份额持有人合法权益造成的损失,不得挪作他用。

思考题:请简述公募基金管理人的风险准备金的用途。

九、公募基金管理人的股东、实际控制人的行为限制

为便于监管,我国规定公募基金管理人的股东、实际控制人负有及时履行重大事项报告义务,且禁止其有下列行为:虚假出资或抽逃出资;未依法经股东会或者董事会决议擅自干预基金管理人的基金经营活动;要求基金管理人利用基金财产为自己或者他人牟取利益,损害基金份额持有人利益;国务院证券监督管理机构规定禁止的其他行为。

思考题:请简述公开募集基金的基金管理人的股东、实际控制人的禁止性行为。

十、对公募基金管理人的监管措施

公募基金管理人受国务院证券监督管理机构监管。当基金管理人违法违规,内部治理结构、稽核监控和风险控制管理不符合规定时,监管机构应责令其改正;逾期未改正,或其行为严重影响所托管基金的稳健运行、损害基金份额持有人利益的,监管机构可根据具体情形对其采取限制业务活动、限制分配红利、限制转让固有财产或在固有财产上设定权利,责令更换董事、监事、高级管理人员或限制其权利、责令有关股东转让股权或限制有关股东行使股东权利等措施。

基金管理人限期整改后,负有向监管机构提交报告的义务。经验收,符合要求的,监管机构应自验收完毕之日起3日内解除对其采取的有关措施。

思考题:请简述国务院证券监督管理机构可以对违法违规的公募基金管理人采取的措施。

十一、公募基金管理人的职责终止

(一)基金管理人职责终止事由

基金管理人职责终止事由包括约定事由与法定事由。约定事由是指基金合同约定的基金管理人职责终止的情形。法定事由是指法律明确规定的基金管理人职责终止的情形,具体包括以下三种:被依法取消基金管理资格,被基金份额持有人大会解任,依法解散、被依法撤销或者被依法宣告破产。

（二）职责移交及基金财产审计

基金管理人职责终止而基金合同未终止的,基金份额持有人大会应在原基金管理人职责终止后6个月内选出新基金管理人并报国务院证券监督管理机构核准。新基金管理人产生前,由国务院证券监督管理机构指定具备条件的基金管理公司作为临时基金管理人。原基金管理人在职责终止后,仍负有妥善保管基金管理业务资料、保证基金管理业务资料完整的义务,并应及时办理基金管理业务的移交手续。相应地,新基金管理人或临时基金管理人有及时接收基金管理业务的义务。此外,基金管理人职责终止时,应聘请会计师事务所对基金财产进行审计,并将结果予以公告,报监管机构备案。

思考题:公募基金管理人职责终止的法定事由有哪些?

第三节 基金托管人

基金托管人是指根据基金合同的规定直接控制和管理基金财产,并按照基金管理人的指示进行具体资金运作的基金当事人。基金托管人是基金法律关系的三大主体之一,其托管职责与基金财产安全休戚相关。因此有一系列不同位阶的规范性文件对基金托管人及其从业人员的资格、职责作出规定,促使其严格依法履行职责。本节主要介绍基金托管人的资格和审批、基金托管人的条件、基金托管人的职责、基金托管人的监管、基金托管人职责的终止5个问题。

一、基金托管人的资格和审批

在《证券投资基金法》通过并实施前,我国仅允许依法设立并取得基金托管资格的商业银行担任基金托管人。随着证券投资基金市场的发展,非银行金融机构日渐成熟,开始具备人才、系统等开展基金托管业务所需的各项基本条件,具备履行托管基金财产职责的能力,加之市场发展的实际需求,基金托管人的范围遂由商业银行拓展为商业银行和其他金融机构。此种转变实为法律对市场作出的反应。

我国基金托管人的担任采用核准主义。商业银行担任基金托管人须由国务院证券监督管理机构会同国务院银行业监督管理机构联合核准;其他金融机构担任基金托管人由国务院证券监督管理机构核准。相关主体基金托管资格的取消由原核准主体进行处理。

思考题:请简述基金托管人范围及审核的规定。

二、基金托管人的条件

基金托管人职责的履行事关基金财产安全,直接影响基金份额持有人利益与投资信心,因此必须保证基金托管人的质量。我国对基金托管人实施市场准入制度,对其有较为严格的资质要求。《证券投资基金法》第33条规定了取得基金托管资格应当具备的八项条件:净资产和风险控制指标符合有关规定,即对商业银行和其他金融机构的资产规模和风险状况有一定要求;设有专门的基金托管部门,专门办理基金托管业务,以确保基金托管业务的独立与完整;取得基金从业资格的专职人员达到法定人数,以保证从业人员的专业性,满足基金托管人履行托管职责的需要;有安全保管基金财产的条件,如安全存管基金财产的设施、履行职责的资金保障、专业人员;有安全、高效的清算交割系统,该系统应当具备下列条件:系统内证券交易结算资金及时汇划到账,从交易所、证券登记结算机构等相关机构安全接收交易结算数据,与基金管理人、基金注册登记机构、证券登记结算机构等相关业务机构的系统安全对接,依法执行基金管理人的投资指令,及时办理清算、交割事宜;有符合要求的营业场所、安全防范设施和与基金托管业务有关的其他设施,譬如门禁系统、数据保密制度、数据备份系统、应急处理方案;有完善的内部稽核监控制度和风险控制制度,为识别、计量、监测和控制风险提供制度保障;法律、行政法规规定的和经国务院批准的国务院证券监督管理机构、国务院银行业监督管理机构规定的其他条件。

思考题:担任基金托管人应当具备哪些条件?

三、基金托管人的职责

前文已述基金托管人职责的履行与基金财产安全、基金份额持有人利益密切相关,为促使其严格履行职责,《证券投资基金法》第 36 条明确规定基金托管人有以下 10 项职责。

(一)保管职责

保管基金财产是基金托管业务的主要内容之一,保证基金财产安全、完整是基金托管人的首要职责。

(二)开立账户职责

基金托管人对分别以资金形式和证券形式存在的基金财产,应当分别开立资金账户和证券账户,确保资金存入资金账户,证券存入证券账户。

(三)分账管理职责

基金托管人应当为每只基金都分别开立资金账户和证券账户,并将不同基金的资产和证券分别存入该只基金的资金账户和证券账户,以确保基金财产的完整与独立。

(四)保存资料职责

基金托管人应妥善保存基金托管业务活动的记录、账册、报表和其他相关资料,以便基金份额持有人、基金管理人、监管部门等主体了解相关信息,为相关主体投资、决策或监督提供依据。

(五)清算交割职责

基金托管人应当按照法律规定和基金合同的约定,根据基金管理人的投资指令,及时办理清算、交割事宜。值得一提的是,基金托管人对投资指令并非无条件执行的。基金管理人的投资指令违反法律、行政法规和其他有关规定,或者违反基金合同约定的,并且该指令尚未依据交易程序生效,则基金托管人应当拒绝执行,立即通知基金管理人,并及时向国务院证券监督管理机构报告;若该指令依交易程序已生效,为保护交易秩序,基金托管人不得行使拒绝执行权,但应立即通知基金管理人以便其及时纠正错误的投资行为,并应及时报告。

(六)信息披露职责

即基金托管人须办理与基金托管业务活动有关的信息披露事项,以使基金份额持有人充分、完整地了解基金财产的状况。

(七)出具意见职责

基金托管人须对基金财务会计报告、中期和年度基金报告进行审核并出具意见。此类报告由基金管理人编制,故该职责实则也体现了基金托管人对基金管理人的监督。

(八)复核、审查职责

基金财产净值和基金份额申购、赎回价格由基金管理人计算得出,由基金托管人复核、审查。复核、审查一方面是为了确保计算的准确性,另一方面是为了防止基金管理人弄虚作假。

(九)召集基金份额持有人大会职责

当基金管理人及其常设机构未按规定召集或不能召集基金份额持有人大会时,基金托管人应按规定召集基金份额持有人大会,保证基金份额持有人能行使相关权利。

(十)监督职责

基金托管人应按规定监督基金管理人的投资运作,促使其恪尽职守、安全稳健地管理运用基金财产,通过此监督制衡机制保障基金份额持有人的权益。为保证监督的有效性,《证券投资基金法》第35条明确了基金管理人与基金托管人分离原则:二者不得为同一机构,不得相互出资或者持有股份。原因在于若二者不分离,对方行为的收益将内化为己方收益,即二者利益一致,自然就缺乏监督的激励了。

为适应实际情况发展的需要,《证券投资基金法》还以兜底方式明确基金托管人负有履行国务院证券监督管理机构规定的其他职责。

四、对基金托管人的监管措施

基金托管人受国务院证券监督管理机构、国务院银行业监督管理机构的监管。当基金托管人不再具备相应的条件,或者未尽勤勉尽责义务而致履行职责时存有重大失误的,监管机构应责令其改正;逾期未改正,或其行为严重影响所托管基金的稳健运行、损害基金份额持有人利益的,监管机构可根据具体情形对其采取限制业务活动,暂停办理新的基金托管业务,或者责令其更换负有责任的高级经理的措施。

基金托管人限期整改后,负有向监管机构提交报告的义务。经验收,符合要求的,监管机构应自验收完毕之日起3日内解除对其采取的有关措施。

思考题:监管机构对基金托管人的监管措施有哪些?

五、基金托管人职责的终止

(一)职责终止的情形

被依法取消基金托管资格,被基金份额持有人大会解任,依法解散、被依法撤销或被依法宣告破产是基金托管人职责终止的法定情形。基金托管人被监管机构依法取消基金托管资格的情形主要有3种:连续3年没有开展基金托管业务,违反证券投资基金法规定且情节严重的,法律、行政法规规定的其他情形。

(二)职责移交及基金财产审计

基金托管人职责终止并不意味着基金合同的终止。为继续履行基金合同,基金份额持有人大会应当在6个月内选任新基金托管人。在新基金托管人产生前,由国务院证券监督管理机构指定临时基金托管人,以保证该只基金的证券投资活动能正常开展,将对投资者的不利影响降到最小。原基金托管人应及时办理基金财产移交手续,新基金托管人、临时基金托管人应及时接收。此外,基金托管人职责终止,应聘请会计师事务所对基金财产进行审计,并将结果予以公告,报监管机构备案。

思考题:基金托管人职责终止的法定情形有哪些?

第四节　基金的运作方式和组织

一、基金的运作方式

基金运作方式以基金合同期限内基金份额总额是否固定不变、基金份额持有人能否申请赎回为主要特征,分为封闭式和开放式两种基本运作方式。基金份额总额可变性的差异,决定了两种运作方式下基金的投资策略也有所不同:封闭式基金的基金份额总额在基金存续期间固定不变,故其基金财产可全部用于投资,基金管理人可根据合同期限制定全程的投资策略;开放式基金允许持有人在基金存续期间赎回,故其基金财产必须保持一定比例的现金或政府债券,以备支付赎回款项,用于投资的部分也偏向投资于变现能力强的资产。为适应资本市场的发展与创新,我国也允许以其他方式运行证券投资基金。

具体选择何种运作方式,由基金管理人、基金托管人、基金份额持有人约定并载明于基金合同。此亦为合同自治原则之体现。

二、基金份额持有人的权利

基金份额持有人的权利可分为意定权利与法定权利两大类。意定权利是指基金合同约定的基金份额持有人除法定权利以外的权利。《证券投资基金法》第 46 条规定的基金份额持有人享有的法定权利有:基金收益享有权,该项权利为基金份额持有人最重要的权利之一;基金剩余财产分配权;基金份额转让权与基金份额赎回请求权;召开、召集基金份额持有人大会的提议权;对基金份额持有人大会审议事项行使表决权;以自己名义对基金管理人、基金托管人、基金服务机构提起诉讼的权利。

基金份额持有人对基金管理事务享有知情权,但在公开募集基金与非公开募集基金中有所差异:前者的基金份额持有人有权查阅、复制公开披露的基金信息资料;后者的基金份额持有人对涉及自身利益的情况,有权查阅基金的财务会计账簿等财务资料。

至于基金份额持有人的义务,主要为及时、足额交纳基金份额的认购款项及规定费用,履行基金合同约定的其他义务。

思考题:请简述基金份额持有人的法定权利。

三、基金份额持有人大会

(一)基金份额持有人大会及其日常机构的职权

基金份额持有人大会由全体基金份额持有人组成,其职权可分为法定职权和意定职权两大类。其中法定职权包括:决定基金扩募或者延长基金合同期限;决定修改基金合同的重要内容或者提前终止基金合同;决定更换基金管理人、基金托管人;决定调整基金管理人、基金托管人的报酬标准。意定职权是指基金合同中约定的其他职权。

根据基金合同的约定,基金份额持有人大会可选举产生持有人利益代表,由其组成基金份额持有人大会的日常机构。日常机构应根据基金日常运作中的具体情况,行使以下职权:召集基金份额持有人大会;提请更换基金管理人、基金托管人;监督基金管理人的投资运作、基金托管人的托管活动;提请调整基金管理人、基金托管人的报酬标准;基金合同约定的其他职权。日常机构的设立实则是通过"代理"降低基金份额持有大会的运行成本,同时更有效地维护基金份额持有人的利益。

基金份额持有人大会及其日常机构均不得直接参与或干涉基金的投资管理活动,如基金财产投资策略的制定、投资对象的选择、投资时机的决定等事项。

(二)基金份额持有人大会的召集、召开

基金份额持有人大会原则上由基金管理人召集。基金份额持有人大会设立日常机构的,则由该日常机构召集;该日常机构未召集的,由基金管理人召集。基金管理人未按规定召集,或者在更换基金管理人、审议与基金管理人有利益冲突的事项,或者基金管理人无法召集时,则由基金托管人召集。召集人须提前 30 日公告基金份额持有人大会的召开时间、会议形式、审议事项、议事程序和表决方式等事项。

基金份额持有人大会可以采取现场方式召开,也可以采取通信等方式召开。基金份额持有人可以自行出席大会,也可委托代理人出席大会并行使表决权。基金份额持有人大会应当有代表 1/2 以上基金份额的持有人参加方可召开。

(三)表决审议事项

为避免基金份额持有人大会被操纵,未经公告的事项,基金持有人大会不得进行表决。

每一基金份额有一票表决权。基金份额持有人大会就一般审议事项作出决定时,应经参加大会的基金份额持有人所持表决权的 1/2 以上通过。但涉及转换基金运作方式、更换基金管理人或基金托管人、提前终止基金合同、与其他基金合并等特别事项时,应经参加大会的基金份额持有人所持表决权的 2/3 以上通过。

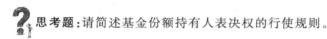

思考题:请简述基金份额持有人表决权的行使规则。

四、公开募集基金基金份额持有人的特别召集权

对于公开募集的基金,代表基金份额 10% 以上的基金份额持有人就同一事项要求召开基金份额持有人大会,而基金份额持有人大会的日常机构、基金管理人和基金托管人都不召集的,其有权自行召集并报国务院证券监督管理机构备案。

如果经召集,参加基金份额持有人大会的持有人的基金份额低于 1/2 的,召集人可以在原公告的基金份额持有人大会召开时间的 3 个月以后、6 个月以内,就原定审议事项重新召集基金份额持有人大会。重新召集的基金份额持有人大会应当有代表 1/3 以上基金份额的持有人参加,方可召开。

第五节　基金的公开募集

一、公开募集基金的概念

公开募集基金是指通过公开发售基金份额向不特定对象募集资金设立的基金,具体包括以下三种情形:向不特定对象募集资金,或是向特定对象募集资金累计超过 200 人,法律、行政法规规定的其他情形。

在我国基金行业发展之初,监管部门对新设立的证券投资基金坚持从严监管,故公开募集基金在当时须进行实质性审查,实行核准制。从严监管虽利于规范市场秩序,但不利于金融创新,难以适应激烈的市场竞争。在资本市场逐渐成熟后,根据"放松管制,加强监管"的指导思想,公募基金遂从核准制简化为注册制,国务院证券监督管理机构只进行合规性审查。

二、公开募集基金的注册

注册公开募集基金,拟任基金管理人应当向国务院证券监督管理机构提交下列文件:载有注册资金简要概况、拟任基金管理人和基金托管人、基金管理人签章等内容的申请报告;清晰界定基金合同当事人各项权利义务的基金合同草案;明确基金管理人和基金托管人各自职责的基金托管协议草案;载有基金产品特性、基金发行、基金投资、风险揭示等内容的招募说明书草案,其应最大限度地披露影响投资人决策的全部事项;律师事务所尽职调查后出具的法律意见书;国务院证券监督管理机构规定提交的其他文件。

三、公开募集基金的基金合同

(一)基金合同的成立与生效

基金合同为格式合同,其条款由基金管理人、基金托管人拟定,投资人交纳认购的基金份额的款项时,基金合同成立。换言之,投资人自取得依基金合同所发售的基金份额时起,即成为基金份额持有人。

不同自成立即生效的一般合同,基金合同在向国务院证券监督管理机构办理基金备案程序后方生效。基金合同生效后,成为基金管理人、基金托管人和基金份额持有人享有权利、履行义务的依据。

(二)基金合同的内容

按照合同自治原则,基金合同内容由基金管理人、基金托管人和基金份额持有人协商确定。以下内容为公开募集基金的基金合同必须载明的事项:募集基金的目的和基金名称;基金管理人、基金托管人的名称和住所;基金的运作方式;封闭式基金的基金份额总额和基金合同期限,或者开放式基金的最低募集份额总额;确定基金份额发售日期、价格和费用的原则;基金份额持有人、基金管理人和基金托管人的权利、义务;基金份额持有人大会召集、议事及表决的程序和规则;基金份额发售、交易、申购、赎回的程序、时间、地点、费用计算方式,以及给付赎回款项的时间和方式;基金收益分配原则、执行方式;基金管理人、基金托管人报酬的提取、支付方式与比例;与基金财产管理、运用有关的其他费用的提取、支付方式;基金财产的投资方向和投资限制;基金资产净值的计算方法和公告方式;基金募集未达到法定要求的处理方式;基金合同解除和终止的事由、程序及基金财产清算方式;争议解决方式;当事人约定的其他事项。

思考题:公开募集基金的基金合同应当包括哪些内容?

四、公开募集基金的基金募集说明书

基金募集说明书是基金发起人向投资者提供的经国务院证券监督管理机构审查的法律文件,应当包括以下内容:基金募集申请的准予注册文件名称和注册日期;基金管理人、基金托管人的基本情况;基金合同和基金托管协议的内容摘要;基金份额的发售日期、价格、费用和期限;基金份额的发售方式、发售机构及登记机构名称;出具法律意见书的律师事务所和审计基金财产的会计师事务所的名称和住所;基金管理人、基金托管人报酬及其他有关费用的提取、支付方式与比例;风险警示内容;国务院证券监督管理机构规定的其他内容。

五、公开募集基金的审查注册

拟任基金管理人申请注册公开募集基金有向国务院证券监督管理机构提供相关文件的义务。为保障拟任申请人及广大投资者的权益,必须规范监管机构注册权的行使:监管机构应当自受理注册申请之日起 6 个月内依照法律、行政法规及监管机构的规定进行审查。不论是否准予注册,均须作出决定并通知申请人,且决定不予注册的,应当说明理由。

六、公开募集基金的募集

(一)基金份额发售及发售机构

基金募集申请经注册后方可发售基金份额,否则基金管理人将承担停止募集活动、返还资金及利息、没收违法所得、罚款等法律责任,直接负责的主管人员和其他直接责任人员将承担警告、罚款等行政责任。

依法募集基金,办理基金份额的发售事宜是基金管理人的法定职责。故基金管理人是当然的基金份额发售机构。此外基金管理人还可委托其他机构发售基金份额。基金份额发售的 3 日前,基金管理人应当公布招募说明书、基金合同及其他证监会要求公布的文件。文件应当真实、准确、完整且最大限度披露影响投资人决策的全部事项,以便投资人作出投资决策。

(二)基金宣传推介活动

基金宣传活动应当遵守法律、行政法规的规定,不得有虚假记载、误导性陈述、违规承诺收益等信息披露禁止行为。基金宣传推介材料必须有明确、醒目的风险提示和警示性文字。若材料引用基金过往业绩的,应同时声明过往业绩并不预示基金的未来表现。

(三)募集期限与基金备案

基金管理人应当自收到监管机构准予注册文件之日起 6 个月内进行基金募集。募集期限自发售之日起计算,不得超过监管机构准予注册的基金募集期限。募集期间所募集的资金应当存入专门账户,妥善保管,以备验资,在募集行为结束前,任何人不得动用。

募集期限届满,封闭式基金募集的基金份额总额达到准予注册规模的 80% 以上,开放式基金募集的基金份额总额超过准予注册的最低募集份额总额,并且基金份额持有人人数符合国务院证券监督管理机构规定的,基金管理人应当自募集期限届满之日起 10 日内聘请法定验资机构验资,自收到验资报告之日起 10 日内,向国务院证券监督管理机构提交验资报告,办理基金备案手续,并予以公告。

(四)募集失败后的管理人责任

若募集期限届满,开放式基金募集的基金份额总额未超过准予注册的最低募集份额总额,封闭式基金募集的基金份额总额未达准予注册规模的 80%,或基金份额持有人人数不符合监管机构的规定,则基金募集失败。因基金募集行为是基金管理人的主动行为,故募集失败所产生的法律后果应由基金管理人承担:以固有财产承担因募集行为而产生的债务和费用,在募集期限届满后 30 日内返还投资人已交纳的款项并加计银行同期存款利息。

思考题:基金宣传推介活动应遵守哪些规定?

第六节　公开募集基金的基金份额的交易、申购与赎回

基金份额的上市交易是指经证券交易所审核同意,基金份额在证券交易所挂牌,采用公开集中竞价方式进行买卖。公开集中报价和成交,在交易所集中竞价交易,交易所会员代理制是基金份额上市

交易的主要特征。

一、基金份额上市交易的申请

因公开募集基金面向社会不特定多数投资者，与证券及其他金融领域关系密切，故须经审核才可上市交易。原来法律规定基金管理人须向证监会或由证监会授权的交易所提交申请，并由其核准。在简政放权背景下，为发挥证券交易所的积极性和作用，现行法律改为由证券交易所审核申请并与基金管理人签订上市协议。

基金的
上市与监督

二、基金份额上市交易的条件

基金份额上市交易应当符合以下条件：募集基金注册、募集程序、募集总额等基金募集事宜符合《证券投资基金法》的规定；基金合同期限为 5 年以上，以确保集中竞价交易的基础；募集金额不低于 2 亿元，基金份额持有人不少于 1000 人，以避免操纵交易价格；符合基金份额上市交易规则规定的其他条件。

基金份额上市交易规则由证券交易所制定，报国务院证券监督管理机构批准，其所规定的其他条件主要包括：基金财产的投资方向和投资比例符合法律、行政法规、监管机构的规定和基金合同的约定；基金管理人、基金托管人有健全的组织机构和管理制度，财务状况良好，经营行为规范。

思考题：基金份额上市交易应当符合哪些条件？

三、基金份额上市交易的终止

终止基金份额上市交易的情形主要有四种：基金不再具备上市交易的条件，基金合同期限届满，基金份额持有人大会决定提前终止交易，出现基金合同约定或基金份额上市交易规则规定的终止上市交易的其他情形。基金终止上市交易后应当报国务院证券监督管理机构备案。

四、基金份额的申购、赎回、登记

（一）基金份额的申购与赎回

基金份额申购是指投资人按照基金份额申购价格，申请购买基金管理人管理的开放式基金的基金份额。申购，自投资人交付申购款项时成立，自基金份额登记机构确认基金份额时生效。

基金份额赎回是指基金份额持有人按照基金份额赎回价格，要求基金管理人购回其所持有的开放式基金的基金份额。赎回，自基金份额持有人递交赎回申请时成立，自基金份额登记机构确认赎回时生效。基金管理人原则上应自收到赎回申请之日起 7 个工作日内支付赎回款项，但有以下情形并报监管机构备案的除外：因不可抗力导致基金管理人不能支付赎回款项，证交所依法决定临时停市导致基金管理人无法计算当日基金资产净值，基金合同约定的其他特殊情形。

除基金合同另有约定，基金管理人应于每个工作日办理基金份额的申购、赎回业务，申购、赎回价格依申购、赎回日基金份额净值加、减有关费用计算。

（二）基金份额登记

基金份额登记是指基金份额的登记过户、存管和结算等业务活动，包括基金份额持有人及其所持基金份额数额的变更登记，基金份额持有人权益变更登记。基金管理人或其委托的基金管理服务机构是基金份额登记机构。

思考题：请简述基金管理人支付赎回款项的例外情形。

第七节 公开募集基金的投资、信息披露、变更与终止

一、公开募集基金的投资

为分散投资风险,保持基金财产的适当流动性和投资收益的稳健性,除国务院证券监督管理机构有特别规定,基金管理人应将基金财产投资于按照一定原则选择并按照一定比例进行组合的多种证券,即以资产组合方式进行投资。

至于资产组合的具体方式和投资比例,应当根据特定基金品种的投资目的和投资方向,由基金管理人、基金托管人、基金份额持有人依照《证券投资基金法》和监管机构的规定于基金合同中约定。基金投资不得出现单只基金或同一基金管理人所管理的全部基金过度集中持有某只股票、风险过于集中或者利益输送等不当行为。

**思考题**:什么是资产组合方式?

二、基金财产的投资范围

公开募集基金面向普通投资者,为保护广大投资者的合法权益,法律要求公开募集基金的财产主要投资于安全性和流动性相对较高的上市交易的股票、债券。为给基金产品创新和基金财产投资范围适当扩大留下必要空间,也允许其投资于国务院证券监督管理机构规定的其他证券及其衍生品种。

基金财产不得用于下列投资或活动:承销证券;违反规定向他人贷款或提供担保;从事承担无限责任的投资;买卖其他基金份额,但是国务院证券监督管理机构另有规定的除外;向基金管理人、基金托管人出资;从事内幕交易、操纵证券交易价格及其他不正当的证券交易活动;法律、行政法规和国务院证券监督管理机构规定禁止的其他活动。如有违反,基金管理人、基金托管人将承担责令改正、罚款等行政责任,直接负责的主管人员和其他直接责任人员将承担警告、暂停或撤销基金从业资格、罚款等行政责任。

运用基金财产买卖基金管理人、基金托管人及其控股股东、实际控制人或与其有其他重大利害关系的公司发行的证券或承销期内的证券,或从事其他重大关联交易的,虽涉嫌利益输送、不当关联交易等证券投资违法行为,存有损害基金份额持有人利益之风险,但允许各类资金投资关联方证券是成熟资本市场的通行做法,予以规范的重点在于交易价格的公允性和信息披露的充分性。为促进基金行业的发展,我国亦未完全禁止此类行为,但要求遵循基金份额持有人利益优先的原则,防范利益冲突,符合证监会相关规定,并履行信息披露义务。

**思考题**:请简述公开募集基金的基金财产的投资范围。

三、公开募集基金投资的信息披露

基金相关信息是投资决策的重要依据,知情权是投资者行使其他权利的前提。是故,基金信息披露规则是保护投资人及相关当事人合法权益,促进证券投资基金和资本市场健康发展的重要制度保障。

(一)公开披露的基金信息

基金信息披露义务人应当及时披露基金信息,并保证所披露信息的真实性、准确性和完整性。公

开披露的基金信息包括：基金招募说明书、基金合同、基金托管协议，基金募集情况，基金份额上市交易公告书，基金资产净值、基金份额净值，基金份额申购、赎回价格，基金财产的资产组合季度报告、财务会计报告及中期和年度基金报告，临时报告，基金份额持有人大会决议，基金管理人、基金托管人的专门基金托管部门的重大人事变动，涉及基金财产、基金管理业务、基金托管业务的诉讼或者仲裁，国务院证券监督管理机构规定应予披露的其他信息。

(二)公开披露信息的禁止性行为

虚假披露信息将误导投资人、破坏证券市场的秩序，故必须规范公开披露基金的行为。以下为公开披露基金信息的禁止性行为：虚假记载、误导性陈述或者重大遗漏；对证券投资业绩进行预测；违规承诺收益或者承担损失；诋毁其他基金管理人、基金托管人或者基金销售机构；法律、行政法规和国务院证券监督管理机构规定禁止的其他行为。如有违反基金信息披露义务人将承担责令改正、没收违法所得、罚款等行政责任，直接负责的主管人员和其他直接责任人员将承担警告、暂停或撤销基金从业资格、罚款等行政责任。

 思考题：哪些行为是公开披露基金信息的禁止性行为？

四、公开募集基金基金合同的变更

基金合同变更的事由主要包括转换运作方式、基金合并、封闭式基金扩募、延长基金合同期限。转换基金运作方式、基金合并，应当按照基金合同约定或经基金份额持有人大会决议进行。封闭式基金扩募、延长基金合同期限应当具备以下条件并报监管机构备案：基金运营业绩良好，基金管理人最近两年内没有因违法违规行为受到行政处罚或者刑事处罚，基金份额持有人大会决议通过，其他条件。

 思考题：导致公开募集基金的基金合同的变更事由主要有哪些？

五、公开募集基金基金合同的终止

(一)基金合同的终止情形

基金合同终止是指依法生效的基金合同因具备法定情形或基金合同约定情形，合同的权利义务归于消灭。其中法定情形是指：基金合同期限届满而未延期，基金份额持有人大会决定终止，基金管理人、基金托管人职责终止，6个月内没有新基金管理人、新基金托管人承接，基金合同约定的其他情形。

(二)基金合同终止后的清算

基金合同终止，由基金管理人负责组织清算组对基金财产进行清算。清算组由基金管理人、基金托管人及相关中介服务机构组成，负责基金财产的保管、清理、估价、变现和分配等工作。清算组作出的清算报告经会计师事务所审计、律师事务所出具法律意见书后，应报证监会备案并公告。

基金财产清算后，全部基金财产在扣除清算中发生的所有合理费用、其他相关费用和债务后，仍有基金财产剩余的，则按基金份额持有人所持份额比例进行分配。

 思考题：导致公开募集基金的基金合同终止的法定情形有哪些？

第八节 非公开募集基金

一、非公开募集基金的投资者

非公开募集基金是指向特定对象非公开发售基金份额募集资金设立的基金。非公开募集基金采用的是非公开的募集方式,运作方式更为灵活,监管相对较少,故要求投资者为合格投资者。合格投资者可以是单位或个人,但应达到规定资产规模或收入水平,具备相应的风险识别能力和风险承担能力,且对基金份额的认购金额不低于规定限额。合格投资者的具体标准由国务院证券监督管理机构规定,并根据基金业的发展情况进行调整。

 **思考题**:合格投资者应当具备哪些条件?

二、非公开募集基金的托管人和管理人

(一)基金托管人

不同于公开募集基金实行强制托管,非公开募集基金原则上由基金托管人托管,但基金合同另有约定的除外。作此例外规定是考虑到实际运行中,部分非公开募集基金的投资者范围较小,基金投资者基于对管理人的信任或者出于节省托管费用等因素,专门设立基金托管人的需求较小。事实上,这也体现了非公开募集基金的自律管理原则。

(二)基金管理人

1.基金管理人登记制度

不同于公开募集基金的基金管理人有严格的准入条件并实行核准主义,非公开募集基金因不面向公众发行,外部风险相对较小,加之投资者相对更为成熟,其基金管理人实行登记制度。除法律、行政法规另有规定外,未经登记,任何单位和个人不得使用"基金"或者"基金管理"字样或者近似名称进行证券投资活动。基金行业协会为登记机关,登记内容主要包括基金管理人的名称、住所、主要管理人员等基本情况。

基金管理人

2.基金管理人承担无限连带责任

非公开募集基金可以按基金合同之约定,由部分基金份额持有人作为基金管理人。此种模式借鉴的是外国有限合伙型基金的运作模式,在该模式下基金份额持有人可分为承担无限责任的基金份额持有人和其他基金份额持有人:前者同时作为基金管理人,负责基金的投资管理活动,并在基金财产不足以清偿其债务时对基金财产的债务承担无限连带责任;后者不参加基金的投资管理活动,对基金财产的债务以出资额为限承担责任。采用此种模式的,基金合同中应当载明:承担无限连带责任的基金份额持有人和其他基金份额持有人的姓名或者名称、住所,承担无限连带责任的基金份额持有人的除名条件和更换程序,基金份额持有人增加、退出的条件、程序及相关责任,承担无限连带责任的基金份额持有人和其他基金份额持有人的转换程序。

(三)提供基金信息的职责

非公开募集基金虽无须向社会公开披露基金相关信息,但基金管理人、基金托管人应当按照基金合同的约定向基金份额持有人提供基金信息,以保障基金份额持有人对基金运作必要的知情权。

三、非公开募集基金的募集

(一)募集对象

非公开募集基金的募集对象为合格投资者,不得向合格投资者之外的单位和个人募集资金,且募集对象累计不得超过 200 人。如果人数超过 200 人,则实质上构成公开募集基金。强调"累计"是为了防止通过多次募集或分散募集等方式,规避《证券投资基金法》对非公开募集基金投资者人数的限制。

(二)宣传推介的限制

非公开募集基金不得通过报刊、电台、电视台、互联网等公众传播媒体或讲座、报告会、分析会等公开募集方式向不特定对象宣传推介。如有违反,基金管理人将承担停止募集、返还所募集资金和利息、罚款等行政责任,直接负责的主管人员和其他直接责任人员将承担警告、罚款等行政责任。

思考题:请简述对非公开募集的理解。

四、非公开募集基金的基金合同

非公开募集基金的基金合同是基金当事人之间最重要的法律文件,经基金合同当事人协商一致并依法订立,自成立之日起即产生法律效力。非公开募集基金的基金合同应当包括以下内容:基金份额持有人、基金管理人、基金托管人的权利、义务,基金的运作方式,基金的出资方式、数额和认缴期限,基金的投资范围、投资策略和投资限制,基金收益分配原则、执行方式,基金承担的有关费用,基金信息提供的内容、方式,基金份额的认购、赎回或者转让的程序和方式,基金合同变更、解除和终止的事由、程序,基金财产清算方式,其他事项。

思考题:非公开募集基金的基金合同应当包括哪些内容?

五、非公开募集基金的备案

非公开募集基金募集完毕,基金管理人应当将基金名称、基金规模、基金合同等基金主要情况报基金行业协会备案,以便行业协会进行自律管理。对于募集规模较大、参与人数较多、市场影响较大、可能引发系统性金融风险的基金,基金行业协会应当向国务院证券监督管理机构报告,以便监测和预警。

六、非公开募集基金的投资

非公开募集基金主要面向合格投资者,投资者的风险承受能力更强,故投资范围相对较宽,不限于上市证券类资产。依证券投资基金法第 94 条第 2 款之规定,非公开募集基金的投资范围包括买卖公开发行的股份有限公司股票、债券、基金份额,以及国务院证券监督管理机构规定的其他证券及其衍生品种。

思考题:请简述非公开募集基金的投资范围。

第九节 基金服务机构和行业协会

一、基金服务机构

基金服务机构受基金管理人、基金托管人委托参与基金业务,负有勤勉尽责、恪尽职守的义务(注:基金管理人、基金托管人依法应当承担的责任并不因业务外包而免除)。涉及投资人资金安全、份额安全等服务业务的机构,其信息技术系统应当符合国家及中国证券监督管理委员会的相关规定,建立网络隔离、安全防务与应急处理等完备的风险管理制度和灾难备份系统。对于在提供服务过程中知悉的基金份额持有人或者基金投资运作的非公开信息,基金服务机构负有保密义务。不同的服务机构因提供的业务不同,其义务的侧重点亦有所不同。

(一)基金销售机构

基金销售机构是指从事基金宣传推介、基金份额发售或者基金份额的申购、赎回,并收取以基金交易为基础的相关佣金活动的服务机构。风险揭示与基金销售适用性原则是基金销售机构开展业务应当遵循的义务:风险揭示义务要求其向投资人充分揭示投资运作中可能面临的市场风险、基金管理风险、合规风险、巨额赎回风险及其他风险;基金销售适用性原则要求其根据基金投资人的风险承受能力销售不同风险等级的产品,在实施过程中还要遵循投资人利益优先原则、全面性原则、客观性原则、及时性原则。

(二)基金销售支付机构

基金销售支付机构是指从事基金销售活动中基金销售机构、基金投资人之间货币资金转移活动的服务机构。基金销售支付机构必须按规定办理基金销售结算资金的划付,其核心是确保基金销售结算资金安全、及时划付。

(三)基金份额登记机构

基金份额登记机构是指从事基金份额登记业务活动的机构,可以办理投资人基金账户的建立和管理,基金份额注册登记,基金销售业务的确认、清算和结算,代理发放红利,建立并保管基金份额持有人名册等业务。基金份额登记机构以电子介质登记的数据,是基金份额持有人权利归属的依据。基金份额登记机构必须妥善保存登记数据,保证登记数据的真实、准确、完整,并将数据备份至国务院证券监督管理机构认定的机构,为基金份额持有人行使相关权利提供保障。

(四)基金投资顾问机构

基金投资顾问机构是指从事提供投资建议、辅助投资决策并直接或间接获取经济利益业务活动的服务机构。基金投资顾问机构及其从业人员提供投资顾问服务时,应当具有合理的依据,如实陈述服务能力和经营业绩,不得以任何方式承诺或者保证投资收益,不得损害服务对象的合法权益。

(五)基金评价机构

基金评价机构是指从事基金投资收益和风险或者基金管理人管理能力的评级、评奖、单一指标排名及中国证监会认定的其他评价活动的服务机构。基金评价机构负有客观公正、防范利益冲突的法定义务,其开展业务应当遵循长期性原则、公正性原则、全面性原则、客观性原则、一致性原则、公开性原则。基金评价机构在与评价对象利益存在冲突或潜在冲突时,应在评级报告、评价报告中声明自身与评价对象之间的关系,并说明自身在评价过程中为规避利益冲突影响而采取的措施。

(六)信息技术系统服务机构

信息技术系统服务机构是指从事向基金管理人、基金托管人和其他基金服务机构提供基金业务核心应用系统、信息系统运营维护、信息系统安全保障和基金交易电子商务平台等业务的服务机构,其负有以下义务:①具备国家有关部门规定的资质条件或者取得相关的资质认证;②具有开展业务所需要的人员、设备、技术、知识产权等条件;③就其所开展的业务,根据规定向基金行业协会备案或中国证监会备案;④信息技术系统服务应当符合法律法规、国务院证券监督管理机构及行业自律组织等的业务规范要求;⑤应国务院证券监督管理机构之要求提供相关信息技术系统的资料。

(七)律师、会计师事务所

律师事务所、会计师事务所是证券投资基金业务活动中的中介服务机构。律所、会所负有勤勉尽责义务,对其责任的理解需要提以下三点:其一,对最终出具文件、所依据文件资料内容的真实性、准确性和完整性均须负责;其二,承担责任的范围包括公开披露信息发表的意见、受托提供的其他各项与基金业务活动有关的服务;其三,未履行或未完全履行义务造成损失的,应当与委托人承担连带赔偿责任。

？思考题:常见的基金服务机构包括哪些?

二、基金行业协会

(一)概述

行业自律是我国监管证券投资基金的两大方式之一,基金行业协会是基金行业实现行业自律的组织,具有下述特点:从民事主体地位上看,基金行业协会具有社会团体法人资格,具备民事权利能力和民事行为能力,依法独立享有民事权利和承担民事义务;从性质上看,基金行业协会是自律性组织,由协会会员订立章程实行自我管理、自我约束,同时接受政府机构的监管;实行会员制,其中基金管理人、基金托管人强制入会,基金服务机构自愿入会。

(二)组织机构与运行模式

基金行业协会的最高权力机构为全体会员组成的会员大会。协会设立会员代表大会,负有选举和罢免理事、监事,审议理事会工作报告、监事会工作报告和财务报告,制定和修改会费标准等职责。协会同时设立理事会,作为会员代表大会闭会期间的执行机构,并对会员代表大会负责。理事会负有筹备召开会员代表大会,贯彻、执行会员代表大会的决议,审议通过自律规则、行业标准和业务规范等职责。监事会是协会的内部监督机构,负有监督协会章程,监督理事会工作,选举和罢免监事长、副监事长等职责。此外,协会为提升专业化程度,根据需要成立了由各自领域的行业专家组成的专业委员会,如资产证券化业务专业委员会、互联网金融委员会。

(三)基金行业协会章程

基金行业协会章程由会员大会制定、修改,自会员大会通过后生效,对所有会员具有约束力。协会章程制定、修改后应当报国务院证券监督管理机构备案。从本质上说,章程属于会员之间的协议。章程应当载明的事项包括协会的名称和住所、宗旨和职责、领导机构及其产生办法、任期、活动规则、经费与管理、会员的权利与义务、其他事项。

(四)基金行业协会职责

基金行业协会依据章程实行自我管理、自我约束,其职责具体包括八项:法规培训、维护会员合法权益、制定行业自律规则、资质管理、提供会员服务、调解纠纷、登记和备案管理及其他职责。

**思考题**:请简述基金行业协会的职责。

第十节 监督管理

为保护投资者合法权益,维护证券市场秩序,降低系统风险,必须依法对证券投资基金活动实施监督管理。我国对证券投资基金活动的监督管理分为政府监管和行业自律两个层次。政府监管处于主要地位。

一、国务院证券监督管理机构的职责

《证券投资基金法》第112条明确国务院证券监督管理机构应依法履行下列七项职责:制定有关证券投资基金活动监督管理的规章、规则,并行使审批、核准或注册权;办理基金备案;对基金管理人、基金托管人及其他机构从事证券投资基金活动进行监督管理,对违法行为进行查处并予以公告;制定基金从业人员的资格标准和行为准则,并监督实施;监督检查基金信息的披露情况;指导和监督基金行业协会的活动;法律、行政法规规定的其他职责。

思考题:请简述国务院证券监督管理机构的职责。

二、国务院证券监督管理机构的监管措施

为保证国务院证券监督管理机构能履行监管职责,必须赋予其采取相应措施的权力。《证券投资基金法》第113条以封闭式方式列举了其有权采取的七项措施:对基金管理人、基金托管人、基金服务机构经营的合规性、安全性进行现场检查;进入涉嫌违法行为发生场所调查取证;询问有关单位和人员;查阅、复制有关财产权、通讯记录等资料;查阅、复制、封存有关文件和资料;查询并依法申请冻结、查封有关账户,以保证违法行为人日后承担法律责任的能力;依法限制被调查事件当事人的证券买卖。

思考题:国务院证券监督管理机构依法履行职责有权采取哪些措施?

三、国务院证券监督管理机构的履职

被调查的单位和个人负有配合调查、检查的义务,否则将承担法律责任,但其合法权益应受保护。为避免其合法权益受权力滥用的侵害,必须规范监管机构及其工作人员的职务行为。

《证券投资基金法》第115条对国务院证券监督管理机构工作人员的行为作出了原则性规定:忠于职守,依法办事,公正廉洁,接受监督,不得利用职务牟取私利。

《证券投资基金法》第114条明确了相关工作人员具体履行职责时所负有的义务:调查、检查时不得少于两人,以保证工作人员依法履行职责并互相监督制约;应当出示合法证件,使有关单位和个人明晰工作人员身份,以防止假冒行为;对调查或检查中知悉的商业秘密负有保密义务,避免因检查、调查给相关当事人造成不必要的损失。

为保证监管机构工作人员的中立地位,保证公务人员廉洁自律的基本要求,保证监管机构的公正性、权威性,以确保基金市场的公平竞争和健康发展,《证券投资基金法》第118条规定国务院证券监

督管理机构工作人员不得于任职期间、离职后一定期限内在被监管机构中担任职务。

思考题：请简述国务院证券监督管理机构工作人员的行为准则。

第十一节　法律责任

一、法律责任概述

法律责任是指责任主体违反了法定或者约定的义务而必须承担的具有强制性的特定后果。为了制裁扰乱证券投资基金市场的违法行为,规范证券投资基金活动,维护资本市场秩序,切实保护投资人及相关当事人的合法权益,《证券投资基金法》第十四章以专章形式明确了证券投资基金活动中违法行为的法律责任。按类别,该法所规定的法律责任可分为民事责任、行政责任和刑事责任。该法对民事责任、刑事责任仅作原则性规定,具体须要依据有关法律确定。

思考题：违反《证券投资基金法》的法律责任形式有哪些?

二、行政责任

行政责任是《证券投资基金法》规定的责任主体违反该法最主要的承责方式,且往往是对单位和个人实施并罚。根据违法行为种类及危害程度的不同,责任主体将以不同的方式承担行政责任,主要包括申诫罚、财产罚与行为罚。

申诫罚是行政机关对违法行为人的名誉、荣誉、信誉或精神上的利益造成一定损害以示警诫的行政处罚,主要形式为警告和通报批评。《证券投资基金法》中申诫罚往往与财产罚、行为罚并行。譬如第140条规定,基金份额登记机构未妥善保存或者备份基金份额登记数据的,责令改正,给予警告,并处罚款,对直接负责的主管人员和其他直接责任人员予以警告,撤销基金从业资格,并处罚款。

财产罚是以剥夺或限制违法行为人财产权为内容的行政处罚,是相关责任主体依《证券投资基金法》承担行政责任的主要方式,具体包括罚款和没收违法所得。《证券投资基金法》主要采用限额罚款、倍数罚款两种方式,具体数据则由证监会根据违法行为情节、后果确定,此符合行政处罚比例原则。譬如第136条规定,违反《证券投资基金法》规定,擅自从事公开募集基金的基金服务业务的,没收违法所得,并处违法所得1倍以上5倍以下罚款;没有违法所得或者违法所得不足30万元的,并处10万元以上30万元以下罚款。

行为罚是以限制或剥夺违法行为人特定能力或资格为内容的行政处罚,主要包括责令停产停业,暂扣或吊销许可证、执照两种形式。第138条、第140条、第141条等条款均规定,基金服务机构违法行为严重的,责令其停止相关基金服务业务,对直接负责的主管人员和其他责任人员给予警告,撤销基金从业资格,并处罚款。

思考题：《证券投资基金法》规定的行政责任主要包括哪些?

三、民事责任

民事责任是民事法律关系的当事人不依法或不依约履行义务而应当承担的法律后果。鉴于违反《证券投资基金法》规定给基金财产、基金份额持有人或者投资人造成损害的情况较为复杂,《证券投资基金法》只作原则性规定,明确行为人应当承担赔偿责任。关于民事责任有两点值得一提。

第一,基金管理人与基金托管人承担赔偿责任的方式。基金管理人与基金托管人相互分离,原则上分别对各自的行为承担赔偿责任;但若二者的行为客观上构成共同行为,则不论其主观上是否有共谋,均认定为共同行为,须对给基金财产和基金份额持有人造成的损害承担连带赔偿责任。

第二,民事赔偿责任优先原则。依法保护投资人及相关当事人的合法权益是《证券投资基金法》的第一要务,是证券投资基金持续健康发展的关键,《证券投资基金法》第150条明确规定行为人应当承担民事赔偿责任和缴纳罚款、罚金,其财产不足以同时支付的,先承担民事赔偿责任。

 思考题:请简述民事赔偿责任优先原则。

本章引用法律资源

1.《中华人民共和国证券投资基金法》。

2.《证券投资基金管理公司管理办法》。

3.《公开募集证券投资基金信息披露管理办法》。

4.《证券投资基金管理公司治理准则》。

本章参考文献

1.徐孟洲.金融法学[M].北京:高等教育出版社,2014.

2.强力,王志诚.中国金融法[M].北京:中国政法大学出版社,2010.

3.何立慧.金融法[M].北京:经济科学出版社,2010.

4.李飞.中华人民共和国证券投资基金法释义[M].北京:法律出版社,2013.

5.赵万一.证券市场投资者利益保护法律制度研究[M].北京:法律出版社,2013.

6.谢九华,樊沛鑫.证券法前沿问题研究[M].北京:知识产权出版社,2018.

7.刘俊海.投资基金立法中的若干争议问题研究[J].杭州师范学院学报(社会科学版),2002(2):26-27.

8.吴弘,徐振.投资基金的法理基础辨析[J].政治与法律,2009(7):21-27.

9.黄一鸣.我国证券投资基金的信托性质分析[J].税务与经济,2012(4):41-44.

本章网站资源

1.全国人大网:http://www.npc.gov.cn。

2.中国政府网:http://www.gov.cn。

3.中华人民共和国最高人民法院官网:http://www.court.gov.cn。

4.中国证券监督管理委员会官网:http://www.csrc.gov.cn。

5.中国证券投资基金行业协会官网:http://www.amac.org.cn。

第十章课后练习题

第十一章　信托法

通过学习,了解信托的概念、特征、分类;掌握信托法律关系的主体、客体、内容;了解信托立法的基本情况、立法目的;掌握信托公司的设立、变更、终止、业务规则、监督管理;重点关注信托公司的股权管理、股东责任;知晓信托的设立、变更、终止;掌握信托登记的基本规定,重点关注信托的登记类型、受益权账户管理等。

第一节　信托法概述

信托概述

一、信托的概念

信托,是指委托人基于对受托人的信任,将其财产权委托给受托人,由受托人按委托人的意愿以自己的名义,为受益人的利益或者特定目的,进行管理或者处分的行为。

二、信托的特征

信托的功能

信托有以下基本特征如下。

(1)信托是一种由他人进行财产管理、运用或处分的财产管理制度。

(2)委托人与受托人之间具有充分的信任关系,是以信任为前提的。受托人对委托人的忠诚可靠,成为信托关系产生的基础。

(3)以受托人的名义掌有信托财产,但是信托财产具有独立性。

(4)受托人按照信托文件或者信托法律的规定,行使对信托财产的管理、运用或处分的权限,并就此承担责任。

(5)受托人因管理、运用或处分信托财产而产生与第三人之间的权利义务,仅归属于受托人,不直接归属于委托人或受益人。

(6)受托人虽然取得信托财产权的名义,但在经济上和实质上,其行使管理、运用或处分权,必须受信托目的的约束,信托财产在实质上归属于委托人和受益人。

三、信托的分类

信托的分类
及设立

信托可以分为私益信托和公益信托。

(一)私益信托

私益信托是为私益目的的设立的信托。私益信托按照受益人性质和设立目的,可以分为营业信托和非营业信托。营业信托是以个人或单位委托营利性信托机构进行财产经营管理而达到财产增值目的设立的信托。非营业信托是个人出于赡养、抚养、遗产处理等目的,委托他人管理财产而设立的信托,又称为民事信托。

(二)公益信托

1.公益信托的概念与范围

公益信托是为了公益目的设立的信托。公益信托是将信托财产用于公益事业,发展公共事业目的而设立的信托。为了下列公共利益目的之一而设立的信托,属于公益信托:救济贫困;救助灾民;扶助残疾人;发展教育、科技、文化、艺术、体育事业;发展医疗卫生事业;发展环境保护事业,维护生态环境;发展其他社会公益事业。公益信托的信托财产及其收益,不得用于非公益目的。

2.公益信托的设立审批

公益信托的设立和确定其受托人,应当经有关公益事业的管理机构(以下简称公益事业管理机构)批准。未经公益事业管理机构的批准,不得以公益信托的名义进行活动。国家鼓励发展公益信托。公益事业管理机构对于公益信托活动应当给予支持。公益事业管理机构应当检查受托人处理公益信托事务的情况及财产状况。

3.公益信托的监察

公益信托应当设置信托监察人。信托监察人由信托文件规定。信托文件未规定的,由公益事业管理机构指定。信托监察人有权以自己的名义,为维护受益人的利益,提起诉讼或者实施其他法律行为。

公益信托的受托人未经公益事业管理机构批准,不得辞任。受托人应当至少每年一次作出信托事务处理情况及财产状况报告,经信托监察人认可后,报公益事业管理机构核准,并由受托人予以公告。公益信托的受托人违反信托义务或者无能力履行其职责的,由公益事业管理机构变更受托人。

4.公益信托的变更与终止

公益信托成立后,发生设立信托时不能预见的情形,公益事业管理机构可以根据信托目的,变更信托文件中的有关条款。

公益信托终止的,受托人应当于终止事由发生之日起15日内,将终止事由和终止日期报告公益事业管理机构。

公益信托终止的,受托人作出的处理信托事务的清算报告,应当经信托监察人认可后,报公益事业管理机构核准,并由受托人予以公告。

公益信托终止,没有信托财产权利归属人或者信托财产权利归属人是不特定的社会公众的,经公益事业管理机构批准,受托人应当将信托财产用于与原公益目的相近似的目的,或者将信托财产转移给具有近似目的的公益组织或者其他公益信托。

5.公益信托当事人的起诉

公益事业管理机构违反信托法规定的,委托人、受托人或者受益人有权向人民法院起诉。

思考题:信托的分类有哪些?

四、信托法律关系

信托法律关系是经信托法调整在信托当事人之间形成的权利义务关系。信托法律关系包括主体、客体、内容。

信托法律关系

(一)主体

信托法律关系,必须同时具备三方当事人,即委托人、受托人、受益人,缺少任何一方当事人,都不能成立信托法律关系。

信托当事人进行信托活动,必须遵守法律、行政法规,遵循自愿、公平和诚实信用原则,不得损害国家利益和社会公共利益。

(二)内容

信托法律关系的内容是当事人的权利义务。

不同的信托主体享有的权利和承担的义务各有不同。委托人有受托人选任权、知情权、管理方法调整权、撤销权等权利,有转移财产所有权、支付报酬、赔偿解约损失等义务。受托人有财产管理权、信托事务处置权、报酬获得权、损失受偿权、诉讼权等权利,有勤勉、忠实、尽职、交付信托收益、有效管理等义务。受益人有受益权、放弃受益权、享有委托人享有的权利等权利,有支付费用、支付报酬等义务。

(三)客体

信托法律关系的客体主要是指信托财产。受托人因承诺信托而取得的财产是信托财产。受托人因信托财产的管理运用、处分或者其他情形而取得的财产,也归入信托财产。信托财产应当是可以合法转让的财产。法律、行政法规禁止流通的财产,不得作为信托财产。法律、行政法规限制流通的财产,依法经有关主管部门批准后,可以作为信托财产。

信托财产与委托人未设立信托的其他财产相区别。设立信托后,委托人死亡或者依法解散、被依法撤销、被宣告破产时,委托人是唯一受益人的,信托终止,信托财产作为其遗产或者清算财产;委托人不是唯一受益人的,信托存续,信托财产不作为其遗产或者清算财产;但作为共同受益人的委托人死亡或者依法解散、被依法撤销、被宣告破产时,其信托受益权作为其遗产或者清算财产。

信托财产与属于受托人所有的财产(以下简称固有财产)相区别,不得归入受托人的固有财产或者成为固有财产的一部分。受托人死亡或者依法解散、被依法撤销、被宣告破产而终止,信托财产不属于其遗产或者清算财产。

除因下列情形之一外,对信托财产不得强制执行:设立信托前债权人已对该信托财产享有优先受偿的权利,并依法行使该权利的;受托人处理信托事务所产生债务,债权人要求清偿该债务的;信托财产本身应担负的税款;法律规定的其他情形。对于违反前款规定而强制执行信托财产,委托人、受托人或者受益人有权向人民法院提出异议。

受托人管理运用、处分信托财产所产生的债权,不得与其固有财产产生的债务相抵销。受托人管理运用、处分不同委托人的信托财产所产生的债权债务,不得相互抵销。

五、信托立法

信托法是调整信托关系的法律规范的总称。信托立法主要包括《中华人民共和国信托法》、《信托公司管理办法》、《信托公司股权管理暂行办法》、《信托公司净资本管理办法》及《信托公司集合资金信托计划管理办法》。《中华人民共和国信托法》自 2001 年 10 月 1 日起施行,《信托公司管理办法》自 2007 年 3 月 1 日起施行,《信托公司净资本管理办法》自 2010 年 8 月 24 日起施行,《信托公司集合资金信托计划管理办法》自 2007 年 3 月 1 日起施行,《信托公司股权管理暂行办法》自 2020 年 3 月 1 日起施行。

信托法的立法目的是,为了调整信托关系,规范信托行为,保护信托当事人的合法权益,促进信托事业的健康发展。委托人、受托人、受益人在中华人民共和国境内进行民事、营业、公益信托活动,适用信托法。

❓ 思考题:简述信托法律关系的主体、客体与内容。

第二节 信托当事人

一、委托人

(一)委托人的范围

委托人应当是具有完全民事行为能力的自然人、法人或者依法成立的其他组织。

(二)委托人的权利

委托人有权了解其信托财产的管理运用、处分及收支情况,并有权要求受托人作出说明。

委托人有权查阅、抄录或者复制与其信托财产有关的信托账目及处理信托事务的其他文件。

因设立信托时未能预见的特别事由,致使信托财产的管理方法不利于实现信托目的或者不符合受益人的利益时,委托人有权要求受托人调整该信托财产的管理方法。

受托人违反信托目的处分信托财产或者因违背管理职责、处理信托事务不当致使信托财产受到损失的,委托人有权申请人民法院撤销该处分行为,并有权要求受托人恢复信托财产的原状或者予以赔偿;该信托财产的受让人明知是违反信托目的而接受该财产的,应当予以返还或者予以赔偿。前款规定的申请权,自委托人知道或者应当知道撤销原因之日起 1 年内不行使的,归于消灭。

受托人违反信托目的处分信托财产或者管理运用、处分信托财产有重大过失的,委托人有权依照信托文件的规定解任受托人,或者申请人民法院解任受托人。

二、受托人

(一)受托人的类型

受托人应当是具有完全民事行为能力的自然人、法人。法律、行政法规对受托人的条件另有规定的,从其规定。

(二)受托人的义务

受托人应当遵守信托文件的规定,为受益人的最大利益处理信托事务。

受托人管理信托财产,必须恪尽职守,履行诚实、信用、谨慎、有效管理的义务。

受托人除依照信托法规定取得报酬外,不得利用信托财产为自己谋取利益。受托人违反前款规定,利用信托财产为自己谋取利益的,所得利益归入信托财产。

受托人不得将信托财产转为其固有财产。受托人将信托财产转为其固有财产的,必须恢复该信托财产的原状;造成信托财产损失的,应当承担赔偿责任。

受托人不得将其固有财产与信托财产进行交易或者将不同委托人的信托财产进行相互交易,但信托文件另有规定或者经委托人或者受益人同意,并以公平的市场价格进行交易的除外。受托人违反前款规定,造成信托财产损失的,应当承担赔偿责任。

受托人必须将信托财产与其固有财产分别管理、分别记账,并将不同委托人的信托财产分别管理、分别记账。

受托人应当自己处理信托事务,但信托文件另有规定或者有不得已事由的,可以委托他人代为处理。

受托人依法将信托事务委托他人代理的,应当对他人处理信托事务的行为承担责任。

(三)共同受托人

同一信托的受托人有两个以上的,为共同受托人。共同受托人应当共同处理信托事务,但信托文件规定对某些具体事务由受托人分别处理的,从其规定。共同受托人共同处理信托事务,意见不一致时,按信托文件规定处理;信托文件未规定的,由委托人、受益人或者其利害关系人决定。

共同受托人处理信托事务对第三人所负债务,应当承担连带清偿责任。第三人对共同受托人之一所作的意思表示,对其他受托人同样有效。

共同受托人之一违反信托目的处分信托财产或者因违背管理职责、处理信托事务不当致使信托财产受到损失的,其他受托人应当承担连带赔偿责任。

(四)受托人的职责

受托人必须保存处理信托事务的完整记录。

受托人应当每年定期将信托财产的管理运用、处分及收支情况,报告委托人和受益人。

受托人对委托人、受益人及处理信托事务的情况和资料负有依法保密的义务。

受托人以信托财产为限向受益人承担支付信托利益的义务。

受托人有权依照信托文件的约定取得报酬。信托文件未作事先约定的,经信托当事人协商同意,可以作出补充约定;未作事先约定和补充约定的,不得收取报酬。约定的报酬经信托当事人协商同意,可以增减其数额。

受托人违反信托目的处分信托财产或者因违背管理职责、处理信托事务不当致使信托财产受到损失的,在未恢复信托财产的原状或者未予赔偿前,不得请求给付报酬。

受托人因处理信托事务所支出的费用、对第三人所负债务,以信托财产承担。受托人以其固有财产先行支付的,对信托财产享有优先受偿的权利。

受托人违背管理职责或者处理信托事务不当对第三人所负债务或者自己所受到的损失,以其固有财产承担。

(五)受托人辞任与职责终止

设立信托后,经委托人和受益人同意,受托人可以辞任。《信托法》对公益信托的受托人辞任另有规定的,从其规定。受托人辞任的,在新受托人选出前仍应履行管理信托事务的职责。

受托人有下列情形之一的,其职责终止:死亡或者被依法宣告死亡,被依法宣告为无民事行为能力人或者限制民事行为能力人,被依法撤销或者被宣告破产,依法解散或者法定资格丧失,辞任或者被解任,法律、行政法规规定的其他情形。

受托人职责终止时,其继承人或者遗产管理人、监护人、清算人应当妥善保管信托财产,协助新受托人接管信托事务。

受托人职责终止的,依照信托文件规定选任新受托人;信托文件未规定的,由委托人选任;委托人不指定或者无能力指定的,由受益人选任;受益人为无民事行为能力人或者限制民事行为能力人的,依法由其监护人代行选任。

原受托人处理信托事务的权利和义务,由新受托人承继。

受托人有法律规定情形的,职责终止时,应当作出处理信托事务的报告,并向新受托人办理信托财产和信托事务的移交手续。前款报告经委托人或者受益人认可,原受托人就报告中所列事项解除责任。但原受托人有不正当行为的除外。

共同受托人之一职责终止的,信托财产由其他受托人管理和处分。

思考题:信托的受托人有哪些?

三、受益人

受益人是在信托中享有信托受益权的人。受益人可以是自然人、法人或者依法成立的其他组织。委托人可以是受益人，也可以是同一信托的唯一受益人。受托人可以是受益人，但不得是同一信托的唯一受益人。

受益人自信托生效之日起享有信托受益权。信托文件另有规定的，从其规定。共同受益人按照信托文件的规定享受信托利益。信托文件对信托利益的分配比例或者分配方法未作规定的，各受益人按照均等的比例享受信托利益。

受益人可以放弃信托受益权。全体受益人放弃信托受益权的，信托终止。部分受益人放弃信托受益权的，被放弃的信托受益权按下列顺序确定归属：信托文件规定的人，其他受益人，委托人或者其继承人。

受益人不能清偿到期债务的，其信托受益权可以用于清偿债务，但法律、行政法规及信托文件有限制性规定的除外。受益人的信托受益权可以依法转让和继承，但信托文件有限制性规定的除外。

受益人可以行使法律规定的委托人享有的权利。受益人行使上述权利，与委托人意见不一致时，可以申请人民法院作出裁定。

受托人有《信托法》第 22 条第 1 款所列行为，共同受益人之一申请人民法院撤销该处分行为的，人民法院所作出的撤销裁定，对全体共同受益人有效。

？思考题：信托的受益人有哪些？

第三节　信托公司

一、信托公司

信托公司，是指依照《公司法》和《信托公司管理办法》设立的主要经营信托业务的金融机构。信托公司从事的信托业务，是指信托公司以营业和收取报酬为目的，以受托人身份承诺信托和处理信托事务的经营行为。

信托财产不属于信托公司的固有财产，也不属于信托公司对受益人的负债。信托公司终止时，信托财产不属于其清算财产。

信托公司从事信托活动，应当遵守法律法规的规定和信托文件的约定，不得损害国家利益、社会公共利益和受益人的合法权益。

中国银保监会对信托公司及其业务活动实施监督管理。

二、信托公司的设立、变更与终止

（一）设立

信托公司的设立

设立信托公司，应当采取有限责任公司或者股份有限公司的形式。

设立信托公司，应当经中国银保监会批准，并领取金融许可证。未经中国银保监会批准，任何单位和个人不得经营信托业务，任何经营单位不得在其名称中使用"信托公司"字样。法律法规另有规定的除外。

设立信托公司，应当具备下列条件：有符合《公司法》和中国银保监会规定的公司章程，有具备中国银保监会规定的入股资格的股东,具有《信托公司管理办法》规定的最低限额的注册资本,有具备中国银保监会规定任职资格的董事、高级管理人员和与其业务相适应的信托从业人员,具有健全的组织机构、信托业务操作规程和风险控制制度,有符合要求的营业场所、安全防范措施和与业务有关的其他设施,中国银保监会规定的其他条件。

中国银保监会依照法律法规和审慎监管原则对信托公司的设立申请进行审查,作出批准或者不予批准的决定;不予批准的,应说明理由。

信托公司注册资本最低限额为3亿元或等值的可自由兑换货币,注册资本为实缴货币资本。申请经营企业年金基金、证券承销、资产证券化等业务,应当符合相关法律法规规定的最低注册资本要求。中国银保监会根据信托公司行业发展的需要,可以调整信托公司注册资本最低限额。

未经中国银保监会批准,信托公司不得设立或变相设立分支机构。

(二)变更

信托公司有下列情形之一的,应当经中国银保监会批准:变更名称;变更注册资本;变更公司住所;改变组织形式;调整业务范围;更换董事或高级管理人员;变更股东或者调整股权结构,但持有上市公司流通股份未达到公司总股份5%的除外;修改公司章程;合并或者分立;中国银保监会规定的其他情形。

(三)终止

信托公司出现分立、合并或者公司章程规定的解散事由,申请解散的,经中国银保监会批准后解散,并依法组织清算组进行清算。

信托公司不能清偿到期债务,且资产不足以清偿债务或明显缺乏清偿能力的,经中国银保监会同意,可向人民法院提出破产申请。中国银保监会可以向人民法院直接提出对该信托公司进行重整或破产清算的申请。

信托公司终止时,其管理信托事务的职责同时终止。清算组应当妥善保管信托财产,作出处理信托事务的报告并向新受托人办理信托财产的移交。信托文件另有约定的,从其约定。

思考题:信托公司的设立条件有哪些?

信托公司
的业务范围

三、信托公司的经营范围

信托公司可以申请经营下列部分或者全部本外币业务:资金信托,动产信托,不动产信托,有价证券信托,其他财产或财产权信托,作为投资基金或者基金管理公司的发起人从事投资基金业务,经营企业资产的重组、购并及项目融资、公司理财、财务顾问等业务,受托经营国务院有关部门批准的证券承销业务,办理居间、咨询、资信调查等业务,代保管及保管箱业务,法律法规规定或中国银保监会批准的其他业务。

信托公司可以根据《信托法》等法律法规的有关规定开展公益信托活动。

信托公司可以根据市场需要,按照信托目的、信托财产的种类或者对信托财产管理方式的不同设置信托业务品种。

信托公司管理运用或处分信托财产时,可以依照信托文件的约定,采取投资、出售、存放同业、买入返售、租赁、贷款等方式进行。中国银保监会另有规定的,从其规定。信托公司不得以卖出回购方式管理运用信托财产。

信托公司固有业务项下可以开展存放同业、拆放同业、贷款、租赁、投资等业务。投资业务限定为金融类公司股权投资、金融产品投资和自用固定资产投资。信托公司不得以固有财产进行实业投资,但中国银保监会另有规定的除外。

信托公司不得开展除同业拆入业务以外的其他负债业务,且同业拆入余额不得超过其净资产的20%。中国银保监会另有规定的除外。

信托公司可以开展对外担保业务,但对外担保余额不得超过其净资产的50%。

信托公司经营外汇信托业务,应当遵守国家外汇管理的有关规定,并接受外汇主管部门的检查、监督。

四、信托公司的股东与股权管理

(一)信托公司的股权穿透监管

信托公司的股东必须有中国银保监会规定的入股资格。信托公司股东应当核心主业突出,具有良好的社会声誉、公司治理机制、诚信记录、纳税记录、财务状况和清晰透明的股权结构,符合法律法规规定和监管要求。投资人入股信托公司,应当事先报国务院银行业监督管理机构或其派出机构核准,投资人及其关联方、一致行动人单独或合计持有上市信托公司股份未达到该公司股份总额5%的除外。

信托公司及其股东应当根据法律法规和监管要求,充分披露相关信息,接受社会监督。信托公司、国务院银行业监督管理机构及其派出机构应当加强对信托公司主要股东的管理。信托公司主要股东是指持有或控制信托公司5%以上股份或表决权,或持有资本总额或股份总额不足5%但对信托公司经营管理有重大影响的股东。"重大影响",包括但不限于向信托公司派驻董事、监事或高级管理人员,通过协议或其他方式影响信托公司的财务和经营管理决策,以及国务院银行业监督管理机构及其派出机构认定的其他情形。

信托公司股权管理应当遵循分类管理、优良稳定、结构清晰、权责明确、变更有序、透明诚信原则。国务院银行业监督管理机构及其派出机构遵循审慎监管原则,依法对信托公司股权实施穿透监管。股权监管贯穿于信托公司设立、变更股权或调整股权结构、合并、分立、解散、清算及其他涉及信托公司股权管理事项等环节。

信托公司股东的股权结构应逐层追溯至最终受益人,其控股股东、实际控制人、关联方、一致行动人、最终受益人等各方关系应当清晰透明。股东与其关联方、一致行动人的持股比例合并计算。

(二)信托公司的股东责任

1. 股东资质

经国务院银行业监督管理机构或其派出机构审查批准,境内非金融机构、境内金融机构、境外金融机构和国务院银行业监督管理机构认可的其他投资人可以成为信托公司股东。投资人及其关联方、一致行动人单独或合计持有同一上市信托公司股份未达到该信托公司股份总额5%的,不受本条前款规定限制。

(1)境内非金融机构作为信托公司股东,应当具备以下条件:依法设立,具有法人资格;具有良好的公司治理结构或有效的组织管理方式;具有良好的社会声誉、诚信记录和纳税记录;经营管理良好,最近2年内无重大违法违规经营记录;财务状况良好,且最近2个会计年度连续盈利;如取得控股权,应最近3个会计年度连续盈利;年终分配后净资产不低于全部资产的30%(合并财务报表口径);如取得控股权,年终分配后净资产应不低于全部资产的40%(合并财务报表口径);如取得控股权,权益性投资余额应不超过本企业净资产的40%(含本次投资金额,合并财务报表口径),国务院银行业监督管理机构认可的投资公司和控股公司除外;国务院银行业监督管理机构规章规定的其他审慎性条件。

(2)境内金融机构作为信托公司股东,应当具有良好的内部控制机制和健全的风险管理体系,符合与该类金融机构有关的法律、法规、监管规定及其他规定的条件。

境外金融机构作为信托公司股东,应当具备以下条件:具有国际相关金融业务经营管理经验;国务院银行业监督管理机构认可的国际评级机构最近两年对其作出的长期信用评级为良好及以上;财务状况良好,最近两个会计年度连续盈利;符合所在国家或地区法律法规及监管当局的审慎监管要求,最近两年内无重大违法违规经营记录;具有良好的公司治理结构、内部控制机制和健全的风险管理体系;所在国家或地区金融监管当局已经与国务院银行业监督管理机构建立良好的监督管理合作机制;具有有效的反洗钱措施;所在国家或地区经济状况良好;国务院银行业监督管理机构规章规定的其他审慎性条件。

境外金融机构投资入股信托公司应当遵循长期持股、优化治理、业务合作、竞争回避的原则,并遵守国家关于外国投资者在中国境内投资的有关规定。

(3)金融产品可以持有上市信托公司股份,但单一投资人、发行人或管理人及其实际控制人、关联方、一致行动人控制的金融产品持有同一上市信托公司股份合计不得超过该信托公司股份总额的5%。

信托公司主要股东不得以发行、管理或通过其他手段控制的金融产品持有该信托公司股份。自然人可以持有上市信托公司股份,但不得为该信托公司主要股东。国务院银行业监督管理机构另有规定的除外。

(4)投资人及其控股股东、实际控制人存在以下情形的,不得作为信托公司主要股东:关联企业众多、股权关系复杂且不透明、关联交易频繁且异常;被列为相关部门失信联合惩戒对象;在公开市场上有不良投资行为记录;频繁变更股权或实际控制人;存在严重逃废到期债务行为;提供虚假材料或者作不实声明,或者曾经投资信托业,存在提供虚假材料或者作不实声明的情形;对曾经投资的信托公司经营失败或重大违法违规行为负有重大责任,或对曾经投资的其他金融机构经营失败或重大违法违规行为负有重大责任且未满5年;长期未实际开展业务、停业或破产清算或存在可能严重影响持续经营的担保、诉讼、仲裁或者其他重大事项;拒绝或阻碍金融管理部门依法实施监管;因违法违规行为被金融管理部门或政府有关部门查处,造成恶劣影响;其他可能对履行股东责任或对信托公司产生重大不利影响的情形。除前款规定外,投资人的控股股东、实际控制人为金融产品的,该投资人不得为信托公司主要股东。

2.股权取得

投资人可以通过出资设立信托公司、认购信托公司新增资本、以协议或竞价等途径取得信托公司其他股东所持股权等方式入股信托公司。

投资人入股信托公司应当履行法律法规和公司章程约定的程序。涉及国有资产管理、金融管理等部门职责的,应当符合相关规定。

投资人入股信托公司前应当做好尽职调查工作,充分了解信托公司功能定位、信托业务本质和风险特征及应当承担的股东责任和义务,充分知悉拟入股信托公司经营管理情况和真实风险底数等信息。投资人入股信托公司应当入股目的端正,出资意愿真实。

投资人入股信托公司时,应当书面承诺遵守法律法规、监管规定和公司章程,并就入股信托公司的目的作出说明。

投资人拟作为信托公司主要股东的,应当具备持续的资本补充能力,并根据监管规定书面承诺在必要时向信托公司补充资本。

投资人拟作为信托公司主要股东的,应当逐层说明其股权结构直至实际控制人、最终受益人,以及与其他股东的关联关系或者一致行动关系。

投资人应当使用来源合法的自有资金入股信托公司,不得以委托资金、债务资金等非自有资金入股,出资金额不得超过其个别财务报表口径的净资产规模。国务院银行业监督管理机构及其派出机构可以按照穿透原则对自有资金来源进行向上追溯认定。

投资人不得委托他人或接受他人委托持有信托公司股权。

同一投资人及其关联方、一致行动人参股信托公司的数量不得超过两家,或控股信托公司的数量不得超过1家。投资人经国务院银行业监督管理机构批准并购重组高风险信托公司,不受本条前款规定限制。

3.股权持有

信托公司股东应当遵守法律法规、监管规定和公司章程,依法行使股东权利,履行法定义务。

信托公司主要股东不得滥用股东权利干预或利用其影响力干预董事会、高级管理层根据公司章程享有的决策权和管理权,不得越过董事会和高级管理层直接干预或利用影响力干预信托公司经营管理,进行利益输送,或以其他方式损害信托当事人、信托公司、其他股东等合法权益。

按照穿透原则,信托公司股东与信托公司之间不得直接或间接交叉持股。

信托公司主要股东根据公司章程约定提名信托公司董事、监事候选人的,应当遵循法律法规和公司章程规定的条件和程序。控股股东不得对股东(大)会人事选举结果和董事会人事聘任决议设置批准程序。信托公司存在持有或控制信托公司5%以下股份或表决权的股东的,至少应有一名独立董事或外部监事由该类股东提名产生。

信托公司主要股东应当对其与信托公司和其他关联机构之间董事、监事和高级管理人员的交叉任职进行有效管理,防范利益冲突。信托公司主要股东及其关联方与信托公司之间的高级管理人员不得相互兼任。

信托公司主要股东应当建立有效的风险隔离机制,防止风险在股东、信托公司及其他关联机构之间传染和转移。

信托公司股东应当遵守法律法规和信托公司关联交易相关规定,不得与信托公司进行不当关联交易,不得利用其对信托公司经营管理的影响力获取不正当利益,侵占信托公司、其他股东、信托当事人等合法权益。

信托公司股东应当在信托公司章程中承诺不将所持有的信托公司股权进行质押或以股权及其受(收)益权设立信托等金融产品,但国务院银行业监督管理机构或其派出机构采取风险处置或接管措施等特殊情形除外。投资人及其关联方、一致行动人单独或合计持有同一上市信托公司股份未达到该信托公司股份总额5%的,不受本条前款规定限制。

信托公司股东应当自发生以下情况之日起15日内,书面通知信托公司:所持信托公司股权被采取诉讼保全措施或者被强制执行;违反承诺质押信托公司股权或以股权及其受(收)益权设立信托等金融产品;其控股股东、实际控制人质押所持该股东公司股权或以所持该股东公司股权及其受(收)益权设立信托等金融产品;取得国务院银行业监督管理机构或其派出机构变更股权或调整股权结构行政许可后,在法定时限内完成股权变更手续存在困难;名称变更;合并、分立;其他可能影响股东资质条件变化或导致所持信托公司股权发生变化的情况。

信托公司主要股东及其控股股东、实际控制人发生《信托公司股权管理暂行办法》第16条规定的情形的,主要股东应当于发生相关情况之日起15日内,书面通知信托公司。信托公司主要股东的控股股东、实际控制人发生变更的,主要股东应当于变更后15日内准确、完整地向信托公司提供相关材料,包括变更背景、变更后的控股股东、实际控制人、关联方、一致行动人、最终受益人等情况,以及控股股东、实际控制人是否存在《信托公司股权管理暂行办法》第16条规定情形的说明。信托公司主要股东应当通过信托公司每年向国务院银行业监督管理机构或其派出机构报告资本补充能力。

信托公司主要股东应当根据规定,如实向信托公司提供与股东评估工作相关的材料,配合信托公司开展主要股东的定期评估工作。

信托公司出现资本不足或其他影响稳健运行情形时,信托公司主要股东应当履行入股时承诺,以增资方式向信托公司补充资本。不履行承诺或因股东资质问题无法履行承诺的主要股东,应当同意其他股东或者合格投资人采取合理方案增资。

信托公司发生重大风险事件或重大违法违规行为,被国务院银行业监督管理机构或其派出机构采取风险处置或接管等措施的,股东应当积极配合国务院银行业监督管理机构或其派出机构开展风险处置等工作。

4.股权退出

信托公司股东自取得股权之日起 5 年内不得转让所持有的股权。经国务院银行业监督管理机构或其派出机构批准采取风险处置措施、国务院银行业监督管理机构或其派出机构责令转让、涉及司法强制执行、在同一投资人控制的不同主体之间转让股权、国务院银行业监督管理机构或其派出机构认定股东无力行使股东职责等特殊情形除外。投资人及其关联方、一致行动人单独或合计持有同一上市信托公司股份未达到该信托公司股份总额 5% 的,不受本条规定限制。

信托公司股东拟转让所持股权的,应当向意向参与方事先告知国务院银行业监督管理机构关于信托公司股东的资质条件规定、与变更股权等事项有关的行政许可程序及《信托公司股权管理暂行办法》关于信托公司股东责任和义务的相关规定。有关主体签署的股权转让协议应当明确变更股权等事项是否需经国务院银行业监督管理机构或其派出机构行政许可,以及因监管部门不予批准等原因导致股权转让失败的后续安排。

股权转让期间,拟转让股权的信托公司股东应当继续承担股东责任和义务,支持并配合信托公司股东(大)会、董事会、监事会、高级管理层依法履职,对公司重大决议事项行使独立表决权,不得在股权转让工作完成前向信托公司推荐股权拟受让方相关人员担任公司董事、监事、高级管理人员或关键岗位人员。

思考题:信托公司的股东责任有哪些?

(三)信托公司股权管理职责

1.变更期间

信托公司应当如实向拟入股股东说明公司经营管理情况和真实风险底数。

在变更期间,信托公司应当保证股东(大)会、董事会、监事会及高级管理层正常运转,切实防范内部人控制问题。"变更",包括信托公司变更股权或调整股权结构、合并、分立及其他涉及信托公司股权发生变化的情形。信托公司不得以变更股权或调整股权结构等为由,致使董事会、监事会、高级管理层人员缺位 6 个月以上,影响公司治理机制有效运转。有代为履职情形的,应当符合国务院银行业监督管理机构关于代为履职的相关监管规定。

信托公司应当依法依规、真实、完整地向国务院银行业监督管理机构或其派出机构报送与变更股权或调整股权结构等事项相关的行政许可申请材料。

2.股权事务管理

信托公司董事会应当勤勉尽责,董事会成员应当对信托公司和全体股东负有忠诚义务。信托公司董事会承担信托公司股权事务管理最终责任。信托公司董事长是处理信托公司股权事务的第一责任人。董事会秘书协助董事长工作,是处理股权事务的直接责任人。董事长和董事会秘书应当忠实、诚信、勤勉地履行职责。履职未尽责的,依法承担法律责任。

信托公司应当建立和完善股权管理制度,做好股权信息登记、关联交易管理和信息披露等工作。

信托公司应当建立股权托管制度,原则上将股权在信托登记机构进行集中托管。信托登记机构履行股东名册初始登记和变更登记等托管职责。托管的具体要求由国务院银行业监督管理机构另行规定。上市信托公司按照法律、行政法规规定股权需集中存管到法定证券登记结算机构的,股权托管工作按照相应的规定进行。

信托公司应当将以下关于股东管理的相关监管要求、股东的权利义务等写入公司章程,在公司章程中载明下列内容:股东应当遵守法律法规和监管规定;主要股东应当在必要时向信托公司补充资本;应经但未经监管部门批准或未向监管部门报告的股东,不得行使股东大会召开请求权、表决权、提名权、提案权、处分权等权利;对于存在虚假陈述、滥用股东权利或其他损害信托公司利益行为的股东,国务院银行业监督管理机构或其派出机构可以限制或禁止信托公司与其开展关联交易,限制其持有信托公司股权比例等,并可限制其股东大会召开请求权、表决权、提名权、提案权、处分权等权利。

信托公司应当通过半年报或年报在官方网站等渠道真实、准确、完整地披露信托公司股权信息,披露内容包括:股份有限公司报告期末股份总数、股东总数、报告期间股份变动情况以及前十大股东持股情况,有限责任公司报告期末股东出资情况,报告期末主要股东及其控股股东、实际控制人、关联方、一致行动人、最终受益人情况,报告期内公司发生的关联交易情况,报告期内股东违反承诺质押信托公司股权或以股权及其受(收)益权设立信托等金融产品的情况,报告期内股东提名董事、监事情况,已向国务院银行业监督管理机构或其派出机构提交行政许可申请但尚未获得批准的事项,国务院银行业监督管理机构规定的其他信息。

信托公司主要股东及其控股股东、实际控制人出现的可能影响股东资质条件或导致所持信托公司股权发生重大变化的事项,信托公司应及时进行信息披露。

3.股东行为管理

信托公司应当加强对股东资质的审查,对主要股东及其控股股东、实际控制人、关联方、一致行动人、最终受益人等相关信息进行核实,并掌握其变动情况,就主要股东对信托公司经营管理的影响进行判断。

信托公司股东发生《信托公司股权管理暂行办法》第34条、第35条前两款规定情形的,信托公司应当自知悉之日起10日内向国务院银行业监督管理机构或其派出机构书面报告。

信托公司董事会应当至少每年对其主要股东的资质情况、履行承诺事项情况、承担股东责任和义务的意愿与能力、落实公司章程或协议条款情况、经营管理情况、财务和风险状况,以及信托公司面临经营困难时,其在信托公司恢复阶段可能采取的救助措施进行评估,并及时将评估报告报送国务院银行业监督管理机构或其派出机构。

信托公司应当将所开展的关联交易分为固有业务关联交易和信托业务关联交易,并按照穿透原则和实质重于形式原则加强关联交易认定和关联交易资金来源与运用的双向核查。

信托公司应当准确识别关联方,及时更新关联方名单,并按季度将关联方名单报送至信托登记机构。信托公司应当按照穿透原则将主要股东、主要股东的控股股东、实际控制人、关联方、一致行动人、最终受益人作为信托公司的关联方进行管理。

信托公司应当建立关联交易管理制度,严格执行国务院银行业监督管理机构关于关联交易报告等规定,落实信息披露要求,不得违背市场化原则和公平竞争原则开展关联交易,不得隐匿关联交易或通过关联交易隐匿资金真实去向、从事违法违规活动。信托公司董事会应当设立关联交易控制委员会,负责关联交易的管理,及时审查和批准关联交易,控制关联交易风险。关联交易控制委员会成员不得少于3人,由独立董事担任负责人。信托公司应当定期开展关联交易内外部审计工作,其内部审计部门应当至少每年对信托公司关联交易进行一次专项审计,并将审计结果报信托公司董事会和监事会;委托外部审计机构每年对信托公司关联交易情况进行年度审计,其中外部审计机构不得为信托公司关联方控制的会计师事务所。

信托公司应当加强公司治理机制建设,形成股东(大)会、董事会、监事会、高级管理层有效制衡的公司治理结构,建立完备的内部控制、风险管理、信息披露体系,以及科学合理的激励约束机制,保障信托当事人等合法权益,保护和促进股东行使权利,确保全体股东享有平等待遇。

信托公司董事会成员应当包含独立董事,独立董事人数不得少于董事会成员总数的1/4;但单个股东及其关联方、一致行动人合计持有信托公司2/3以上资本总额或股份总额的信托公司,其独立董事人数不得少于董事会成员总数的1/3。

信托公司董事会和监事会应当根据法律法规和公司章程赋予的职责,每年向股东(大)会做年度工作报告,并及时将年度工作报告报送国务院银行业监督管理机构或其派出机构。

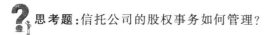 **思考题**:信托公司的股权事务如何管理?

信托公司
的经营规则

四、经营规则

信托公司管理运用或者处分信托财产,必须恪尽职守,履行诚实、信用、谨慎、有效管理的义务,维护受益人的最大利益。

信托公司在处理信托事务时应当避免利益冲突,在无法避免时,应向委托人、受益人予以充分的信息披露,或拒绝从事该项业务。

信托公司应当亲自处理信托事务。信托文件另有约定或有不得已事由时,可委托他人代为处理,但信托公司应尽足够的监督义务,并对他人处理信托事务的行为承担责任。

信托公司对委托人、受益人及所处理信托事务的情况和资料负有依法保密的义务,但法律法规另有规定或者信托文件另有约定的除外。

信托公司应当妥善保存处理信托事务的完整记录,定期向委托人、受益人报告信托财产及其管理运用、处分及收支的情况。委托人、受益人有权向信托公司了解对其信托财产的管理运用、处分及收支情况,并要求信托公司作出说明。

信托公司应当将信托财产与其固有财产分别管理、分别记账,并将不同委托人的信托财产分别管理、分别记账。

信托公司应当依法建账,对信托业务与非信托业务分别核算,并对每项信托业务单独核算。

信托公司的信托业务部门应当独立于公司的其他部门,其人员不得与公司其他部门的人员相互兼职,业务信息不得与公司的其他部门共享。

以信托合同形式设立信托时,信托合同应当载明以下事项:信托目的;委托人、受托人的姓名或者名称、住所;受益人或者受益人范围;信托财产的范围、种类及状况;信托当事人的权利义务;信托财产管理中风险的揭示和承担;信托财产的管理方式和受托人的经营权限;信托利益的计算,向受益人交付信托利益的形式、方法;信托公司报酬的计算及支付;信托财产税费的承担和其他费用的核算;信托期限和信托的终止;信托终止时信托财产的归属;信托事务的报告;信托当事人的违约责任及纠纷解决方式;新受托人的选任方式;信托当事人认为需要载明的其他事项。以信托合同以外的其他书面文件设立信托时,书面文件的载明事项按照有关法律法规规定执行。

信托公司开展固有业务,不得有下列行为:向关联方融出资金或转移财产,为关联方提供担保,以股东持有的本公司股权作为质押进行融资。信托公司的关联方按照《公司法》和企业会计准则的有关标准界定。

信托公司开展信托业务,不得有下列行为:利用受托人地位谋取不当利益,将信托财产挪用于非信托目的的用途,承诺信托财产不受损失或者保证最低收益,以信托财产提供担保,法律法规和中国银行业监督管理委员会禁止的其他行为。

信托公司开展关联交易,应以公平的市场价格进行,逐笔向中国银行业监督管理委员会事前报告,并按照有关规定进行信息披露。

信托公司经营信托业务,应依照信托文件约定以手续费或者佣金的方式收取报酬,中国银行业监督管理委员会另有规定的除外。信托公司收取报酬,应当向受益人公开,并向受益人说明收费的具体标准。

信托公司违反信托目的处分信托财产,或者因违背管理职责、处理信托事务不当致使信托财产受到损失的,在恢复信托财产的原状或者予以赔偿前,信托公司不得请求给付报酬。

信托公司因处理信托事务而支出的费用、负担的债务,以信托财产承担,但应在信托合同中列明或明确告知受益人。信托公司以其固有财产先行支付的,对信托财产享有优先受偿的权利。因信托公司违背管理职责或者管理信托事务不当所负债务及所受到的损害,以其固有财产承担。

信托公司违反信托目的处分信托财产,或者管理运用、处分信托财产有重大过失的,委托人或受益人有权依照信托文件的约定解任该信托公司,或者申请人民法院解任该信托公司。

　　受托人职责依法终止的,新受托人依照信托文件的约定选任;信托文件未规定的,由委托人选任;委托人不能选任的,由受益人选任;受益人为无民事行为能力人或者限制民事行为能力人的,依法由其监护人代行选任。新受托人未产生前,中国银保监会可以指定临时受托人。

　　信托公司经营信托业务,有下列情形之一的,信托终止:信托文件约定的终止事由发生,信托的存续违反信托目的,信托目的已经实现或者不能实现,信托当事人协商同意,信托期限届满,信托被解除,信托被撤销,全体受益人放弃信托受益权。

　　信托终止的,信托公司应当依照信托文件的约定作出处理信托事务的清算报告。受益人或者信托财产的权利归属人对清算报告无异议的,信托公司就清算报告所列事项解除责任,但信托公司有不当行为的除外。

思考题:信托公司的经营规则有哪些?

五、对信托公司的监督管理

　　信托公司应当建立以股东(大)会、董事会、监事会、高级管理层等为主体的组织架构,明确各自的职责划分,保证相互之间独立运行、有效制衡,形成科学高效的决策、激励与约束机制。

　　信托公司应当按照职责分离的原则设立相应的工作岗位,保证公司对风险能够进行事前防范、事中控制、事后监督和纠正,形成健全的内部约束机制和监督机制。

　　信托公司应当按规定制订本公司的信托业务及其他业务规则,建立、健全本公司的各项业务管理制度和内部控制制度,并报中国银保监会备案。

　　信托公司应当按照国家有关规定建立、健全本公司的财务会计制度,真实记录并全面反映其业务活动和财务状况。公司年度财务会计报表应当经具有良好资质的中介机构审计。

　　中国银保监会可以定期或者不定期对信托公司的经营活动进行检查;必要时,可以要求信托公司提供由具有良好资质的中介机构出具的相关审计报告。信托公司应当按照中国银保监会的要求提供有关业务、财务等报表和资料,并如实介绍有关业务情况。

　　中国银保监会对信托公司实行净资本管理。具体办法由中国银保监会另行制定。

　　信托公司每年应当从税后利润中提取5%作为信托赔偿准备金,但该赔偿准备金累计总额达到公司注册资本的20%时,可不再提取。信托公司的赔偿准备金应存放于经营稳健、具有一定实力的境内商业银行,或者用于购买国债等低风险高流动性证券品种。

　　中国银保监会对信托公司的董事、高级管理人员实行任职资格审查制度。未经中国银保监会任职资格审查或者审查不合格的,不得任职。信托公司对拟离任的董事、高级管理人员,应当进行离任审计,并将审计结果报中国银保监会备案。信托公司的法定代表人变更时,在新的法定代表人经中国银保监会核准任职资格前,原法定代表人不得离任。

　　中国银保监会对信托公司的信托从业人员实行信托业务资格管理制度。符合条件的,颁发信托从业人员资格证书;未取得信托从业人员资格证书的,不得经办信托业务。

　　信托公司的董事、高级管理人员和信托从业人员违反法律、行政法规或中国银保监会有关规定的,中国银保监会有权取消其任职资格或者从业资格。

　　中国银保监会根据履行职责的需要,可以与信托公司董事、高级管理人员进行监督管理谈话,要求信托公司董事、高级管理人员就信托公司的业务活动和风险管理的重大事项作出说明。

　　信托公司违反审慎经营规则的,中国银保监会责令限期改正;逾期未改正的,或者其行为严重危及信托公司的稳健运行、损害受益人合法权益的,中国银保监会可以区别情形,依据《银行业监督管理法》等法律法规的规定,采取暂停业务、限制股东权利等监管措施。

　　信托公司已经或者可能发生信用危机,严重影响受益人合法权益的,中国银保监会可以依法对该信托公司实行接管或者督促机构重组。

中国银保监会在批准信托公司设立、变更、终止后,发现原申请材料有隐瞒、虚假的情形,可以责令补正或者撤销批准。

信托公司可以加入中国信托业协会,实行行业自律。中国信托业协会开展活动,应当接受中国银保监会的指导和监督。

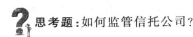

思考题:如何监管信托公司?

信托业的发展

第四节　信托登记

一、信托登记

信托登记是指中国信托登记有限责任公司(简称信托登记公司)对信托机构的信托产品及其受益权信息、国务院银行业监督管理机构规定的其他信息及其变动情况予以记录的行为。

信托机构,是指依法设立的信托公司和国务院银行业监督管理机构认可的其他机构。

信托登记活动应当遵守法律、行政法规和国务院银行业监督管理机构的有关规定,遵循诚实信用原则,不得损害国家利益和社会公共利益。

信托登记公司以提供信托业基础服务为主要职能,应当坚持依法合规、稳健经营的原则,忠实履行信托登记和其他相关职能。信托登记公司应当具有与信托登记活动及履行其他职能相适应的场所、设施和安全防范措施,建立独立、安全、高效的信托登记系统及相关配套系统,强化信息技术保障,切实保护信托当事人及其他相关方的合法权益。

国务院银行业监督管理机构依法对信托登记及相关活动实施监督管理。

二、信托登记申请

信托登记由信托机构提出申请,但法律、行政法规或者国务院银行业监督管理机构另有规定的除外。

信托登记信息包括信托产品名称、信托类别、信托目的、信托期限、信托当事人、信托财产、信托利益分配等信托产品及其受益权信息和变动情况。

(一)信托预登记

信托机构应当在集合资金信托计划发行日5个工作日前或者在单一资金信托和财产权信托成立日两个工作日前申请办理信托产品预登记(简称信托预登记),并在信托登记公司取得唯一产品编码。

申请办理信托预登记的,应当提交下列文件:信托预登记申请书,包括信托产品名称、信托类别、拟发行或者成立时间、预计存续期限、拟发行或者成立信托规模、信托财产来源、信托财产管理或者运用方向和方式、交易对手、交易结构、风险提示、风控措施、清算方式、异地推介信息、关联交易信息、保管人信息等内容,法律、行政法规、国务院银行业监督管理机构要求的其他文件。

信托产品在信托预登记后6个月内未成立或者未生效的,或者信托机构未按照《信托登记管理办法》办理信托初始登记的,信托机构已办理的信托预登记自动注销,无须办理终止登记。

信托机构办理信托预登记后,信托登记信息发生重大变动的,应当重新申请办理信托预登记。

(二)信托初始登记

信托机构应当在信托成立或者生效后10个工作日内申请办理信托产品及其受益权初始登记(简

称信托初始登记)。

申请办理信托初始登记时,应当提交下列文件:信托初始登记申请书;加盖公章的信托文件样本;法律、行政法规、国务院银行业监督管理机构要求的其他文件。

(三)变更登记

信托存续期间,信托登记信息发生重大变动的,信托机构应当在相关事项发生变动之日起 10 个工作日内就变动事项申请办理信托产品及其受益权变更登记(简称信托变更登记)。

申请办理信托变更登记时,应当提交下列文件:信托变更登记申请书,证明发生变更事实的文件,法律、行政法规、国务院银行业监督管理机构要求的其他文件。

(四)终止登记

信托终止后,信托机构应当在按照信托合同约定解除受托人责任后 10 个工作日内申请办理信托产品及其受益权终止登记(简称信托终止登记)。

申请办理信托终止登记的,应当提交下列文件:信托终止登记申请书,受托人出具的清算报告,法律、行政法规、国务院银行业监督管理机构要求的其他文件。

(五)信托更正登记

信托机构发现信托登记信息错误需要更正的,应当在发现之日起 10 个工作日内申请办理信托产品及其受益权更正登记(简称信托更正登记)。

申请办理信托更正登记的,应当提交下列文件:信托更正登记申请书,证明发生需要更正事实的文件,法律、行政法规、国务院银行业监督管理机构要求的其他文件。

信托机构应当对所提供的信托登记相关文件和信息的真实性、准确性、完整性和及时性负责。

思考题:信托登记的类型有哪些?

三、信托登记办理

信托登记公司接受信托机构提出的信托登记申请,依法办理信托登记业务。

信托机构申请办理信托登记,应当根据《信托登记管理办法》和信托登记公司的规定,通过信托登记公司的信托登记系统提交信托登记信息,并上传相关文件。信托登记公司与信托机构应当建立专用网络,实现系统对接,确保信托登记信息和相关文件报送安全、高效。

信托机构提交的登记申请文件齐全且符合规定的形式要求的,信托登记公司在收到登记申请文件时应当出具受理凭证,该受理凭证的出具日为受理日。信托机构提交的登记申请文件不齐全或者不符合规定的形式要求的,信托登记公司应当书面告知补正要求,并在收到完整的登记申请文件时出具受理凭证,该受理凭证的出具日为受理日。

信托登记公司对信托机构提供的信托登记信息及相关文件进行形式审查。信托登记和《信托登记管理办法》第 38 条规定的信息公示不构成对信托产品持续合规情况、投资价值及投资风险的判断或者保证。

对于符合登记条件的,信托登记公司应当自受理之日起两个工作日内完成审查,并准予办理信托登记。对于不符合登记条件的,信托登记公司应当自收到登记申请文件之日起两个工作日内一次性告知信托机构需要补正的全部内容,并自收到完整补正材料之日起两个工作日内完成审查。

信托登记公司应当在完成信托登记当日向信托机构出具统一格式的信托登记证明文书。

四、信托受益权账户管理

信托受益权账户是信托登记公司为受益人开立的记载其信托受益权及其变动情况的簿记账户。

委托人或者受益人根据自愿原则申请开立信托受益权账户。

任一民事主体仅可以开立一个信托受益权账户，国务院银行业监督管理机构另有规定的除外。任一信托产品或者其他承担特定目的载体功能的金融产品仅可以开立一个信托受益权账户，户名应当采用作为管理人的金融机构全称加金融产品全称的模式。

信托受益权账户由信托登记公司集中管理。

委托人或者受益人可以委托信托公司等金融机构代办信托受益权账户开立业务。信托公司可以代办信托受益权账户开立业务；其他金融机构代办信托受益权账户开立业务的，由信托登记公司依申请评估确定。委托人或者受益人应当向信托登记公司或者代理开户机构提交开户信息，且保证所提交的信息真实、准确、完整。代理开户机构应当核实并向信托登记公司提交委托人或者受益人的开户信息。

信托登记公司为符合条件的受益人开立信托受益权账户，配发唯一账户编码，并出具开户通知书。信托登记公司和信托受益权账户代理开户机构应当对所知悉的委托人或者受益人开户信息及信托受益权账户信息依法保密。

信托受益权账户采用实名制，不得出租、出借或者转让。

受益人可以依法查询其信托受益权账户中记载的信托受益权信息。

受益人可以申请注销或者委托代理开户机构代为申请注销其信托受益权账户。当受益人出现民事行为能力丧失等情形时，信托财产法定继承人或者承继人等利害关系人，可以凭具有法律效力的证明文件，申请注销或者委托代理开户机构代为申请注销其信托受益权账户。

无信托受益权份额的信托受益权账户方可办理注销。

五、信托登记信息管理和使用

信托登记公司负责管理和维护信托登记信息，确保有关信息的安全、完整和数据的依法、合规使用。

信托登记信息受法律保护，信托登记公司应当对信托登记信息及相关文件依法保密。

除法律、行政法规或者国务院银行业监督管理机构规定可以公开的情形外，任何单位或者个人不得查询或者获取信托登记信息。

除法律、行政法规规定或者国务院银行业监督管理机构同意的情形外，信托登记公司不得将由信托登记信息统计、分析形成的有关信息进行披露或者对外提供。

信托登记公司应当依据有关法律法规，建立保密制度，加强保密教育，采取相应的保密措施。

信托登记公司应当根据法律、行政法规、国务院银行业监督管理机构的规定以及信托文件约定的信托登记信息保密要求，设置不同级别的查询权限。

(1)委托人、受益人仅可以查询与其权利、义务直接相关且不违背信托文件约定的信托登记信息。当委托人、受益人出现民事行为能力丧失等情形时，信托财产法定继承人或者承继人等利害关系人，仅可以凭具有法律效力的证明文件申请查询与其权利、义务直接相关的信托登记信息。

(2)信托机构仅可以查询与其自身业务直接相关的信托登记信息。

(3)银行业监督管理机构和其他有权机关仅可以在法定职责范围内，依法查询相关信托登记信息。

向信托登记公司申请信托登记信息查询的，应当提交有效身份证明文件、授权文件和相关证明材料，并书面说明查询目的。除法律明确规定或者授权外，任何单位或者个人不得查询受益人的个人基本信息。

信托登记公司应当妥善保存信托登记信息及相关文件，自信托终止之日起至少保存15年。

信托登记公司应当按月向国务院银行业监督管理机构报告信托登记总体情况、信托业运行情况等信息，并按照国务院银行业监督管理机构的要求定期或者不定期报告其他有关信息。

对信托机构未按规定办理信托登记或者在信托登记中存在信息严重错报、漏报的行为,信托登记公司应当及时将有关情况报告银行业监督管理机构。

思考题:如何管理和使用信托登记信息?

六、信托登记的监督管理

集合资金信托计划的信托登记基本信息应当在信托初始登记后5个工作日内在信托登记公司官方网站公示。前款所称信托登记基本信息包括集合资金信托计划名称、登记时间、产品编码、信托类别、受托人名称、预计存续期限、信托财产主要运用领域等内容,国务院银行业监督管理机构另有规定的除外。财产权信托进行受益权拆分转让或者对外发行受益权的,参照集合资金信托计划进行公示。

银行业监督管理机构对信托产品的发行、公示和管理履行日常监管职责,可以根据信托公司监管评级、净资本状况、风险及合规情况等采取必要的监管措施。履行法人监管职责的银行业监督管理机构发现信托产品存在违法违规情形的,应当立即依法进行处理。

信托公司应当按照监管要求,定期更新并向信托登记公司报送有关的信托业务信息,以满足信息披露和持续监管的需要。

信托登记公司、信托机构违反《信托登记管理办法》有关规定的,银行业监督管理机构应当责令限期改正;逾期未改正的,或者其行为严重危及信托机构的稳健运行、损害受益人合法权益的,银行业监督管理机构可以依据《银行业监督管理法》等法律法规,采取相应的监管措施。

信托机构或者其工作人员伪造、变造登记申请文件,或者提交的登记申请文件存在重大错误给当事人或者利害关系人造成损失的,应当依法承担相应法律责任。

信托机构或者其工作人员伪造、变造信托登记证明文件的,应当依法承担相应法律责任。

信托登记公司或者其工作人员违反《信托登记管理办法》规定,导致信托登记错误或者泄露保密信息的,信托登记公司应当采取内部问责措施,信托登记公司或者有关责任人员应当依法承担相应法律责任。

第五节 信托的设立、变更、终止

一、信托的设立

(一)信托设立的条件

设立信托,必须有合法的信托目的。

设立信托,必须有确定的信托财产,并且该信托财产必须是委托人合法所有的财产。财产包括合法的财产权利。

设立信托,应当采取书面形式。书面形式包括信托合同、遗嘱或者法律、行政法规规定的其他书面文件等。

采取信托合同形式设立信托的,信托合同签订时,信托成立。采取其他书面形式设立信托的,受托人承诺信托时,信托成立。

设立信托,其书面文件应当载明下列事项:信托目的,委托人、受托人的姓名或者名称、住所,受益人或者受益人范围,信托财产的范围、种类及状况,受益人取得信托利益的形式、方法。除前款所列事项外,可以载明信托期限、信托财产的管理方法、受托人的报酬、新受托人的选任方式、信托终止事由等事项。

(二)登记

设立信托,对于信托财产,有关法律、行政法规规定应当办理登记手续的,应当依法办理信托登记。未依照前款规定办理信托登记的,应当补办登记手续;不补办的,该信托不产生效力。

(三)信托的无效

有下列情形之一的,信托无效:信托目的违反法律、行政法规或者损害社会公共利益,信托财产不能确定,委托人以非法财产或者信托法规定不得设立信托的财产设立信托,专以诉讼或者讨债为目的设立信托,受益人或者受益人范围不能确定,法律、行政法规规定的其他情形。

委托人设立信托损害其债权人利益的,债权人有权申请人民法院撤销该信托。人民法院依照前款规定撤销信托的,不影响善意受益人已经取得的信托利益。申请权,自债权人知道或者应当知道撤销原因之日起1年内不行使的,归于消灭。

(四)遗嘱信托

设立遗嘱信托,应当遵守《民法典》"继承"篇关于遗嘱的规定。

遗嘱指定的人拒绝或者无能力担任受托人的,由受益人另行选任受托人;受益人为无民事行为能力人或者限制民事行为能力人的,依法由其监护人代行选任。遗嘱对选任受托人另有规定的,从其规定。

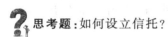**思考题:**如何设立信托?

二、信托的变更与终止

委托人是唯一受益人的,委托人或者其继承人可以解除信托。信托文件另有规定的,从其规定。

设立信托后,有下列情形之一的,委托人可以变更受益人或者处分受益人的信托受益权。

一是受益人对委托人有重大侵权行为,二是受益人对其他共同受益人有重大侵权行为,三是经受益人同意,四是信托文件规定的其他情形。有前款第一项、第三项、第四项所列情形之一的,委托人可以解除信托。

信托不因委托人或者受托人的死亡、丧失民事行为能力、依法解散、被依法撤销或者被宣告破产而终止,也不因受托人的辞任而终止。但信托法或者信托文件另有规定的除外。

有下列情形之一的,信托终止:信托文件规定的终止事由发生,信托的存续违反信托目的,信托目的已经实现或者不能实现,信托当事人协商同意,信托被撤销,信托被解除。

信托终止的,信托财产归属于信托文件规定的人。信托文件未规定的,按下列顺序确定归属:受益人或者其继承人,委托人或者其继承人。依照规定,信托财产的归属确定后,在该信托财产转移给权利归属人的过程中,信托视为存续,权利归属人视为受益人。

信托终止后,人民法院依据信托法第17条的规定对原信托财产进行强制执行的,以权利归属人为被执行人。

信托终止后,受托人依照信托法规定行使请求给付报酬、从信托财产中获得补偿的权利时,可以留置信托财产或者对信托财产的权利归属人提出请求。

信托终止的,受托人应当作出处理信托事务的清算报告。受益人或者信托财产的权利归属人对清算报告无异议的,受托人就清算报告所列事项解除责任。但受托人有不正当行为的除外。

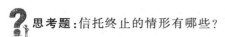**思考题:**信托终止的情形有哪些?

本章引用法律资源

1.《中华人民共和国信托法》。

2.《信托公司管理办法》。

3.《信托公司股权管理暂行办法》。

4.《信托登记管理办法》。

本章参考文献

1.徐孟洲.金融法学[M].北京:高等教育出版社,2014.

2.刘少军.金融法学[M].北京:中国政法大学出版社,2014.

3.朱大旗.金融法学[M].北京:中国人民大学出版社,2015.

本章网站资源

1.全国人大网:http://www.npc.gov.cn。

2.中国政府网:http://www.gov.cn。

3.中国银行保险监督管理委员会官网:http://www.cbirc.gov.cn。

第十一章课后练习题

第十二章　涉外金融法

教学目标

通过学习，明白涉外金融法的基本内容、调整对象和适用范围，了解我国的涉外金融法律体系，明确我国的外汇制度，知晓涉外金融机构的种类和主要涉外金融业务。了解涉外金融机构和涉外金融业务的监管机构；重点掌握各类涉外金融机构的设立、注册资本、出资方式、组织形式、组织机构、经营管理等方面的法律规定。

第一节　涉外金融法概述

改革开放以来，随着对外开放的深入，金融活动也越来越多地走出国门，跨国（地区）的金融业务越来越多，随之形成了诸多的含有涉外因素的金融法律关系，相应地，涉外金融法律法规也不断地发展完善起来。

一、涉外金融与涉外金融法的概念

金融是指货币、货币流通、信用及与之直接相关的经济活动。涉外金融则指的是这些金融经济活动具有跨越国（边）境的特点。因为一国两制等原因，我国把大陆与港澳台地区之间的经贸活动参照跨境经贸活动对待，其中也包含了金融活动。金融法是指调整因金融活动引起的社会关系的法律规范的总称，是调整金融活动主体、规范金融工具的运用及在金融管理活动过程中所发生的金融关系，维护金融市场秩序的法律规范的总称。涉外金融法是指调整我国跨国（边）境的金融活动及其社会关系的一系列法律、法规等法律规范的总称。我国没有以"金融法"来命名某个金融法律法规，通常用该法律涉及的行业或行为来命名。如《中国人民银行法》《证券法》《保险法》《外汇管理条例》等。

二、涉外金融法的调整对象

涉外金融法调整的对象为涉外金融关系。具体而言，主要包括下列四类关系。

（一）涉外金融机构组织关系

涉外金融法律关系的主体包括涉外金融活动中的国内外法人、自然人、政府及金融机构；其中主要为有关金融机构的法律法规，此类法律一是规范金融机构的内部组织关系，例如，金融机构的治理结构、金融机构及其分支机构、金融机构职工之间因经营管理而产生的经济法律关系；二是规范金融机构的外部组织关系，例如，金融机构的权利能力和行为能力，金融机构的设立、变更及终止等。

（二）涉外金融业务活动中产生的关系

金融机构在开展各种业务活动时，会随之产生各种相应的法律关系。例如，银行等金融机构与非金融机构的法人、其他组织或自然人之间的间接融资关系；非金融机构的公司、企业和个人之间及其与证券、信托等非银行金融机构之间因为股票、债券等有价证券的发行、交易活动而在金融市场上产生的直接融资关系;银行等金融机构与非金融机构的法人、其他组织和自然人之间因金融中介服务活动面产生的金融中介服务关系。

(三)涉外金融监管关系

政府金融监管机构对金融机构、金融市场、金融产品及金融交易进行监管而产生的金融监管关系、国家有关机构的金融监管行为而产生的金融监管关系。

金融监管机构是根据法律规定对一国的金融体系进行监督管理的机构。其职责包括按照规定监督管理金融市场,发布有关金融监督管理和业务的命令和规章,监督管理金融机构的合法合规运作等。我国目前的金融监管机构包括"一行两会",即中国人民银行、中国银行保险监督管理委员会和中国证券监督管理委员会。

(四)涉外金融调控关系

金融调控是以中央银行制定和实施的货币政策为主导,通过调整货币供应量指标、市场利率水平,间接调控金融市场。金融调控关系是指国家及其授权的金融主管机关以稳定币值、促进经济增长为目的,对有关金融变量实施调节和控制的关系。

三、涉外金融法的基本内容

我国目前没有统一的涉外金融法,相关的法律规范要么是某些方面的单行法律,如《外汇管理条例》、《外资银行管理条例》、《外资保险公司管理条例》和《外资金融机构管理条例实施细则》等;要么是国内金融法律法规中的涉外部分,如《中国人民银行法》《商业银行法》等法律中关于涉外部分的规定。现有的法律法规基本上将各种涉外金融关系纳入到法律的调整范围,归纳起来,涉外金融法律的体系大致包括以下几个方面:涉外金融机构法律制度、外汇管理制度、涉外银行法律制度、涉外证券法律制度、涉外保险法律制度和其他涉外金融法律制度。

四、涉外金融法和国际金融法

国际金融法绪论

涉外金融法与国际金融法是一对既有联系又有区别的概念。联系之处在于这两者所调整的法律关系都是金融法律关系且都具有涉外因素。区别在于:涉外金融法主要针对的是传统涉外金融市场中的涉外金融法律关系,而国际金融法主要调整的是离岸金融市场中的国际金融法律关系。

(一)传统的涉外金融市场与涉外金融法

传统涉外金融市场,基本上属于一国性质,与国内金融市场相比较只是渗入了某些涉外因素。如在传统的国际借贷中,以某种货币借贷只能到该货币资本出现剩余的国家即货币发行国进行,在货币发行国市场上,该货币资金的供给者、金融媒介所使用的货币与国内金融市场完全相同,涉外因素是资金需求者。从筹资者所属国的金融市场的角度来看,涉外因素则是资金的提供者及其提供的外币资金。又如,在传统的国际证券发行中,该证券的购买人即资金的供给者、所使用的货币等与国内证券相同,唯一的不同是发行人为外国的发行人。再如,在一国的外汇市场上,由于货币的国家属性和主权性质,使得一国债务人若清偿对另一国债权人所负债务,必须将其本国的或国际上通行的支付工具兑换成债权人国家的法定支付工具或约定的其他国际性通货,这种情况下的涉外因素通常是用以兑换的外币和外国的债务人或债权人。

正是由于涉外金融市场基本上是一国性质的,在这个金融市场上发生的金融关系基本上属于具有涉外因素的国内金融关系,通常由市场所在国的法律来调整,上述主体间所发生的金融交易须遵守市场所在地的法律、习惯,例如外国借款人或证券发行人在有关国家从事借贷或发行证券,必须遵守借款地或发行地所在国的规定和限制。基于以上原因,可以说传统的涉外金融市场是一国金融市场的延伸,属于一国金融市场的性质。

(二)离岸金融市场与国际金融法

离岸金融市场是不同于传统的涉外金融市场的新型金融市场。按照传统的定义,离岸金融是有关货币游离于货币发行国之外而形成的该货币供给和需求市场。在该市场上,各种金融交易所使用的货币通常不是市场所在地国的货币;无论是资金的提供者,还是资金的需求者,通常都不是市场所在地国的居民,而是众多的国际组织、机构,各国政府、来自各国的金融机构、跨国公司和法人等;市场上的金融媒介及投资银行等也来自于世界各国;如果说涉外金融市场由于其一国性质是有形的市场并有一定的范围,那么离岸金融市场则是通过发达先进的资讯系统与世界各地相连,在瞬间即可达成交易,因而是无形的、没有边界的市场;从法律和监管方面看,离岸市场由于众多国际因素的存在,与众多国家相联系,从而使众多国家都能对其产生影响,但没有任何一国能够行使完全控制。所以,无论是以市场所使用的货币、资金的供给者、需求者供需间的媒介,还是以市场的范围和各国对该市场的影响来看,只有离岸金融市场才是完全意义上的国际金融市场。正因为如此,离岸金融被称作为真正意义或纯粹意义上的国际金融,离岸金融关系构成国际金融法的调整对象。

思考题:涉外金融法的调整对象有哪些?

第二节　涉外金融机构法律制度

涉外金融业务的开展离不开各种类型的金融机构。根据我国相关法律法规,涉外金融机构的设立和开展涉外金融业务,需要依照法定的条件和在法定监管机构的管理下进行。

一、外资金融机构与外资金融机构管理立法

国际金融
机构体系

涉外金融机构是指经营有涉外金融业务的金融机构。所谓涉外业务是指外汇买卖、外币存款、国际汇兑、出口贸易结算和押汇、信用担保等银行业务、涉外保险、涉外证券和其他涉外金融业务。随着我国改革开放的不断深入发展,允许经营涉外业务的银行和其他金融机构越来越多。

其主要类别有三种。

一是以中国人民银行为核心的经营涉外业务的内资金融机构,如中国人民银行、中国银行、中国投资银行、国际信托投资公司、国家外汇管理局等。

二是以外资银行、中外合资银行为代表的外资金融机构。

三是境外中资金融机构。

相应地,涉外金融机构法律制度主要涉及对经营有涉外金融业务的金融机构实施管理,包括中资金融机构开展涉外业务的资格与条件、外资金融机构的市场准入、境外中资金融机构的设立及业务开展的管理等方面。其中,中资金融机构经营涉外业务的资格与条件主要由国内金融法调整,本部分主要介绍外资金融机构管理和境外中资机构管理的法律法规。

(一)外资金融机构进入中国市场

中国金融业的对外开放大体上经历了五个阶段:1979—1993 年为中国金融业对外开放的起步阶段;1994—2001 年为中国金融业开放迅速发展阶段;2002—2008 年为全面融入全球化的阶段;2009—

2017 年为中国金融业反思与防范金融风险阶段;第五个阶段就是以 2018 年博鳌讲话为标志,象征今天中国金融业进入了全面开放、参与全球化竞争的阶段。

1979 年以来,外国金融机构在华设立的分支机构不断增多。一开始,这些分支机构多以银行代表处的形式存在,主要负责总行与客户的业务接洽与联系,不从事银行存、贷款等金融业务。1982 年以来,逐渐地在我国特准的开放城市成立办事处、外国银行分行、合资银行、合资财务公司、外资财务公司、外资银行等,在批准的业务范围内从事营利性金融业务活动。

2002 年,我国正式加入世界贸易组织。多年来,来我国金融开放程度不断提高,在华外资金融机构数量明显增长。在银行业方面,根据中国银保监会数据,截至 2019 年 10 月末,外资银行在华共设立了 41 家外资法人银行、114 家母行直属分行和 151 家代表处,外资银行营业机构总数 976 家,总资产额 3.37 万亿元,总体发展较为平稳,机构数量稳步增加,资产规模稳步增长,资产质量较好。

在证券业方面,外资已在我国参股设立合资证券经营机构。据证监会官方网站统计数据显示,截至 2020 年 8 月底,我国有外资参、控股证券公司 17 家,其中,新批准外资控股证券公司 9 家。据中国证券投资基金业协会统计,截至 2020 年年底,中外合资基金管理公司已有 44 家。

在保险业方面,中外合资保险公司已超过 50 家。中国银保监会数据显示,截至 2019 年 10 月末,境外保险机构在我国设立了 59 家外资保险机构、131 家代表处和 18 家保险专业中介机构。

(二)外资金融机构的组织形式

根据我国相关法律、法规的规定,外资金融机构的组织形式主要有以下几类。

1.代表处

代表处是金融机构派驻海外的办事机构,不具有东道国法人资格,通常只有少数工作人员。代表处不得从事任何直接营利的经营活动。代表处一般不被作为一类独立的分支机构形态对待。关于外国金融机构在本国设立代表处,少数国家规定在主管当局备案即可,但大多数国家要求必须事先获得批准。代表处的功能尽管十分有限,但由于设立成本较低,东道国管制相对宽松,常被金融机构作为开拓海外市场的先锋。在东道国禁止或限制外国金融机构设立营业性分支机构的情况下,代表处的作用显得尤其重要。

2.分公司(分行)

分公司(分行)是外国金融机构在东道国设立的一种营业性分支机构,它是总公司(总行)的内在组成部分,在东道国以总公司(总行)的名义开展业务。分公司(分行)不具有独立的法人资格,不发行自己的股份,不拥有独立的资本。分公司(分行)是金融机构开拓国际市场极为有效的机构形态,其最主要不足是总公司(总行)必须对分公司(分行)的债务承担无限责任,风险相对较大。

3.独资公司(行)

独资公司(行)是一家外国金融机构单独出资或者一家外国金融机构与其他外国金融机构共同出资设立的金融公司(行)。它具有东道国法人资格,拥有自己独立的资本,具有独立的资产和负债。可以独立以自己名义从事经营活动,自负盈亏,可以以自己名义起诉、应诉,其对外法承担债务的责任也以其全部资产为限。其优点在于,在业务范围、税收等方面不像外国分行那样受限制,可以在各方面与当地金融公司(行)展开竞争,所受损失仅限于自己的投资资本。

4.中外合资公司(行)

外国金融机构与东道国的公司、企业共同出资设立的金融公司(行)。它是在东道国境内成立的独立法律实体,具有东道国法律人格,具有自己独立的资本,具有独立的资产和负债,并直接以自己名义从事经营活动,自担风险、自负盈亏。它的优点是可以联合多家金融机构的资金、技术,通过共同出资、共担风险,满足国际市场对巨额资金的需要,有利于中小规模的国际金融机构通过参股进入国际市场。

（三）对外资金融机构监督管理的立法

中国实行的是分业监管的监管模式，即由"一行二会"（中国人民银行、银保监会、证监会）监管金融业。其中，银保监会统一监管全国银行、金融资产管理公司、信托投资公司及其他存款类金融机构、保险市场；证监会对全国证券、期货市场实行集中统一监管。

1.银行业方面

国务院2006年11月发布的《外资银行管理条例》（2014年7月29日第一次修订，2014年11月27日第二次修订）及同月中国银监会发布的《外资银行管理条例实施细则》就外商独资银行、中外合资银行、外国银行分行等营业性外资银行及外国银行代表处等作了规定。2004年3月，中国银监会发布的《外资银行并表监管管理办法》就中国银监会对营业性外资银行的并表监管问题进行了规定。其他银行、内外资金融机构如外资参股中资银行、外资性汽车金融公司、金融租赁公司、企业集团财务公司等的设立及营运监管受中国银监会2003年12月发布的《境外金融机构投资入股中资金融机构管理办法》、2003年10月《汽车金融公司管理办法》、2003年11月《汽车金融公司管理办法实施细则》、2006年12月《企业集团财务公司管理办法》、2007年1月《金融租赁公司管理办法》等规章的规范。

2017年3月，中国银监会发布《关于外资银行开展部分业务有关事项的通知》，明确在华外资银行可以与母行集团开展内部业务协作，为"走出去"的企业在境外发债、上市、并购、融资等活动提供综合金融服务，发挥外资银行的全球化综合服务优势。按照中外一致的原则，在华外资法人银行可依法投资境内金融机构。同时，按照国务院简政放权的要求，明确在华外资银行开展国债承销业务、财务顾问业务和大部分托管业务，不需事前获得银保监会的行政许可，而是采取事后报告制。

2014年9月11日，中国银监会公布《中国银监会外资银行行政许可事项实施办法》。该《办法》分总则、机构设立、机构变更、机构终止、业务范围、董事和高级管理人员任职资格核准、附则7章152条。2018年2月，中国银监会发布对《中国银监会外资银行行政许可事项实施办法》修改决定，主要包括增加关于外资法人银行投资设立、入股境内银行业金融机构的许可条件，取消多项业务审批，推进简政放权工作，持续优化审批流程，提高外资银行在华营商便利度，扩大金融业对外开放。

2.保险业方面

国务院2001年12月发布的《外资保险公司管理条例》及中国保监会2004年5月发布的《外资保险公司管理条例实施细则》是关于外资保险公司、合资保险公司、外国保险公司分公司等经营性外资保险机构的现行有效规范。2006年7月，中国保监会发布的《外国保险机构驻华代表机构管理办法》就外国保险机构在中国境内设立并从事非经营性活动的代表处、总代表处的监管问题作了规定。《保险公司设立境外保险类机构管理办法》（2015年修订）规定保险公司设立境外保险类机构的条件、程序及监管等。

3.证券业方面

经国务院批准1995年5月人民银行发布的《中外合资投资银行类机构管理办法》，中国证监会2002年6月发布的于2007年11月修订实施的《外资参股证券公司设立规则》、2004年9月发布的《证券投资基金管理公司管理办法》等，就合资投资银行、合资证券公司、合资基金管理公司等营业性机构的组织及运营监管作了规定。中国证监会1999年4月发布的《外国证券类机构驻华代表机构管理办法》，则就外国投资银行、证券公司、基金管理公司等在我国设立非经营性证券类代表机构及其监管的问题作了规定。

 思考题：涉外金融机构的组织形式有哪些？

二、境外中资金融机构与境外中资金融机构管理立法

(一)境外中资金融机构

对于金融业而言,开放的内涵更丰富,外资"引进来"和中资"走出去"将并重。在"走出去"方面,中资金融机构和金融服务的全球网络化布局已经初见成果。根据央行统计数据显示,越来越多的中国商业银行走出国门,到其他国家设立分支机构,几乎遍布亚太、北美和欧洲。同时,中资投行也在加快海外布局步伐,通过 IPO、海外并购等方式在全球范围内进行资源配置。除了银行等传统金融机构走出去之外,还包括中投公司这一主权财富基金,以及愈来愈多的金融科技企业走出国门,已初步形成从国家投资需求到企业金融服务再到个人财富管理三个层次的金融服务体系。

(二)境外中资金融机构管理法

境外中资金融机构管理法是关于境外中资金融机构的设立及其活动开展的管理的法律规范的总称。

1. 银行业方面

1990 年 4 月,中国人民银行颁布了《境外金融机构管理办法》(已失效),中国人民银行在 1995 年 8 月发布了《关于加强境外中资金融机构管理的通知》(已失效),在 1996 年 10 月又发布了《关于进一步加强境外中资金融机构管理的通知》(已失效),目的是加强了对境外中资金融机构的审批和日常监管。2001 年 8 月,中国人民银行印发了《商业银行境外机构监管指引》(已失效),进一步加强对商业银行境外机构的监管,促进商业银行境外机构审慎经营、健康发展。

为规范中国银监会及其派出机构实施中资商业银行行政许可行为,明确行政许可事项、条件、程序和期限,保护申请人合法权益,中国银监会颁布了《中资商业银行行政许可事项实施办法》,自 2006 年 2 月 1 日起施行。经历了 2013 年、2015 年、2017 年和 2018 年多次修订。该办法规定了中资商业银行申请投资设立、参股、收购境外机构,境外机构变更、分支机构终止营业,调整业务范围和增加业务品种,中资商业银行从境内聘请的中资商业银行境外机构董事长、行长(总经理)、代表处首席代表的任职资格许可等涉及境外中资银行机构管理的事项。

2. 保险业方面

2006 年 7 月 31 日,中国保险监督管理委员会发布了《保险公司设立境外保险类机构管理办法》,2015 年 10 月 19 日进行了部分修改。该办法的目的是加强管理保险公司设立境外保险类机构的活动,防范风险,保障被保险人的利益。

3. 证券业方面

为了规范证券公司、证券投资基金管理公司(以下统称证券基金经营机构)在境外设立、收购子公司或者参股经营机构的行为,中国证券监督管理委员会于 2018 年 9 月发布了《证券公司和证券投资基金管理公司境外设立、收购、参股经营机构管理办法》。

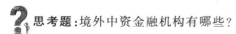 **思考题:**境外中资金融机构有哪些?

第三节　外汇管理制度

外汇法律制度

外汇,是指以外币表示的可以用作国际清偿的支付手段和资产。根据《外汇管理条例》的规定,我国的外汇包括:外币现钞,包括纸币、铸币;外币支付凭证或者支付工具,包括票据、银行存款凭证、银

行卡等;外币有价证券,包括债券、股票等;特别提款权;其他外汇资产。

外汇管理又称外汇管制,是指一国政府为平衡国际收支和维持本国货币汇率而对外汇进出实行的限制性措施。其目的在于保持本国的国际收支平衡,限制资本外流,防止外汇投机,促进本国经济的健康发展。

我国目前的汇率制度安排是1994年外汇体制改革基础上将两种汇率并轨后实行的以市场供求为基础的、单一的、有管理的浮动汇率制,并同时实施强制性的结汇售汇制度,实现了人民币在经常项目下的有条件可兑换,建立了银行间外汇交易市场,改进了汇率形成机制。1996年12月,我国又实现了人民币经常项目的可自由兑换,但对资本项目的外汇收支仍然实行严格的管制。统计显示,截至2005年11月,中国43个资本交易项目中,有一半的资本项目交易已经基本不受限制或有较少限制。2015年11月30日,IMF(International Monetary Fund,国际货币基金组织)正式宣布将人民币纳入SDR(special drawing right,特别提款权)一篮子货币。人民币继美元、欧元、英镑和日元之后被纳入SDR是历史性的时刻,这标志着人民币的国际地位被大大提升,也是IMF首次将一新兴经济体货币作为储备货币。

一、外汇管理体制

(一)外汇管理法律体系

中华人民共和国成立以来一直实行外汇管制。成立初期,基于我国国力较弱及当时所处的严峻的国际国内形势,我国实行比较严格的外汇管理制度。随着改革开放和经济的不断发展,我国顺势颁布了一系列的外汇管理新法规,形成了以《中华人民共和国外汇管理条例》为主,包括其他外汇管理法规、行政规章和其他规范性文件的相对完善的外汇管理法律体系。这些法律规范主要体现在行政法规和中国人民银行、外汇管理局制定的政府规章中。

1996年1月,国务院发布了《中华人民共和国外汇管理条例》,于同年4月1日实施。在1997年1月和2008年8月,国务院又先后对其进行了修订和发布。与此同时,中国人民银行、国家外汇管理局还先后发布了一系列外汇管理方面的法规、规章。如《境内外汇划转管理暂行规定》《个人外汇管理办法》《个人外汇管理办法实施细则》《海关特殊监管区域外汇管理办法》《跨国公司外汇资金集中运营管理规定》等。为严厉打击走私和制裁外汇违法犯罪行为。1998年12月,第九届全国人民代表大会常务委员会通过了《关于惩治骗购外汇、逃汇和非法买卖外汇犯罪的决定》,从而形成了较为全面的外汇管理制度。

根据国家外汇管理局网站公布的数据,截至2018年6月30日,现行有效外汇管理法规共计220件。

根据《中华人民共和国外汇管理条例》规定,我国实行国际收支统计申报制度,境内机构、境内个人的外汇收支或者外汇经营活动,以及境外机构、境外个人在境内的外汇收支或者外汇经营活动都必须向外汇管理部门进行国际收支申报。国务院外汇管理部门应当对国际收支进行统计、监测,定期公布国际收支状况。目前,我国外汇管理的职能部门是国家外汇管理局及其分局。

经营外汇业务的金融机构应当按照国务院外汇管理部门的规定为客户开立外汇账户,并通过外汇账户办理外汇业务。经营外汇业务的金融机构应当依法向外汇管理机关报送客户的外汇收支及账户变动情况。

中华人民共和国境内禁止外币流通,并不得以外币计价结算,但国家另有规定的除外。

境内机构、境内个人的外汇收入可以调回境内或者存放境外;调回境内或者存放境外的条件、期限等,由国务院外汇管理部门根据国际收支状况和外汇管理的需要作出规定。

(二)外汇管理的机构

外汇管理的机构是指由政府指定或授权履行外汇管理职能的机构。我国的外汇管理机关最早是在1979年3月由国务院批准设立的国家外汇管理总局,后更名为"国家外汇管理局",隶属于国务院。

它在各省、自治区、直辖市、计划单列市、经济特区及各地、市、县设立的分支局是所辖区域的外汇管理机关,共有分局、中心支局、支局一级。

国务院外汇管理部门依法持有、管理、经营国家外汇储备,遵循安全、流动、增值的原则。国际收支出现或者可能出现严重失衡,以及国民经济出现或者可能出现严重危机时,国家可以对国际收支采取必要的保障、控制等措施。

二、经常项目和资本项目外汇管理

我国的外汇收支分为经常项目外汇和资本项目外汇,对它们分别实施不同的管理措施。

(一)经常项目外汇管理

经常项目,是指在国际收支中经常发生的交易项目,主要包括贸易收支、劳务收支和单方面转移等。我国已于1996年实现人民币经常项目可兑换,国家对经常性国际支付和转移不予限制。因此,只要购付汇是真实用于货物贸易、服务贸易等经常项目用途,国家均不作限制,予以满足。由于目前我国仍实行资本项目部分管制,为确保资本项目管制的有效性,防止无真实贸易背景或违法资金等非法流出入,经常项目外汇管理以真实性审核、便利化及均衡监管为基本。对经常项目外汇实行结汇、售汇制。具体制度如下。

经常项目外汇收支应当具有真实、合法的交易基础。经营结汇、售汇业务的金融机构应当按照国务院外汇管理部门的规定,对交易单证的真实性及其与外汇收支的一致性进行合理审查。外汇管理机关有权对这些规定事项进行监督检查。

经常项目外汇收入,可以按照国家有关规定保留或者卖给经营结汇、售汇业务的金融机构。经常项目外汇支出,应当按照国务院外汇管理部门关于付汇与购汇的管理规定,凭有效单证以自有外汇支付或者向经营结汇、售汇业务的金融机构购汇支付。

对于属于个人所有的外汇,可以自行持有,也可以存入银行或卖给外汇指定银行。外汇局对居民个人购汇实行指导性限额及核销管理,购汇金额在规定限额以内的,居民个人可以持规定的证明材料直接到银行办理;购汇金额在限额以上的,居民个人应当持相应的证明材料向外汇局申请,然后再凭外汇局的核准件和相应的证明材料到银行办理。外国驻华机构和来华人员的合法人民币收入,需要汇出境外的,可以持有关的证明材料和凭证到外汇指定银行兑付。驻华机构和来华人员由境外汇入或者携带入境的外汇,可以自行保存,可以存入银行或者卖给外汇指定银行,也可以持有效凭证汇出或者携带出境。

(二)资本项目外汇管理

资本项目又叫资本账户,指的是资本的输出输入,所反映的是本国和外国之间以货币表示的债权债务的变动,换言之,就是一国为了某种经济目的在国际经济交易中发生的资本跨国界的收支项目。在国际收支统计上,资本项目亦称资本账户,包括各国间股票、债券、证券等的交易,以及一国政府、居民或企业在国外的存款,分为长期资本和短期资本。我国国际收支平衡表中的资本项目按期限划分为长期资本往来和短期资本往来。

长期资本往来,指合同偿还期在1年或1年以上,或未定偿还期的资本往来,主要有直接投资、证券投资、国际组织贷款、外国政府贷款、银行借款、地方部门借款、延期付款、延期收款、加工装配补偿贸易中应付客商的设备款、租赁和对外贷款等。

短期资本往来,指即期付款或合同规定的偿还期为1年以下的资本往来,主要有银行借款、地方部门借款、延期收款、延期付款等。

资本项目外汇管理主要包括以下几个方面的制度。

1. 直接投资外汇管理

其重点是对外商来华直接投资及我国对外直接投资资金流动权益存量进行外汇登记,准确掌握境外投资者在华开展直接投资、我国对外直接投资形成的跨境资金流量及形成的投资者资产与权益规模,为确定投资交易真实性并保障投资者后续汇兑权益提供管理基础。境外机构、境外个人在境内直接投资,经有关主管部门批准后,应当到外汇管理机关办理登记。境内机构、境内个人向境外直接投资,应当按照国务院外汇管理部门的规定办理登记。国家规定需要事先经有关主管部门批准或者备案的,应当在外汇登记前办理批准或者备案手续。

2.证券业务中的外汇监管

境外机构、境外个人在境内从事有价证券或者衍生产品发行、交易,应当遵守国家关于市场准入的规定,并按照国务院外汇管理部门的规定办理登记。境内机构、境内个人向境外从事境外有价证券、衍生产品发行、交易,应当按照国务院外汇管理部门的规定办理登记。国家规定需要事先经有关主管部门批准或者备案的,应当在外汇登记前办理批准或者备案手续。

3.外债管理

国家对外债实行规模管理。借用外债应当按照国家有关规定办理,并到外汇管理机关办理外债登记。国务院外汇管理部门负责全国的外债统计与监测,并定期公布外债情况。

4.金融担保业务管理

提供对外担保,应当向外汇管理机关提出申请,由外汇管理机关根据申请人的资产负债等情况作出批准或者不批准的决定;国家规定其经营范围需经有关主管部门批准的,应当在向外汇管理机关提出申请前办理批准手续。申请人签订对外担保合同后,应当到外汇管理机关办理对外担保登记。但经国务院批准为使用外国政府或者国际金融组织贷款进行转贷提供对外担保的除外。

5.银行业等金融机构向境外提供商业贷款中的外汇管理

在经批准的经营范围内可以直接向境外提供商业贷款。其他境内机构向境外提供商业贷款,应当向外汇管理机关提出申请,外汇管理机关根据申请人的资产负债等情况作出批准或者不批准的决定;国家规定其经营范围需经有关主管部门批准的,应当在向外汇管理机关提出申请前办理批准手续。向境外提供商业贷款,应当按照国务院外汇管理部门的规定办理登记。

6.结汇、售汇及汇出业务管理

资本项目外汇收入保留或者卖给经营结汇、售汇业务的金融机构,应当经外汇管理机关批准,但国家规定无须批准的除外。

资本项目外汇支出,应当按照国务院外汇管理部门关于付汇与购汇的管理规定,凭有效单证以自有外汇支付或者向经营结汇、售汇业务的金融机构购汇支付。国家规定应当经外汇管理机关批准的,应当在外汇支付前办理批准手续。

依法终止的外商投资企业,按照国家有关规定进行清算、纳税后,属于外方投资者所有的人民币,可以向经营结汇、售汇业务的金融机构购汇汇出。

资本项目外汇及结汇资金,应当按照有关主管部门及外汇管理机关批准的用途使用。外汇管理机关有权对资本项目外汇及结汇资金使用和账户变动情况进行监督检查。

**思考题:**简述经常项目外汇管理的基本内容。

三、金融机构外汇业务

我国对金融机构外汇业务的监管由银行业、证券业、保险业监督管理部门和外汇管理部门分别负责。《中国人民银行法》《商业银行法》《外汇管理条例》等规定,人民银行履行银行结售汇业务的市场准入管理职责,具体由外汇管理部门负责。金融机构经营或者终止经营结汇、售汇业务,应当经外汇管理机关批准;经营或者终止经营其他外汇业务,应当按照职责分工经外汇管理机关或者金融业监督管理机构批准。外汇管理机关对金融机构外汇业务实行综合头寸管理,具体办法由国务院外汇管理部门制定。金融机构的资本金、利润及因本外币资产不匹配需要进行人民币与外币间转换的,应当经外汇管理机关批准。商业银行其他外汇业务,如外汇与外汇间的买卖等,由银行业监督管理部门负责。

外汇管理部门还负责保险经营机构、证券公司、基金管理公司、财务公司、信托公司等非银行金融机构外汇业务市场准入及所涉账户管理、资金汇兑的监管与统计监测。非银行金融机构外汇业务管理主要包括外汇业务市场准入管理、外汇资本金账户的开立与关闭、资金汇兑、跨境投资、保险经营机构的外汇保险业务,以及证券公司发行(或代理发行)、买卖(或代理买卖)外币有价证券,财务公司内部结售汇及人民币外汇掉期业务等。

此外,对银行监管的另一类重要内容是其为客户及其自身办理外汇收支业务的合规性考核制度。由于在外汇监管框架中居特殊地位,银行是否能够切实履行职责,依法合规办理相关业务,直接关系外汇管理政策的执行效果。外汇管理部门通过设定考核指标、考核方法等加强对银行办理外汇业务的监管,同时,对其违法行为进行检查和处罚。

四、人民币汇率和外汇市场管理

(一)人民币汇率管理

汇率是指一国货币与另一国货币的比率或比价,或者说是用一国货币表示的另一国货币的价格。在实行市场汇率的国家,汇率随外汇市场上货币的供求关系变化而变化。汇率对国际收支、国际贸易、国民收入等具有影响。

汇率的标价方法有两种:①直接标价法。该法又称应付标价法,即以一定单位(1个、100个、1000个……单位)的外币为标准,折算为一定数量的本币来表示的汇率。这种标价方法使外币数额不变,仅用本币数额的变动来反映汇率的涨跌。②间接标价法。该法又称应收标价法,即以一定单位(1个、100个、1000个……单位)的本币为标准,折算为一定数量的外币来表示的汇率。这种标价方法使本币数额保持不变,仅用外币数额的变动来反映汇率的涨跌。两种标价法的含义截然相反。直接标价法所显示的汇率上升意味着间接标价法所显示的汇率下降;反之,则相反。世界上大多数国家采用直接标价法,我国也采用这一方法。

汇率的主要分类:①按国际货币制度的演变分为固定汇率、浮动汇率;②按制订汇率的方法分为基本汇率、套算汇率;③按银行买卖外汇的角度分为买入汇率、卖出汇率、中间汇率、现钞汇率;④按银行外汇付汇方式分为电汇汇率、信汇汇率、票汇汇率;⑤按外汇交易交割期限分为即期汇率、远期汇率;⑥按对外汇管理的宽严区分为官方汇率、市场汇率;⑦按银行营业时间分为开盘汇率、收盘汇率。

我国过去一直实行单一的汇率制度。1979年实行改革开放政策以后,我国实行有管理的浮动汇率制度,形成官方汇率和调剂市场汇率并存的双重汇率局面。自1994年1月1日起,我国取消外汇留成,将官方汇率与外汇调剂价格正式并轨,实行以市场供求为基础、单一的、有管理的浮动汇率制度。

2005年7月21日,我国开始实行以市场供求为基础、参考一篮子货币进行调节、有管理的浮动汇率制度;人民银行授权中国外汇交易中心于每个工作日上午9时15分对外公布当日人民币对美元、欧元、日元、港币、英镑、澳大利亚元、加拿大元、林吉特和卢布汇率中间价,作为当日银行间即期外汇市场及银行柜台交易汇率的中间价;每日银行间外汇市场美元对人民币的交易价可在中国外汇交易中心公布的美元中间价上下1%的幅度内浮动,欧元、日元、港币、英镑、澳大利亚元和加拿大元对人民币的交易价在当日交易中间价上下3%幅度内浮动,林吉特和卢布对人民币的交易价在当日交易中间价上下5%的幅度内浮动。

(二)外汇市场管理

外汇市场是买卖双方进行外汇交易的场所。经营结汇、售汇业务的金融机构和符合国务院外汇管理部门规定条件的其他机构,可以按照国务院外汇管理部门的规定在银行间外汇市场进行外汇交易。外汇市场交易应当遵循公开、公平、公正和诚实信用的原则。外汇市场交易的币种和形式由国务院外汇管理部门规定。目前,银行间外汇市场主要包括即期、远期、外汇掉期和货币掉期四类人民币外汇产品,共有人民币对美元、欧元、日元、港币和英镑5个本外币交易货币对。此外,银行间外汇市场还包括欧元/美元、澳大利亚元/美元、英镑/美元、美元/日元、美元/加元、美元/瑞士法郎、美元/港币、欧元/日元8个外币对外币的即期交易。

国务院外汇管理部门依法监督管理全国的外汇市场,可以根据外汇市场的变化和货币政策的要求,依法对外汇市场进行调节。

五、外汇监督管理与处罚

依据《外汇管理条例》的规定,外汇管理机关依法履行监督、检查和处罚违反外汇管理规定行为的职责。外汇管理机关依法履行职责,有权采取下列措施:对经营外汇业务的金融机构进行现场检查;进入涉嫌外汇违法行为发生场所调查取证;询问有外汇收支或者外汇经营活动的机构和个人,要求其对与被调查外汇违法事件直接有关的事项作出说明;查阅、复制与被调查外汇违法事件直接有关的交易单证等资料;查阅、复制被调查外汇违法事件的当事人和直接有关的单位、个人的财务会计资料及相关文件,对可能被转移、隐匿或者毁损的文件和资料,可以予以封存;经国务院外汇管理部门或者省级外汇管理机关负责人批准,查询被调查外汇违法事件的当事人和直接有关的单位、个人的账户,但个人储蓄存款账户除外;对有证据证明已经或者可能转移、隐匿违法资金等涉案财产或者隐匿、伪造、毁损重要证据的,可以申请人民法院冻结或者查封。

有关单位和个人应当配合外汇管理机关的监督检查,如实说明有关情况并提供有关文件、资料,不得拒绝、阻碍和隐瞒。

外汇管理机关依法进行监督检查或者调查,监督检查或者调查的人员不得少于两人,并应当出示证件。监督检查、调查的人员少于两人或者未出示证件的,被监督检查、调查的单位和个人有权拒绝。

有外汇经营活动的境内机构,应当按照国务院外汇管理部门的规定报送财务会计报告、统计报表等资料。经营外汇业务的金融机构发现客户有外汇违法行为的,应当及时向外汇管理机关报告。国务院外汇管理部门为履行外汇管理职责,可以从国务院有关部门、机构获取所必需的信息,国务院有关部门、机构应当提供。国务院外汇管理部门应当向国务院有关部门、机构通报外汇管理工作情况。

任何单位和个人都有权举报外汇违法行为。外汇管理机关应当为举报人保密,并按照规定对举报人或者协助查处外汇违法行为有功的单位和个人给予奖励。

违反外汇管理的各种行为,一般包括逃汇行为、套汇行为、扰乱金融行为、违反外债管理行为、违反外汇账户管理行为、违反外汇核销管理行为及违反外汇经营管理行为等,我国的相关法律法规都对这些违反外汇管理的行为予以了定义,并规定了相应的民事、刑事、行政责任。

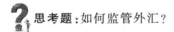

思考题:如何监管外汇?

国际货币法律制度

第四节 涉外银行法律制度

涉外银行法是调整具有涉外因素的银行业金融关系的法律规范的总称。根据我国调整有关涉外银行业务的法律规范,涉外银行法主要包括外资银行法、中资银行的境外(离岸)金融业务管理法。

外资银行

一、外资银行的概念、特征及其分类

(一)外资银行的概念

依据《外资银行管理条例》的规定,外资银行,是指依照中华人民共和国有关法律、法规,经批准在中华人民共和国境内设立的一家外国银行单独出资或者一家外国银行与其他外国金融机构共同出资设立的外商独资银行(以下简称外商独资银行),外国金融机构与中国的公司、企业共同出资设立的中外合资银行(以下简称中外合资银行),外国银行分行,外国银行代表处。其中,其中外商独资银行、中外合资银行、外国银行分行属于外资银行营业性机构,外国银行代表处属于外资银行非营业性机构。

(二)外资银行的特征

外资银行具有以下两个特征。

第一,外资银行是按照我国法律法规建立的我国境内机构。在这点上外资银行与外国银行具有很大的区别,外国银行是在中华人民共和国境外注册并经所在国家和地区金融监管当局批准或许可的商业银行,属于境外机构。

第二,外资银行的资本来源具有涉外性。所谓外资是表明其资本全部或部分来源于境外。外资银行4种形式中独资银行、外国银行分行和外国银行代表处资本全部来源于国外。而中外合资银行,是由外国金融机构与中国的公司、企业共同出资设立。

2018年,中国取消了中外合资银行和金融资产管理公司的外资持股比例限制,内外资一视同仁,允许外资银行在境内同时设立分行和子行,对商业银行新发起设立的金融资产投资公司和理财公司的外资持股比例不再设上限,大幅度扩大外资银行的业务范围。

(三)外资银行的分类

外资银行包括:外商独资银行、中外合资银行、外国银行分行和外国银行代表处。外商独资银行、中外合资银行、外国银行分行统称外资银行营业性机构。外国银行代表处是指受银保监会监管的银行类代表处。

1.外商独资银行

外商独资银行是指一家外国银行单独出资或者一家外国银行与其他外国金融机构在中国境内共同出资设立的银行。它是依据中国法律、在中国境内设立的、具有法人资格的中国企业,拥有独立的法人财产权,可以以自己的名义从事经营活动、参与法律诉讼并且以自己资产为限对企业债务承担法律责任。

2.中外合资银行

中外合资银行是指外国金融机构与中国的公司、企业共同出资设立的银行。它同样是依据中国法律、在中国境内设立的、具有法人资格的中国企业,拥有独立的法人财产权,可以以自己的名义从事经营活动、参与法律诉讼并且以自己资产为限对企业债务承担法律责任。

3.外国银行分行

外国银行分行是指在中国境外注册并经所在国家或者地区金融监管当局批准或者许可的商业银行在中国设立的分支机构。外国银行分行是外国银行总行的一个组成部分,不具有独立的法律人格,一般只能以总行名义开展业务活动,其法律责任也由外国银行总行承担。

4.外国银行代表处

外国银行代表处是指外国银行派遣一人或数人在东道国设立的办事机构。代表处不从事营利性活动,只是代表母行在当地从事信息传递、工作洽谈、业务联系和咨询等非直接营利的服务性与辅助性工作。

思考题:外资银行包括哪些?

二、我国外资银行立法

对于外资银行的管理,国家出台了一些专门的法律规范,例如,《中华人民共和国外资银行管理条例》(2006年11月11日中华人民共和国国务院令第478号公布,2014年7月29日、2014年11月27

日、2019年9月30日三次修订)、中国银监会《外资银行行政许可事项实施办法》(中国银监会令2015年第4号公布,2018年、2019年两次修订)。此外,外资银行及其业务还受其他法律法规的调整,例如,《中华人民共和国银行业监督管理法》第49条规定,对在我国境内设立的外资银行业金融机构、中外合资银行业金融机构、外国银行业金融机构的分支机构的监督管理,法律、行政法规另有规定的,依照其规定。《中华人民共和国商业银行法》附则中也规定,外资商业银行、中外合资商业银行、外国商业银行分行,除法律、行政法规另有规定的以外,均适用商业银行法的规定。

三、外商独资银行、中外合资银行设立

国际商业银行
贷款与法律

(一)拟设立的外商独资银行、中外合资银行应当具备的条件

(1)具有符合《中华人民共和国公司法》、《中华人民共和国商业银行法》和《中华人民共和国外资银行管理条例》规定的章程。

(2)注册资本应当为实缴资本,最低限额为10亿元或者等值的自由兑换货币。

(3)具有符合任职资格条件的董事、高级管理人员和熟悉银行业务的合格从业人员。

(4)具有健全的组织机构和管理制度。

(5)具有有效的反洗钱和反恐怖融资内部控制制度。

(6)具有与业务相适应的营业场所、安全防范措施和其他设施。

(7)具有与业务经营相适应的信息科技架构,具有支撑业务经营的必要、安全且合规的信息科技系统,具备保障信息科技系统有效安全运行的技术与措施。

(二)拟设外商独资银行、中外合资银行的股东,应当具备下列共同的条件

(1)具有持续盈利能力,信誉良好,无重大违法违规记录。

(2)具备有效的反洗钱制度,但中方非金融机构股东除外。

(3)外方股东具有从事国际金融活动的经验,受到所在国家或者地区金融监管当局的有效监管,并且其申请经所在国家或者地区金融监管当局同意。

(4)审慎性条件。

(5)拟设外商独资银行的股东、中外合资银行的外方股东所在国家或者地区应当经济状况良好,具有完善的金融监督管理制度,并且其金融监管当局已经与银保监会建立良好的监督管理合作机制。

(三)拟设外商独资银行的股东应当为金融机构,除应当具备上述共同条件外,其中唯一或者控股股东还应当具备的条件

(1)为商业银行。

(2)提出设立申请前1年年末总资产不少于100亿美元,香港、澳门地区的银行提出设立申请前1年年末总资产不少于60亿美元。

(3)资本充足率符合所在国家或者地区金融监管当局及银保监会的规定。

(四)拟设中外合资银行的股东除应当具备的共同条件外,中方唯一或者主要股东且外方唯一或者主要股东还应当具备的条件

(1)为商业银行。

(2)提出设立申请前1年年末总资产不少于100亿美元,香港、澳门地区的银行提出设立申请前1年年末总资产不少于60亿美元。

(3)资本充足率符合所在国家或者地区金融监管当局及银保监会的规定。

(4)所谓主要股东,是指持有拟设中外合资银行资本总额或者股份总额50%以上,或者不持有资本总额或者股份总额50%以上但有下列情形之一的商业银行。

①持有拟设中外合资银行半数以上的表决权。

②有权控制拟设中外合资银行的财务和经营政策。

③有权任免拟设中外合资银行董事会或者类似权力机构的多数成员。

④在拟设中外合资银行董事会或者类似权力机构有半数以上投票权。

拟设中外合资银行的主要股东应当将拟设中外合资银行纳入并表范围。

(五)不得作为拟设外商独资银行、中外合资银行的股东的情形

主要有:公司治理结构与机制存在明显缺陷、股权关系复杂或者透明度低;关联企业众多,关联交易频繁或者异常;核心业务不突出或者经营范围涉及行业过多、现金流量波动受经济环境影响较大;资产负债率、财务杠杆率高于行业平均水平;代他人持有外商独资银行、中外合资银行股权;其他对拟设银行产生重大不利影响的情形。

(六)外商独资银行、中外合资银行的设立程序

设立外商独资银行、中外合资银行分为筹建和开业两个阶段,主要步骤如下。

1. 申请筹建

筹建外商独资银行、中外合资银行的申请,由拟设机构银保监会地方监管局受理和初审,银保监会审查和决定。申请筹建外商独资银行、中外合资银行,申请人应当向拟设机构银保监会地方监管局提交申请资料,同时抄送拟设机构所在地银保监会派出机构。

2. 筹建批准

拟设机构银保监会地方监管局应当自受理之日起 20 日内将申请资料连同审核意见报送银保监会。银保监会应当自收到完整申请资料之日起 6 个月内,作出批准或者不批准筹建的决定,并书面通知申请人。决定不批准的,应当说明理由。特殊情况下,银保监会可以适当延长审查期限,并书面通知申请人,但延长期限不得超过 3 个月。

3. 筹建

申请人应当自收到筹建批准文件之日起 15 日内到拟设机构所在地银保监会派出机构领取开业申请表,开始筹建工作。筹建期为自获准筹建之日起 6 个月。

申请人未在 6 个月内完成筹建工作,应当在筹建期届满前 1 个月向拟设机构所在地银保监会派出机构报告。筹建延期的最长期限为 3 个月。

申请人应当在前款规定的期限届满前提交开业申请,逾期未提交的,筹建批准文件失效。

4. 验收、审批

拟设外商独资银行、中外合资银行完成筹建工作后,应当向拟设机构银保监会地方监管局申请验收。经验收合格的,可以申请开业。外商独资银行、中外合资银行开业的申请,由拟设机构银保监会地方监管局受理、审查和决定。

拟设外商独资银行、中外合资银行申请开业,应当向拟设机构银保监会地方监管局提交申请资料,同时抄送拟设机构所在地银保监会派出机构。拟设机构所在地银保监局应当自受理之日起 2 个月内,作出批准或者不批准开业的决定,并书面通知申请人,同时抄报银保监会。决定不批准的,应当说明理由。

5. 登记、开业

外商独资银行、中外合资银行应当在收到开业批准文件并领取金融许可证后,到市场监督管理机关办理登记,领取营业执照。

外商独资银行、中外合资银行应当自领取营业执照之日起 6 个月内开业。未能按期开业的,应当在开业期限届满前 1 个月向外商独资银行或者中外合资银行所在地银保监会派出机构报告。开业延期的最长期限为 3 个月。

外商独资银行、中外合资银行未在前款规定期限内开业的,开业批准文件失效,由开业决定机关注销开业许可,收回其金融许可证,并予以公告。

四、外国银行分行设立

(一)外国银行分行设立条件

设立外国银行分行,申请人应当具备下列条件。

(1)具有持续盈利能力,信誉良好,无重大违法违规记录。

(2)具有从事国际金融活动的经验。

(3)具有有效的反洗钱制度。

(4)受到所在国家或者地区金融监管当局的有效监管,并且其申请经所在国家或者地区金融监管当局同意。

(5)提出设立申请前1年年末的总资产不少于200亿美元,香港、澳门地区的银行提出设立申请前1年年末的总资产不少于60亿美元。

(6)资本充足率符合所在国家或者地区金融监管当局及银保监会的规定。

(7)审慎性条件。

(8)设立外国银行分行,申请人应当无偿拨给拟设分行不少于2亿元或者等值自由兑换货币的营运资金。

(9)拟设分行的外国银行所在国家或者地区应当经济状况良好,具有完善的金融监督管理制度,并且其金融监管当局已经与银保监会建立良好的监督管理合作机制。

外国银行在中国境内增设分行,除应当具备《中国银行保监会外资银行行政许可事项实施办法》第31条规定的条件外,其在中国境内已设分行应当经营状况良好,主要监管指标达到监管要求,并符合银保监会规定的审慎性条件。

(二)设立程序

外国银行分行设立程序与外商独资银行、中外合资银行的设立程序相同。

五、外国银行代表处设立

(一)外国银行代表处设立的条件

设立外国银行代表处,申请人应当具备下列条件。

(1)具有持续盈利能力,信誉良好,无重大违法违规记录。

(2)具有从事国际金融活动的经验。

(3)具有有效的反洗钱制度。

(4)受到所在国家或者地区金融监管当局的有效监管,并且其申请经所在国家或者地区金融监管当局同意。

(5)《中国银行保监会外资银行行政许可事项实施办法》第5条规定的审慎性条件。

(6)拟设代表处的外国银行所在国家或者地区应当经济状况良好,具有完善的金融监督管理制度,并且其金融监管当局已经与银保监会建立良好的监督管理合作机制。

(7)外国银行在中国境内已设立营业性机构的,除已设立的代表处外,不得增设代表处,但拟设代表处所在地为符合国家区域经济发展战略及相关政策的地区除外。

(8)外国银行在中国境内增设代表处,其在中国境内已设机构应当无重大违法违规记录。

外国银行在同一城市不得同时设有营业性机构和代表处。

(二)设立程序

外国银行设立代表处的申请,由拟设机构银保监会地方监管局受理、审查和决定。

外国银行申请设立代表处,应当向拟设机构银保监会地方监管局提交申请资料,同时抄送拟设机构所在地银保监会派出机构。

拟设机构银保监会地方监管局应当自受理之日起 6 个月内作出批准或者不批准设立的决定,并书面通知申请人,同时抄报银保监会。决定不批准的,应当说明理由。

经批准设立的外国银行代表处,应当凭批准文件向市场监督管理机关办理登记。

外国银行代表处应当自拟设机构银保监会地方监管局批准设立之日起 6 个月内迁入固定的办公场所。迁入固定办公场所后应当向所在地银保监会派出机构报送相关资料。

外国银行代表处未在前款规定期限内迁入办公场所的,代表处设立批准文件失效。

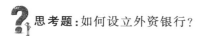 **思考题**:如何设立外资银行?

六、外资银行营业性机构的业务管理

(一)业务范围

(1)外商独资银行、中外合资银行按照国务院银行业监督管理机构批准的业务范围,可以经营下列部分或者全部外汇业务和人民币业务:吸收公众存款;发放短期、中期和长期贷款;办理票据承兑与贴现;买卖政府债券、金融债券,买卖股票以外的其他外币有价证券;提供信用证服务及担保;办理国内外结算;买卖、代理买卖外汇;代理保险;从事同业拆借;从事银行卡业务;提供保管箱服务;提供资信调查和咨询服务;经国务院银行业监督管理机构批准的其他业务。

外商独资银行、中外合资银行经中国人民银行批准,可以经营结汇、售汇业务。

外商独资银行、中外合资银行的分支机构在总行授权范围内开展业务,其民事责任由总行承担。

(2)外国银行分行按照国务院银行业监督管理机构批准的业务范围,可以经营下列部分或者全部外汇业务及对除中国境内公民以外客户的人民币业务:吸收公众存款;发放短期、中期和长期贷款;办理票据承兑与贴现;买卖政府债券、金融债券,买卖股票以外的其他外币有价证券;提供信用证服务及担保;办理国内外结算;买卖、代理买卖外汇;代理保险;从事同业拆借;提供保管箱服务;提供资信调查和咨询服务;经国务院银行业监督管理机构批准的其他业务。

外国银行分行可以吸收中国境内公民每笔不少于 100 万元的定期存款。外国银行分行经中国人民银行批准,可以经营结汇、售汇业务。外国银行分行及其分支机构的民事责任由其总行承担。

(3)外国银行代表处可以从事与其代表的外国银行业务相关的联络、市场调查、咨询等非经营性活动。外国银行代表处的行为所产生的民事责任,由其所代表的外国银行承担。

(二)开办人民币业务

外资银行营业性机构申请经营人民币业务,分为初次申请经营人民币业务和申请扩大人民币业务服务对象范围两种情形。

外资银行营业性机构初次申请经营人民币业务,应当具备下列条件:提出申请前在中国境内开业 1 年以上;银保监会规定的其他审慎性条件。

已经获准经营人民币业务的外资银行营业性机构申请扩大人民币业务服务对象范围,应当具备银保监会规定的审慎性条件。

外商独资银行、中外合资银行经营对中国境内公民的人民币业务,除应当具备银保监会规定的审慎性条件外,还应当具备符合业务特点及业务发展需要的营业网点。

(三)发行债务、资本补充工具

外商独资银行、中外合资银行申请在境内外发行经银监会许可的债务、资本补充工具,应当具备下列条件:具有良好的公司治理结构;主要审慎监管指标符合监管要求;贷款风险分类结果真实准确;

拨备覆盖率达标,贷款损失准备计提充足;银保监会规定的其他审慎性条件。

(四)开办衍生产品交易业务

1. 业务资格

外资银行营业性机构开办衍生产品交易业务的资格分为下列两类。

(1)基础类资格:只能从事套期保值类衍生产品交易。

(2)普通类资格:除基础类资格可以从事的衍生产品交易之外,还可以从事非套期保值类衍生产品交易。

2. 申请开办基础类衍生产品交易业务的条件

外资银行营业性机构申请开办基础类衍生产品交易业务,应当具备下列条件。

(1)具有健全的衍生产品交易风险管理制度和内部控制制度。

(2)具有接受相关衍生产品交易技能专门培训半年以上、从事衍生产品或者相关交易2年以上的交易人员至少2名,相关风险管理人员至少1名,风险模型研究人员或者风险分析人员至少1名,熟悉套期会计操作程序和制度规范的人员至少1名,以上人员应当专岗专人,相互不得兼任,且无不良记录。

(3)有适当的交易场所和设备。

(4)具有处理法律事务和负责内控合规检查的专业部门及相关专业人员。

(5)主要审慎监管指标符合监管要求。

(6)银保监会规定的其他审慎性条件。

(7)申请开办普通类衍生产品交易业务的条件

3. 其他条件

外资银行营业性机构申请开办普通类衍生产品交易业务,除具备开办基础类衍生产品交易业务的条件外,还应当具备下列条件。

(1)具有完善的衍生产品交易前台、中台、后台自动连接的业务处理系统和实时风险管理系统。

(2)衍生产品交易业务主管人员应当具备5年以上直接参与衍生产品交易活动或者风险管理的资历,且无不良记录。

(3)具有严格的业务分离制度,确保套期保值类业务与非套期保值类业务的市场信息、风险管理、损益核算有效隔离。

(4)具有完善的市场风险、操作风险、信用风险等风险管理框架。

(5)银保监会规定的其他审慎性条件。

(五)开办信用卡业务

外商独资银行、中外合资银行申请开办信用卡业务分为申请开办发卡业务和申请开办收单业务。

1. 申请人应当具备下列共同条件

(1)公司治理良好,主要审慎监管指标符合银保监会有关规定,具备与业务发展相适应的组织机构和规章制度,内部控制、风险管理和问责机制健全有效。

(2)信誉良好,具有完善、有效的内控机制和案件防控体系,最近3年内无重大违法违规行为和重大恶性案件。

(3)具备符合任职资格条件的董事、高级管理人员和合格从业人员。高级管理人员中应当有具备信用卡业务专业知识和管理经验的人员至少1名,具备开展信用卡业务必需的技术人员和管理人员,并全面实施分级授权管理。

(4)具备与业务经营相适应的营业场所、相关设施和必备的信息技术资源。

(5)已在中国境内建立符合法律法规和业务管理要求的业务系统,具有保障相关业务系统信息安全和运行质量的技术能力。

(6)开办外币信用卡业务的,应当具有结汇、售汇业务资格。

(7)银保监会规定的其他审慎性条件。

2.申请开办发卡业务的附加条件

(1)具备办理零售业务的良好基础。最近3年个人存贷款业务规模和业务结构稳定,个人存贷款业务客户规模和客户结构良好,银行卡业务运行情况良好,身份证件验证系统和征信系统的连接和使用情况良好。

(2)具备办理信用卡业务的专业系统。在中国境内建有发卡业务主机、信用卡业务申请管理系统、信用评估管理系统、信用卡账户管理系统、信用卡交易授权系统、信用卡交易监测和伪冒交易预警系统、信用卡客户服务中心系统、催收业务管理系统等专业化运营基础设施,相关设施通过了必要的安全检测和业务测试,能够保障客户资料和业务数据的完整性和安全性。

(3)符合外商独资银行、中外合资银行业务经营总体战略和发展规划,有利于提高总体业务竞争能力。能够根据业务发展实际情况持续开展业务成本计量、业务规模监测和基本盈亏平衡测算等工作。

3.申请开办信用卡收单业务的附加条件

外商独资银行、中外合资银行申请开办信用卡收单业务,除应当具备一般条件外,还应当具备下列条件。

(1)具备开办收单业务的良好基础。最近3年企业贷款业务规模和业务结构稳定,企业贷款业务客户规模和客户结构较为稳定,身份证件验证系统和征信系统连接和使用情况良好。

(2)具备办理收单业务的专业系统。在中国境内建有收单业务主机、特约商户申请管理系统、特约商户信用评估管理系统、特约商户结算账户管理系统、账务管理系统、收单交易监测和伪冒交易预警系统、交易授权系统等专业化运营基础设施,相关设施通过了必要的安全检测和业务测试,能够保障客户资料和业务数据的完整性和安全性。

(3)符合外商独资银行、中外合资银行业务经营总体战略和发展规划,有利于提高业务竞争能力。能够根据业务发展实际情况持续开展业务成本计量、业务规模监测和基本盈亏平衡测算等工作。

4.开办其他业务

外资银行营业性机构申请开办其他业务,是指申请开办经国务院银行业监督管理机构批准的其他业务。

外资银行营业性机构申请开办其他业务,应当具备下列条件。

(1)具有与业务发展相适应的组织结构和规章制度,内控制度、风险管理和问责机制健全有效。

(2)与现行法律法规不相冲突。

(3)主要审慎监管指标达到监管要求。

(4)符合外资银行战略发展定位与方向。

(5)经内部决策程序通过。

(6)具备开展业务必需的技术人员和管理人员,并全面实施分级授权管理。

(7)具备与业务经营相适应的营业场所和相关设施。

(8)具备开展该项业务的必要、安全且合规的信息科技系统,具备保障信息科技系统有效安全运行的技术与措施。

(9)无重大违法违规记录和因内部管理问题导致的重大案件。

(10)银保监会规定的其他审慎性条件。

思考题:外资银行的业务如何管理?

七、外资银行的监管

中国银保监会是管理和监督外资银行的主管机关。外资银行应当接受银行业监督管理机构依法进行的监督检查,不得拒绝、阻碍。

(一)制度监管

外资银行营业性机构应当按照有关规定,制定本行的业务规则,建立、健全风险管理和内部控制制度,并遵照执行;应当遵守国家统一的会计制度和国务院银行业监督管理机构有关信息披露的规定;举借外债,应当按照国家有关规定执行;应当按照有关规定确定存款贷款利率及各种手续费率;经营存款业务,应当按照中国人民银行的规定缴存存款准备金此外,外资银行营业性机构应当按照规定计提呆账准备金,遵守国务院银行业监督管理机构有关公司治理和有关关联交易的规定等

(二)经营的监管

外匡银行分行营运资金的30%应当以国务院银行业监督管理机构指定的生息资产形式存在;营运资金加准备金等项之和中的人民币份额与其人民币风险资产的比例不得低于8%;应当确保其资产的流动性,且流动性资产余额与流动性负债余额的比例不得低于25%;境内本外币资产余额不得低于境内本外币负债余额。在中国境内设立两家及两家以上分行的外国银行,应当授权其中一家分行对其他分行实施统一管理,国务院银行业监督管理机构对外国银行在中国境内设立的分行实行合并监管。

外国银行在中国境内设立的外商独资银行与从事外汇批发业务的外国银行分行之间进行的交易必须符合商业原则,交易条件不得优于与非关联方进行交易的条件。外国银行对其在中国境内设立的外商独资银行与从事外汇批发业务的外国银行分行之间的资金交易,应当提供全额担保。

(三)人员监管

外资银行董事、高级管理人员、首席代表的任职资格应当符合国务院银行业监督管理机构规定的条件,并经国务院银行业监督管理机构核准。外资银行更换董事、高级管理人员首席代表,应当报经国务院银行业监督管理机构核准其任职资格。

八、外资银行的终止与清算

外资银行营业性机构自行终止业务活动的,应当在终止业务活动30日前以书面形式向国务院银行业监督管理机构提出申请,经审查批准予以解散或者关闭并进行清算。外资银行营业性机构无力清偿到期债务的,国务院银行业监督管理机构可以责令其停业限期清理。在清理期限内,已恢复偿付能力、需要复业的,应当向国务院银行业监督管理机构提出复业申请;超过清理期限,仍未恢复偿付能力的,应当进行清算。

外资银行营业性机构清算终结,应当在法定期限内向原登记机关办理注销登记。

国际贸易融资制度

九、中资银行的境外(离岸)金融业务管理法

中资商业银行包括:国有控股大型商业银行、中国邮政储蓄银行(以下分别简称国有商业银行、邮政储蓄银行)、股份制商业银行、城市商业银行等。这些银行在开展境外(离岸)金融业务时,需要接受银保监会或其派出机构的监管。

(一)投资设立、参股、收购境外机构

中资商业银行申请投资设立、参股、收购境外机构,申请人应当符合以下条件。

(1)具有良好的公司治理结构,内部控制健全有效,业务条线管理和风险管控能力与境外业务发展相适应。

(2)具有清晰的海外发展战略。

(3)具有良好的并表管理能力。

(4)主要审慎监管指标符合监管要求。

(5)权益性投资余额原则上不超过其净资产的50%(合并会计报表口径)。

（6）最近3个会计年度连续盈利。

（7）申请前1年年末资产余额达到1000亿元以上。

（8）具备与境外经营环境相适应的专业人才队伍。

（9）银保监会规章规定的其他审慎性条件。

所谓境外机构是指中资商业银行境外一级分行、全资附属或控股金融机构、代表机构，以及境外一级分行、全资子公司跨国（境）设立的机构。

国有商业银行、邮政储蓄银行、股份制商业银行申请投资设立、参股、收购境外机构由银保监会受理、审查并决定。银保监会自受理之日起6个月内作出批准或不批准的书面决定。

城市商业银行申请投资设立、参股、收购境外机构由申请人所在地省级派出机构受理、审查并决定。所在地省级派出机构自受理之日起6个月内作出批准或不批准的书面决定。

（二）境外机构变更

中资商业银行境外机构升格、变更营运资金或注册资本、变更名称、重大投资事项、变更股权、分立、合并及银保监会规定的其他事项，须经银行业监督管理机构许可。

所谓重大投资事项，指中资商业银行境外机构拟从事的投资额为1亿元以上或者投资额占其注册资本或营运资金5%以上的股权投资事项。

国有商业银行、邮政储蓄银行、股份制商业银行境外机构变更事项应当向银保监会申请，由银保监会受理、审查并决定。银保监会自受理之日起3个月内作出批准或不批准的书面决定。

城市商业银行境外机构变更事项应当由城市商业银行总行向总行所在地省级派出机构申请，由省级派出机构受理、审查并决定。省级派出机构自受理之日起3个月内作出批准或不批准的书面决定。

（三）开办外汇业务和增加外汇业务品种

中资商业银行申请开办除结汇、售汇以外的外汇业务或增加外汇业务品种，应当符合以下条件：主要审慎监管指标符合监管要求；依法合规经营，内控制度健全有效，经营状况良好；有与申报外汇业务相应的外汇营运资金和合格的外汇业务从业人员；有符合开展外汇业务要求的营业场所和相关设施；银保监会规章规定的其他审慎性条件。

（四）开办离岸银行业务

中资商业银行申请开办离岸银行业务或增加业务品种，应当符合以下条件：主要审慎监管指标符合监管要求；风险管理和内控制度健全有效；达到规定的外汇资产规模，且外汇业务经营业绩良好；外汇从业人员符合开展离岸银行业务要求，且在以往经营活动中无不良记录，其中主管人员应当从事外汇业务5年以上，其他从业人员中至少50%应当从事外汇业务3年以上；有符合离岸银行业务开展要求的场所和设施；最近3年无严重违法违规行为和因内部管理问题导致的重大案件；银保监会规章规定的其他审慎性条件。

国有商业银行、邮政储蓄银行、股份制商业银行申请开办离岸银行业务或增加业务品种，由银保监会受理、审查并决定。银保监会自受理之日起3个月内作出批准或不批准的书面决定。

城市商业银行申请开办离岸银行业务或增加业务品种，由所在地银保监会省级派出机构受理、审查并决定。所在地银保监会省级派出机构自受理之日起3个月内作出批准或不批准的书面决定。

思考题：如何监管外资银行？

第五节　涉外证券法律制度

20 世纪 80 年代初,我国开始以购买外国债券的形式对外融资。20 世纪 90 年代开始后,上海证券交易所和深圳证券交易所的开业,标志着我国国内的证券行业正式开始启动和发展,与此同时,通过这两家证交所开展涉外证券业务也越来越多。1991 年底,上海证券交易所发行上市了第一支 B 股股票——上电 B 股,1993 年,我国又在香港发行了第一支 H 股股票——青岛啤酒。

一、涉外证券法律制度概述

(一)涉外证券

目前,涉外证券的类型主要是:境内上市外资股、境外上市外资股及对外发债等。

1. 境内上市外资股

境内上市外资股,又称人民币特种股票或 B 股,它是指由我国境内股份有限公司通过承销人以私募方式发行的,以人民币标明面值,以外币认购和买卖,并在境内(上海和深圳)证券交易所上市交易的记名式股票。

主要具有如下特征:第一,它是由我国境内股份有限公司发行的,在境内证券交易所上市交易的股票。换言之,B 股公司的注册地和上市地都在中华人民共和国境内;第二,它的投资者既可能处于中国境外,也可能在中国境内;第三,它是以人民币标明面值但应以外币认购和买卖的股票;第四,它是记名式股票,股票票面上须记载股东姓名、住所,公司股票名册上也须登记股东姓名、住所等。

2. 境外上市外资股

境外上市外资股是指由我国境内股份有限公司在境外公开发行的,以外币认购并在境外证券交易所上市交易的记名式股票。境外上市外资股区别于境内上市外资股的一个根本特征就在于前者是在境外上市,即向境外投资人发行,且在境外公开的证券交易场所进行流通和转让。因此,境外上市外资股的发行、上市和交易既受我国法律的约束,又受境外上市所在地法律的约束;既受我国政府与证券监管机构的监管,也受境外上市所在地政府和证券管理机构的监督。

境外上市外资股常常因上市地点的不同而被冠以不同的简称,如 H 股[Hong Kong(香港)发行]、N 股[New York(纽约)发行]、S 股[Singapore(新加坡)发行]、L 股[London(伦敦)发行]等。

3. 对外发债

对外发债是指我国境内机构,包括国家机关、金融机构及境内其他企事业单位和外商投资企业,在境外金融市场上发行的,以外币表示的,构成债权债务关系的有价证券。境内机构发行境外外币可转换债券、大额可转让存单、商业票据,视同对外发债进行管理。可转换债券是指根据债权人的要求,按照发行时所定条件,可转换为公司股票或其他债券的有价证券。大额可转让存单是指银行发行具有一定期限的、可以在金融市场上转让流通的银行存款凭证。商业票据是指境内机构为满足流动资金需求,发行期限为 2~270 天、可流通转让的债务凭证。外币债券分为短期外币债券和中长期外币债券。其中,短期外币债券是指期限在 1 年以内(含 1 年)的外币债券。中长期外币债券是指期限超过 1 年(不含 1 年)的外币债券。

(二)涉外证券法

涉外证券法是调整在具有涉外因素的证券发行和交易的过程中所发生的社会关系的法律规范的总称,它是证券法的重要组成部分,是规范涉外证券投资、融资活动的重要手段。

我国涉外证券投资的法律规定。根据《证券法》第 7 条的规定,国务院证券监督管理机构依法对全国证券市场实行集中统一监督管理。国务院证券监督管理机构根据需要可以设立派出机构,按照授权履行监督管理职责。

从涉外证券法的内容来看,主要包括两类。

1.对从事涉外证券业务的金融机构实施监管

例如,《证券投资基金管理公司管理办法》《外国证券类机构驻华代表机构管理办法》和《外商投资证券公司管理办法》等。中国证券监督管理委员会令曾在 2002 年 6 月 1 日发布过《外资参股证券公司设立规则》,并在 2007 年和 2012 年对其进行了两次修改。2018 年 4 月 28 日,中国证监会公布了《外商投资证券公司管理办法》,自公布之日起施行。《外资参股证券公司设立规则》同时废止。

2.对涉外证券业务进行管理

(1)境内上市外资股的管理法律规范

1995 年 12 月国务院发布施行的《国务院关于股份有限公司境内上市外资股的规定》。1996 年 5 月国务院证券委员会发布的《股份有限公司境内上市外资股规定的实施细则》。2001 年 2 月中国证券监督管理委员会与国家外汇管理局发布的《关于境内居民个人投资境内上市外资股若干问题的通知》。2001 年 2 月国家外汇管理局发布的《关于境内居民投资境内上市外资股有关问题的补充通知》。这些文件构成了规范和管理境内上市外资股发行与上市的主要法律依据。

(2)境外上市外资股的管理法律规范

1994 年国务院根据《公司法》发布的《国务院关于股份有限公司境外募集股份及上市的特别规定》,1993 年 6 月国家经济体制改革委员会(以下简称国家体改委)印发的《〈到香港上市公司章程必备条款〉的通知》,1994 年 8 月国务院证券委员会、国家体改委制定的《到境外上市公司章程必备条款》,1999 年 7 月国务院证券委颁发的《关于企业申请境外上市有关问题的通知》,2002 年 8 月国家外汇管理局与中国证券监督管理委员会联合下发的《国家外汇管理局、中国证监会关于进一步完善境外上市外汇管理有关问题的通知》,2003 年 9 月国家外汇管理局发布的《关于完善境外上市有关外汇管理问题的通知》及 2005 年 2 月国家外汇管理局印发的《关于境外上市外汇管理有关问题的通知》,2014 年 12 月的《国家外汇管理局关于境外上市外汇管理有关问题的通知》等一系列行政法规和规章。

(3)对外发债的管理法律规范

为规范举借外债行为,提高外债资金使用效益,防范外债风险,现行管理境外发行债券业务的法律规范主要有:2000 年的《国务院办公厅转发国家计委、人民银行关于进一步加强对外发债管理意见的通知》,国家发展计划委员会、财政部、国家外汇管理局 2003 年联合发布的《外债管理暂行办法》,2008 年的《外汇管理条例》中的有关内容,2013 年的《国家外汇管理局关于发布〈外债登记管理办法〉的通知》,2014 年的《国家外汇管理局关于印发〈外债转贷款外汇管理规定〉的通知》。

❓思考题:涉外证券有哪些?

二、外商投资证券公司

从事涉外证券业务的金融机构主要有:投资银行类业务的证券公司、中外合资证券投资基金管理公司、外商投资证券公司、外国证券类机构驻华代表机构。本书仅对《外商投资证券公司管理办法》(2018 年 4 月 28 日公布并生效)进行解释。

(一)外商投资证券公司的设立

1.概念

所谓外商投资证券公司是指境外股东与境内股东依法共同出资设立的证券公司;境外投资者依法受让、认购内资证券公司股权,内资证券公司依法变更的证券公司;内资证券公司股东的实际控制人变更为境外投资者,内资证券公司依法变更的证券公司。

中国证券监督管理委员会(以下简称中国证监会)负责对外商投资证券公司的审批和监督管理。

2.设立外商投资证券公司的条件

设立外商投资证券公司除应当符合《公司法》《证券法》《证券公司监督管理条例》和经国务院批准的中国证监会规定的证券公司设立条件外,还应当符合下列条件。

(1)境外股东具备规定的资格条件。境外股东应当以自由兑换货币出资,境外股东累计持有的(包括直接持有和间接控制)外商投资证券公司股权比例,应当符合国家关于证券业对外开放的安排。

(2)初始业务范围与控股股东或者第一大股东的经营证券业务经验相匹配。

(3)中国证监会规定的其他审慎性条件。

3.外商投资证券公司的境外股东应当具备的条件

(1)所在国家或者地区具有完善的证券法律和监管制度,相关金融监管机构已与中国证监会或者中国证监会认可的机构签订证券监管合作谅解备忘录,并保持有效的监管合作关系。

(2)为在所在国家或者地区合法成立的金融机构,近3年各项财务指标符合所在国家或者地区法律的规定和监管机构的要求。

(3)持续经营证券业务5年以上,近3年未受到所在国家或者地区监管机构或者行政、司法机关的重大处罚,无因涉嫌重大违法违规正受到有关机关调查的情形。

(4)具有完善的内部控制制度。

(5)具有良好的国际声誉和经营业绩,近3年业务规模、收入、利润居于国际前列,近3年长期信用均保持在高水平。

(6)中国证监会规定的其他审慎性条件。

(二)业务范围

未取得中国证监会颁发的经营证券业务许可证,外商投资证券公司不得开业,不得经营证券业务。

《外资参股证券公司设立规则》规定,外资参股证券公司可以经营下列业务:股票(包括人民币普通股、外资股)和债券(包括政府债券、公司债券)的承销与保荐、外资股的经纪、债券(包括政府债券、公司债券)的经纪和自营、中国证监会批准的其他业务。

《外商投资证券公司管理办法》原则上取消了对外商投资证券公司的业务范围限制。但需要注意的是,为防止无序申请证券业务牌照,按照《外商投资证券公司管理办法》第5条第2项规定,外商投资证券公司的初始业务范围应与控股股东或者第一大股东的经营证券业务经验相匹配。

 思考题:外商投资证券公司有哪些?

三、境内上市外资股的管理

经中国证监会报经国务院批准,股份有限公司(以下简称公司)可以向特定的、非特定的境内上市外资股投资人募集股份,其股票可以在境内证券交易所上市。

(一)一般规定

经中国证监会批准,股份有限公司可以发行境内上市外资股;但是,拟发行境内上市外资股的面值总额超过3000万美元的,中国证监会应当报国务院批准。公司发行境内上市外资股,包括以募集方式设立公司发行境内上市外资股和公司增加资本发行境内上市外资股。中国证监会批准发行境内上市外资股的总额应当控制在国家确定的总规模之内。

公司发行的境内上市外资股,采取记名股票形式,以人民币标明面值,以外币认购、买卖,在境内证券交易所上市交易。发行境内上市外资股的公司向境内投资人发行的股份(以下简称内资股),采取记名股票形式。

中国证监会及其监督管理执行机构中国证券监督管理委员会,依照法律、行政法规的规定,对境内上市外资股的发行、交易及相关活动实施管理和监督。

(二)投资人的条件

境内上市外资股投资人主要有如下几类。

(1)外国的自然人、法人和其他组织。

(2)中国香港、澳门、台湾地区的自然人、法人和其他组织。

(3)定居在国外的中国公民。

(4)中国证监会规定的境内上市外资股其他投资人。

境内上市外资股投资人认购、买卖境内上市外资股,应当提供证明其投资人身份和资格的有效文件。

持有同一种类股份的境内上市外资股股东与内资股股东,依照《公司法》享有同等权利和履行同等义务。

公司可以在其公司章程中对股东行使权利和履行义务的特殊事宜,作出具体规定。公司章程对公司及其股东、董事、监事、经理和其他高级管理人员具有约束力。

公司的董事、监事、经理和其他高级管理人员对公司负有诚信和勤勉的义务。其他高级管理人员包括公司财务负责人、董事会秘书和公司章程规定的其他人员。

(三)以募集方式设立公司的条件

以募集方式设立公司,申请发行境内上市外资股的,应当符合下列条件。

(1)所筹资金用途符合国家产业政策。

(2)符合国家有关固定资产投资立项的规定。

(3)符合国家有关利用外资的规定。

(4)发起人认购的股本总额不少于公司拟发行股本总额的35%。

(5)发起人出资总额不少于1.5亿元。

(6)拟向社会发行的股份达公司股份总数的25%以上,拟发行的股本总额超过4亿元的,其拟向社会发行股份的比例达15%。

(7)改组设立公司的原有企业或者作为公司主要发起人的国有企业,在最近3年内没有重大违法行为。

(8)改组设立公司的原有企业或者作为公司主要发起人的国有企业,最近3年连续盈利。

(9)中国证监会规定的其他条件。

(四)增资发行的条件

公司增加资本,申请发行境内上市外资股的,除应当符合上述第(1)、(2)、(3)项的规定外,还应当符合下列条件。

(1)公司前一次发行的股份已经募足,所得资金的用途与募股时确定的用途相符,并且资金使用效益良好。

(2)公司净资产总值不低于1.5亿元。

(3)公司从前一次发行股票到本次申请期间没有重大违法行为。

(4)公司最近3年连续盈利;原有企业改组或者国有企业作为主要发起人设立的公司,可以连续计算。

(5)中国证监会规定的其他条件。

(6)以发起方式设立的公司首次增加资本,申请发行境内上市外资股的,还应当符合上述拟向社会发行的股份与公司股份总数比例要求的规定。

? 思考题：如何管理境内上市外资股？

四、境外上市外资股的管理

境外上市，是指在境内注册的股份有限公司（以下简称境内公司）经中国证券监督管理委员会许可，在境外发行股票（含优先股及股票派生形式证券）、可转换为股票的公司债券等法律、法规允许的证券（以下简称境外股份），并在境外证券交易所公开上市流通的行为。

根据1994年《国务院关于股份有限公司境外募集股份及上市的特别规定》，股份有限公司经国务院证券委员会（中国证券监督管理委员会的前身）批准，可以向境外特定的、非特定的投资人募集股份，其股票可以在境外上市。

（一）监管机构

中国证监会可以与境外证券监督管理机构达成谅解协议，对股份有限公司向境外投资人募集股份并在境外上市及相关活动进行合作监督管理。

股份有限公司向境外投资人募集股份并在境外上市，应当按照中国证监会的要求提出书面申请并附有关材料，报经国务院证券委员会批准。

（二）股票的发行

股份有限公司向境外投资人募集并在境外上市的股份（以下简称境外上市外资股），采取记名股票形式，以人民币标明面值，以外币认购。境外上市外资股在境外上市，可以采取境外存股证形式或者股票的其他派生形式。

国有企业或者国有资产占主导地位的企业按照国家有关规定改建为向境外投资人募集股份并在境外上市的股份有限公司，以发起方式设立的，发起人可以少于5人；该股份有限公司一经成立，即可以发行新股。

向境外投资人募集股份并在境外上市的股份有限公司向境内投资人发行的股份，采取记名股票形式。

经中国证监会批准的公司发行境外上市外资股和内资股的计划，公司董事会可以作出分别发行的实施安排。

公司依照前款规定分别发行境外上市外资股和内资股的计划，可以自中国证监会批准之日起15个月内分别实施。

公司在发行计划确定的股份总数内，分别发行境外上市外资股和内资股的，应当分别一次募足；有特殊情况不能一次募足的，经中国证监会批准，也可以分次发行。

公司发行计划确定的股份未募足的，不得在该发行计划外发行新股。公司需要调整发行计划的，由股东大会作出决议，经国务院授权的公司审批部门核准后，报中国证监会审批。

公司增资发行境外上市外资股与前一次发行股份的间隔期间，可以少于12个月。

公司在发行计划确定的股份总数内发行境外上市外资股，经国务院证券委员会批准，可以与包销商在包销协议中约定，在包销数额之外预留不超过该次拟募集境外上市外资股数额15%的股份。预留股份的发行，视为该次发行的一部分。

公司分别发行境外上市外资股和内资股的计划，应当在公司各次募集股份的招股说明材料中全面、详尽披露。对已经批准并披露的发行计划进行调整的，必须重新披露。

（三）公司章程、高管及股东

中国证监会会同国务院授权的公司审批部门，可以对公司章程必备条款作出规定。公司章程应当载明公司章程必备条款所要求的内容；公司不得擅自修改或者删除公司章程中有关公司章程必备条款的内容。

公司应当在公司章程中载明公司的营业期限。公司的营业期限,可以为永久存续。公司章程对公司及其股东、董事、监事、经理和其他高级管理人员具有约束力。公司及其股东、董事、监事、经理和其他高级管理人员均可以依据公司章程主张权利,提出仲裁或者提起诉讼。其他高级管理人员包括公司财务负责人、董事会秘书和公司章程规定的其他人员。

依法持有境外上市外资股、其姓名或者名称登记在公司的股东名册上的境外投资人,为公司的境外上市外资股股东。

境外上市外资股的权益拥有人可以依照境外上市外资股股东名册正本存放地或者境外上市地的法律规定,将其股份登记在股份的名义持有人名下。境外上市外资股股东名册为证明境外上市外资股股东持有公司股份的充分证据;但是有相反证据的除外。

公司的董事、监事、经理和其他高级管理人员对公司负有诚信和勤勉的义务。应当遵守公司章程,忠实履行职务,维护公司利益,不得利用在公司的地位和职权为自己谋取私利。

(四)公司股东大会

公司召开股东大会,应当于会议召开 45 日前发出书面通知,将会议拟审议的事项以及会议日期和地点告知所有在册股东。

拟出席股东大会的股东应当于会议召开 20 日前,将出席会议的书面回复送达公司。书面通知和书面回复的具体形式由公司在公司章程中作出规定。

公司召开股东大会年会,持有公司有表决权的股份 5% 以上的股东有权以书面形式向公司提出新的提案,公司应当将提案中属于股东大会职责范围内的事项,列入该次会议的议程。

公司根据股东大会召开前 20 日时收到的书面回复,计算拟出席会议的股东所代表的有表决权的股份数。拟出席会议的股东所代表的有表决权的股份数达到公司有表决权的股份总数 1/2 的,公司可以召开股东大会;达不到的,公司应当于 5 日内将会议拟审议的事项、会议日期和地点以公告形式再次通知股东,经公告通知,公司可以召开股东大会。

思考题: 如何管理境外上市外资股?

五、对外发债的管理

为加强外债管理,规范举借外债行为,提高外债资金使用效益,防范外债风险,国家发展和改革委员会(含原国家发展计划委员会、原国家计划委员会)、财政部、国家外汇管理局在 2003 年联合颁布实施了《外债管理暂行办法》。

(一)外债的种类

(1)按照债务类型划分,外债分为外国政府贷款、国际金融组织贷款和国际商业贷款。

①外国政府贷款,是指中国政府向外国政府举借的官方信贷。

②国际金融组织贷款,是指中国政府向世界银行、亚洲开发银行、联合国农业发展基金会和其他国际性、地区性金融机构举借的非商业性信贷。

③国际商业贷款,是指境内机构向非居民举借的商业性信贷。包括:向境外银行和其他金融机构借款,向境外企业、其他机构和自然人借款,境外发行中长期债券(含可转换债券)和短期债券(含商业票据、大额可转让存单等),买方信贷、延期付款和其他形式的贸易融资,国际融资租赁,非居民外币存款,补偿贸易中用现汇偿还的债务,其他种类国际商业贷款。

(2)按照偿还责任划分,外债分为主权外债和非主权外债。

①主权外债,是指由国务院授权机构代表国家举借的、以国家信用保证对外偿还的外债。

②非主权外债,是指除主权外债以外的其他外债。

所谓"对外担保",是指境内机构依据法律,以保证、抵押或质押方式向非居民提供的担保。对外担保形成的潜在对外偿还义务为或有外债。

(二)外债的管理机构及分工

国家对各类外债和或有外债实行全口径管理。举借外债、对外担保、外债资金的使用和偿还须符合国家有关法律、法规的规定。国家发改委、财政部和国家外汇管理局是外债管理部门。

国际金融组织贷款和外国政府贷款由国家统一对外举借。财政部代表国家在境外发行债券由财政部报国务院审批,并纳入国家借用外债计划。其他任何境内机构在境外发行中长期债券均由国家发展计划委员会会同国家外汇管理局审核后报国务院审批;在境外发行短期债券由国家外汇管理局审批,其中设定滚动发行的,由国家外汇管理局会同国家发改委审批。

国家对国有商业银行举借中长期国际商业贷款实行余额管理,余额由国家发改委会同有关部门审核后报国务院审批。

境内中资企业等机构举借中长期国际商业贷款,须经国家发改委批准。国家对境内中资机构举借短期国际商业贷款实行余额管理,余额由国家外汇管理局核定。国家对境内外资金融机构举借外债实行总量控制,具体办法另行制定。

外商投资企业举借的中长期外债累计发生额和短期外债余额之和应当控制在审批部门批准的项目总投资和注册资本之间的差额以内。

在差额范围内,外商投资企业可自行举借外债。超出差额的,须经原审批部门重新核定项目总投资。

(三)外债偿还和风险管理

主权外债由国家统一对外偿还。主权外债资金由财政部直接或通过金融机构转贷给国内债务人的,国内债务人应当对财政部或转贷金融机构承担偿还责任。

非主权外债由债务人自担风险、自行偿还。债务人可以用自有外汇资金偿还外债,也可经外汇管理部门核准用人民币购汇偿还外债。

债务人无法偿还的外债,有担保人的,应当由担保人负责偿还。担保人按照担保合同规定需要履行对外代偿义务时,应当到外汇管理部门办理对外担保履约核准手续。

债务人应当加强外债风险管理,适时调整和优化债务结构。

在不扩大原有外债规模的前提下,经国家发改委核准,债务人可以通过借入低成本外债、偿还高成本外债等方式,降低外债成本,优化债务结构,其中,涉及主权外债的,需经财政部核准。

债务人可以保值避险为目的,委托具有相关资格的金融机构运用金融工具规避外债的汇率和利率风险。

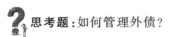 **思考题**:如何管理外债?

第六节　涉外保险法律制度

调整涉外保险关系的法律法规主要有:《中华人民共和国保险法》《中华人民共和国外资保险公司管理条例》《中华人民共和国外资保险公司管理条例实施细则》《保险公司设立境外保险类机构管理办法》(2015年修订)等。本部分主要介绍外资保险公司在华的设立和业务管理、境内保险公司设立境外保险机构的管理制度。

所谓外资保险公司,是指依照中华人民共和国有关法律、行政法规的规定,经批准在中国境内设立和营业的下列保险公司:外国保险公司同中国的公司、企业在中国境内合资经营的保险公司(以下简称合资保险公司)、外国保险公司在中国境内投资经营的外国资本保险公司(以下简称独资保险公司)、外国保险公司在中国境内的分公司(以下简称外国保险公司分公司)。

中国银保监会(2018年国务院机构改革后改为中国银保监会)负责对外资保险公司实施监督管理。中国银保监会的派出机构根据中国银保监会的授权,对本辖区的外资保险公司进行日常监督管理。

一、外资保险公司的设立与登记

设立外资保险公司,应当经中国银保监会批准。设立外资保险公司的地区,由中国银保监会按照有关规定确定。

设立经营人身保险业务的外资保险公司和经营财产保险业务的外资保险公司,其设立形式、外资比例由中国银保监会按照有关规定确定。

合资保险公司、独资保险公司的注册资本最低限额为2亿元或者等值的自由兑换货币,其注册资本最低限额必须为实缴货币资本。

外国保险公司分公司应当由其总公司无偿拨给不少于2亿元或者等值的自由兑换货币的营运资金。

中国银保监会根据外资保险公司业务范围、经营规模,可以提高前两款规定的外资保险公司注册资本或者营运资金的最低限额。

二、申请人条件

申请设立外资保险公司的外国保险公司,应当具备下列条件。

(1)经营保险业务30年以上。

(2)在中国境内已经设立代表机构2年以上。

(3)提出设立申请前1年年末总资产不少于50亿美元。

(4)所在国家或者地区有完善的保险监管制度,并且该外国保险公司已经受到所在国家或者地区有关主管当局的有效监管。

(5)符合所在国家或者地区偿付能力标准。

(6)所在国家或者地区有关主管当局同意其申请。

(7)中国银保监会规定的其他审慎性条件。

三、外资保险公司的业务范围

(一)基本业务

外资保险公司按照中国银保监会核定的业务范围,可以全部或者部分依法经营下列种类的保险业务。

(1)财产保险业务,包括财产损失保险、责任保险、信用保险等保险业务。

(2)人身保险业务,包括人寿保险、健康保险、意外伤害保险等保险业务。

外资保险公司经中国银保监会按照有关规定核定,可以在核定的范围内经营大型商业风险保险业务、统括保单保险业务。

同一外资保险公司不得同时兼营财产保险业务和人身保险业务。

(二)再保险业务

外资保险公司可以依法经营的再保险业务:分出保险;分入保险。

外资保险公司的具体业务范围、业务地域范围和服务对象范围,由中国银保监会按照有关规定核定。外资保险公司只能在核定的范围内从事保险业务活动。

💭 **思考题：**如何设立外资保险公司？

四、外资保险公司的监督管理

中国银保监会有权检查外资保险公司的业务状况、财务状况及资金运用状况，有权要求外资保险公司在规定的期限内提供有关文件、资料和书面报告，有权对违法违规行为依法进行处罚、处理。

外资保险公司应当接受中国银保监会依法进行的监督检查，如实提供有关文件、资料和书面报告，不得拒绝、阻碍、隐瞒。

除经中国银保监会批准外，外资保险公司不得与其关联企业进行资产买卖或者其他交易。

外国保险公司分公司应当于每一会计年度终了后3个月内，将该分公司及其总公司上一年度的财务会计报告报送中国银保监会，并予公布。

外国保险公司分公司的总公司有下列情形之一的，该分公司应当自各该情形发生之日起10日内，将有关情况向中国银保监会提交书面报告：①变更名称、主要负责人或者注册地，②变更资本金，③变更持有资本总额或者股份总额10%以上的股东，④调整业务范围，⑤受到所在国家或者地区有关主管当局处罚，⑥发生重大亏损，⑦分立、合并、解散、依法被撤销或者被宣告破产，⑧中国银保监会规定的其他情形。

外国保险公司分公司的总公司解散、依法被撤销或者被宣告破产的，中国银保监会应当停止该分公司开展新业务。

外资保险公司经营外汇保险业务的，应当遵守国家有关外汇管理的规定。

除经国家外汇管理机关批准外，外资保险公司在中国境内经营保险业务的，应当以人民币计价结算。向中国银保监会提交、报送文件、资料和书面报告的，应当提供中文本。

五、外资保险公司的终止与清算

外资保险公司因分立、合并或者公司章程规定的解散事由出现，经中国银保监会批准后解散。外资保险公司解散的，应当依法成立清算组，进行清算。

经营人寿保险业务的外资保险公司，除分立、合并外，不得解散。

外资保险公司违反法律、行政法规，被中国银保监会吊销经营保险业务许可证的，依法撤销，由中国银保监会依法及时组织成立清算组进行清算。

外资保险公司因解散、依法被撤销而清算的，应当自清算组成立之日起60日内在报纸上至少公告3次。公告内容应当经中国银保监会核准。

外资保险公司不能支付到期债务，经中国银保监会同意，由人民法院依法宣告破产。外资保险公司被宣告破产的，由人民法院组织中国银保监会等有关部门和有关人员成立清算组，进行清算。

外资保险公司解散、依法被撤销或者被宣告破产的，未清偿债务前，不得将其财产转移至中国境外。

六、保险公司设立境外保险类机构的管理

为了加强管理保险公司设立境外保险类机构的活动，防范风险，保障被保险人的利益，根据《中华人民共和国保险法》等法律、行政法规，2006年7月31日中国保险监督管理委员会发布了《保险公司设立境外保险类机构管理办法》并在2015年10月做了部分修改。

(一)设立境外保险类机构

所谓设立境外保险类机构，是指经中国银保监会批准设立，并依法登记注册的商业保险公司的下列行为：设立境外分支机构、境外保险公司和保险中介机构，收购境外保险公司和保险中介机构。

此处的收购，是指保险公司受让境外保险公司、保险中介机构的股权且其持有的股权达到该机构

表决权资本总额 20% 及以上,或者虽不足 20% 但对该机构拥有实际控制权、共同控制权或者重大影响的行为。

保险公司设立境外保险类机构应当遵守中国有关保险和外汇管理的法律、行政法规及中国银保监会相关规定,遵守境外的相关法律及规定。

保险公司收购境外保险公司和保险中介机构,应当执行现行保险外汇资金的有关规定。

(二)设立条件

保险公司设立境外保险类机构的,应当具备下列条件。

(1)开业 2 年以上。

(2)上年末总资产不低于 50 亿元。

(3)上年末外汇资金不低于 1500 万美元或者其等值的自由兑换货币。

(4)偿付能力额度符合中国银保监会有关规定。

(5)内部控制制度和风险管理制度符合中国银保监会有关规定。

(6)最近 2 年内无受重大处罚的记录。

(7)拟设立境外保险类机构所在的国家或者地区金融监管制度完善,并与中国保险监管机构保持有效的监管合作关系。

(8)中国银保监会规定的其他条件。

(三)境外保险类机构管理

保险公司应当对其设立的境外保险类机构进行有效的风险管理,并督促该类机构按照所在国法律和监管部门的相关规定,建立健全风险管理制度。

保险公司应当严格控制其设立的境外保险类机构对外提供担保。保险公司在境外设立的分支机构确需对外提供担保的,应当取得被担保人的资信证明,并签署具有法律效力的反担保协议书。以财产抵押、质押等方式提供反担保协议的,提供担保的金额不得超过抵押、质押财产重估价值的 60%。

保险公司在境外设立的分支机构,除保单质押贷款外,不得对外贷款。

保险公司应当对派往其设立的境外保险类机构的董事长和高级管理人员建立绩效考核制度、期中审计制度和离任审计制度。

保险公司设立的境外保险类机构清算完毕后,应当将清算机构出具的经当地注册会计师验证的清算报告,报送中国银保监会。

(四)监督检查

1. 概述

保险公司应当按照中国会计制度及中国银保监会的规定,在财务报告和偿付能力报告中单独披露其设立的境外保险类机构的经营成果、财务状况和偿付能力状况。

保险公司设立的境外保险类机构按照所在地保险监管机构要求编制偿付能力报告的,保险公司应当抄送中国银保监会。

保险公司应当在其设立的境外保险类机构每一会计年度结束后 5 个月内,将该境外保险类机构上一年度的财务报表报送中国银保监会。

保险公司应当在每年 1 月底之前,将其境外代表机构、联络机构或者办事处等非营业性机构的年度工作报告,报送中国银保监会。

境外代表机构、联络机构或者办事处等非营业性机构的年度工作报告应当包括该机构的主要工作和机构变更情况。

2. 报告事件

保险公司设立的境外保险类机构发生下列事项的,保险公司应当在事项发生之日起 20 日内书面报告中国银保监会。

　(1)投资、设立公司的。

　(2)分立、合并、解散、撤销或者破产的。

　(3)机构名称或者注册地变更的。

　(4)董事长和高级管理人员变动的。

　(5)注册资本和股东结构发生重大变化的。

　(6)调整业务范围的。

　(7)出现重大经营或者财务问题的。

　(8)涉及重大诉讼、受到重大处罚的。

　(9)所在地保险监管部门出具监管报告或者检查报告的。

　(10)中国银保监会认为有必要报告的其他事项。

保险公司转让其境外保险类机构股权的,应当报经中国银保监会批准。

3.批准事项

保险公司对其境外保险类机构实施下列行为之一的,应当报经中国银保监会批准,并按照规定提交材料。

　(1)增持境外保险类机构股份的。

　(2)增加境外保险类机构的资本金或者营运资金的。

保险公司应当建立控制和管理关联交易的相关制度。保险公司与其境外设立的保险公司和保险中介机构之间发生重大关联交易的,应当在交易完成后15日内向中国银保监会报告。

保险公司向中国银保监会报送的境外保险类机构的各项材料,应当完整、真实、准确。

思考题:如何管理外资保险公司?

本章引用法律资源

　1.《外汇管理条例》。

　2.《外资银行管理条例》。

　3.《外商投资证券公司管理办法》。

　4.《外资保险公司管理条例》。

　5.《外债管理暂行办法》。

　6.《外债登记管理办法》。

本章参考文献

　1.刘隆亨.银行金融法学[M].北京:北京大学出版社,2010.

　2.郭庆平.中央银行法的理论与实践[M].北京:中国金融出版社,2016.

本章网站资源

　1.中国人民银行官网:http://www.pbc.gov.cn。

　2.中国银行保险监督管理委员会网:http://www.cbirc.gov.cn。

第十二章课后练习题